LES VÉRITÉS DE L' HISTOIRE

Sélection du Reader's Digest

LES VÉRITÉS DE L'HISTOIRE

Les révélations qui jettent un nouvel éclairage sur les événements historiques

PARIS • BRUXELLES • ZURICH • MONTRÉAL

Les Vérités de l'Histoire

publié par Sélection du Reader's Digest,
est l'adaptation française de *The Truth about History* © 2003, The Reader's Digest Association Limited.

Nous remercions tous ceux qui ont collaboré à cet ouvrage.

Conseillers de la rédaction
Sébastien Boulay, Fabrice Demeter, Viviane Koenig, Antide Viand

Traduction
Christine Berkovicius, Édouard Beuve-Méry, Paloma Cabeza-Orcel, Martine Lamy, Emmanuelle Pavan

Réécriture
Marie-Claude Germain

Coordination éditoriale
Céline de Quéral

Illustrations
Pages 10-11 (en bas) et 12-13 (en bas) :
Tony Morris/Linda Rogers Associates 2003
Pages 200 (en haut) et 285 : Jean-Pierre Lamerand
Autres illustrations : Planet Three Publishing Network

Nous remercions également
Damien Noirot (prépresse)

Équipe de Sélection du Reader's Digest

Direction éditoriale
Gérard Chenuet

Secrétariat général
Élizabeth Glachant

Direction artistique
Dominique Charliat

Maquette
Françoise Boismal

Lecture-correction
Béatrice Argentier-Le Squer, Catherine Decayeux, Emmanuelle Dunoyer

Fabrication
Marie-Pierre de Clinchamp, Caroline Lhomme

Iconographic
Danielle Burnichon

Prépresse
Philippe Pétour

PREMIÈRE ÉDITION

Pour nous communiquer vos suggestions
ou remarques sur ce livre, utilisez notre adresse e-mail :
editolivre@readersdigest.tm.fr

UK 1427/G

ISBN 978-2-7098-1899-5

Avant-propos

Pourquoi sommes-nous encore à la recherche de la vérité concernant la plupart des événements historiques ? Les faits tels qu'ils nous ont été rapportés jusque-là ne sont-ils pas, dans l'ensemble, exacts ? Pourtant, il suffit d'entendre les témoignages de deux personnes à propos d'un même incident pour commencer à douter… Les récits changent au gré des préjugés ou des interprétations : les rumeurs deviennent ainsi des vérités, et des quasi-certitudes, faute de preuves, sont ramenées au rang de suppositions.

Ce sont les historiens qui décident de ce qui mérite d'être retenu, et ce – le plus souvent – longtemps après les événements. Un exemple : le sac du palais d'Hiver, à Petrograd, en 1917, est généralement considéré comme un moment-phare d'une des plus grandes révolutions de l'Histoire ; et pourtant, à l'époque, il passa presque inaperçu (page 144).

Vérités enfouies

L'Histoire est une succession d'opinions admises. Aujourd'hui, pourtant, celles-ci sont bien souvent remises en question : grâce à la révolution technologique appliquée au domaine de la recherche historique, une multitude de preuves nouvelles ont été dévoilées. Au cours des vingt dernières années, les archéologues ont troqué leurs vieux outils contre des instruments de plus en plus performants – satellites géostationnaires, radars GPR, synchrotron… Autrefois, ils travaillaient à l'aveuglette : maintenant, avant de creuser, ils savent assez précisément ce qu'ils vont trouver. Parfois même, l'image de ce qui est enfoui est si nette qu'ils peuvent se dispenser de cette tâche ingrate.

Un certain nombre d'historiens ont, de leur côté, quitté les bibliothèques pour investir les laboratoires : la plupart des nouveaux éclairages historiques sont le fruit de recherches scientifiques. La génétique, par exemple – à l'origine domaine exclusif de la médecine et de la biotechnologie –, a permis d'authentifier certains restes humains, tels ceux de saint Luc (page 300). Les chercheurs qui étudiaient les premiers peuplements ne possédaient comme support de travail que la datation et la localisation des crânes et des os déterrés ; aujourd'hui, l'analyse de l'ADN mitochondrial des populations actuelles permet de savoir quand apparurent nos plus lointains ancêtres mais aussi de suivre leurs déplacements sur la planète (pages 16 et 278).

Les techniques appliquées à l'Histoire ont parfois été empruntées à des disciplines apparemment sans rapport, comme la médecine légale. La mèche de cheveux de Napoléon Ier n'était autrefois qu'une relique macabre ; aujourd'hui, les historiens l'étudient tels des pathologistes, et cette analyse a convaincu certains d'entre eux que l'Empereur avait pu être empoisonné (page 88). De même, ce sont des études balistiques qui ont permis de mieux comprendre la défaite du général Custer lors de la bataille de Little Big Horn (page 224).

Comprendre l'incompréhensible

Grâce aux nouveaux champs d'étude, nous pouvons dorénavant mieux comprendre le passé. L'épidémiologie historique, par exemple, étudie les maladies et la mortalité de nos ancêtres (page 62) ; quant à l'écologie historique, elle s'intéresse aux conséquences des modifications de l'environnement et du climat sur le cours des événements (pages 38 et 50). Ces nouvelles disciplines ont révélé aux chercheurs l'existence de facteurs inconnus des générations précédentes.

La recherche historique connaît donc un véritable âge d'or. De nouvelles études scientifiques infirment un certain nombre d'idées fausses encore véhiculées par les livres d'histoire. Cet ouvrage, s'appuyant sur les recherches les plus récentes, remet donc en lumière des faits ensevelis sous la poussière du temps.

Sommaire

Origines de l'homme

Civilisations disparues

Couronnes et complots

Grands événements

Tragédies et catastrophes

Réputation en question

Inventions et découvertes

Légende où réalité ?

ORIGINES DE L'HOMME

NOS PREMIERS PAS

Un nouveau regard sur l'émergence de l'homme

Il y a presque 150 ans, la théorie de l'évolution défendue par le naturaliste britannique Charles Darwin faisait sensation. Depuis, même si les idées fausses persistent, l'étude des fossiles commence à révéler la véritable histoire de l'apparition de l'homme.

AU ZOO Charles Darwin fut souvent caricaturé, et même accusé de blasphème par le clergé victorien. L'un de ses plus fervents défenseurs, Thomas Huxley, clama haut et fort qu'il préférait descendre d'un « misérable singe » plutôt que d'un universitaire « s'opposant à des thèses non par des arguments mais par la dérision ».

Publiée en 1859, la première édition de l'ouvrage *De l'origine des espèces par voie de sélection naturelle* n'annonçait rien de très explicite sur l'évolution humaine. Charles Darwin y affirmait seulement : « La lumière sera faite sur l'origine de l'homme et son histoire. » Le jeune savant préférait en effet laisser aux lecteurs le soin de tirer leurs propres conclusions… Ce qu'ils firent ! À l'énoncé de la théorie, la femme de l'évêque de Worcester se serait exclamée : « Vraiment, descendus du singe ! Espérons que ce n'est pas vrai ; mais si ça l'est, prions pour que cela reste entre nous ! » Unanimement réprouvée, brocardée dans les journaux par des articles et des dessins satiriques, la thèse gagna pourtant vite en notoriété. Le public en fit une interprétation simpliste : l'homme descendait du singe – idée fausse qui, encore de nos jours, résume bien souvent l'exposé de Darwin. Contrairement à ce que la société victorienne – mais aussi la nôtre – avait compris, l'homme ne descend pas des chimpanzés ou des gorilles : nous avons un ancêtre commun, un primate simiesque. La différence peut sembler minime, elle est néanmoins cruciale pour bien comprendre l'évolution de l'homme et de sa place dans la nature.

▶ p. 13

Nos ancêtres ne ressemblaient pas à cela...

Les dessins qui évoquent un passage graduel de la position ramassée à la station debout sont inexacts. Nos ancêtres étaient capables de se déplacer debout, et cela depuis très longtemps. En fait, ils pouvaient probablement marcher sur leurs deux jambes de temps en temps, lorsqu'ils en avaient besoin – comme les chimpanzés aujourd'hui, bien que leur squelette ne leur permette pas de maintenir cette position.

On n'a découvert aucune trace de créature ayant marché courbée en avant, à mi-chemin entre les stations bipède et quadrupède, comme les deuxième, troisième et quatrième schémas le suggèrent. Les premières représentations d'arbres évolutifs incluaient fréquemment les néandertaliens dans notre lignage, or ces derniers n'étaient pas nos ancêtres : *Homo sapiens* et *Homo neanderthalensis* sont deux espèces distinctes qui évoluèrent parallèlement durant près de 200 000 ans.

La marche vers le succès

La démarche quadrupède, sur la jointure des doigts, est caractéristique des gorilles et des chimpanzés ; ces derniers vivent principalement au sol mais grimpent aussi parfois aux arbres. Quand ils se déplacent sur une branche, les doigts de leurs mains et de leurs pieds agrippent celle-ci en l'encerclant. Cette forme de locomotion a continué d'évoluer pour certaines espèces de singes tandis que d'autres ont expérimenté la marche bipède. Se tenir debout leur offrait en effet de nombreux avantages. Des simulations informatiques ont montré que les singes bipèdes se déplaçaient plus efficacement à petite vitesse que les quadrupèdes : ils pouvaient aller plus loin en dépensant moins d'énergie. Cette capacité à couvrir davantage de distance au sol pendant la journée fut une avancée adaptative cruciale pour les groupes de primates isolés dont nous descendons. Marcher sur deux jambes libéra leurs mains, ce qui leur permit de transporter de la nourriture : la forte compétition pour trouver de quoi se nourrir en forêt les conduisit sans doute à partir dans la savane rechercher du fourrage, qu'ils rapportaient à l'abri des arbres. Cela pourrait être l'une des explications d'une telle adaptation. Néanmoins, les recherches se poursuivent afin d'établir quels types d'environnement préféraient les australopithèques (hominidés qui vivaient il y a entre 4,5 et 1 million d'années). Une autre théorie évoque la nécessité pour nos ancêtres de s'accommoder de l'intense chaleur du soleil lorsqu'ils s'aventuraient hors de la forêt pour ramener de quoi se nourrir : en position debout, le corps absorbe moins de rayonnement solaire, ce qui permettait aux espèces bipèdes de rester à découvert plus longtemps.

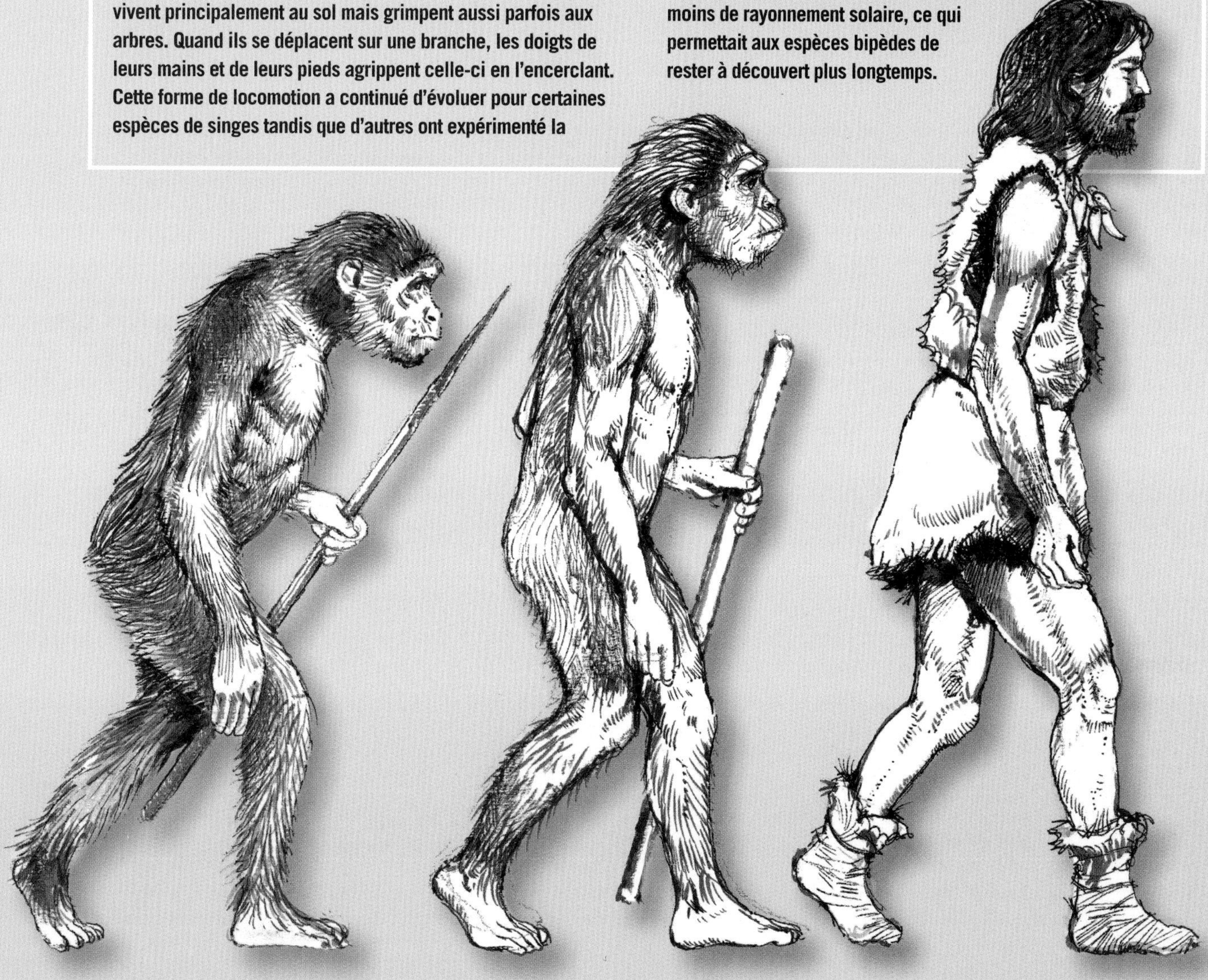

... mais plutôt à ceci !

Dans les collines de Tugen, les fossiles d'*Orrorin tugenensis* ont remis en questions nos idées sur la façon dont l'homme a acquis la station debout. Ils remontent à environ 6 millions d'années, ce qui correspond à peu près au moment où nos ancêtres humains divergèrent de la branche évolutive des singes. Les os (à droite) présentent une mosaïque de caractères primitifs et modernes. L'os du bras est allongé, et l'articulation de l'épaule est assez mobile pour permettre de s'agripper et de se balancer aux branches (caractère primitif) alors que l'os de la cuisse (fémur) présente les signes probables d'un début de bipédie (caractère moderne). L'un des fémurs montre en effet un sillon identique à celui des humains : il est creusé par un tendon maintenant l'articulation de la hanche ; or le frottement de ce tendon sur l'os est lié à la marche bipède. Des marques minuscules sur les os révèlent la position et le volume de la musculature du corps. Les attaches musculaires indiquent que les hominidés primitifs avaient encore assez de force dans la moitié supérieure de leur corps pour grimper et se balancer aux arbres : leurs doigts pouvaient supporter le poids de leur corps lorsqu'ils se suspendaient à une branche. Les squelettes d'hominidés postérieurs montrent un bassin et des os de la jambe compatibles avec une marche bipède simple : les individus devaient reporter leur poids d'une jambe sur l'autre en balançant les hanches. La position était néanmoins totalement redressée.

Un minuscule sillon qui a permis de mieux connaître les origines de l'homme.

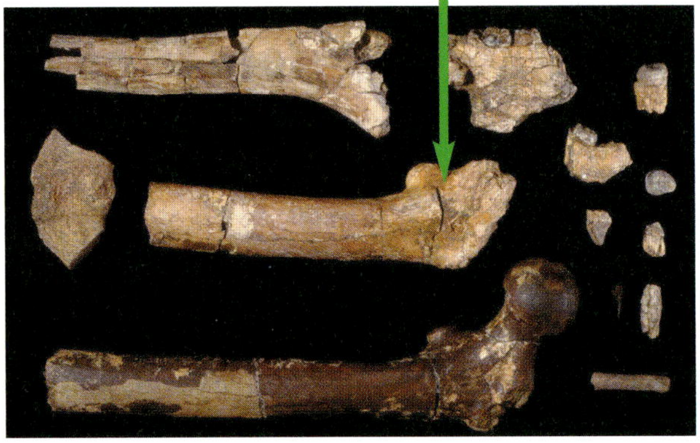

Il y a 9 millions d'années environ
Les premiers ancêtres des primates trouvent des insectes et des fruits dans les arbres mais ont besoin de traverser des zones découvertes pour trouver de nouvelles sources de nourriture.

Il y a 4 à 6 millions d'années
La première démarche bipède est une marche chaloupée – l'amble –, car le bassin et les hanches ne sont pas encore bien adaptés.

Il y a 2 à 3 millions d'années
Des jambes plus longues et un fémur légèrement coudé permettent à l'homme de marcher plus facilement de façon bipède.

Lorsque nous regardons des gorilles ou des chimpanzés, nous ne voyons pas notre passé primitif, seulement nos cousins modernes. L'iconographie habituellement associée à l'émergence de l'homme – dans de nombreux manuels scolaires et encyclopédies – a longtemps corroboré cette idée fausse. Elle suggère le plus souvent une évolution du singe vers l'homme, une connexion directe qui n'a tout simplement jamais existé. La plupart des scientifiques redessineraient aujourd'hui l'arbre évolutif en y introduisant une grande diversité d'espèces – ou, comme l'appelle joliment le paléontologue Yves Coppens, le bouquet des ancêtres – dont une seulement constitue le véritable « ancêtre commun » des hommes et des singes. À partir d'un groupe minuscule, le mécanisme de l'évolution – un processus adaptatif – a conduit jusqu'à nous, les hominidés ; d'un autre groupe descendent les simiens (mammifères primates).

Certaines illustrations laissent également penser que l'évolution de l'homme peut être comparée à celle du bébé, qui commence par se déplacer à quatre pattes avant de marcher. Elles montrent donc souvent un *Homo sapiens,* ou l'homme moderne, abandonnant la position ramassée et courbée de son ancêtre simiesque pour se redresser sur ses jambes. Toutefois, des études plus précises de fossiles et de nouvelles informations apportées par l'analyse de l'ADN ont permis d'en finir avec cette imagerie simpliste. ▶ p. 15

Il y a 1,5 à 2 millions d'années
L'essentiel du squelette moderne se développe il y a environ 1,8 million d'années.

Il y a 300 000 à 400 000 ans
Les espèces archaïques d'*Homo* – *erectus, neanderthalensis* ou bientôt *sapiens* archaïque – traquent leurs proies et sont plus musclées que les hommes d'aujourd'hui.

Il y a 20 000 à 50 000 ans
Armé d'un arc et de flèches, le moderne *Homo sapiens* chasse à distance prudente : il a besoin d'être agile plutôt que musclé.

Sur les traces du passé

En 1979, la découverte d'empreintes de pied à Laetoli, dans le nord de la Tanzanie, fit sensation : elles avaient été moulées dans de la cendre volcanique fraîche, qu'une pluie postérieure avait fixée et fossilisée durant… 3,6 millions d'années ! Elles prouvent l'ancienneté de la marche bipède : les gros orteils ne s'écartent pas comme ceux d'un singe, et le transfert de poids est progressif et contrôlé.

Les singes peuvent marcher sur deux pattes, mais ils laissent des empreintes caractéristiques parce que leur corps chaloupe et que leurs pieds pivotent à chaque pas. Nos ancêtres les plus anciens marchaient de cette façon, dite à l'amble. L'empreinte laissée par un homme moderne est différente, parce que le poids du corps se reporte sur la plante du pied puis sur le pouce.

Pied de singe **Pied humain**

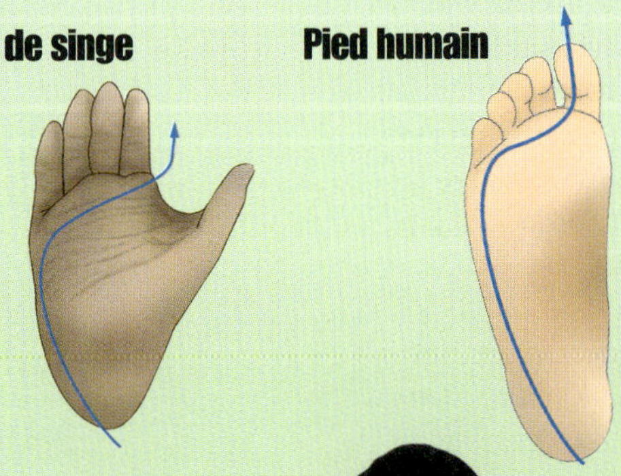

Le premier couple

Les empreintes de Laetoli sont celles de créatures plus humaines que simiesques. La proximité des deux séries de traces suggère qu'il s'agissait d'un mâle et d'une femelle marchant presque en mesure, au même pas – la réalisation d'un modèle à l'échelle (à droite) a confirmé cette hypothèse. Certains pensent qu'il y a même une troisième série d'empreintes, plus petites, faites par un enfant marchant (pour jouer) dans celles déjà faites.

Que s'est-il réellement passé ?

Les ancêtres communs des singes modernes et des humains apparurent il y a environ 35 millions d'années, quand la Terre était une véritable « planète des singes ». Des douzaines d'espèces de primates – singes à queue, grands singes et lémuriens – peuplaient les forêts d'Afrique ; elles y prospérèrent pendant plusieurs millions d'années, tout au long de la période appelée miocène.

Mais il y a 10 à 5 millions d'années, les températures chutèrent, et l'étendue des forêts diminua au profit de la savane ouverte. L'habitat naturel des primates fut alors bouleversé. La jungle – ou ce qu'il en restait – se peupla des ancêtres des singes modernes, qui se reproduisaient rapidement et s'adaptaient facilement à un environnement changeant ; ils résistaient mieux que d'autres espèces de singes, plus lourdes et plus lentes. D'ailleurs, nombre d'entre elles, poussées hors de leur habitat forestier, disparurent.

Quelques pas vers le passé

Quelques survivants parvinrent à s'adapter, comme nous l'apprennent leurs fossiles. Ainsi, un crâne récemment découvert au Tchad révèle la physionomie de ces lointains ancêtres : baptisé Toumaï (« espoir de vie » en langue goran), le spécimen aurait 7 millions d'années.

Même le plus petit fragment de fossile donne aux paléontologues de précieuses informations sur le mode de vie des primates. La forme du crâne et la position de son articulation avec la colonne vertébrale, par exemple, permettent de savoir quelle était la posture de l'animal étudié. Si cette articulation se situe à l'arrière du crâne, il marchait sur quatre membres et devait redresser la tête pour voir devant lui ; si elle est à l'avant, cela indique qu'il tenait la tête droite, sur un torse vertical et, par conséquent, qu'il marchait sur deux jambes. Plusieurs caractéristiques anatomiques, comme le développement du squelette postcrânien et des os des jambes, ont permis de classer Toumaï parmi les hominidés bipèdes. Cela signifie que nos ancêtres marchaient déjà totalement redressés il y a 7 millions d'années, beaucoup plus tôt qu'on ne le pensait. Mais la marche sur deux jambes ne convenait pas forcément à toutes les espèces qui développèrent cette capacité : selon l'environnement, cette particularité devint – ou non – un avantage évolutif. Néanmoins, les connaissances scientifiques le confirment : nous n'avons pas marché à quatre pattes avant de nous redresser sur deux jambes. Une adaptation nous a séparés de la lignée des singes, et ce fut peut-être la plus importante de la longue histoire du développement humain…

TOUMAÏ, L'ANCÊTRE Le crâne brisé de Toumaï, notre ancêtre âgé de 7 millions d'années, a une face plate comme celle d'un singe, une arcade sourcilière proéminente et un cerveau pas plus grand que celui d'un chimpanzé. Mais Toumaï marchait sur deux jambes, contrairement aux singes actuels.

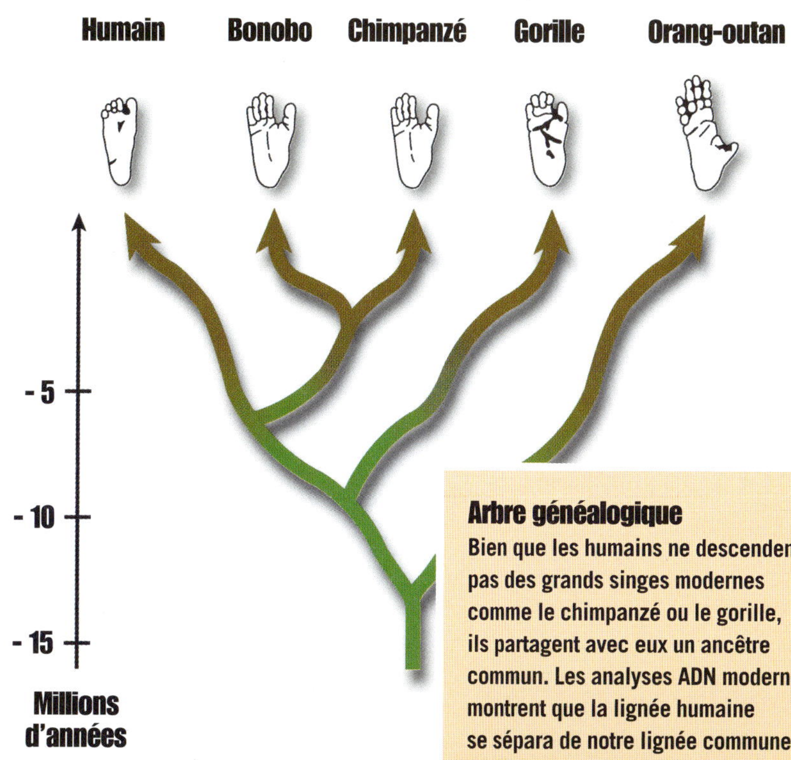

Arbre généalogique

Bien que les humains ne descendent pas des grands singes modernes comme le chimpanzé ou le gorille, ils partagent avec eux un ancêtre commun. Les analyses ADN modernes montrent que la lignée humaine se sépara de notre lignée commune avec les chimpanzés il y a seulement 6 à 8 millions d'années – alors que les autres grands singes s'en détachèrent plus tôt.

NOUS N'ÉTIONS PAS SEULS

Plusieurs espèces d'hommes ont vécu en même temps sur terre

***Homo sapiens* – l'homme moderne – domine à présent sur la Terre. Mais durant quelques centaines de milliers d'années, il a partagé la planète avec d'autres espèces aujourd'hui disparues. Que sont-elles devenues ? De nos jours, les scientifiques peuvent répondre à cette question…**

COUSINS À LA MODE DE BRETAGNE ?
Avant la suprématie d'*Homo sapiens* (ci-dessus à droite), une autre espèce humaine, *Homo erectus* (ci-dessus à gauche), vivait déjà en Afrique et en Asie. Comme nous, ces humains chassaient les animaux, vivaient en groupes étroitement unis et prenaient soin de leur famille.

Il y a plus de 2 millions d'années, les premiers grands nomades vivaient en Afrique. De taille élancée, ces amateurs de viande étaient musclés, avaient une peau lisse et nue, de longues jambes et des hanches étroites. Vigoureux, ils pouvaient courir vite. Leurs formidables ressources physiques leur permirent de s'établir dans des environnements différents : ils gagnèrent d'abord le sud de l'Europe et le Moyen-Orient, puis l'Eurasie et l'Asie du Sud-Est.

Ces êtres, *Homo habilis* puis *Homo erectus* – qui, en dépit de leurs arcades sourcilières proéminentes et de leur front fuyant, ressemblaient aux hommes modernes – cohabitèrent : les premiers *Homo erectus* apparurent alors que survivaient encore les australopithèques et que les *Homo habilis* étaient en pleine expansion. Mais à mesure qu'*Homo sapiens* prospérait, les autres espèces humaines disparurent.

L'homme n'est pas issu d'une seule espèce qui évolua vers une autre.

Les analyses génétiques ont confirmé très récemment ce que quelques paléoanthropologues pensaient : l'histoire de l'espèce humaine est beaucoup plus compliquée que cela.

Un combat pour la survie

Homo sapiens se développa d'abord dans une petite région d'Afrique. Cette nouvelle espèce se déplaça ensuite à travers le monde et finit par remplacer les humains plus anciens – très probablement en rivalisant avec eux pour la nourriture, les autres ressources mais aussi le territoire. C'est la théorie de l'« Out of Africa », dite aussi théorie du remplacement, que la découverte de restes d'*erectus* asiatiques vieux de seulement 30 000 ans ne contredit absolument pas : elle est aujourd'hui acceptée par la majorité de la communauté scientifique alors qu'il y a seulement une décennie, faute de fossiles ou de datations absolues, elle était encore considérée comme très discutable.

Plusieurs espèces d'humains coexistèrent donc pendant quelques centaines de milliers d'années. L'occupation d'*Homo erectus* fut longue (au moins vingt fois la durée d'existence de l'homme moderne) et prospère. Durant tout ce temps, ces humains archaïques colonisèrent – comme sans doute *Homo habilis,* leurs prédécesseurs – presque toute la planète. Cependant leur technologie évolua peu : ils restèrent à l'âge de la pierre pendant la majeure partie de leur existence.

Nous savons aujourd'hui qu'*Homo erectus* maîtrisait le feu, comme l'attestent les nombreuses traces de foyer découvertes sur le site chinois de Zhoukoudian, daté de 500 000 ans. Il pouvait donc se nourrir de viande cuite. Il édifia probablement des foyers, mais, hormis l'occupation saisonnière de grottes et d'abris sous roche, nous ne possédons aucune preuve irréfutable de la construction d'abris. Il connaissait certainement une forme d'art et de religion. Contrairement à *Homo sapiens,* il vivait sans s'enraciner et pouvait, semble-t-il, suivre les migrations du gibier ou migrer lui-même à la recherche de climats plus cléments. Ce nomadisme scella peut-être son destin. En l'absence de pression le forçant à évoluer pour s'adapter à des défis comme la pénurie de nourriture ou la modification de l'habitat ou du climat, ce peuple continua simplement à vivre comme il l'avait toujours fait.

Mais il y a 200 000 ans, dans les plaines de l'Afrique australe, une nouvelle espèce se développait : *Homo sapiens.* La différence physique la plus évidente entre *sapiens* et *erectus* est la forme du crâne : le premier avait un crâne en dôme abritant un cerveau atteignant en moyenne 1 400 cm^3 (contre 800 cm^3 pour *erectus*). *Sapiens* possédait d'autres caractéristiques également très significatives : des canines plus petites et un larynx en position basse permettant le langage articulé. *Homo sapiens* atteignit le Moyen-Orient et finit par remplacer *Homo erectus* partout où il séjournait : en Afrique, en Eurasie, dans le sud de l'Europe, en Asie du Sud-Est et même en Australie – encore qu'aucun vestige d'*Homo erectus* n'y ait encore été découvert.

Les scientifiques pensent aujourd'hui que les 6,5 milliards d'hommes modernes qui peuplent la planète sont

« Leur technologie évolua peu : ils restèrent à l'âge de la pierre pendant la majeure partie de leur existence. »

Rencontre avec des ancêtres

Le crâne d'*Homo erectus* (à droite) abrite un cerveau plus petit que celui de l'homme moderne. On a longtemps pensé qu'un tel cerveau n'était pas capable d'adaptation, mais la partie supérieure d'un crâne découvert sur l'île de Java a prouvé qu'*Homo erectus* pouvait résoudre des problèmes spécifiques de façon imaginative. Ralph Holloway, spécialiste en neuro-anatomie à l'université de Columbia, a fait un moulage de l'intérieur de ce crâne pour en connaître la forme. Il a découvert l'existence d'une asymétrie caractéristique entre les deux hémisphères du cerveau démontrant qu'*Homo erectus* effectuait des tâches définies avec un degré certain de spécialisation. En d'autres termes, il était capable de s'adapter à des environnements différents et de développer les comportements adéquats. La seconde caractéristique notable de ce moulage est la taille des lobes frontaux, partie du cerveau utilisée pour le langage et la compréhension : selon Ralph Holloway, *Homo erectus* avait le potentiel pour exprimer ses pensées par des mots.

LA TECHNIQUE DE LA TAILLE **Il y a près de 2 millions d'années, *Homo erectus* utilisait de simples morceaux de pierre pour tailler d'autres pierres. Selon toute évidence, *Homo erectus* ne développa jamais d'outil plus complexe que celui-ci.**

issus d'un petit groupe : notre diversité génétique est, en effet, étonnamment faible. Il y a plus de variations génétiques au sein d'un seul groupe de chimpanzés ou d'un clan de gorilles que dans l'ensemble de la population humaine en ce début de XXIe siècle !

Des années durant, les chercheurs ont débattu sur ce qui avait pu se passer lorsque les deux espèces d'*Homo, sapiens et erectus,* se rencontrèrent. Nous savons que les deux groupes cohabitèrent sur terre pendant plus de 150 000 ans. Mais on n'a trouvé aucun site paléontologique habité à la fois par les deux espèces. Se sont-elles combattues ? Se sont-elles côtoyées, voire métissées ? Si les réponses à la première question ne sont que des spéculations, pour la seconde, les recherches menées sur l'ADN nous donnent des indices. Une étude a ainsi identifié la variation d'un gène de la bétaglobine, apparue il y a plus de 200 000 ans dans les populations asiatiques modernes. Cette variation est spécifique à ce continent : elle ne peut donc provenir du groupe d'ancêtres communs. Pourtant, elle commença avant qu'aucun *sapiens* ne colonise cette région. Aussi la seule explication possible – bien que controversée – est que ce matériau génétique fut introduit par *erectus* asiatique. D'autres recherches ont révélé la présence de minuscules traces d'ADN archaïque incorporé à certaines unités d'ADN, les haplotypes. Les généticiens étudient encore la validité de cette découverte mais, si elle est confirmée, elle renforcera les conclusions de

Notre lointaine famille

Une vingtaine d'espèces d'hominidés – mais peut-être plus… – nous ont accompagnés, directement ou indirectement, sur la voie de la modernité depuis que notre lignée ancestrale a divergé de celle de nos cousins les chimpanzés. Toutes se sont éteintes. *Homo rudolfensis* marque la transition, il y a environ 2,5 millions d'années, entre les types archaïques d'hominidés et ceux à l'anatomie moderne. Jusqu'à cette époque, les australopithèques – qui regroupaient plusieurs espèces d'hominidés du sud de l'Afrique – évoluaient dans une direction différente.

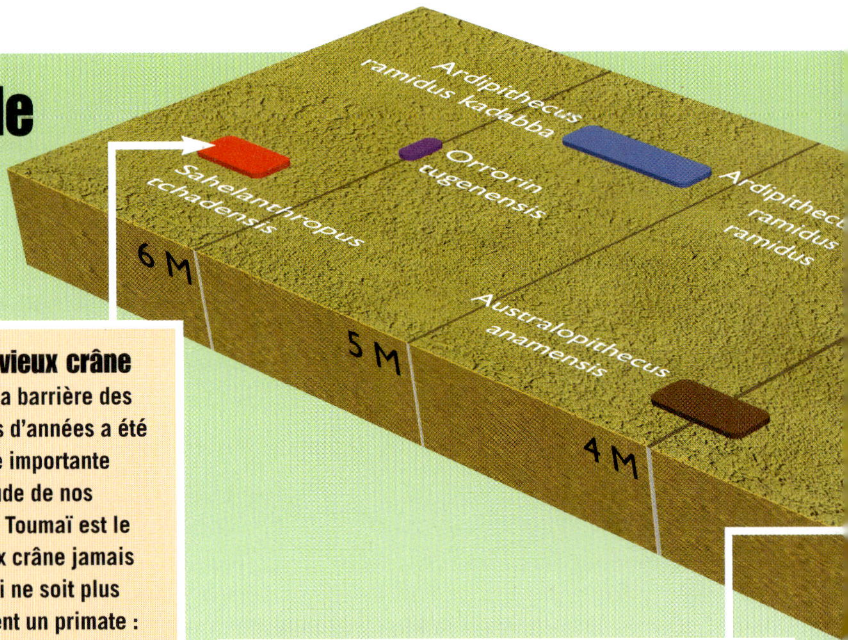

- Plus vieux crâne d'hominidé trouvé jusqu'à présent
- Ossements trouvés (pas encore de crâne)
- *Ardipithecus*, le « singe hardi »
- Pas encore complètement classifié
- *Australopithecus*, le « singe qui marche »
- Espèce humaine

Le plus vieux crâne

Franchir la barrière des 6 millions d'années a été une étape importante dans l'étude de nos ancêtres. Toumaï est le plus vieux crâne jamais trouvé qui ne soit plus simplement un primate : il présente, en effet, certaines caractéristiques clairement non simiesque.

La place de Lucy

On a cru qu'*Australopithecus afarensis* était un ancêtre des humains quand les restes d'un squelette baptisé Lucy furent découverts, dans les années 1970. Nous savons à présent que plusieurs espèces d'australopithèques coexistèrent avec différents *Homo*, dont *Homo erectus*. Il est possible qu'une autre espèce d'hominidés, *Kenyanthropus platyops*, soit notre ancêtre, alors que la lignée évolutive de Lucy a donné naissance à *Australopithecus boisei* et *Australopithecus robustus*, qui finirent par s'éteindre.

la recherche sur les bétaglobines : il y eut un certain nombre de métissages entre *sapiens* et *erectus*. Un fait est néanmoins certain : les populations d'*erectus* se retrouvèrent coincées sur des territoires toujours plus réduits : elles s'éteignirent, s'adaptèrent ou évoluèrent. En Europe, lors de la dernière période glaciaire, *Homo erectus* dut se retrouver coupé du reste du monde à cause de glaciers de plus en plus importants et évolua peut-être en *neanderthalensis,* comme le suggère le paléontologue Yves Coppens. Selon lui, en Asie du Sud-Est, *erectus* fut à nouveau isolé – cette fois par les eaux – sur des îles indonésiennes, notamment Java et Florès : il évolua alors en pithécanthrope (un *Homo erectus* également appelé homme de Java) et en *Homo floresiensis.*

Il est fort possible que des conflits entre *sapiens* et *erectus* aient été provoqués par une catastrophe naturelle (voir p. 169) : de dures conditions de vie, la raréfaction de la nourriture et la compétition pour la survie repoussèrent l'espèce la moins adaptée vers des régions plus pauvres, où elle avait encore moins de chances de subsister.

Seuls !

Pendant environ 200 000 ans, *Homo sapiens* et *erectus* coexistèrent : ils occupaient le même territoire, vivaient des mêmes ressources. Quand l'espèce la plus ancienne disparut, pour la première fois dans l'histoire de l'humanité, une seule resta : la nôtre. Nous devons néanmoins garder à l'esprit qu'il y a seulement 30 000 ans le titre d'espèce humaine unique restait encore à conquérir…

Faux!

En 1997, on pensait encore qu'*Homo erectus* s'était éteint avant l'apparition du moderne *Homo sapiens*. Mais la datation de dents de buffle présentes dans des sédiments à Java a permis de situer l'âge des fossiles d'*erectus* entre 27 000 et 53 000 ans, alors que les plus anciens restes d'*Homo sapiens* trouvés jusqu'ici ont près de 200 000 ans.

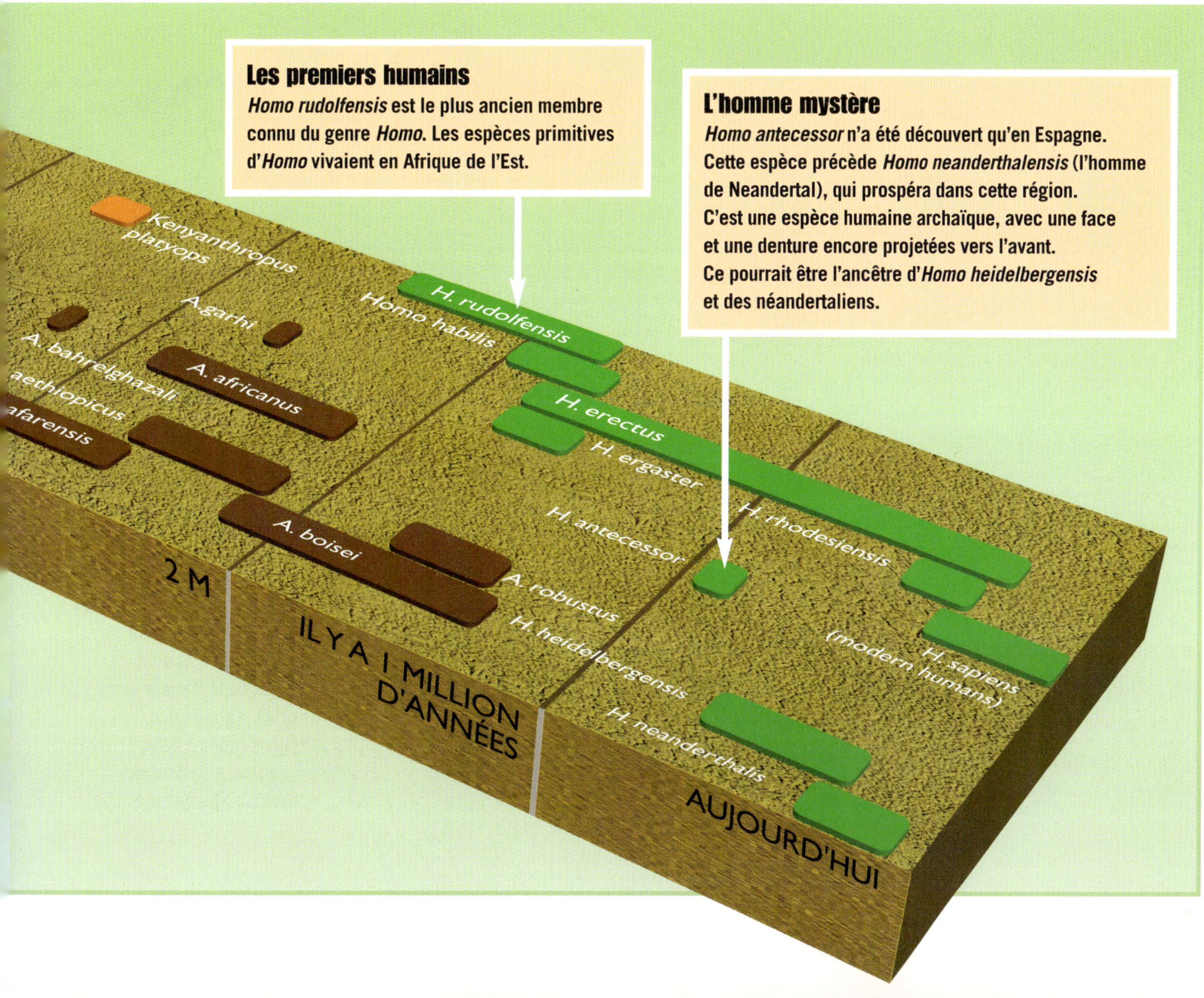

UN REPAS POUR DEUX

Comment la consommation de viande entraîna la monogamie

Le passage à une alimentation carnée multiplia les chances de survie des premiers hommes. Il eut une autre conséquence inattendue : il les amena à choisir de vivre en couple.

Nos plus vieux ancêtres vivaient à l'abri dans les arbres, et la forêt leur fournissait tout ce dont ils avaient besoin : fruits, graines, feuilles et jeunes pousses. Mais au miocène, il y a environ 15 millions d'années, les forêts commencèrent à disparaître à cause de la sécheresse. Les singes s'aventurèrent alors dans la savane, où ils trouvèrent une nourriture différente de celle à laquelle ils étaient habitués. De dangereux animaux sauvages y chassaient les troupeaux : leurs réflexes étaient vifs, leur course rapide… Les singes, eux, se caractérisaient par une relative lenteur. Ils prirent néanmoins le risque de se déplacer à découvert. Ce choix, qui aurait pu être fatal à la survie de l'espèce, fut en fait une véritable chance. Les singes découvrirent un trésor inattendu, qui accéléra leur évolution : de la viande morte, grasse, juteuse, aisément assimilable et riche en nutriments.

Grosses mâchoires et petit cerveau

Les études récentes de restes osseux associent l'évolution des hominidés à leur régime alimentaire : les dents larges de leurs premiers représentants, tels les australopithèques, sont bien adaptées à la mastication des plantes et des feuilles ; les mâchoires et les dents de leurs descendants sont même encore plus grosses. Mais chez des espèces plus proches de nous, les dents frontales (ou incisives) deviennent petites et tranchantes. Pour les experts

À LA RECHERCHE DE NOURRITURE **Comme nos ancêtres préhistoriques il y a 2,5 millions d'années, les chasseurs des tribus modernes du Botswana sillonnent la savane en groupe.**

DÉCOUPER POUR CONSERVER **Avec leur bord tranchant, ces outils, datant d'environ 1,5 million d'années, sont typiques de l'équipement du mangeur de viande. Ils permettaient de découper la chair en morceaux. Les fouilles menées en Afrique et en Asie permirent d'en découvrir de nombreux exemplaires.**

paléoanthropologues, elles témoignent d'un mécanisme d'adaptation lié à un nouveau régime alimentaire : les préhominidés avaient besoin de couper et de déchirer leur nourriture plutôt que de la mastiquer. Des entailles dans des os fossilisés d'antilope trouvés en Éthiopie en 1997 attestent qu'il y a 2,5 millions d'années déjà, la viande était découpée et certains os fendus pour en retirer la moelle.

Ces premiers hominidés carnivores prenaient les restes laissés par les lions et autres prédateurs. Puis ils devinrent ce que les anthropologues appellent des « charognards actifs » : plutôt que d'attendre, ils éloignaient les tueurs afin de se servir plus vite.

Ce nouveau régime entraîna de nombreux changements. Il y a environ 2 millions d'années en Afrique, la cage thoracique d'*Homo ergaster* et d'*Homo erectus* devint plus petite, ce qui correspond certainement à une diminution de la taille de l'estomac – la viande étant plus facile à digérer que les plantes coriaces et les racines. La manière de vivre se modifia également : la chair, à poids égal, nourrit davantage que la matière végétale ; quelques bouchées suffisent pour être rassasié. Par conséquent, il valait mieux rapporter à sa famille de la viande volée aux prédateurs que des fruits.

Le développement des capacités cérébrales

Le régime carnivore des premiers humains eut une conséquence primordiale sur l'évolution : la digestion s'allégeant, l'énergie disponible fut consacrée au développement du cerveau, qui grossit à chaque nouvelle génération. Les individus possédant les plus gros cerveaux développèrent leur intellect et mirent leur intelligence à profit pour trouver et réunir davantage de viande, augmentant ainsi leurs chances d'attirer l'attention des femelles en leur offrant de véritables festins. S'ils avaient plus d'enfants, le développement de leurs capacités cérébrales profitait aux générations suivantes, et ainsi de suite…

Parallèlement, les premiers humains mirent au point une stratégie afin de répartir au mieux la nourriture dont ils disposaient : ils inventèrent l'unité familiale. Les femmes en gestation ou qui allaitaient ne pouvaient se déplacer sur les lieux de chasse, se contentant, pour toute nourriture, de ramasser des végétaux trouvés alentour. Lorsque le groupe partait à la recherche de viande, les femmes absentes voulaient être sûres de recevoir leur part. De leur côté, les mâles avaient besoin de savoir que le produit de leur quête profiterait à leur descendance – c'est-à-dire à leurs propres gènes – et non aux enfants des autres, surtout en période de raréfaction de la nourriture. Les individus commencèrent alors à vivre en couple, limitant leurs relations sexuelles à un partenaire avec lequel ils formaient une petite équipe, s'entraidant pour un bénéfice mutuel. Selon cette théorie, c'est donc le partage d'une portion de viande qui aurait donné naissance à la vie de famille.

Le régime carnivore

– 7 MA — **Les hominidés s'aventurent hors des forêts et se nourrissent d'animaux morts.**

– 4 MA — **La consommation de viande, source de protéines, favorise l'augmentation de la taille du cerveau.**

L'alimentation carnée entraîne certaines modifications du squelette : l'abdomen devient plus petit et la cavité cérébrale nettement plus grande. Des outils de pierre sont utilisés pour enlever la peau et écraser les os afin d'en extraire la moelle.

– 2 MA

– 1 MA — **Les outils sont façonnés pour écorcher et trancher la viande. Début de la chasse organisée.**

MA = millions d'années

Histoires d'os

Un fragment d'os renseigne le paléoanthropologue sur le mode de vie des hommes préhistoriques ; une articulation complète révèle des détails importants sur leur locomotion ; et des analyses plus poussées permettent d'identifier certaines maladies, la malnutrition ou encore l'appartenance à une population.

Le premier examen d'un os par un paléoanthropologue lui permet de savoir s'il appartient à un être humain ou à un animal, et de déterminer sa place dans le squelette. Ensuite, il cherche à le dater, ce qu'il ne peut faire avec exactitude qu'en appliquant la technique de datation au carbone 14.

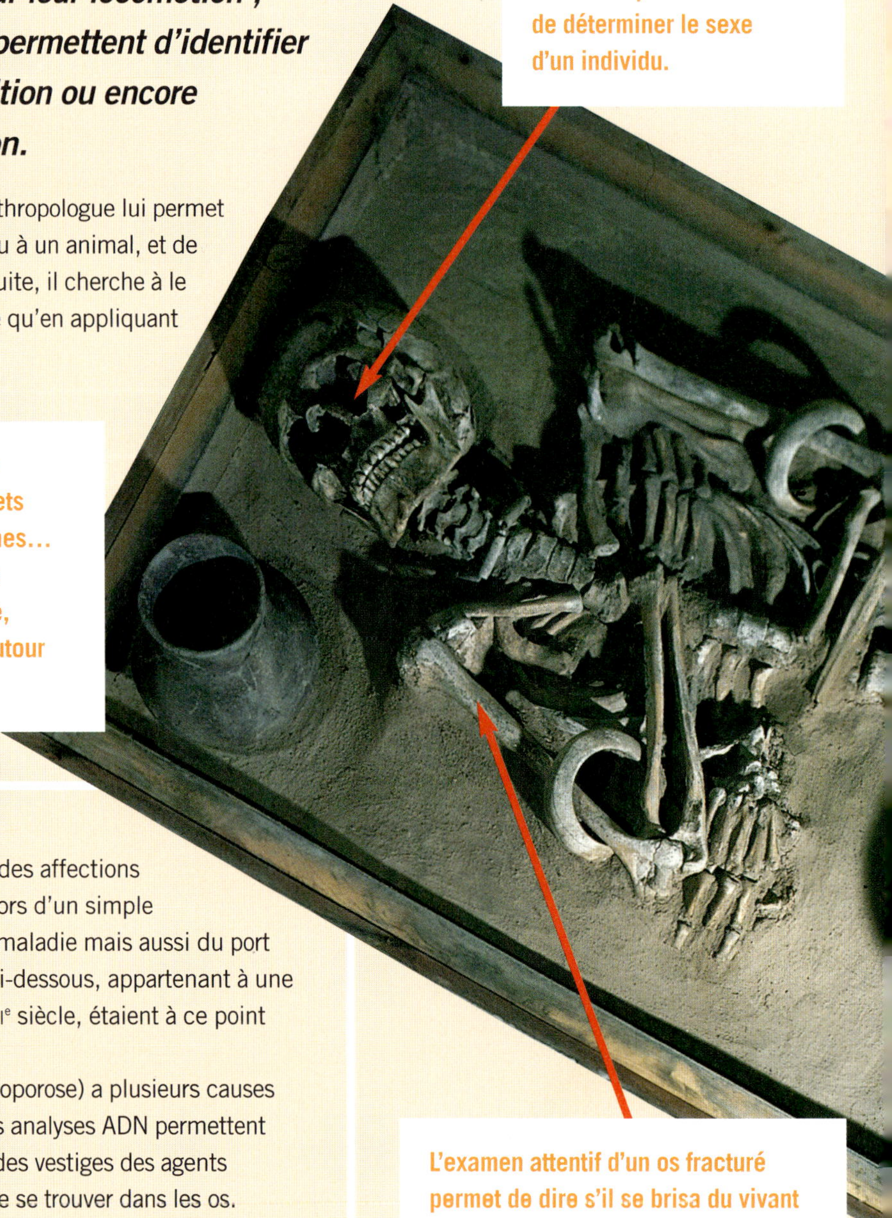

L'étude morphologique du crâne combinée à celle du bassin permet de déterminer le sexe d'un individu.

EMPORTÉS DANS LA TOMBE **Les tombes anciennes abritent souvent des objets personnels – nourriture, bijoux, armes… Dans cette sépulture du néolithique découverte à Rössen, en Allemagne, le squelette portait des bracelets autour des bras et des chevilles.**

L'examen attentif d'un os fracturé permet de dire s'il se brisa du vivant de son propriétaire ou après sa mort. Dans de nombreuses cultures préhistoriques, on remettait déjà les os fracturés en place – parfois à l'aide d'attelles –, mais ils se ressoudaient le plus souvent de travers, laissant la personne boiteuse, par exemple.

Signes de maladie

La dégénérescence des os causée par des affections telles que l'arthrite peut être décelée lors d'un simple examen visuel. C'est à cause de cette maladie mais aussi du port de chaussures inadaptées que les os ci-dessous, appartenant à une vieille femme anglaise ayant vécu au XIe siècle, étaient à ce point déformés et partiellement soudés.

Une porosité osseuse excessive (ostéoporose) a plusieurs causes possibles, dont la syphilis. Des analyses ADN permettent d'identifier la maladie, car des vestiges des agents pathogènes peuvent encore se trouver dans les os. Les chercheurs collectent ce type d'os pour tenter de savoir comment la syphilis se propagea à travers le monde. Ainsi, des recherches récentes prouveraient que cette affection ne fut pas amenée en Europe par les explorateurs du Nouveau Monde, comme on le pensait jusqu'à présent.

Un véritable puzzle

La collecte d'ossements préhistoriques pourrait se comparer à la reconstitution d'un puzzle. Par exemple, seuls 40 % des os de l'australopithèque *(Australopithecus afarensis)* Lucy (à droite) ont été retrouvés, dont cinq petits fragments du crâne et une mâchoire. Ils étaient éparpillés sur une pente, et beaucoup furent entraînés au loin par l'érosion et les pluies. Mais, même fragmentaire, ce squelette vieux de 3,5 millions d'années reste le plus complet dont on dispose datant de cette époque reculée.

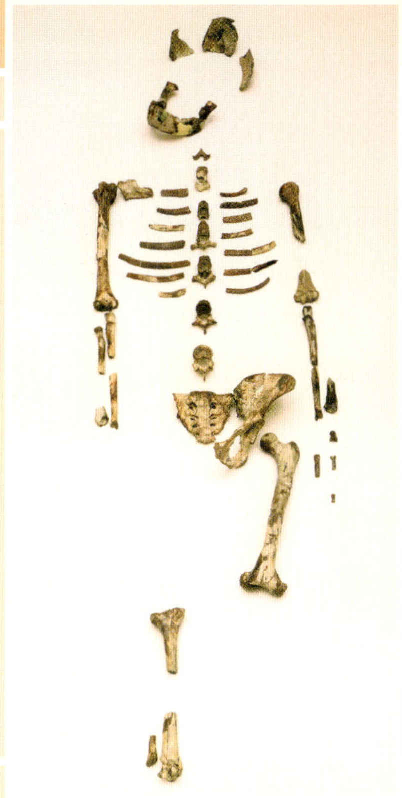

Son omoplate est plus proche de celle d'un chimpanzé que de celle d'un être humain : les bras de Lucy pouvaient facilement supporter son poids lorsqu'elle se suspendait aux branches

Le centre de gravité de Lucy était situé bien en dessous d'elle quand elle reportait son poids d'un pied sur l'autre, lui donnant une démarche moderne.

Le genou de Lucy se dépliait complètement, ce qui indique que l'effort de la station debout était, comme pour nous, supporté par les os et non par les muscles de ses jambes.

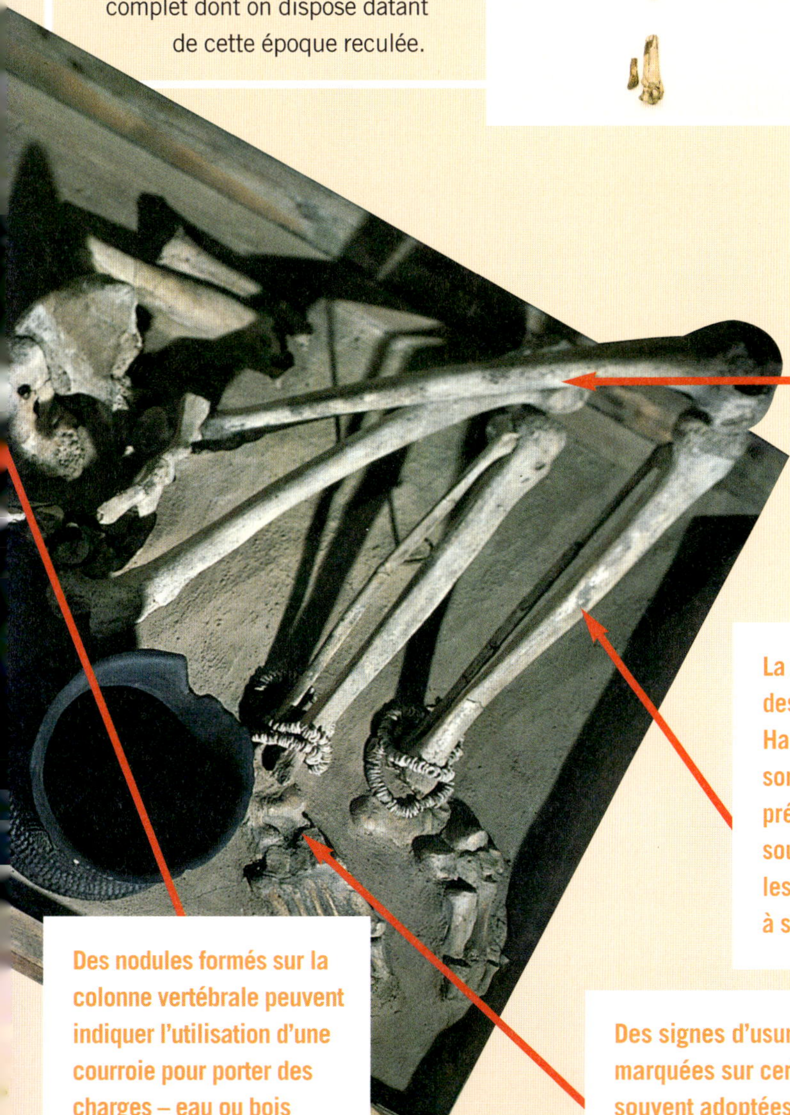

La longueur du fémur permet de calculer la taille d'une personne : en effet, la relation entre la longueur de la jambe (et celle du bras) et la hauteur totale est à peu près constante chez tous les *Homo sapiens* : il suffit de multiplier la longueur du fémur en centimètres par 2,6 et d'ajouter 65 cm pour savoir combien mesurait un être humain, quel que soit son sexe.

La radiographie du fémur et du tibia peut révéler des troubles de l'ossification appelés lignes de Harris, dus à des arrêts de croissance. Ces lignes sont souvent présentes sur les os des populations préhistoriques qui s'essayaient à la culture et souffraient de famine ; elles disparurent lorsque les hommes acquirent de l'expérience et apprirent à stocker la nourriture.

Des nodules formés sur la colonne vertébrale peuvent indiquer l'utilisation d'une courroie pour porter des charges – eau ou bois de chauffe.

Des signes d'usure ou des insertions musculaires marquées sur certains os révèlent les postures le plus souvent adoptées par un être humain. Ainsi, des insertions à la cheville suggèrent qu'il se tenait fréquemment accroupi.

PREMIER, PAS PRIMITIF

L'homme de Neandertal n'était ni un sauvage ni une brute

L'homme de Neandertal a longtemps été considéré comme un « affreux » sous-homme, à peine plus évolué qu'un singe. En réalité, les dernières découvertes prouvent qu'il était aussi intelligent que nous, inventif, organisé et sensible.

UNE CRUAUTÉ ANIMALE Dans son livre *The Outline of History – Esquisse de l'histoire universelle* – (1920), l'auteur anglais H. G. Wells décrit les néandertaliens comme « d'horribles bêtes ». Les illustrations (ci-dessous) renforcèrent cette vision erronée.

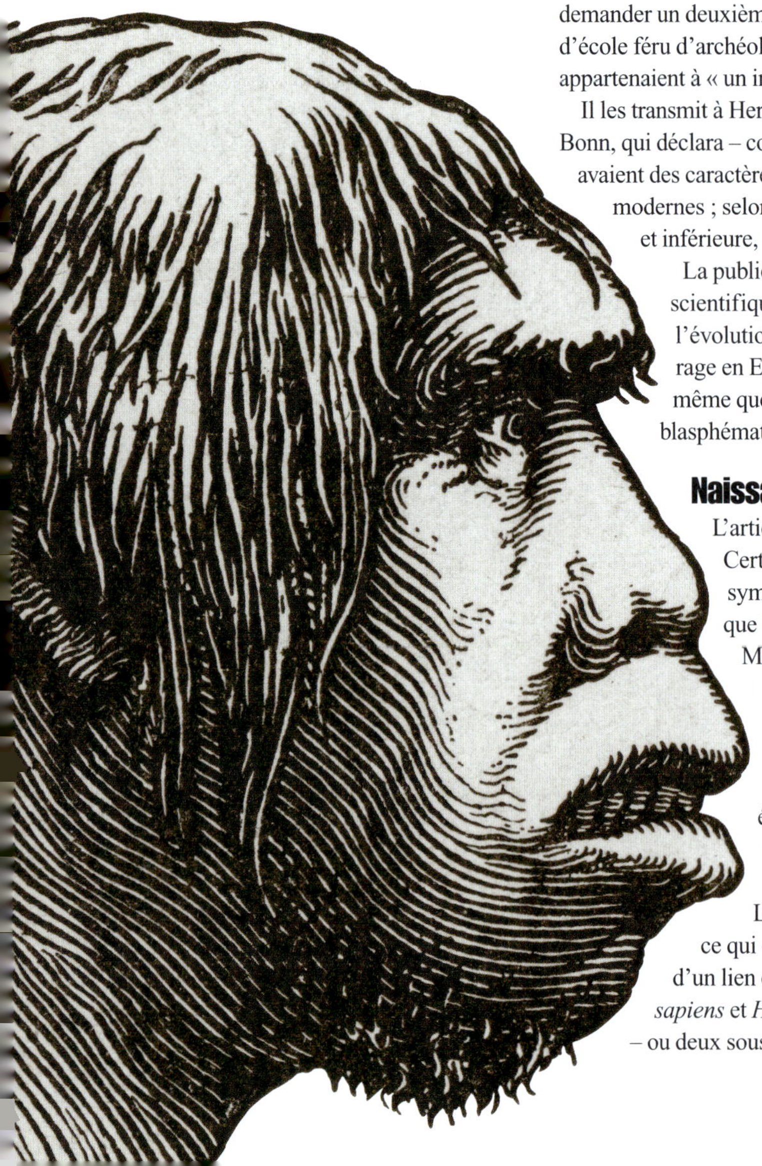

Par une chaude journée d'août 1856, sur les hauteurs de la vallée du Neander (Neandertal en allemand), près de Düsseldorf, des ouvriers mirent au jour l'entrée d'une petite grotte. À l'intérieur, ils découvrirent divers ossements et un crâne incomplet : il s'agissait du sommet d'une boîte crânienne, épais et rond, qui finissait au ras des orbites et se caractérisait par des arcades sourcilières étonnamment proéminentes. Dans un premier temps, on pensa que ces os étaient ceux d'un ours des cavernes, mais quelqu'un les trouva suffisamment étranges pour demander un deuxième examen. Les ouvriers les apportèrent donc à un maître d'école féru d'archéologie, Johann Carl Fuhlrott. Ce dernier affirma que les ossements appartenaient à « un individu très ancien de la race humaine » mais ne put en dire plus.

Il les transmit à Hermann Schaafhausen, professeur d'anatomie à l'université de Bonn, qui déclara – comme Fuhlrott – que les ossements de la vallée du Neander avaient des caractères humains mais étaient nettement différents de ceux des hommes modernes ; selon lui, il s'agissait des restes d'une espèce humaine primitive et inférieure, aujourd'hui éteinte.

La publication de ces conclusions déchaîna un tollé dans la communauté scientifique allemande. Darwin n'avait pas encore publié sa théorie de l'évolution, et les débats concernant les origines de l'homme faisaient rage en Europe. Pour beaucoup, même dans le cercle scientifique, l'idée même que les espèces pouvaient se modifier au cours du temps était blasphématoire car elle contredisait le récit biblique de la Création.

Naissance d'une réputation

L'article de Schaafhausen fut au centre de toutes les polémiques. Certains soutenaient que l'épaisse arcade sourcilière était le symptôme d'un rachitisme ou d'une autre affection, ou encore que les os appartenaient à un fou. C'est le professeur August Mayer, un collègue d'université de Schaffhausen, qui imagina la thèse la plus surprenante : après un examen approfondi des ossements, il conclut qu'il s'agissait de ceux d'un cosaque mort en poursuivant les armées de Napoléon à travers l'Europe ! La déformation de l'arcade sourcilière était due aux grimaces de souffrance provoquées par ses blessures de guerre…

D'autres découvertes suivirent celle de la vallée du Neander. Les ossements appartenaient avec certitude à la même espèce, ce qui confirma l'ancienneté du premier crâne mais renforça l'idée d'un lien entre les néandertaliens et l'espèce humaine : pourtant, *Homo sapiens* et *Homo neanderthalensis* sont deux espèces bien distinctes – ou deux sous-espèces, selon les chercheurs.

Un autre spécimen fut découvert en 1908 à La Chapelle-aux-Saints, en Corrèze. Marcellin Boule, professeur de paléontologie au Muséum national d'histoire naturelle de Paris, l'examina soigneusement et passa deux ans à mesurer, dessiner et reconstruire le squelette. Il nota que le crâne était long et bas, les arcades sourcilières proéminentes, la face large et saillante, le front fuyant. Les genoux tordus, les jambes et les pieds arqués, la colonne vertébrale en forme de C l'amenèrent à conclure que cette brute au pas traînant ne pouvait être reliée à l'homme moderne.

Cependant, Boule fit une première erreur cruciale : l'homme de La Chapelle-aux-Saints était effectivement un individu voûté à la démarche hésitante… mais seulement parce qu'il était perclus d'arthrite ! En mauvaise santé, il dut mourir à environ 30 ans – un âge plutôt respectable pour un néandertalien. La seconde erreur de Boule fut de supposer que tous les hommes de Neandertal avaient des traits physiques similaires. Dans son livre *les Hommes fossiles,* largement diffusé, il les représentait nus ou vêtus de fourrures grossières, armés de massues, debout devant les grottes à l'intérieur desquelles ils étaient censés habiter.

Ainsi naquit l'image d'Épinal de « l'homme des cavernes ». L'anatomie était incorrecte, la massue et l'attitude malveillante purement imaginaires, mais le cliché resta.

À la lumière des analyses modernes

Cette représentation imaginaire résista au temps, jusqu'à ce que de nouvelles recherches remettent en cause le caractère simiesque de l'homme de Neandertal. Les anthropologues étudient aujourd'hui les restes fossiles de près de cinq cents néandertaliens, dont quelques douzaines de squelettes presque complets. L'analyse de l'ADN mitochondrial extrait de leurs os a révélé leur parenté génétique avec l'homme moderne. Grâce aux images tomographiques de l'intérieur des ossements, les chercheurs ont pu déterminer les étapes de leur croissance, et ce depuis l'enfance. Une meilleure compréhension de la manière dont les mouvements affectent les os a également permis de décrire leur mode de vie. Bref, il est aujourd'hui possible d'avoir une image précise des néandertaliens.

Ils présentent ce que les paléoanthropologues appellent une mosaïque de caractères morphologiques, c'est-à-dire quelques caractères archaïques hérités de leur prédécesseur (caractères plésiomorphes) et des caractères évolués (caractères apomorphes). Les caractères évolués peuvent être communs avec *Homo sapiens* (caractères synapomorphes) ou être des caractères dérivés spécifiques (caractères autapomorphes). Seuls ces derniers permettent d'identifier l'espèce lors de l'examen d'un fossile. Les caractères plésiomorphes des néandertaliens sont un épaississement osseux au-dessus des orbites (dit bourrelet sus-orbitaire), un front fuyant et l'absence de menton ; leurs caractères synapomorphes sont un cerveau volumineux et des molaires de dimension réduite – comme *Homo sapiens* ; enfin, leurs caractères autapomorphes sont une face allongée de forme particulière, des orbites hautes et arrondies, une vaste cavité nasale, une arcade dentaire et un nez avancés, des pommettes en retrait, un espace séparant les dents du fond de la branche montante de la mandibule, dit espace rétro-molaire, un crâne au profil circulaire en vue postérieure (alors que le crâne de tous les autres hominidés présente un profil pentagonal), un os occipital formant une sorte de chignon et caractérisé par une fosse en son centre (la fosse sus-iniaque).

Les néandertaliens étaient beaucoup plus musclés que les *Homo sapiens.* L'étude de leurs vertèbres indique qu'ils transportaient de lourdes charges – probablement des carcasses d'animaux – sur de longues distances. Leurs squelettes révèlent fréquemment des traces de fractures plus ou moins

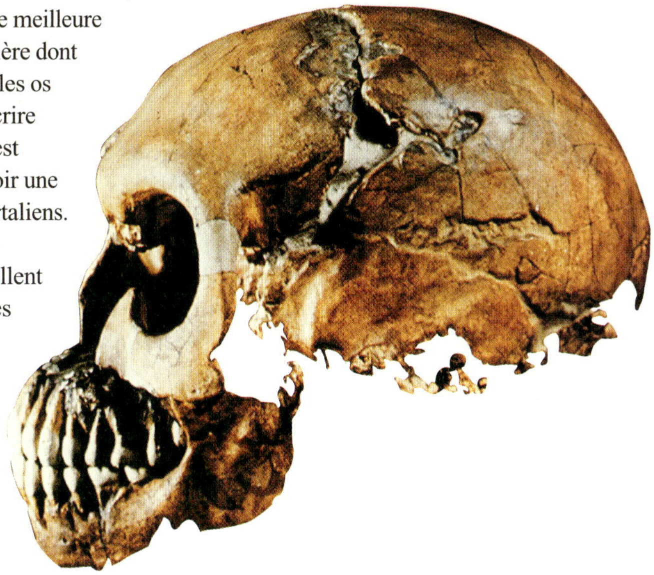

UN PROFIL AMBIGU Les maxillaires puissants et prognathes des crânes découverts au début du XXe siècle poussèrent les dessinateurs à réaliser des illustrations peu flatteuses. Mais les images récemment recréées sur ordinateur montrent des visages plus sympathiques.

bien guéries : il était rare qu'un néandertalien atteigne l'âge de 20 ans sans s'être cassé quelque chose. La plupart mouraient à l'adolescence, souvent à la chasse. La mortalité des femmes en couches était importante, mais leurs fractures osseuses montrent aussi qu'elles participaient activement à des activités dangereuses aux côtés des hommes.

Les traits spécifiques aux néandertaliens ont souvent été présentés comme des adaptations au froid, ce qui est en partie vrai : comme eux, les populations vivant dans les régions proches du Pôle ont des membres courts et robustes. Le climat ne suffit néanmoins pas à expliquer cette évolution ; des facteurs écologiques liés aux avancées glaciaires, tels l'isolation de la population et le faible brassage génétique, durent également intervenir.

Le cerveau des néandertaliens était proportionnellement plus gros que le nôtre. Les restes d'un garçon de 9 ans trouvé à Teshik-Tash, en Ouzbékistan, révèlent ainsi une capacité crânienne de 1 500 cm^3 – plus que celle d'un humain adulte aujourd'hui, qui avoisine en moyenne 1 200 cm^3. L'examen d'un crâne exhumé en 1983 sur le site de Kébara, en Israël, permet de penser qu'ils étaient capables de communiquer verbalement mais ne possédaient probablement pas le langage tel que nous le connaissons. Des tests effectués sur une cavité buccale reconstituée ont conclu qu'ils pouvaient prononcer au moins trois voyelles distinctes.

Des chasseurs courageux et efficaces

L'emplacement des sites de chasse des néandertaliens prouve qu'ils maîtrisaient parfaitement leur environnement proche. Ils se débrouillaient pour rabattre les bisons, rennes et autres ruminants sauvages vers des vallées où les bêtes se retrouvaient piégées, et pour faire tomber dans des ravins les mammouths et les rhinocéros laineux. Excellents chasseurs, ils ne manquaient pas de courage : ils pouvaient affronter les animaux les plus dangereux – la découverte en Allemagne d'un pieu de bois aiguisé fiché dans la cage thoracique d'un éléphant en témoigne.

CONFECTION DE VÊTEMENTS Un diorama du Muséum d'histoire naturelle américain, à New York, suggère que l'homme de Neandertal savait nettoyer et tanner les peaux d'animaux pour en faire des vêtements – sans doute avec les dents, comme le révèle l'usure des incisives de certains crânes néandertaliens.

Les hommes du froid

Les néandertaliens étaient des Européens – la plupart des vestiges paléontologiques ont été découverts dans l'ouest de la France, bien que des sites aient aussi été identifiés beaucoup plus au sud, jusqu'en Iraq, mais aussi très à l'est, jusqu'en Asie centrale. Ils prospérèrent durant la dernière glaciation, il y a entre 500 000 et 30 000 ans, alors qu'ils vivaient dans des zones froides et inhospitalières.

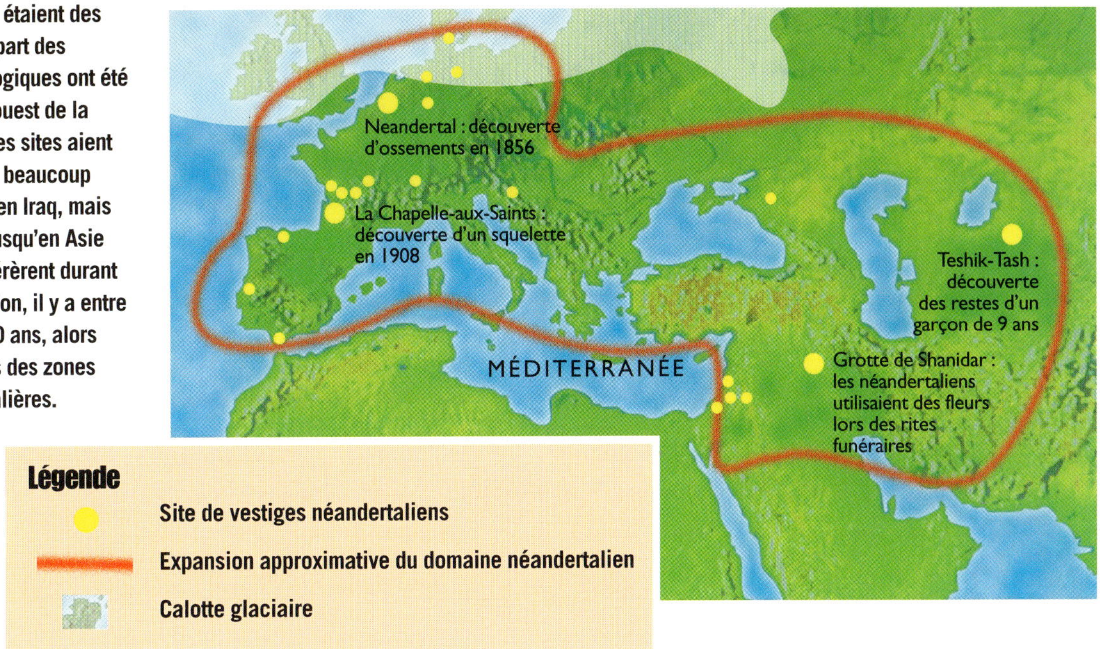

Ils savaient façonner des outils aussi divers que variés et utilisaient des couteaux de silex pour transpercer la peau épaisse des mammouths. Ils inventèrent et perfectionnèrent le débitage dit Levallois, qui se caractérise par la fabrication de pièces élaborées de forme identique à partir d'un même bloc de pierre, le nucléus. Ils utilisaient des poinçons pour faire des trous dans les fourrures qui leur servaient de vêtements. Ils fabriquaient même des bijoux en perçant des coquillages ou des dents qu'ils suspendaient sans doute à des tresses végétales ou à des lanières de peau.

Ils vivaient la plupart du temps dans des grottes situées en hauteur sur des falaises, d'où ils pouvaient surveiller le gibier. Nous savons qu'ils s'y installaient autour d'un feu : l'analyse des restes d'un rondin trouvé dans une grotte près de Madrid, en Espagne, montre que celui-ci fut utilisé comme siège près d'un foyer.

Sur un site français, la découverte d'un « piquet de tente » enfoncé dans le sol est encore plus intéressante : les néandertaliens n'étaient donc pas tous des hommes des cavernes… certains fabriquaient leur propre abri.

Le respect des morts

Inventifs, les hommes de Neandertal cherchaient à améliorer leurs conditions de vie. Ils étaient sociables et vivaient en groupes familiaux : les études menées sur le squelette d'un homme âgé et invalide révèlent qu'il reçut manifestement des soins constants durant plusieurs années.

Le plus étonnant est leur souci des morts, qui trahit un certain degré de conscience spirituelle. Ces premiers hommes prenaient la peine d'enterrer avec soin leurs congénères : un squelette trouvé en Dordogne reposait sur le côté, un bras soutenant sa tête. En Iraq, sur le site de Shanidar, la découverte de traces de pollen avec les ossements indique que des fleurs avaient été déposées sur le corps dans le cadre d'un rituel funéraire inconnu.

Contrairement aux idées reçues, les néandertaliens n'étaient donc pas des sous-hommes à l'esprit obscur. Ils appartenaient simplement à une espèce différente, qui survécut en Europe durant près de 500 000 ans : pendant les 200 000 dernières années de cette période, nos ancêtres partagèrent le monde avec eux.

LOIN DES CAVERNES Cette reconstruction faciale d'un homme de Neandertal tient compte des récentes découvertes. On sait qu'il s'agissait d'un être dont la pensée était construite, pas si différent de l'*Homo sapiens* de l'ère glaciaire.

VERS L'AMÉRIQUE

Les premiers Américains étaient asiatiques

Les théories sur l'origine des premiers habitants du continent américain sont nombreuses et alimentent toujours un vif débat au sein de la communauté scientifique… Venaient-ils de Sibérie, d'Europe, d'Australie, d'Asie ? La multiplicité des hypothèses prouve juste que tous les chemins menèrent – à des époques différentes – en Amérique.

La pointe de lance en silex découverte en 1933 sur un site archéologique près de Clovis, au Nouveau-Mexique, est longtemps restée le plus vieil objet façonné par l'homme découvert en Amérique. La lame, aiguisée des deux côtés, était manifestement destinée à tuer – et y parvint : à proximité se trouvait un squelette de mammouth laineux vieux de 11 500 ans, probablement blessé à mort par la pointe acérée… Le chasseur qui tenait la lance serait donc le plus ancien Américain connu. Les paléontologues ont depuis retrouvé beaucoup d'autres outils datant, semble-t-il, de la même période et réalisés par ce peuple appelé peuple de Clovis. L'expansion de ce dernier coïncide d'ailleurs avec l'extinction des gros animaux en Amérique du Nord : mammouth mais aussi tatou géant, paresseux géant, grand ours noir… Les hommes n'avaient pas peur de s'attaquer à ce type de gibier, et leurs pointes bifaces à double tranchant étaient redoutablement efficaces.

À pied d'un continent à l'autre

La découverte de cette pointe de lance fut le point de départ d'un vif débat dans la communauté scientifique. D'où venaient ces premiers Américains ? Comment étaient-ils arrivés ? Avaient-ils vraiment été les premiers à s'installer ? Pour la plupart des préhistoriens, qui étudient des événements s'échelonnant sur des centaines de milliers – voire de millions – d'années, une marge d'erreur de quelques millénaires n'est pas significative. Mais la colonisation de l'Amérique est relativement récente, comme en témoignent les vestiges – en termes paléontologiques, c'est un peu comme si elle avait eu lieu avant-hier : par conséquent, une incertitude de 2 000 ou 3 000 ans peut être à l'origine d'hypothèses erronées sur le déroulement des événements. Jusqu'au peuple de Clovis, chaque nouvelle découverte faisait l'effet d'une bombe, remettant en cause les théories précédemment développées et suscitant la polémique.

POINTES EN PIERRE TAILLÉE Les pointes finement travaillées trouvées sur le site de Clovis, au Nouveau-Mexique (États-Unis), démontrent que des guerriers accomplis vivaient en Amérique du Nord 10 000 ans avant J.-C. Néanmoins, les recherches le confirment : d'autres hommes s'installèrent sur le continent bien avant le peuple de Clovis.

Après 1933, les chercheurs parvinrent à s'accorder sur un point : le peuple de Clovis était venu de Sibérie via le détroit de Béring à la fin de la dernière période glaciaire. À cette époque, le niveau des mers était environ 90 m plus bas qu'aujourd'hui. Un bras de terre, la Béringie, reliait la Sibérie à l'Alaska. Les hommes de Clovis empruntèrent cette étroite bande de prairies herbeuses, riche en gibier et en plantes comestibles, pour passer à pied sec d'un continent à l'autre.

La « barrière Clovis »

Dans les années 1960, il était donc communément admis que des hommes arrivèrent en Amérique vers 10000 avant J.-C. : plus tôt, la glace recouvrait la Béringie. On appela cette date charnière la « barrière Clovis ». Ces individus venaient de l'est de l'Asie, comme l'attestent les vestiges archéologiques : des pointes de lance finement travaillées, semblables à celles que l'on découvrit en Amérique, furent mises au jour en Sibérie, près de l'endroit où se trouvait la Béringie avant qu'elle ne soit recouverte par l'océan Arctique. Autrefois, une population de culture Dyuktai (entre 35000 et 11000 avant J.-C.) peuplait cette région de Sibérie, la Sakha-Yakoutie. S'agissait-il des ancêtres du peuple de Clovis ? Faute de preuves, difficile de l'affirmer avec certitude…

Plus récemment, des études génétiques amenèrent les chercheurs à s'intéresser à une autre région de l'est de l'Eurasie, qui pourrait être le lieu d'origine des Amérindiens – l'ADN de ces derniers montre en effet un lien étroit avec les peuples du Nord-Est asiatique et de la Mongolie. Certains Amérindiens ont par exemple des incisives en forme de pelle, caractère morphologique que l'on retrouve notamment chez les Mongols et dans le nord-est de l'Asie. Cela ne peut être une coïncidence…

Ainsi, tandis que des paléontologues essayaient d'en savoir plus sur le peuple de Clovis, d'autres entreprenaient de démolir la fameuse barrière du même nom… Selon cette nouvelle génération de chercheurs, il existait plusieurs preuves d'une présence humaine en Amérique bien antérieure. Suite à ces affirmations, le débat fut si vif que la paléoanthropologie américaine se divisa en deux camps : « Clovis » et « pré-Clovis ». Ceux qui soutenaient la thèse d'un peuplement plus ancien n'étaient pas tous d'accord, mais s'accordaient sur un fait : des hommes vivaient en Amérique il y a plus de 10 000 ans.

La traversée de l'Atlantique

En examinant les pointes de silex de Clovis, des paléontologues firent un étonnant rapprochement : elles ressemblaient à celles qu'utilisaient les peuples solutréens, qui vivaient en Europe, et notamment dans la péninsule Ibérique et le sud-ouest de la France, au paléolithique. Le peuple de Clovis était-il originaire d'Europe de l'Ouest ? Les tenants de cette théorie affirment avoir établi un lien entre la langue des Indiens Crees et celle des Basques qui peuplent aujourd'hui les Pyrénées. Selon eux, la traversée du turbulent océan Atlantique était tout à fait possible durant la période glaciaire : les hommes pouvaient se réfugier sur les icebergs lorsque le temps devenait trop mauvais,

SUR LES TRACES DES PREMIERS AMÉRICAINS
À la faveur d'une période tempérée de l'ère glaciaire, des hommes gagnèrent le sol américain en passant à pied sur les terres émergées du détroit de Béring. Néanmoins, de nombreux chercheurs pensent que, bien avant cet épisode, des individus avaient longé la côte pacifique du continent à bord de petits esquifs.

et leur outillage perfectionné leur permettait de pêcher et de chasser sur la banquise.

Pour la majorité des experts, cette théorie – ironiquement résumée par la formule « Ibérie, pas Sibérie » – reste douteuse. Toutefois, l'Espagne n'est pas le plus lointain des lieux envisagés : certains scientifiques sont convaincus que les premiers Américains étaient en fait australiens.

En 1999, on confia à Richard Neave, professeur à l'université de Manchester spécialisé dans la reconstitution faciale, le crâne d'un squelette trouvé dans les années 1970 au Brésil et surnommé Luzi. Vieux de 12 000 ans – date bien postérieure à la « barrière Clovis » –, c'était l'un des plus anciens squelettes complets jamais trouvés sur le sol américain. Quelle ne fut pas la surprise de Neave lorsqu'il eut terminé la reconstitution du visage de Luzia : cette femme d'une vingtaine d'années présentait des traits morphologiquement proches de ceux des populations africaines modernes et des Aborigènes. La ressemblance avec les peuples venus de Sibérie et les Amérindiens modernes était bien loin ! Certains des premiers humains qui quittèrent l'Afrique pour gagner l'Australie il y a 40 000 ans auraient-ils atteint le sud de l'Amérique ?

À mesure que les datations reculent, la théorie de la « barrière Clovis » semble de plus en plus improbable. On sait par exemple que des hommes occupaient le site de Monte Verde, au Chili, il y a environ 14 500 ans : les chercheurs y ont mis au jour les fondations d'une douzaine d'abris fabriqués avec des poteaux recouverts de peaux d'animaux mais aussi des os de mastodonte, des outils, des pointes de lance, des objets en bois – dont un mortier –, et ont relevé une empreinte de pas dans de l'argile, probablement celle d'un enfant. À partir de 1997, d'autres fouilles sur les lieux ont permis de découvrir les traces d'un campement encore plus ancien – appelé Monte Verde I –, qui daterait de 33000 avant J.-C. De même au Brésil, à Pedra Furada, la datation de charbon de bois au carbone 14 atteste d'une présence humaine il y a plus de 50 000 ans. Et de nombreux outils, des restes humains mais aussi des peintures rupestres (réalisées vers 10000 avant J.-C.) ont été retrouvés dans cet abri sous roche.

D'autres êtres humains foulèrent le sol de l'Amérique du Sud bien avant le passage du peuple de Clovis par le détroit de Béring. Ces hommes arrivaient peut-être d'Australie ou du Pacifique Sud. Ou, s'ils venaient du nord – avant que la route terrestre ne devienne praticable –, peut-être longèrent-ils la côte en canoë, s'arrêtant fréquemment pour chasser et se reposer.

Des cousins japonais

La route du nord a d'ailleurs fait l'objet d'une autre étude intéressante, publiée en 2001. Les anthropologues de l'université du Michigan comparèrent des crânes préhistoriques et modernes venus du monde entier. Les mesures effectuées, notamment celles de la hauteur de l'os nasal, mirent en

Sibériens
D'anciens peuples sibériens passèrent en Amérique du Nord, mais il n'y a aujourd'hui plus de traces génétiques de leurs descendants.

Mongols
Les Mongols et certaines populations asiatiques et amérindiennes ont une caractéristique commune : des incisives en forme de pelle qui seraient une preuve de leur parenté.

Aïnous
Cette minorité ethnique du Japon moderne pourrait avoir des ancêtres communs avec les Sioux, les Pieds-Noirs et les Cherokees.

Inuits
Les Inuits sont apparentés aux Chukchis, peuple nomade qui vit toujours en Sibérie.

Aléoutiens
La divergence génétique avec les Inuits survenue il y a environ 9 000 ans prouve que les Aléoutiens furent isolés peu après leur traversée du détroit de Béring.

Pieds-Noirs
Selon des études morphométriques effectuées sur des crânes, les Pieds-Noirs mais aussi des Sioux et des Cherokees seraient originaires du Japon.

Crees
De possibles liens entre la langue des Indiens Crees et celle des Basques rendent la majorité des chercheurs sceptiques.

Apaches
Apaches et Navajos sont ethniquement distincts des autres Amérindiens. Un chercheur pense que leurs langues (très proches) ont des racines sino-tibétaines.

Le peuplement du continent américain

Les vagues de peuplement de l'Amérique du Nord et du Sud se sont succédé sur plusieurs dizaines de milliers d'années. Certaines populations arrivèrent à pied, d'autres peut-être par bateau.

Les chercheurs disposent aujourd'hui de toute une série de méthodes scientifiques pour retracer l'origine de ces différents peuples : calcul des profils génétiques, études linguistiques et mesures anthropométriques… Les résultats, corroborés par les données archéologiques, ont permis d'établir l'histoire et la carte du peuplement du continent américain.

Les populations actuellement connues sont originaires de régions du Nord-Est asiatique, d'où elles arrivèrent par des flux migratoires distincts. Des immigrants vinrent peut-être d'Australie ou même d'Europe, mais il n'en reste aujourd'hui aucune trace.

Yanomanis
Des similarités génétiques avec les Inuits montrent que les Yanomanis sont, comme eux, originaires du Nord-Est asiatique puis migrèrent jusqu'au Brésil.

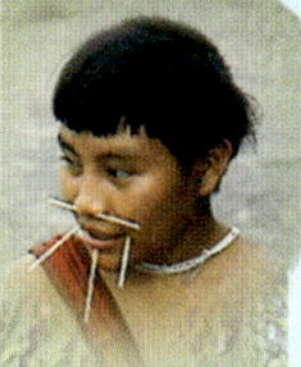

évidence des ressemblances entre les Jomon – première population de la région orientale du Japon – et certains Amérindiens établis au cœur de l'Amérique du Nord. Les descendants des Jomon, les Aïnous, sont ethniquement distincts des Japonais modernes. Ils vivent toujours sur l'île d'Hokkaido, au nord du Japon, qui faisait autrefois partie intégrante de la masse terrestre que forme aujourd'hui l'Asie du Nord-Est. Leurs cousins américains sont les Sioux, les Pieds-Noirs et les Cherokees. Alors, qui furent les premiers Américains ? La question reste posée… Il y eut manifestement plusieurs vagues de peuplement aux origines très variées, les paléoanthropologues sont de plus en plus nombreux à en être convaincus. Néanmoins, ces populations ne laissèrent peut-être pas toutes des traces archéologiques, seulement des traces génétiques.

Histoire et datation

Depuis le milieu du XXe siècle, des techniques de plus en plus perfectionnées permettent aux paléontologues de dater les vestiges – objets, restes animaux ou humains… – avec beaucoup de précision.

Les archéologues fouillent la terre et les sédiments couche par couche, pour bien comprendre l'occupation et la chronologie d'un site. Ils comparent les objets ou artefacts à d'autres déjà datés afin de déterminer l'âge de chacune des couches. Les tombes ou les objets uniques découverts hors contexte stratigraphique posent parfois problème : aujourd'hui toutefois, des échantillons peuvent être envoyés à un laboratoire, qui se chargera de les dater. Quand aucune comparaison entre objets n'est possible – sur les sites préhistoriques, par exemple –, une datation radiométrique basée sur le taux de désintégration des isotopes radioactifs permet de déterminer à quelle époque un animal est mort, ou quand une sédimentation ou une minéralisation ont eu lieu.

Preuves lumineuses

Presque tous les minéraux naturels sont thermoluminescents. Au fil du temps, ils absorbent des électrons : lorsqu'un objet est chauffé, les électrons libèrent une certaine énergie sous la forme de photons. Les scientifiques mesurent l'intensité de cette lumière afin de savoir combien de temps s'est écoulé depuis que l'objet a été porté à haute température pour la dernière fois – par exemple, à quelle époque un pot d'argile a été cuit.

Des événements naturels anciens, telles des éruptions volcaniques, peuvent également être datés par thermoluminescence, tout comme les silex taillés au paléolithique – les hommes préhistoriques les chauffaient pour les travailler plus facilement.

La plus ancienne poterie cuite découverte à ce jour (à gauche) fut réalisée au Japon durant la période Jomon, qui débuta il y a environ 12 700 ans.

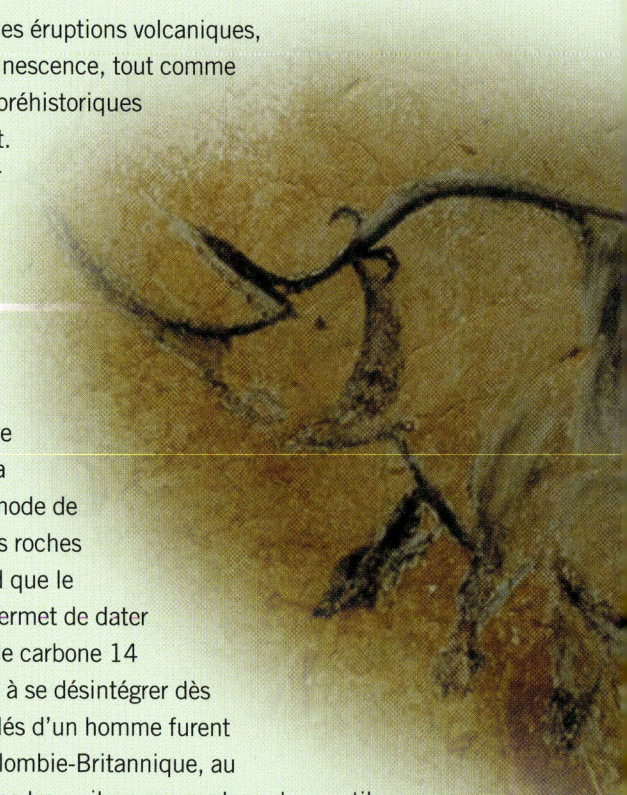

Demi-vie, histoire complète

De nombreux éléments chimiques sont radioactifs. Ils se désintègrent à un rythme fixe sur une période donnée. On appelle demi-vie d'un élément radioactif le temps nécessaire pour que la moitié de ses atomes radioactifs se désintègrent. Grâce à la méthode de datation au potassium-argon (K-Ar), on peut déterminer l'âge des roches et des minéraux, tandis que le carbone 14 (un isotope plus lourd que le carbone commun), présent dans l'air que nous respirons, permet de dater la plupart des vestiges organiques : la proportion de carbone 14 présent dans un organisme vivant commence à se désintégrer dès qu'il meurt. En 1911, les restes congelés d'un homme furent retrouvés dans un glacier de Colombie-Britannique, au Canada. À côté de son corps se trouvait un sac contenant un outil (à gauche). La datation au carbone 14 a révélé que ces objets avaient été fabriqués entre 1415 et 1445, soit 300 ans avant que les Européens affirment être les premiers à poser le pied sur la côte nord-ouest du continent…

Histoire d'arbre

À mesure qu'un arbre croît, son tronc s'épaissit : tous les ans, un anneau de croissance, ou cerne, se forme. L'importance de chaque anneau dépend des conditions climatiques de l'année écoulée : épais si elle a été pluvieuse, fine si elle a été sèche. En identifiant la « signature » d'un cerne de croissance particulier, on peut dater les objets en bois – c'est la dendrochronologie.

Par exemple, à l'époque Tudor (fin du xve-début du xviie siècle), un navire de guerre anglais, le *Mary Rose,* fut coulé par les Français juste devant le port de Portsmouth. Une équipe repêcha l'épave du navire au début des années 1980 : une datation par dendrochronologie révéla que le navire avait été rénové au moins deux fois. L'un des sabords de canon avait été réalisé dans un arbre dont un cerne de croissance prouvait qu'il était encore vivant en 1541, soit trente ans après la mise à l'eau du bateau. Cette rénovation accéléra sans doute le chavirement du *Mary Rose.* Son équipage n'avait probablement pas eu l'occasion de s'habituer à son maniement avant la bataille, en 1545 : lorsque les marins tentèrent de virer brutalement à tribord, l'eau entra par les sabords nouvellement refaits.

Art pariétal

En 1994, une grotte aux parois couvertes de dessins préhistoriques fut découverte par des spéléologues à Chauvet, dans le sud-ouest de la France. De vastes salles abritaient plus de 400 dessins réalisés au noir de charbon et à l'ocre. D'infimes quantités de carbone étaient encore présentes sur les dessins des parois : on utilisa un spectromètre de masse très sensible (à droite) pour détecter directement les atomes de carbone 14. Le résultat stupéfia les experts en art paléolithique : les dessins étaient vieux de 30 000 à 32 000 ans ! Beaucoup trouvèrent incroyable qu'un art aussi accompli soit si ancien. Ils réfutèrent donc les conclusions, rétorquant que les artistes avaient peut-être utilisé des morceaux de charbon déjà vieux de plusieurs milliers d'années ; des résidus de torches brûlées, outils idéals pour dessiner, jonchaient sans doute le sol. Mais une marque charbonneuse laissée par une torche brûlée il y a 26 000 ans fut retrouvée dans la couche de calcite qui recouvrait l'un des dessins, ce qui confirma les premiers résultats. Même si la polémique persiste, cette dernière découverte fit taire de nombreux sceptiques…

ANIMAUX PRÉHISTORIQUES À Chauvet, les parois des grottes furent grattées et préparées avant d'être peintes. On y découvre des panthères, des lions, des ours, et les rhinocéros y sont particulièrement nombreux. La plupart de ces derniers sont représentés avec de petites oreilles, des bandes dorsales et des ventres arrondis, ce qui témoigne d'un style artistique cohérent.

L'antique terre de Sahul

Il fut un temps où l'Australie, la Nouvelle-Guinée et la Tasmanie ne formaient qu'un seul bloc continental appelé Sahul. De l'autre côté de la mer se trouvait Sunda, une masse terrestre réunissant l'actuelle Indonésie et d'autres îles du Sud-Est asiatique.

Sahul était beaucoup plus vaste que le continent australien actuel (à droite). Les colons éventuels ne pouvaient atteindre cette immense île que par la mer – en empruntant une route au nord, via l'île de Sulawesi, ou plus au sud, par le Timor.

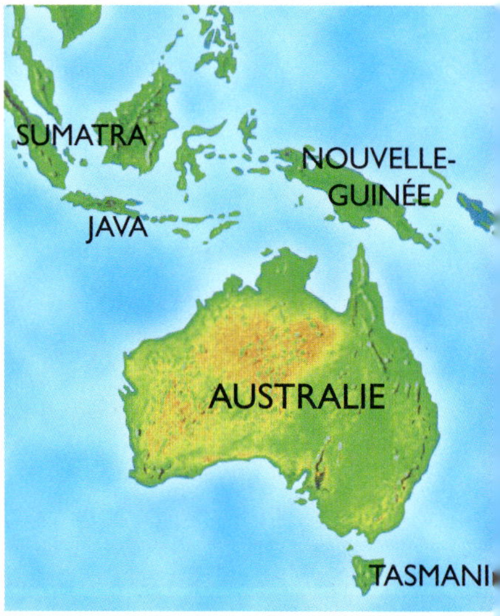

Voies migratoires des premiers humains

Route terrestre

Route maritime

Emplacement de vestiges anciens

Une découverte encore controversée sur l'île de Florès permet de penser que des hommes naviguaient déjà il y a plus de 1 million d'années dans cette région. Florès n'a jamais été rattachée à aucune des îles avoisinantes, or des archéologues prétendent que certaines pierres qu'on y a trouvées portent la marque d'*Homo erectus*, un ancêtre de l'espèce humaine.

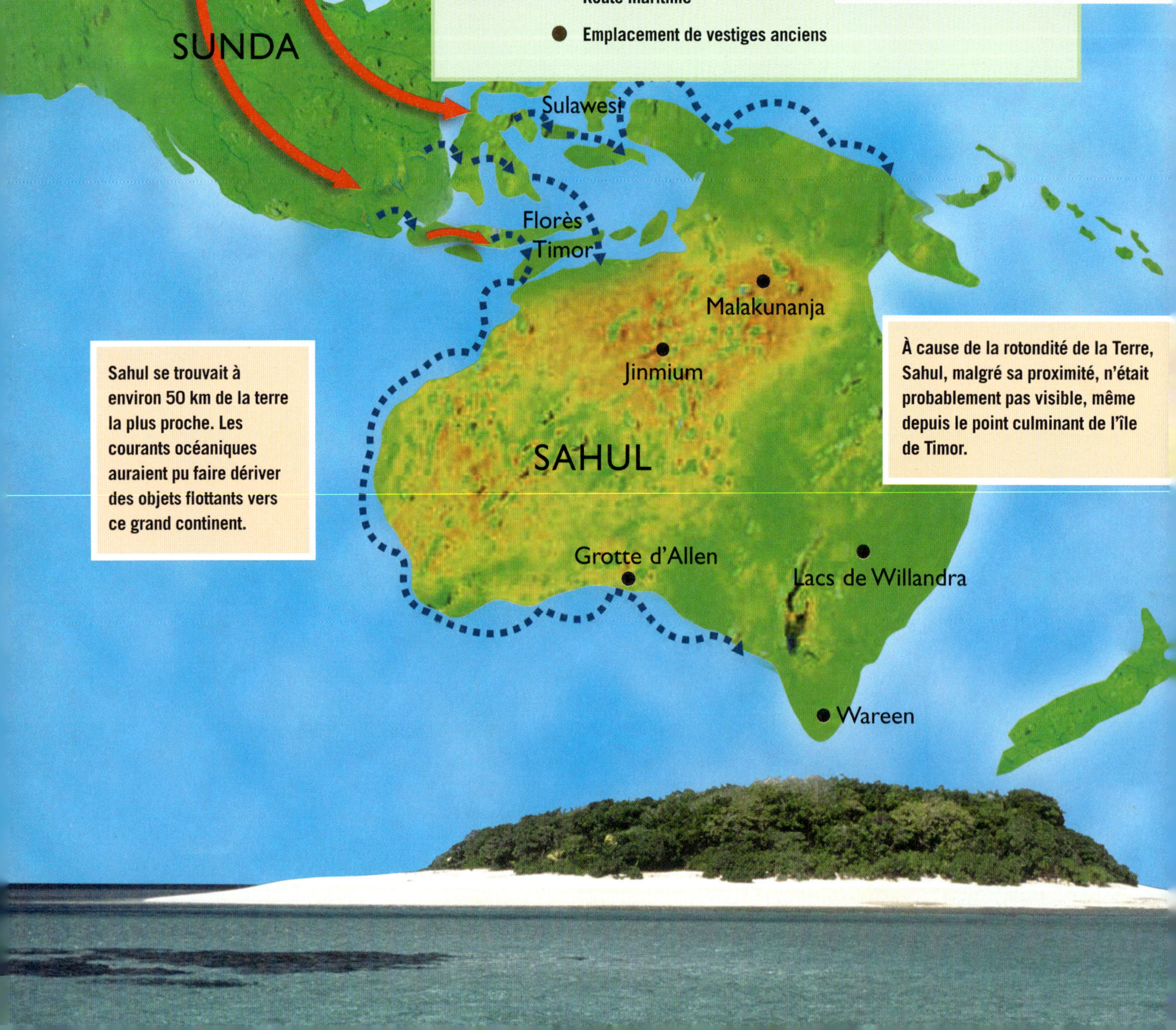

Sahul se trouvait à environ 50 km de la terre la plus proche. Les courants océaniques auraient pu faire dériver des objets flottants vers ce grand continent.

À cause de la rotondité de la Terre, Sahul, malgré sa proximité, n'était probablement pas visible, même depuis le point culminant de l'île de Timor.

LES PREMIERS AUSTRALIENS

L'homme préhistorique a découvert un continent qu'il ne pouvait voir

Pourquoi et comment les anciens peuples de l'Asie se lancèrent-ils à l'assaut du Pacifique Sud ? Et comment parvinrent-ils à atteindre les côtes de Sahul, vaste continent inhabité, alors qu'ils pouvaient à peine distinguer les îles lointaines qui y menaient ?

L'Australie d'aujourd'hui, isolée du reste du monde, ne ressemble en rien à Sahul, l'ancien continent qu'elle formait avec la Nouvelle-Guinée et la Tasmanie. À l'époque, seuls 50 km séparaient Sahul de Sunda, un conglomérat d'îles du Sud-Est asiatique. Les habitants de Sunda ne pouvaient pas voir Sahul, mais c'est probablement la fumée des feux de forêt et les odeurs de végétation portées par le vent qui leur révélèrent son existence.

Sahul n'était pas plus éloigné que d'autres îles voisines déjà explorées où les habitants de Sunda avaient l'habitude de se rendre. En migrant vers ce nouveau continent, ils ne firent qu'élargir leur territoire, étape supplémentaire de l'expansion d'*Homo sapiens* hors d'Afrique, qui dura des centaines de milliers d'années.

Bambou et troncs de palmier

Les îles de Timor et de Sulawesi offraient les ressources nécessaires à la construction de radeaux : les stipes de palmier abondaient et les bambous, avec leurs segments étanches, pouvaient servir de balancier. Les premiers explorateurs de Sahul s'acclimatèrent sans doute facilement à leur nouvel environnement, riche en grands marsupiaux et autres gibiers.

Des sols sablonneux, donc instables, ont rendu difficile la datation au carbone 14 d'outils de pierre – a priori vieux de plus de 100 000 ans – trouvés en Australie, sur les sites de Malakunanja, de la grotte d'Allen et à Wareen, en Tasmanie : il est impossible de déterminer avec certitude la profondeur de leur emplacement d'origine. Les chercheurs s'accordent cependant sur un point : des hommes étaient établis sur Sahul il y a environ 40 000 ans ; en revanche, l'hypothèse d'un peuplement humain antérieur est controversée.

En 1998, on annonça la découverte d'un homme adulte de 62 000 ans près des lacs de Willandra, dans le sud-ouest de l'Australie. Depuis, les techniques ayant permis de dater celui que l'on nomme l'homme de Mungo ont été remises en question. Une réévaluation récente semble indiquer qu'il vivait en fait quelque 20 000 ans plus tard.

L'emplacement des sites où des vestiges ont été retrouvés prouve que la migration fut essentiellement côtière, sur le pourtour du continent. Mis à part quelques incursions le long des fleuves, les premiers Australiens ne s'aventurèrent apparemment jamais à l'intérieur des terres. D'après les recherches archéologiques, les Aborigènes s'établirent sur le territoire désertique et inhospitalier de Jinmium il y a 22 000 ans. C'est dans ce désert, aujourd'hui considéré comme le berceau de leur civilisation, qu'ils oublièrent leur passé de marins et l'art de construire des bateaux : la mer est absente du folklore des Aborigènes, qui affirment que leur peuple naquit avec la terre…

Faux! **En 2003, on a démontré que l'homme de Mungo n'avait pas 62 000 ans : en fait, le sable contenant l'uranium ayant permis sa datation à l'époque n'a pas été prélevé près du squelette.**

D'ÎLE EN ÎLE **Certains archéologues sont persuadés qu'*Homo erectus* savait naviguer. Des chercheurs ont donc entrepris de réaliser des radeaux en utilisant les matériaux dont les hommes disposaient à cette époque : à bord de ces embarcations, certains veulent tenter de traverser la mer de Timor pour gagner l'Australie.**

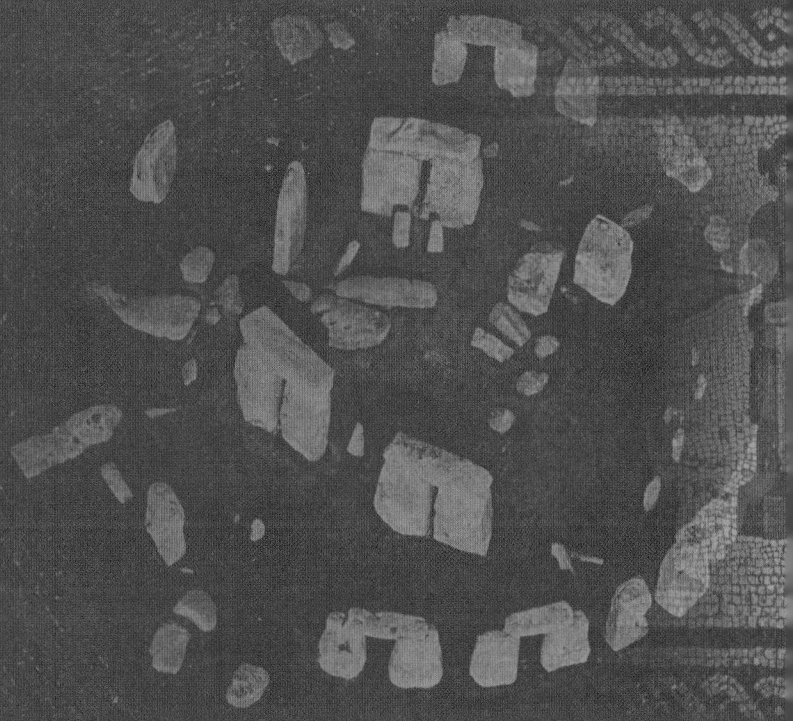

CIVILISATIONS DISPARUES

LES MONOLITHES DE L'ÎLE DE PÂQUES

Ils entraînèrent la perte de ceux qui les érigèrent

Les explorateurs néerlandais qui accostèrent sur cette terre un lundi de Pâques 1722 ne pouvaient comprendre quels liens unissaient la population aux gigantesques statues. Aujourd'hui, des découvertes géologiques et archéologiques nous révèlent les secrets d'une île mystérieuse et l'histoire tragique de son peuple.

MONUMENTALE FOLIE **Comparables à des sentinelles, plusieurs centaines de statues scrutaient jadis le paysage de l'île et ses habitants, comme pour les protéger. Mais la terre se transforma en désert et les géants de pierre tombèrent les uns après les autres, la plupart dans la mer. Ceux qui restent furent relevés bien plus tard.**

L'île de Pâques est un minuscule triangle de terre perdu au milieu de l'océan Pacifique, entre Tahiti et le Chili. Il n'y a pas d'endroit plus isolé sur la planète. Les voisins les plus proches se trouvent à 1 900 km de là, sur l'île de Pitcairn – où les mutinés du *Bounty* trouvèrent refuge en 1790.

Des centaines de statues – nommées *moai* en pascuan, le dialecte des îliens – sont dispersées sur la côte. Chacune est sculptée dans un bloc de roche volcanique : certaines atteignent 10 m de haut pour un poids de plusieurs tonnes. Toutes se caractérisent par un nez proéminent, des lobes d'oreilles distendus, une bouche fermée sur une mâchoire carrée, des bras plaqués au corps, les mains se rejoignant sous un ventre rebondi… et des orbites vides. En 1978, des archéologues découvrirent au pied d'une statue, à Anakena, des morceaux de corail éparpillés et protégés par une couche de sable. Ils les rassemblèrent et s'aperçurent qu'il s'agissait d'un globe oculaire ayant appartenu à l'une des sculptures. Ces dernières possédaient donc des yeux de corail, dont l'iris était taillé dans du tuf volcanique rouge : posés dans une rainure, ils pouvaient bouger, mus par le vent. La plupart du corail utilisé fut réemployé par les habitants dans les années 1930, afin de produire de la chaux.

L'emplacement de la plupart des *moai* est lié à des événements astronomiques précis : un groupe de sept d'entre eux est ainsi orienté vers l'endroit où le Soleil se couche lors de l'équinoxe. Une centaine de statues ont été retrouvées

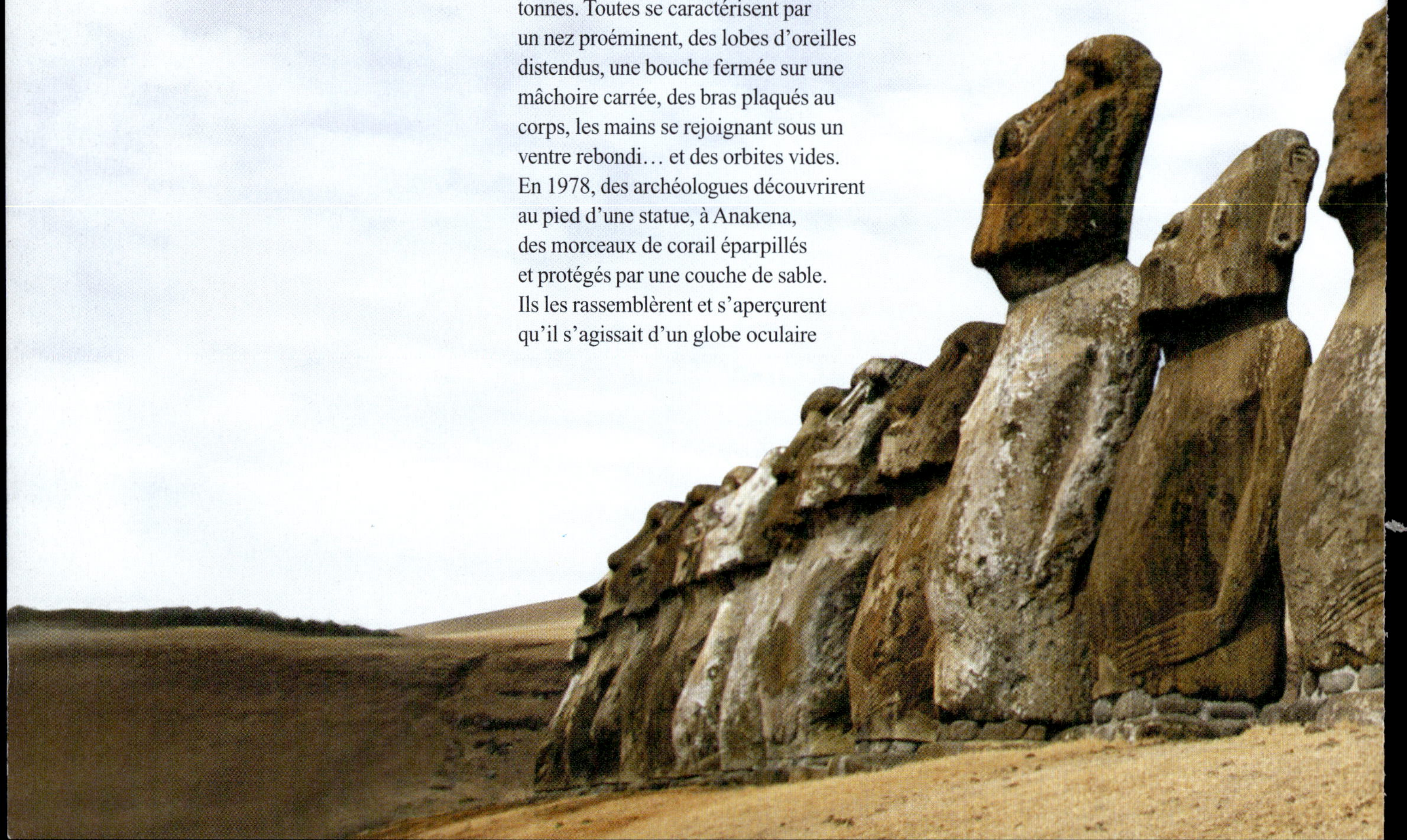

Les gardiens du paradis

Rapa Nui, plus connue sous le nom d'île de Pâques, prospéra au XIIe siècle. Les villages étaient nombreux sur cette terre alors boisée, et la population ne manquait de rien. Des centaines de statues, peut-être le double d'aujourd'hui, furent érigées tout au long des côtes.

La végétation était luxuriante. Une forêt subtropicale abritait des singes et des perroquets.

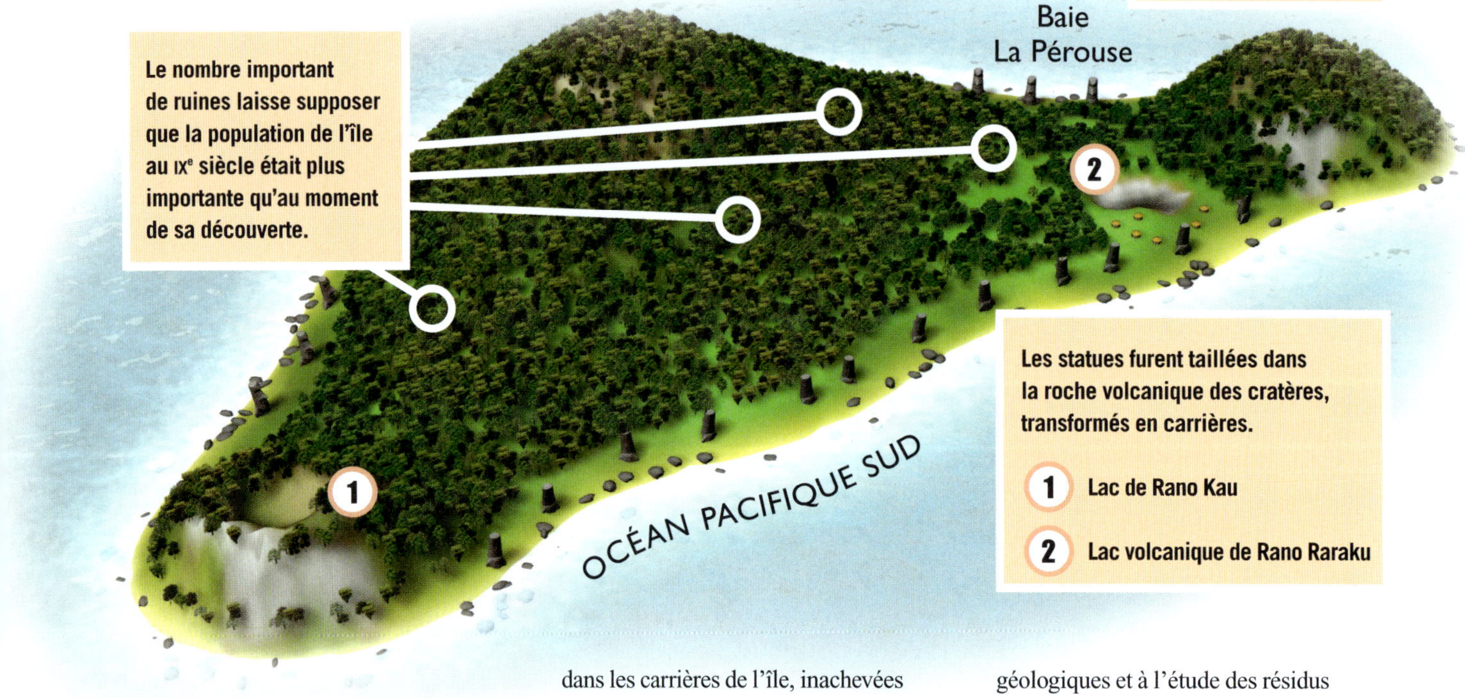

dans les carrières de l'île, inachevées pour certaines, prêtes à être transportées pour d'autres.

Pendant plus de 250 ans, historiens et archéologues ont cherché à comprendre comment un peuple coupé du monde, avec si peu de ressources, avait pu tailler et transporter ces géants sur plusieurs kilomètres avant de les ériger. Toutes sortes de théories, plus ou moins fantaisistes, furent avancées. Certains spécialistes pensaient qu'une civilisation ancienne – une tribu d'origine indienne par exemple – avait peut-être été balayée par un cataclysme avant d'avoir pu achever son œuvre. Aujourd'hui, grâce à l'analyse de prélèvements géologiques et à l'étude des résidus de pollens, l'énigme a été résolue. Mais la vérité sur ce mystère est une leçon à méditer bien au-delà des côtes de l'île de Pâques.

Une incroyable découverte

Le dimanche de Pâques 1722, trois navires hollandais, commandés par le capitaine Jacob Roggeveen, découvrirent, dans le Pacifique Sud, une île qui ne figurait sur aucune carte. Alors que la flotte mouillait au large, des habitants vinrent à leur rencontre sur des canoës rudimentaires. Le capitaine Roggeveen ne fut pas impressionné. Leurs embarcations étaient « mauvaises et frêles… un assemblage de planchettes et de bois légers ». Elles prenaient tellement l'eau que leurs occupants écopaient plus qu'ils ne pagayaient. Quant à l'île, il nota avec dureté « que son aspect désertique donnait une impression de pauvreté et d'aridité ».

Malgré la gentillesse apparente des habitants de l'île, les Néerlandais ramèrent jusqu'au rivage, armés et prêts à en découdre. Sous les yeux d'une population qui n'avait jamais

UN PEUPLE DE PÊCHEURS **Les habitants de l'île partaient pêcher le dauphin à bord d'embarcations creusées dans des troncs de palmier. Mais lorsque les Hollandais arrivèrent, au XVIIIe siècle, ils ne virent que des canoës construits avec des planches de mauvaise qualité.**

vu ni étrangers ni armes à feu, ils se mirent en ordre de bataille. Soudain, la tragédie éclata. Pensant que l'un des îliens le menaçait d'une pierre, un marin ouvrit le feu. Les autres l'imitèrent : la fusillade fit une douzaine de morts et autant de blessés parmi la population locale. Les survivants s'enfuirent et ne réapparurent que plus tard, les bras chargés de fruits, de légumes et de volailles destinés à apaiser les Hollandais. Roggeveen nota dans son journal de bord que l'île ressemblait à un désert : il n'y avait aucun arbre et les buissons ne dépassaient pas 3 m. Seules plusieurs statues érigées le long des côtes, sur des supports en pierre, éveillèrent son intérêt pour cette terre qu'il avait appelée île de Pâques. « La première impression, lorsque nous vîmes ces représentations en pierre, fut l'étonnement. Nous n'arrivions pas à comprendre comment ce peuple, qui manquait de gros bois et de cordages solides, avait pu ériger de tels géants. »

Cinquante ans plus tard, en mars 1774, le navigateur britannique James Cook débarqua à son tour sur l'île. Il y découvrit une population réduite à 700 habitants et souffrant de la faim. Nombre de statues étaient tombées. Il en conclut qu'une éruption volcanique avait dévasté l'île. Selon lui, les statues étaient l'œuvre de générations bien antérieures : « Elles [...] démontrent l'ingéniosité et la persévérance des îliens de l'époque. Il est certain que la population actuelle n'a aucunement contribué à leur mise en place, car elle n'entretient même pas les socles pourrissants. »

Générations perdues

Grâce aux progrès de la science, nous pouvons aujourd'hui mieux comprendre l'histoire de l'île. Les analyses géologiques révèlent que cette terre était autrefois couverte d'une forêt dense où abondaient fougères et arbustes fleuris ; une faune variée y évoluait. Les recherches menées sur l'ADN de restes de nourriture

VOLS QUALIFIÉS **Certaines statues de l'île de Pâques se trouvent aujourd'hui en Europe : British Museum, à Londres, musée du quai Branly, à Paris... Pour s'en emparer, les explorateurs employèrent la force. Les îliens avaient donné un nom à chaque sculpture et ne voulaient pas s'en séparer. En 1875, les Français volèrent l'un des *moai* de l'île en menaçant les Pascuans avec des fusils.**

Qui étaient les habitants de l'île ?

Les premiers habitants de l'île de Pâques s'y établirent vers l'an 400. Ils arrivèrent probablement de l'est de la Polynésie à bord de grandes pirogues. La langue des Pascuans est proche de celle des Polynésiens d'Hawaii et des îles Marquises. Par ailleurs, des hameçons et des herminettes de pierre trouvés sur l'île sont similaires à ceux qui étaient utilisés aux Marquises.

Les premiers explorateurs occidentaux rapportent que les habitants vivaient nus. À partir du XIXe siècle, ils confectionnèrent eux-mêmes leurs tissus. Les familles fabriquaient leurs objets à l'ancienne, sans chercher à innover. Les hommes portaient parfois des coiffes en plumes d'oiseaux. Les femmes tissaient des chapeaux de paille. Tous se perçaient les oreilles et les paraient de bijoux en bois ou en corne si lourds que leurs lobes pendaient jusqu'aux épaules.

EXPÉDITION SCIENTIFIQUE Le comte de La Pérouse débarqua sur l'île de Pâques en 1786. Un chroniqueur, trois naturalistes, un astronome et un physicien l'accompagnaient. Il étudia minutieusement l'île et en déduisit qu'elle avait été boisée.

trouvés dans des plats indiquent que les premiers habitants avaient certainement une alimentation riche et diversifiée – bananes, patates douces, sucre de canne, racines de taro…

L'examen d'échantillons de sédiments montre que les strates inférieures étaient riches en pollens provenant d'un arbre – proche du cocotier du Chili – pouvant mesurer jusqu'à 25 m de haut et 1,80 m de diamètre. Transformés en rondins, les énormes troncs permettaient de déplacer des poids de 80 tonnes. On a également trouvé des pollens de hauhau, un arbre couramment utilisé dans toute la Polynésie pour fabriquer des cordes.

Cadre de vie idyllique, Rapa Nui (nom pascuan de l'île) se désertifia au fil du temps : son histoire botanique permet de retracer les étapes de ce désastre écologique. La présence de pollens d'arbres et de fougères correspond aux strates les plus anciennes. Dans les plus récentes, ces pollens sont remplacés par du charbon de bois, indiquant que la population brûlait davantage d'arbres. La destruction de la forêt débuta probablement vers 800. Le mode de vie et le régime alimentaire changèrent. Les analyses d'os trouvés dans des tas d'ordures indiquent que les îliens consommaient alors des dauphins, qu'ils partaient pêcher à bord de canoës creusés dans des troncs de palmiers. Mais ces derniers se raréfièrent, et les habitants ne purent plus construire d'embarcations. En 1786, le journal de bord de l'expédition menée par le comte de La Pérouse raconte que la population locale se nourrissait de coquillages trouvés le long des côtes.

La tragédie des *moai*

On pense que la réalisation des monolithes débuta aux alentours du Xe siècle. Ils devaient certainement honorer des dieux polynésiens ou des ancêtres déifiés. La légende locale dit qu'ils furent érigées par la force magique de Mana (une énergie spirituelle) et qu'ils pouvaient se déplacer la nuit pour offrir leur protection aux membres du clan qui les avait taillés. En réalité, des groupes rivaux se livrèrent sans doute à une surenchère pour ériger les plus imposants d'entre eux.

Aucun *moai* n'a été taillé après l'an 1500 : sur l'île dévastée, il n'y avait plus d'arbres pour les déplacer et les dresser… C'est à cette période que les échantillons de sédiments analysés perdent toute trace de pollen de palmier, et que les restes d'os de dauphin disparaissent. L'absence d'arbres eut également des répercussions sur la faune : tous les oiseaux terriens et la moitié des oiseaux marins disparurent de l'île.

La nourriture devenant rare, la population locale (7 000 habitants environ) commença à diminuer. Au XIXe siècle, des esclavagistes en provenance d'Amérique latine capturèrent et déportèrent une partie des îliens. Les rares survivants qui revinrent propagèrent la variole : le nombre de Pascuans se réduisit alors à quelques centaines.

Ainsi, ceux qui avaient érigé les *moai* pour assurer la protection spirituelle de leur île en épuisèrent les ressources, provoquant leur propre perte.

« L'absence d'arbres eut également des répercussions sur la faune : tous les oiseaux terriens et la moitié des oiseaux marins disparurent de l'île. »

LA MARQUE DU SCORPION

Des inscriptions gravées résoudraient le mystère des origines de l'Égypte

Comment les royaumes de Haute- et de Basse-Égypte fusionnèrent-ils pour constituer un royaume unique ? En suivant les traces du scorpion, les égyptologues semblent avoir trouvé la réponse...

Vers 5000 avant J.-C., certains Égyptiens vivaient regroupés en petites communautés dans une région aujourd'hui désertique mais qui était à l'époque émaillée de points d'eau et sillonnée de quelques rivières alimentant le Nil au rythme des saisons. Des crocodiles et des hippopotames évoluaient près des berges, comme l'attestent plusieurs inscriptions gravées dans le roc. Les hommes et les marchandises voyageaient à bord de navires. Chaque village vivait de façon indépendante et honorait sa propre divinité, incarnée par une plante ou un animal. Des fouilles ont mis au jour des objets rituels et des poteries sur lesquels figurent les enseignes du village – celles-ci sont peut-être à l'origine des dieux à têtes d'animaux du complexe panthéon égyptien.

L'existence d'une quarantaine de villages-États vers le milieu du IVe millénaire avant J.-C. est probable. Sous la pression de conflits territoriaux, ces villages nouèrent des alliances : la moitié constituèrent la Basse-Égypte, autour du delta du Nil, et l'autre moitié la Haute-Égypte. Les populations de Haute-Égypte furent-elles confrontées à une grave crise, peut-être à l'origine des guerres qui menèrent à l'unification du pays ? Les études géologiques montrent que les rivières s'asséchèrent : la terre ne pouvait alors plus nourrir les habitants – on retrouve la trace de ces anciens cours d'eau aujourd'hui à l'est du Nil. Les populations qui vivaient dans cette région n'eurent d'autre choix que de partir vers le nord, en direction des plaines du delta du fleuve, là où se concentraient déjà les habitants de Basse-Égypte.

La naissance de l'empire

Des milliers d'années plus tard, au IIIe siècle avant J.-C., l'historien égyptien Manéthon évoque, dans ses écrits, la venue d'un conquérant. Ce dernier, arrivé du désert, vainquit le roi de Basse-Égypte et se proclama roi de tout le pays. Sa victoire lui permit d'unifier les deux Égypte. Il établit sa capitale à Mennefer (aujourd'hui Memphis) et fonda une grande dynastie. Son nom, d'après Manéthon, était Ménès. La légende raconte qu'il fut tué par un crocodile après soixante-deux ans de règne.

Jusqu'en 1898, notre connaissance sur les origines de l'Égypte s'arrêtait là. La découverte de la palette de

EMBLÈMES DE LA ROYAUTÉ Avant l'unification, le souverain de Haute-Égypte portait la couronne blanche de la déesse vautour Nekhbet, et celui de Basse-Égypte la couronne rouge de la déesse Neith, ornée du serpent Ouadjet. Sous les premiers pharaons, elle furent superposées pour former la double couronne, le pschent, symbole du royaume.

Narmer, à Nekhen (Hiéraconpolis), ancienne capitale de la Haute-Égypte, à environ 600 km au sud du Caire, ouvrit de nouvelles pistes de recherche. Sur cette tablette de schiste finement gravée, un puissant souverain est représenté soumettant ses ennemis et inspectant les cadavres alignés de ses victimes. Il arbore la couronne blanche de Haute-Égypte sur l'une des faces, la couronne rouge de Basse-Égypte sur l'autre.

En haut de la tablette, des pictogrammes le désignent sous le nom de Narmer : « nar » (poisson) associé à « mer » (ciseau), le « poisson ciseau ». S'appuyant sur la présence des deux couronnes, de nombreux archéologues conclurent que Narmer était en fait à l'origine de l'unification de la Haute-Égypte et de la Basse-Égypte. Selon certains, Narmer et Ménès ne feraient qu'un.

À Nekhen, cité de Haute-Égypte alors puissante, on célébrait le culte d'Horus, le dieu à tête de faucon, symbole de la ville. Des représentations de rois surnommés Crocodile, Scorpion ou Poisson-Chat ont souvent été retrouvées à côté d'Horus. Plusieurs éléments découverts sur place permirent de supposer que les rois de Nekhen étaient enterrés à Abydos. On y mit en effet au jour des tombes royales, probablement de souverains de la Ire et de la IIe dynastie (entre 3150 et 2700 avant J.-C.) identifiés par leur nom d'Horus (c'est-à-dire leur nom en tant qu'incarnation de ce dieu). Mais on y retrouva également les sépultures de monarques plus anciennes encore.

Une tête de massue géante exhumée à Nekhen livra elle aussi de précieuses informations. Trop volumineuse pour être utilisée au cours des combats, elle avait sans doute une vocation rituelle. Elle est décorée de dessins représentant le pharaon recevant l'hommage de captifs. Le roi porte la couronne de Haute-Égypte et son nom est indiqué par un pictogramme ayant la forme d'un scorpion.

Des inscriptions dans le roc

Sur les collines situées à quelque 160 km de Nekhen, à hauteur du col de Gebel Tjauti, en plein désert, les égyptologues John Coleman et Deborah Darnell découvrirent des inscriptions sommaires gravées dans la pierre. Or si la finesse des

La victoire de Narmer

La palette de Narmer date d'environ 3100 avant J.-C. Elle mesure 60 cm de long et était suspendue à une colonne du temple d'Horus à Nekhen : deux attaches sur l'une des colonnes correspondent aux trous en haut de la palette. S'agit-il d'un outil de propagande commandité par l'un des successeurs de Narmer pour glorifier les victoires du monarque ? Quoi qu'il en soit, c'est le plus ancien objet connu montrant un roi coiffé des deux couronnes d'Égypte. Narmer était donc probablement considéré par ses successeurs comme à l'origine de l'unification du pays.

vue de face

Le roi porte la couronne rouge de Basse-Égypte. Son nom, « nar-mer », est inscrit juste à côté de son visage.

Les ennemis décapités sont alignés pour témoigner du nombre de morts.

Narmer triomphe : son taureau écrase l'ennemi vaincu.

vue de dos

Coiffé de la couronne de Haute-Égypte, Narmer soumet un ennemi de haut rang, originaire de Basse-Égypte.

Horus le faucon tient une tête sortant d'un fourré de papyrus.

Ce papyrus représente peut-être Ta Mehu, la région du delta en Basse-Égypte conquise par Narmer.

L'armée opprimée et vaincue.

L'avènement de Scorpion

Cette tête de massue est le premier objet connu où figure le roi nommé Scorpion. Le symbole du scorpion apparaît clairement sous une rosette représentant la royauté. Récemment, d'autres références à un roi Scorpion sont venues conforter cette interprétation. Scorpion est coiffé de la couronne blanche. Peut-être passa-t-il du statut de chef régional à celui de premier roi de l'ensemble de la Haute-Égypte, comme tendrait à le prouver la nouvelle interprétation des signes représentés ici. Il porte une queue de taureau attachée à sa ceinture, symbole de pouvoir. Au sommet, des enseignes ressemblant à des oiseaux pendus par le cou figurent au moins sept futures provinces vaincues. Il tient à la main une houe, outil indispensable pour creuser les canaux et travailler la terre, mais aussi pour poser la première pierre d'un temple ou d'une ville. Aujourd'hui, les spécialistes estiment que Scorpion réunit probablement les forces nécessaires à la conquête de la Basse-Égypte.

COURS D'EAU DISPARUS En Haute-Égypte, on observe de part et d'autre du Nil la trace de cours d'eau asséchés, les *ouâdis*, qui apparaissent clairement sur des photos aériennes (ci-dessus). Dans ce pays aride, les terres fertiles sont rares. Seules les deux rives du Nil et le delta étaient bordés de terres inondées chaque été dans les temps anciens.

détails caractérise les représentations de la tête de massue en argile ou de la palette de Narmer, ici, en revanche, personnages et symboles furent grossièrement gravés dans le calcaire à l'aide d'un silex.

En rapprochant ces inscriptions des objets funéraires retrouvés dans les tombes et précisément datés, on peut les situer vers 3200 avant J.-C., peut-être même un peu plus tôt. Elles relatent manifestement une histoire – une bataille semble-t-il –, ce qui en fait le plus ancien document historique connu au monde. Les Darnell sont convaincus que ces inscriptions évoquent un événement ayant réellement eu lieu, hypothèse que corroborent d'autres spécialistes.

Les dessins représentent un roi vaincu, identifié par les Darnell grâce à la présence de cornes de taureau sur son sceptre. Son armée semble être celle de Nagada, vaste cité située sur la rive ouest du Nil où l'on vénérait le dieu Seth. Le combat avait pour objectif la consolidation du pouvoir en Haute-Égypte. Selon les inscriptions, un roi appelé Scorpion remporta cette bataille décisive. Les deux égyptologues pensent qu'elles furent tracées sur le site même des combats, sans doute peu après la victoire. L'aspect du trait indique qu'on les grava précipitamment dans le feu de l'action, sans volonté d'en faire une œuvre d'art.

La tombe du roi Scorpion ?

À la fin des années 1980, les découvertes de Gunter Dreyer, directeur de l'Institut allemand d'archéologie en Égypte, vinrent conforter la thèse de l'existence de ce roi. Dreyer découvrit une grande tombe en briques de terre séchées au soleil abritant un mobilier funéraire abondant et des fragments de poterie sur lesquels figurait un scorpion : il en conclut qu'il s'agissait de la tombe du roi Scorpion. Des centaines d'inscriptions finement gravées dans l'os ou l'ivoire recensaient les marchandises livrées au souverain en paiement de l'impôt. La mise au jour de la tombe de Scorpion fut un événement pour les Darnell. En comparant le dessin sur le rocher et les symboles un peu plus raffinés de la tombe, ils conclurent qu'ils étaient étroitement liés : l'occupant de la tombe et le vainqueur de la bataille de Gebel Tjauti était une seule et même personne, thèse que n'accréditent néanmoins pas tous les chercheurs – certains évoquent la possible existence d'un deuxième roi Scorpion, Scorpion II.

De nombreux historiens considèrent comme très crédible l'hypothèse de la bataille de Gebel Tjauti. L'unification de l'Égypte n'aurait donc pas eu lieu à l'issue d'une confrontation unique mais après une série d'affrontements tout au long des règnes de Scorpion et de Narmer : le roi Scorpion commença par soumettre les cités voisines de Haute-Égypte, puis Narmer livra bataille aux peuples du delta du Nil.

Jusqu'à présent, les spécialistes de l'Égypte ancienne pensaient que les dynasties pharaoniques débutaient avec le roi semi-légendaire Ménès, fondateur de la première dynastie. Mais les découvertes d'Abydos et de Gebel Tjauti tendent à montrer que l'histoire égyptienne commença avant Ménès, avec des rois conquérants. Par conséquent, la plupart des égyptologues évoquent aujourd'hui l'existence d'une dynastie supplémentaire – à laquelle appartenait le roi Scorpion –, à l'origine de la plus glorieuse des civilisations anciennes : la dynastie zéro.

UN COL STRATÉGIQUE Le col de Gebel Tjauti se situe au carrefour de plusieurs routes empruntées par les caravanes à l'époque où ces inscriptions furent tracées – peut-être même en des temps plus anciens. Ce point de passage stratégique fut sans doute le théâtre d'une bataille décisive.

Une victoire gravée dans le roc

Le trait est grossier et les inscriptions ne couvrent que 50 cm de roche. Ce n'est pas l'œuvre d'artistes talentueux mais plutôt celle de combattants victorieux. Certains experts considèrent ces inscriptions comme des protohiéroglyphes dont on peut proposer une traduction littérale. Quelques symboles ont probablement la même signification que ceux qui figurent sur la tête de massue ou sur la palette de Narmer. Le faucon, par exemple, est tracé au-dessus du scorpion pour signifier « roi ». L'histoire écrite ici serait celle de la victoire du roi Scorpion, qui écrasa ses adversaires.

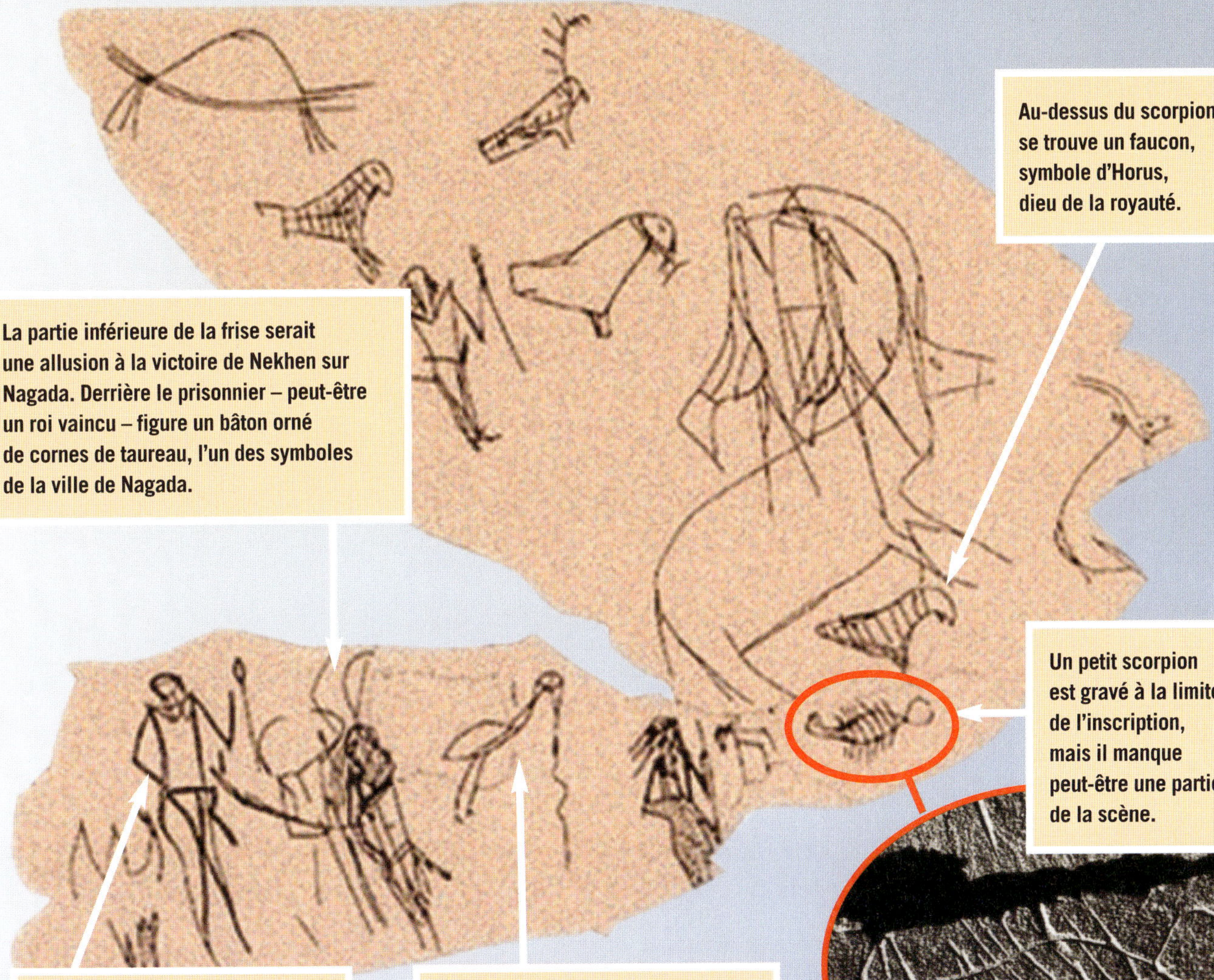

Au-dessus du scorpion se trouve un faucon, symbole d'Horus, dieu de la royauté.

La partie inférieure de la frise serait une allusion à la victoire de Nekhen sur Nagada. Derrière le prisonnier – peut-être un roi vaincu – figure un bâton orné de cornes de taureau, l'un des symboles de la ville de Nagada.

Un petit scorpion est gravé à la limite de l'inscription, mais il manque peut-être une partie de la scène.

Un personnage debout tient dans sa main la corde qui ligote son prisonnier. Cette corde ainsi que les cheveux rasés du captif laissent supposer qu'il va être exécuté.

La défaite de Nagada serait représentée par un oiseau dévorant un serpent symbole de Seth, dieu du désert et divinité de Nagada.

Histoire et télédétection

Les photographies prises depuis l'espace et les cartes radar tridimensionnelles font désormais partie du matériel de l'archéologue, ce qui lui donne la possibilité d'étudier à distance un site non fouillé.

La photographie aérienne est utilisée depuis longtemps pour localiser et cartographier les sites archéologiques. Toutefois, elle ne fait que capter en l'amplifiant ce que l'œil humain peut voir. Aujourd'hui, des caméras plus sophistiquées travaillent sur d'autres longueurs d'onde que le domaine visible. Elles mettent ainsi en évidence des structures indétectables sur une photographie classique. Les radiomètres, eux, mesurent le rayonnement électromagnétique du sol, ce qui permet de connaître sa composition chimique. Enfin, d'autres détecteurs envoient des sons ou des ondes radio sous terre pour découvrir ce qui y est enterré.

L'Atlantide des sables

Ubar, la « Cité des mille piliers », ville disparue du sud de la péninsule Arabique, était, semble-t-il, particulièrement réputée pour son encens. Pendant des siècles, celle que Lawrence d'Arabie baptisa « l'Atlantide des sables » suscita l'intérêt des orientalistes. Dans les années 1930, une route caravanière et des restes de poterie furent mis au jour lors d'une expédition menée par le Britannique Bertram Thomas. Dans les années 1980, un archéologue amateur américain, Nicholas Clapp, acquit la conviction qu'Ubar était située non loin d'Oman. En s'appuyant sur les prises de vue des satellites américain (Landsat) et français (Spot), il réussit à reconstituer le tracé de routes convergeant à 180 km de la cité de Salah, près de la petite ville de Shisr : des fouilles menées dans la zone en 1991 révélèrent les vestiges d'une forteresse, mais aussi de la vaisselle grecque, romaine ou syrienne, attestant de l'ampleur des échanges commerciaux. Mais c'est lorsqu'ils découvrirent des restes d'encens que les archéologues furent persuadés d'avoir retrouvé l'ancienne cité d'Ubar.

LA LECTURE D'UNE IMAGE RADAR Les ondes radar émises depuis l'espace sont renvoyées par les surfaces planes mais déviées par les reliefs (diffraction). L'image est reconstruite à partir des diffractions observées : une couleur est attribuée à chaque zone différente – les dunes apparaissent en violet, les roches en vert, etc. Les traces rosées (à l'intérieur des cercles) sont d'anciennes pistes chamelières, aplanies par les piétinements.

Qu'y a-t-il en dessous ?

Il existe différents types de sondes pour explorer le sous-sol d'un site. Les magnétomètres mesurent les perturbations du champ magnétique terrestre : elles sont provoquées par la présence d'eau accumulée dans des fossés et tranchées mais aussi par celle de vestiges métalliques. Ces appareils peuvent repérer les zones anciennement habitées car les feux de camp ou le compactage du sol provoquent sa démagnétisation. Les radars GPR sont utilisés pour détecter des objets enterrés. Les archéologues enfoncent d'abord des sondes, qui évaluent la résistance électrique du sable ou de la terre du site. Puis, à l'aide du GPR, ils envoient des ondes électromagnétiques. Lorsqu'elles rencontrent un objet aux propriétés électromagnétiques différentes de celles du sol environnant, elles sont réfléchies vers la surface et enregistrées.

En 2002, une campagne de fouilles a permis de mettre au jour une ville égyptienne vieille de 2 500 ans, enterrée sous 6 m de sable à quelques kilomètres de la pyramide à degrés de Djoser, à Saqqarah. Les résultats des mesures ont révélé la présence d'une grande structure, un temple semble-t-il, et de constructions plus petites situées de part et d'autre d'une chaussée inclinée. La ville abritait probablement jusqu'à 4 000 personnes, peut-être les artisans qui édifièrent la pyramide.

SONDER LE DÉSERT À Saqqarah, en Égypte, c'est grâce à des détecteurs GPR légers que l'équipe de géophysiciens a pu faire de nombreuses découvertes.

Vu d'en haut

- En 2001, dans le sud de l'Iraq, des images satellite d'une région récemment drainée ont révélé l'anneau d'un cratère de 3 km de diamètre creusé par l'impact d'une météorite. D'après l'analyse des sédiments, cet impact date d'environ 2300 avant J.-C. Le désastre pourrait expliquer la disparition des tribus perdues d'Israël ou encore la chute de cultures anciennes tel l'empire d'Akkad.

- Les radiomètres à bord des satellites identifient les rayonnements émis par les différents minéraux et la végétation recouvrant le sol. Ils ont permis de localiser d'anciennes carrières d'extraction ouvertes il y a 10 000 ans dans le Montana.

Du haut du ciel aux profondeurs de la Terre

Les images d'un satellite de la NASA, prises en 1996, ont montré que l'ancienne capitale khmère autour d'Angkor Vat était très développée, comme l'attestent les 1 000 km² de rues et de canaux. Mais le domaine qui entoure ce temple édifié au XIIe siècle est aujourd'hui pratiquement inaccessible, noyé dans la végétation et dangereusement miné par les Khmers rouges. La NASA a pu révéler une image inédite d'Angkor Vat (à droite) grâce à l'interférométrie, technique qui permet de discerner des détails très fins en utilisant les interférences lumineuses. L'image combine deux angles de prise de vue et met en évidence les variations de niveau. Elle a révélé la présence d'un tertre à l'un des angles du mur d'enceinte du temple, aujourd'hui identifié comme un édifice religieux du Xe siècle appelé Kapilapura.

D'autres campagnes de fouilles ont prouvé la maîtrise des eaux des habitants d'Angkor : les fossés et les réservoirs permettaient de faire face aux variations de niveau du lac Tonlé Sap pendant la mousson. Enfin, en 2004, à partir de découvertes faites par satellite, les équipes de Christophe Pottier, architecte de l'École française d'Extrême-Orient, ont pu exhumer des restes humains vieux de plus de 2 000 ans, confirmant l'ancienneté de peuplement du site…

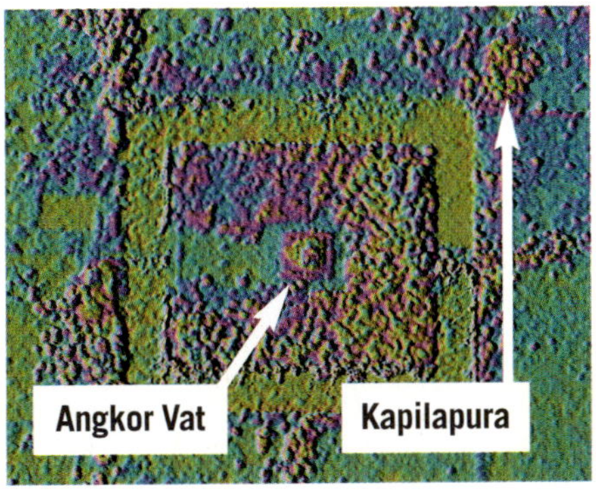

L'EFFONDREMENT DE LA GRÈCE

Symboles de richesse, les oliviers furent les acteurs de la tragédie grecque

Pour les Grecs, l'huile d'olive était de l'or liquide, qui leur apporta stabilité et puissance. Mais, en privilégiant l'olivier aux dépens de toute autre culture, ils sapèrent les bases mêmes de leur empire.

UN SOL APPAUVRI **Les paysages grecs d'aujourd'hui n'ont rien à voir avec ceux d'il y a 2 000 ans. Les glissements de terrain et les surfaces dénudées révèlent l'instabilité de la couche arable. Mais des traces de dépôts de terre montrent que ces collines arides étaient autrefois couvertes d'arbres, d'herbe et de champs fertiles.**

On imagine difficilement que des problèmes écologiques puissent avoir affecté l'histoire antique, peut-être parce que nous croyons que c'est une donnée récente, directement liée à la formidable croissance de la population. Pourtant, dès la préhistoire, l'activité humaine modifia l'équilibre de la nature. Ainsi les Grecs, en optant pour une agriculture intensive de l'olivier, modifièrent un écosystème déjà fragilisé, rendant la terre aride et infertile.

Une économie bien huilée

Pour l'économie et le commerce grecs, la culture de l'olive était idéale : les arbres, solides et très productifs, avaient une longévité exceptionnelle. L'huile, une fois recueillie, était conditionnée dans des pots de terre (généralement des amphores) ; elle se conservait alors plusieurs semaines et pouvait être transportée et vendue sur les marchés des pays du pourtour méditerranéen. Les taxes agricoles composant l'essentiel des impôts du pays, l'huile d'olive permettait de financer les guerres et la construction des cités.

Cadeau d'Athéna, l'olive possédait une grande valeur symbolique. Les Grecs vénéraient l'olivier qui poussait sur l'Acropole d'Athènes car il avait été planté par la déesse. Ils associaient l'olive à la joie, la pureté, la victoire et l'honneur : une couronne de rameaux d'olivier récompensait les athlètes de leurs exploits. À l'époque, pas un Grec ne pouvait imaginer que le don d'Athéna apporterait un jour la ruine.

Des racines trop profondes

Le sol grec était très riche, les campagnes, vertes et luxuriantes, comme en témoigne l'analyse de dépôts de terre accumulés dans les cours d'eau. Les forêts couvraient d'importantes surfaces. Mais, pour cultiver les céréales, les hommes abattirent progressivement les arbres. Sur les hauteurs, les agriculteurs parvinrent à maintenir le sol en place en bâtissant des terrasses et en pratiquant la culture mixte. Quand cette dernière fut abandonnée au bénéfice de l'olivier seul, la terre commença à s'appauvrir : la plupart des arbres ont un réseau ramifié de racines permettant de stabiliser la terre arable à leur pied, alors que l'olivier ne possède qu'une seule racine pivotante, qui s'enfonce droit jusqu'à la couche calcaire. Ce système lui permet de survivre pendant les périodes de sécheresse.

La couche arable devint alors de plus en plus instable. Elle se maintint en terrain plat, mais sur les pentes, la précieuse terre fut emportée – et avec elle la possibilité de faire pousser des légumes ou même des pâtures pour les animaux. Plutôt que de disposer les oliviers en rangs serrés, les agriculteurs auraient dû les espacer d'au moins 20 m et planter entre les arbres des espèces aux racines susceptibles d'ancrer la terre.

Certains Grecs avaient conscience de ce problème. Ainsi, dans sa pièce *Antigone,* Sophocle (v. 495-v. 406 avant J.-C.) condamnait déjà les méthodes de l'agriculture intensive :

« Et elle, la Terre, la plus grande des déesses,
Éternelle, inlassablement
Il la fatigue avec sa charrue et ses mules qui retournent la terre,
Année après année. »

Défaut d'entretien

Le système des terrasses devait être entretenu, mais la guerre perturbait régulièrement ces travaux de maintenance, car les républiques grecques, telles Sparte et Athènes, étaient souvent en conflit. Les exploitations se dégradaient : les troupes de soldats piétinaient les champs, les fermiers enrôlés

DES RÉCOLTES EXCEPTIONNELLES Dans l'Antiquité, la récolte des olives était moins éprouvante que la plupart des autres travaux agricoles. Comme le montre la décoration de ce vase grec datant de 520 avant J.-C., les travailleurs se contentaient de battre les arbres avec des bâtons pour faire tomber les fruits et les ramasser. On pressait ensuite les olives pour en extraire l'huile.

L'AMPHORE, MONNAIE D'ÉCHANGE **L'huile était stockée dans de grandes amphores comme celle-ci, datant du VIIe siècle avant J.-C. Elles sont parmi les objets le plus fréquemment découverts tout autour de la Méditerranée. Elles permettaient de transporter le vin, l'huile et les sauces de poisson comme le garum.**

dans l'armée abandonnaient tout. En quelques semaines, le manque d'entretien pouvait entraîner le glissement de parcelles entières. De plus, on laissait souvent paître les chèvres dans les champs alors qu'elles fragilisaient les terrasses : elles faisaient chuter les pierres, créant des brèches par lesquelles, lorsqu'il pleuvait, s'échappait la couche arable.

Par ailleurs, les agriculteurs qui louaient des terres n'étaient pas aussi motivés que ceux qui en possédaient. Alors que ces derniers tentaient d'entretenir leur propre exploitation, les locataires laissaient leurs terrains à l'abandon – les oliviers poussent très bien sur des sols pauvres et peu arrosés. Les riches propriétaires, qui avaient les moyens d'attendre trente ans la maturation des arbres, plantaient des oliveraies. L'olive, si rentable à la production et à l'exportation, devint vite la panacée, et les Grecs intensifièrent encore la production : ils vendaient l'huile pour acheter les aliments de base dont ils manquaient durant les périodes de pénurie.

Guerre et famine

Aucun document n'explique que le déclin de la Grèce est dû à la culture de l'olive. Et pourtant… La guerre du Péloponnèse entre Athènes et Sparte (431-404 avant J.-C.) fut l'un des événements clés de ce déclin. La Grèce était totalement dépendante de ses importations de blé, payées grâce à la vente de l'huile d'olive. En 405 avant J.-C., lorsque le chef spartiate Lysandre s'empara de l'Hellespont (les actuelles Dardanelles), passage naval stratégique, Athènes fut soumise à un blocus. Sparte réquisitionna les cargaisons de blé et la totalité des denrées arrivant par la mer.

Vu l'état de leurs terres, les agriculteurs grecs n'étaient plus capables de pallier les manques. La surface arable disponible pour les légumes et autres cultures était si réduite que les périodes de famine se succédèrent, affaiblissant profondément la Grèce. C'est donc en privilégiant une monoculture néfaste pour leur environnement que les Grecs précipitèrent la chute de ce pays riche au sol fertile.

LA COTE DE L'OLIVE **Les olives étaient au cœur de l'économie grecque. Un système comparable à celui de la Bourse se basait sur leur valeur d'échange. Encore aujourd'hui, le petit fruit est un produit dont l'importance commerciale est indéniable.**

L'appauvrissement des terres d'Arcadie

L'étude des couches de sédiments dans les cours d'eau fournit des éléments permettant d'expliquer la disparition des champs luxuriants de l'Antiquité. D'énormes quantités de dépôts semblent remonter à la fin du IIIe siècle avant J.-C., époque de culture intensive. Il est même possible de les faire coïncider avec les dates des guerres dans la région : les agriculteurs devaient quitter leurs exploitations ou ne parvenaient pas à les entretenir. Les champs étaient laissés à l'abandon, les terrassements détruits… Il devenait alors très difficile de redonner au sol toute sa fertilité.

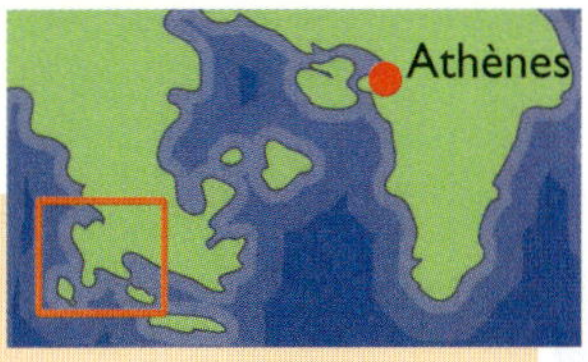

Légende des cartes

- Sol pauvre
- Sol idéal pour l'agriculture, mais ayant tendance à s'éroder s'il n'est pas correctement terrassé.
- Sol riche, emporté du versant des collines jusqu'aux cours d'eau dans lesquels il s'est accumulé.

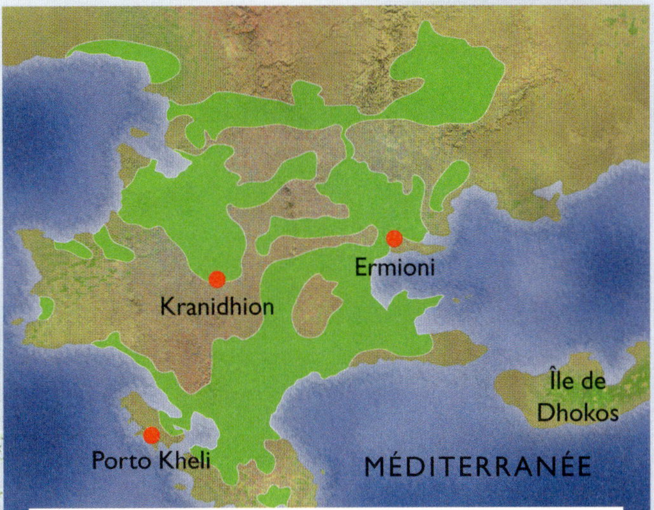

L'ouest de la péninsule grecque, v. 400 avant J.-C.
À l'apogée de la civilisation grecque, les terres cultivables étaient très étendues. Sur la carte ci-dessus, les zones vertes correspondent aux sols riches.

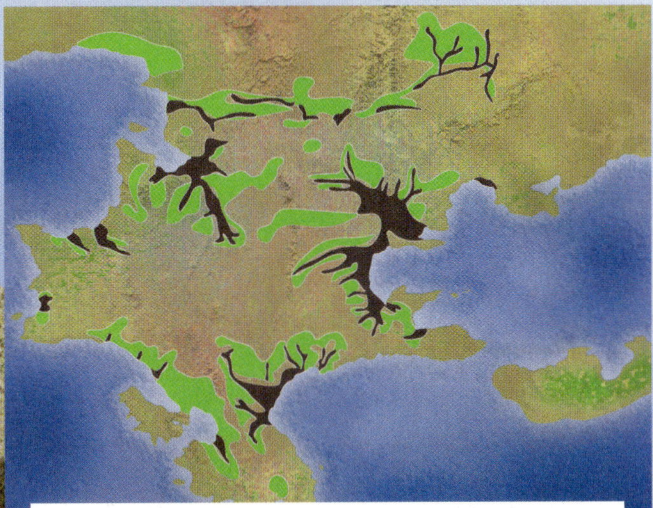

Cinq siècles plus tard
En l'an 100, les cités grecques avaient été vaincues par Rome. Dans la même région et à la même époque, les surfaces cultivables avaient diminué des trois quarts. Les zones sombres montrent les dépôts de terre accumulés dans le lit des cours d'eau.

INTRUSION ÉTRANGÈRE EN PAYS INTERDIT

Des Européens en Chine à l'âge du bronze

La Chine a longtemps été considérée comme un pays impénétrable, isolé, à l'écart des autres cultures durant des siècles. Mais les étonnantes découvertes du désert du Takla-Makan prouvent que, à l'âge du bronze, des populations venues d'Europe parcoururent des milliers de kilomètres pour s'y installer.

L'HOMME DE CHERCHEN Sa dépouille, vieille de 3 000 ans, s'est conservée grâce aux conditions climatiques propres au désert du Takla-Makan, où elle fut retrouvée, à des milliers de kilomètres de sa terre d'origine. Ses traits ne sont ni chinois, ni mongols.

Entourée de montagnes, de déserts, d'océans et de steppes, la Chine est un pays naturellement isolé. On a longtemps pensé que sa population y vivait coupée du reste du monde. Les dirigeants et le peuple de ce pays, préservé sur le plan culturel et intellectuel, le considéraient comme le centre du monde civilisé.

Les spécialistes occidentaux pensèrent longtemps qu'il n'y avait eu aucun contact avec l'Occident avant l'an 140 de notre ère. Certes, il dut bien y avoir quelques échanges entre les deux cultures, mais quand Marco Polo revint du Cathay, en 1295, les récits qu'il fit de ce pays exotique dépassaient de loin ce que les Européens pouvaient imaginer.

Au début des années 1970, une fabuleuse découverte mit fin à tous

ces préjugés. Sous le sable du désert du Takla-Makan, dans la province du Xinjiang, reposaient les corps remarquablement conservés d'hommes, de femmes et d'enfants encore vêtus d'habits colorés ; d'après la datation au carbone 14, certains avaient vécu deux mille ans avant J.-C. On trouva les premières dépouilles à Cherchen (ou Qiemo), ville isolée à 2 500 km à l'ouest de Pékin : les habitants connaissaient leur existence. Très vite, les fouilles archéologiques révélèrent la présence de centaines de momies préservées, réparties sur une vaste étendue : elles semblaient être celles d'individus dont la culture perdura au moins un millier d'années.

Des barbus aux cheveux clairs

L'état de conservation des corps était étonnant. Des températures hivernales inférieures à – 50 °C avaient empêché leur décomposition et, en été, la chaleur brûlante et le sel du désert les avaient desséchés : la momification s'était faite naturellement. Leur aspect frappa les chercheurs : certains avaient des cheveux blonds, d'autres roux. Plusieurs étaient extrêmement grands : un individu blond ayant vécu vers 1000 avant J.-C., l'homme de Cherchen (découvert en 1978), mesurait 2 m ; une femme atteignait 1,80 m. D'origine caucasienne, ils ne présentaient aucune caractéristique chinoise ou mongole : cheveux clairs nattés, grandes orbites, nez aquilin, menton proéminent.

Au-delà de son intérêt scientifique, cette découverte eut des conséquences politiques pour l'État chinois moderne : elle remettait en cause l'idée d'une civilisation chinoise se développant isolée du reste du monde et, surtout, elle permettait de penser que la province de Xinjiang n'avait pas toujours fait partie de la Chine.

D'après les archives de la dynastie Han, les premiers Chinois arrivèrent dans cette région autour de 120 avant J.-C. : ils cherchaient à ouvrir des routes commerciales vers l'Occident. Le nom même de la province, Xinjiang, signifie « nouveau territoire ». Mais la présence

L'ÉPOUSE DU FERMIER La « beauté de Loulan » est l'une des momies les plus anciennes (4 000 ans). Ses mocassins de fourrure, son capuchon de laine et le plateau tressé posé à côté d'elle montrent qu'elle appartenait à une communauté agricole sédentaire.

Faux! On croit souvent que les ongles d'un défunt continuent à pousser après le décès, ce qui est faux. Une femme d'une cinquantaine d'années retrouvée à Cherchen avait des ongles très longs, mais ils avaient poussé de son vivant, preuve sans doute qu'elle n'avait pas besoin de travailler.

MESSAGE TEXTILE À Hami, l'étoffe portée par les momies a éveillé la curiosité d'une experte en tissus anciens, Elizabeth Wayland Barber. Les caractéristiques du tissage (serge à carreaux écossais) lui ont permis de déterminer la probable origine de ces individus.

des momies prouve que d'autres populations se trouvaient sur place bien avant leur venue. La plupart des habitants de la région, les Ouïgours, ne se sont jamais considérés comme des Chinois et pourraient bien exploiter cette découverte pour asseoir leurs revendications indépendantistes.

Derrière le rideau

Cherchant à conserver les corps en lieu sûr, les autorités chinoises les firent à nouveau enterrer. L'histoire aurait pu en rester là sans l'initiative du musée d'Ouroumtsi, la capitale de la province du Xinjiang : certaines des momies furent exposées… mais discrètement, à l'abri d'un rideau.

En 1987, un visiteur intrigué ouvrit ce rideau : il s'agissait de Victor Mair, professeur d'études chinoises à l'université de Pennsylvanie. Il s'était déjà rendu dans ce musée et pensait en connaître les principales collections. Ce qu'il découvrit ce jour-là fut pour lui une véritable révélation. « J'ai vu de nouvelles acquisitions stupéfiantes, défiant à tel point l'imagination que j'ai d'abord cru à un canular », se souvient-il.

Mair comprit immédiatement les implications de cette découverte. Il approcha prudemment les autorités chinoises et obtint, pour lui-même et quelques collègues, l'autorisation de mener des études approfondies sur certains corps. Ils commencèrent par effectuer une datation précise. Les dépouilles les plus anciennes remontaient à l'âge du bronze. Des populations s'étaient, semble-t-il, installées à Loulan vers 2000 avant J.-C. Une centaine de momies au moins avaient été découvertes dans cette région, enterrées non seulement avec des outils et des objets tels des pots d'argile, de la laine, des fuseaux mais aussi du pain non levé et des brochettes de viande, pour leur permettre de survivre dans l'au-delà.

Des momies aux vêtements multicolores

Ces individus furent peut-être parmi les premiers à partir vers l'est en direction de ce désert inhospitalier. D'autres les suivirent : une deuxième vague de colons s'installa dans la région de Cherchen. Leurs dépouilles sont probablement vieilles de trois mille ans. Ils semblaient appartenir à une culture plus avancée : les momies de Loulan portent des vêtements en forme de sac et d'amples jambières de couleurs brune ou ocre tandis que celles de Cherchen sont vêtues de tuniques, de jupes, de manteaux et de pantalons ornés de motifs superbes aux couleurs contrastées, avec des spirales et des zigzags rouges, bleus, ocre et marron.

Selon l'un des membres de l'équipe, Elizabeth Wayland Barber, archéologue et spécialiste des textiles, ces découvertes furent les plus extraordinaires de sa carrière. Durant treize ans, elle sillonna l'Europe et se rendit même en Iran dans le seul but d'analyser des fils ou des lambeaux de tissu. Mais là, elle put étudier des étoffes qui, protégées par le sel du désert, n'avaient connu aucune dégradation…

« J'ai d'abord été frappée par le fait que tout était en laine de mouton, explique-t-elle. Je m'attendais à trouver des fibres végétales. Il n'y a pas de moutons dans cette partie du monde ; par conséquent, les colons les amenèrent avec eux. » Ils voyageaient avec leurs troupeaux et transportaient leurs propres semences pour les cultures – le blé trouvé dans les tombes de Cherchen n'appartient pas à une variété locale.

Pour les Chinois, ces nomades étaient des primitifs, mais la qualité des objets funéraires prouve le contraire. Ils maîtrisaient l'art de la fabrication des bijoux, le travail du cuir, la poterie et le tissage. Ils confectionnaient leur pain. Ils disposaient aussi de moyens de locomotion : les derniers arrivés connaissaient la roue et voyageaient à cheval, bien avant les Chinois.

Des cousins celtes

La découverte d'un troisième site, Hami, permit de bâtir des hypothèses étonnantes. Certaines étoffes retrouvées sont tissées en biais ▶ p. 58

D'où venaient les étrangers ?

Les restes de lainages les plus anciens ont été découverts dans des tombes au nord du Caucase, entre la mer Noire et la mer Caspienne. Des populations auraient quitté cette région pour se diriger vers l'est, en direction de la Chine, et vers l'ouest, en direction des Alpes, emportant avec elles leurs moutons et leur technique de tissage. Le désert du Takla-Makan se trouvant à 4 500 km du Caucase, les migrations furent sans doute progressives. Des vestiges découverts à 500 km au nord de cette zone montrent que des nomades y vivaient vers 4500 avant J.-C., mais aucun lien n'a pu être établi entre ces populations et les momies du Takla-Makan.

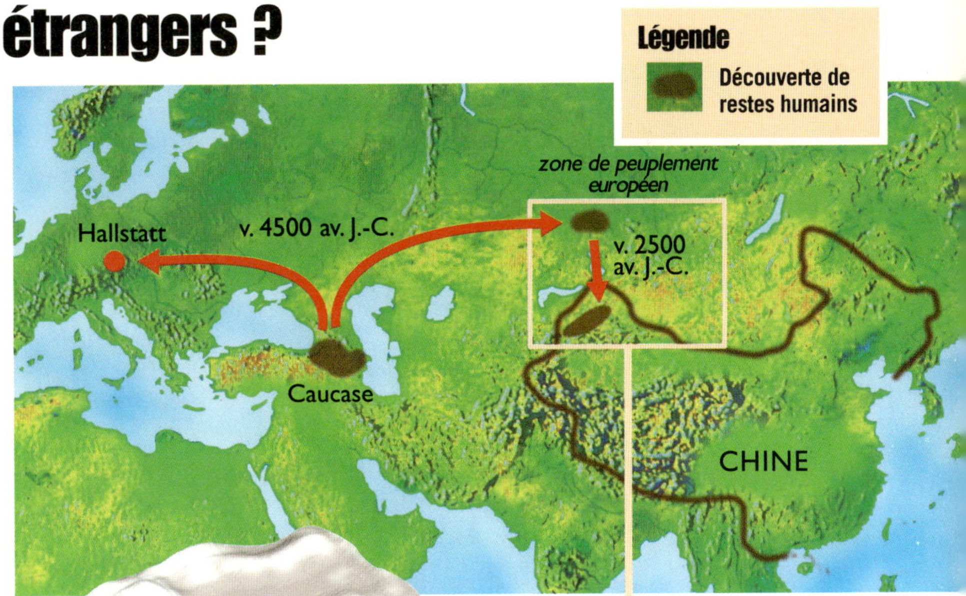

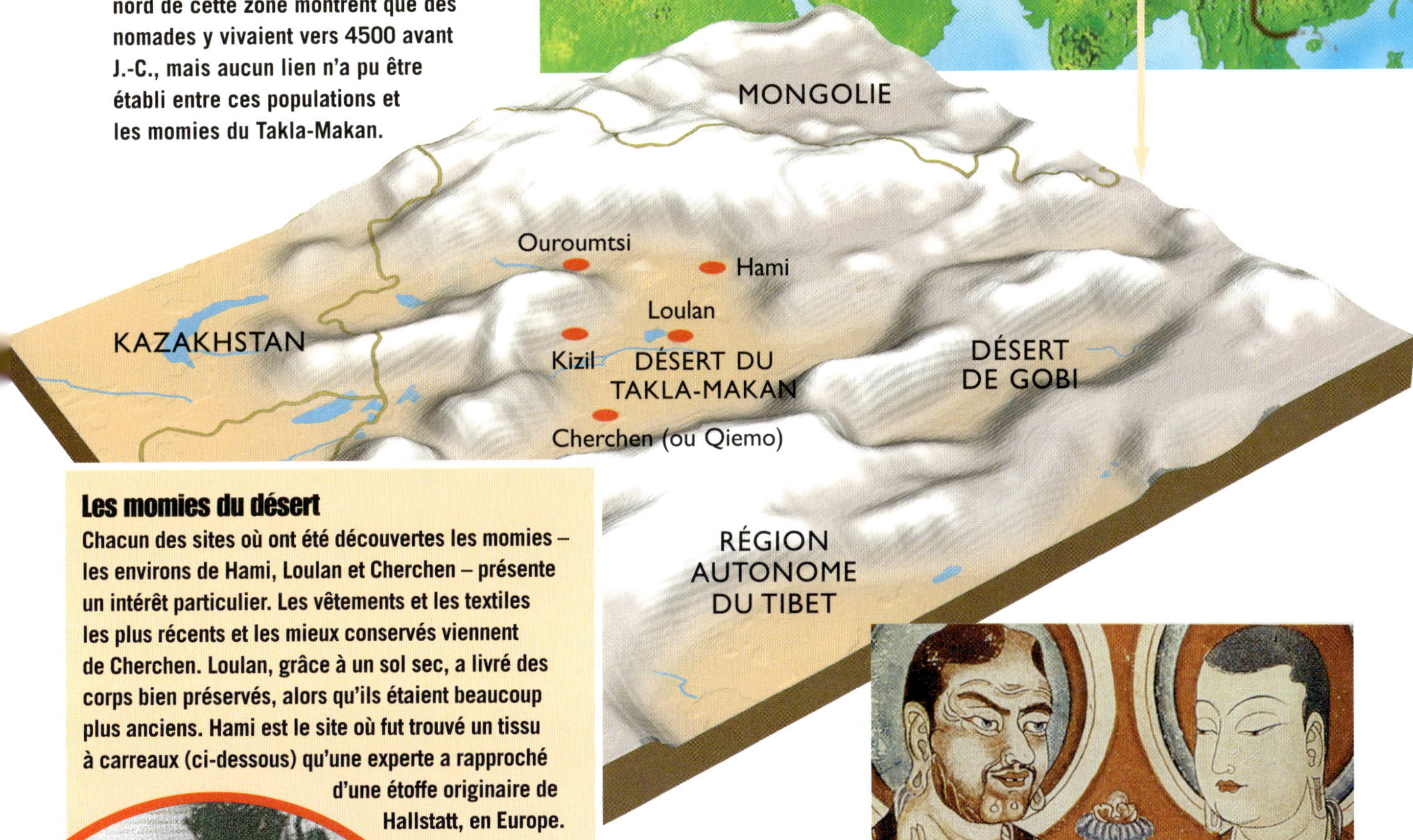

Les momies du désert

Chacun des sites où ont été découvertes les momies – les environs de Hami, Loulan et Cherchen – présente un intérêt particulier. Les vêtements et les textiles les plus récents et les mieux conservés viennent de Cherchen. Loulan, grâce à un sol sec, a livré des corps bien préservés, alors qu'ils étaient beaucoup plus anciens. Hami est le site où fut trouvé un tissu à carreaux (ci-dessous) qu'une experte a rapproché d'une étoffe originaire de Hallstatt, en Europe.

Des fresques révélatrices

Les peintures rupestres des grottes des Mille Bouddhas, à Kizil, montrent qu'en Chine, au ve siècle, des individus aux traits occidentaux – cheveux roux, barbe épaisse et nez proéminent – vivaient aux côtés des populations orientales.

TOILE BRUTE Le tissu retrouvé à Loulan est une toile brute unie, de couleur brune. Elle permettait de confectionner des vêtements simples, ceinturés à la taille ; par temps froid, on se couvrait d'une fourrure. Un carré de feutre faisait office de capuche.

avec un motif écossais aux rayures plus ou moins larges. Selon Elizabeth Wayland Barber, elles seraient comparables à un tissu celte de l'âge du bronze découvert sur le site de Hallstatt, près de Salzbourg, en Autriche.

Vers la même époque, deux communautés distantes de plus de 8 000 km fabriquèrent un tissu écossais quasi identique ! Pour Elizabeth Wayland Barber, cette technique est si particulière qu'elle atteste une origine commune aux deux cultures, une région du nord du Caucase appartenant aujourd'hui à la Russie. À partir de cette contrée, des groupes de migrants seraient partis vers l'ouest, d'autres vers l'est.

Plusieurs éléments confortent ces analyses. Vers le IIe siècle avant J.-C., dans la province du Xinjiang, des Chinois racontaient avoir vu des individus aux cheveux roux, aux yeux bleu-vert et au long nez, qui ressemblaient à des singes. Un peu plus au sud, on découvre la représentation de ces hommes aux yeux clairs sur les peintures rupestres des grottes des Mille Bouddhas, à Kizil, près de la ville de Kuqa. Les fresques sont l'œuvre de bouddhistes qui vécurent là des siècles plus tard. Mais les hommes peints ont des cheveux frisés, des barbes épaisses et peu de caractéristiques physiques communes avec les Chinois ou les Mongols.

Dans les textes bouddhistes, ces individus portent le nom de Tokhariens. Ce peuple avait sa propre langue, qui n'est plus parlée aujourd'hui mais que l'on continue d'étudier. Une analyse linguistique poussée des textes religieux laisse penser que les Tokhariens n'étaient pas originaires de Chine ou des environs. Leur langue aurait plutôt des racines indo-européennes. Des mots comme *pacer* et *macer* par exemple ont sans doute la même origine que *pater* et *mater* (en latin), c'est-à-dire « père » et « mère ».

Le chaînon manquant

Le voyageur qui parcourt aujourd'hui les 6 400 km de la route de la soie depuis l'Italie et la Grèce jusqu'à la Chine en passant par Kachgar et le Xinjiang croise parfois des Ouïgours aux yeux bleus et aux cheveux roux ; ils ont leur propre religion, leur langue, leur histoire et leurs traditions culturelles. Aujourd'hui, de nombreux Ouïgours pensent que les Tokhariens sont le chaînon manquant entre les hommes retrouvés dans les sépultures de Takla-Makan et eux. Des recherches sur leurs propres origines leur ont permis de remonter huit siècles en amont, date à laquelle les Tokhariens disparaissent des archives chinoises. De là à penser qu'Ouïgours et Tokhariens ne font peut-être qu'un…

S'intégrant peu à peu aux autres communautés, les premiers colons se mêlèrent aux Mongols et aux Chinois Han. Leur culture a disparu mais leur héritage génétique perdure. Victor Mair a obtenu l'autorisation de prélever des échantillons de peau et d'os sur deux des momies. Examinés par le généticien italien Paolo Francalacci, ces tissus ont livré un ADN très proche de celui que l'on trouve habituellement chez les Européens mais rarement chez les populations d'Extrême-Orient.

Ces conclusions ont obligé le président chinois Jiang Zemin à s'exprimer sur le sujet. Il déclara que si ces corps étaient effectivement d'origine européenne, il n'y avait « aucun mal à cela ».

Faute de budget pourtant, les dépouilles tombent en poussière dans le musée d'Ouroumtsi. L'humidité risque de détruire les tissus que le désert avait préservés. Qu'elles soient ou non chinoises, les momies de Cherchen, Loulan et Hami ne méritent pas de retomber dans l'oubli.

Un avant-poste de la légion romaine

1 53 avant J.-C. Dix mille légionnaires romains sont capturés par les Parthes lors de la bataille de Carrhae, sur le sol de l'actuelle Turquie.

2 50 avant J.-C. Des prisonniers sont envoyés surveiller la frontière de l'Empire parthe.

3 36 avant J.-C. Selon certains textes, des Romains combattaient pour le chef hun Jzh-Jzh, dans l'actuel Ouzbékistan.

4 5 après J.-C. Le nom de Liqian (province du Gansu) apparaît pour la première fois dans un recensement. C'est le vocable chinois appliqué au monde gréco-romain.

Des tests ADN effectués récemment sur deux cents villageois de la province chinoise du Gansu ont montré que quarante d'entre eux présentaient des caractéristiques génétiques européennes. Certains possèdent même des cheveux bouclés et des yeux clairs. Deux découvertes faites dans la ville moderne de Zhelazhai ont fourni une explication surprenante : les populations descendraient des habitants d'un ancien village peuplé de légionnaires romains. Les objets retrouvés n'ont pas encore pu être authentifiés – les autorités chinoises n'ayant pas autorisé l'inspection du site –, mais ils sont très prometteurs. Un pot de style romain ou un casque portant l'inscription *zhao* (« l'un de ceux qui se sont rendus ») pourraient être la confirmation d'une théorie échafaudée il y a plus d'un demi-siècle.

En effet, dans les années 1930, Homer Hasenphlug Dubs, professeur de chinois à l'université d'Oxford, évoqua la possible présence d'un groupe de légionnaires romains dans une ville de Chine. Dans le *Livre des Han postérieurs,* il avait été intrigué de trouver la mention d'une tactique militaire défensive qu'il considérait comme typiquement romaine. Il retraça donc l'histoire de toute une série de batailles, de Rome jusqu'en Chine, et mit peu à peu en évidence la participation des Romains à chaque étape.

Des captifs envoyés en Chine

En 53 avant J.-C., 42 000 hommes placés sous le commandement de Crassus partirent combattre les Parthes. Après la bataille de Carrhae, 10 000 Romains furent faits prisonniers. Selon l'historien romain Pline, les Parthes envoyèrent certains d'entre eux surveiller la frontière est du territoire, dans l'actuelle Syrie. Dubs s'intéressa à la bataille qui eut lieu en 36 avant J.-C. entre les Chinois (les Han) et les Huns d'Asie centrale. La citadelle du chef hun Jzh-Jzh était protégée par une « double palissade de bois », système défensif que seuls les Romains utilisaient. Par ailleurs, certains soldats avaient livré bataille en plaçant leurs boucliers les uns contre les autres. Les archives parlent à ce propos de formation « en écailles de poisson ». Il s'agirait de la fameuse *testudo,* ou tortue, caractéristique de l'armée romaine.

Pour Dubs, certains légionnaires romains avaient proposé leurs services comme mercenaires à Jzh-Jzh. La conclusion de l'histoire est consignée dans les archives des Han : cent quarante-cinq prisonniers furent ramenés en Chine et cantonnés dans un avant-poste à la frontière nord. Il fallait le localiser. Dubs recensa alors tous les noms de villes, villages, sites, etc., et découvrit qu'en l'an 5 de notre ère il existait un village baptisé Liqian, ancien vocable chinois utilisé pour désigner le monde gréco-romain. Deux autres villes portaient des noms étrangers, inspirés par les régions d'où venaient les immigrants qui s'y étaient installés. Selon, Dubs, les habitants de Liqian pourraient être originaires du pourtour méditerranéen. La décision prise par Wang Mang en l'an 9 étaie sa théorie : l'empereur chinois décréta en effet que tous les noms de villes « devaient dire ce qui est vrai »… Liqian fut rebaptisé Jieh-lu, que l'on peut traduire par « les captifs se sont levés ».

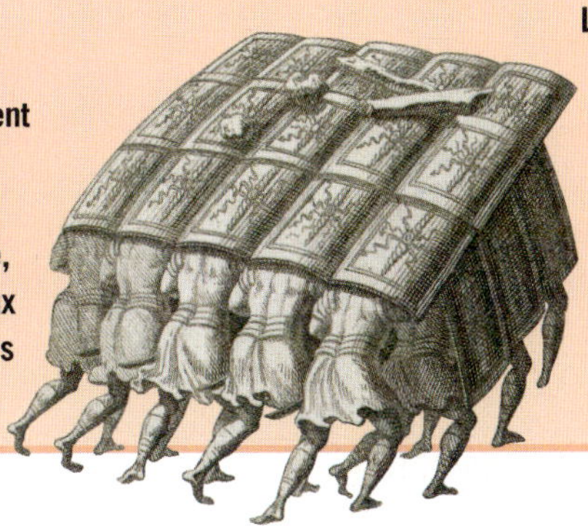

AUX ABRIS ! Les soldats romains se protégeaient en plaçant leurs boucliers les uns contre les autres. S'agit-il de la formation « en écailles de poisson » décrite par les Chinois ?

EURÊKA !

Les sciences modernes au secours du traité perdu d'Archimède

Au XIIIe siècle, pour écrire un livre de prières, un moine effaça quatre-vingt-quatorze pages du plus ancien manuscrit connu des œuvres d'Archimède. Une technologie de pointe a permis de faire réapparaître ces travaux mathématiques exceptionnels.

Archimède était un remarquable mathématicien, auteur de plusieurs traités. Dans *De la méthode,* avec deux mille ans d'avance sur son temps, le grand penseur grec du IIIe siècle avant J.-C. formulait des concepts mathématiques tels qu'additionner une séquence infinie de nombres pour aboutir à une somme finie. Ses schémas montrent qu'il se servait du calcul différentiel et des intégrales pour parvenir à des conclusions précises sur les surfaces et les volumes. Malheureusement, le traité avait disparu ; on en connaissait l'existence grâce aux références d'autres spécialistes. Mais, au tout début du XXe siècle, il fut repéré dans un livre de prières grec orthodoxe que conservait une bibliothèque de Constantinople : les écrits et les formules étaient dissimulés sous plusieurs couches de texte et de peinture !

Le recours à différentes techniques sophistiquées permit de sauver ces travaux a priori perdus. On parvint à retranscrire la majorité des pages grâce à l'imagerie multispectrale (des rayons ultraviolets et infrarouges permettent de détecter ce qui est invisible à l'œil nu). Certaines, indéchiffrables, furent soumises au rayonnement X du synchrotron du Stanford Linear

LIGNES ENTRECROISÉES Sous le texte grec de ce livre de prières du XIIIe siècle se distinguent, bien qu'à peine visibles, d'autres lignes de texte tracées perpendiculairement. Le parchemin fut gratté pour être réutilisé alors qu'il s'agissait de la plus ancienne transcription (Xe siècle) de l'une des œuvres d'Archimède.

Accelerator Center (Californie), qui permet de rendre fluorescent le fer que contient l'encre. Les chercheurs purent donc reproduire en clair l'image d'un écrit effacé de longue date et dont il ne restait plus qu'une trace infime.

Le recyclage de vieux parchemins

Archimède rédigea le texte original sur des rouleaux de parchemin qui furent par la suite copiés et recopiés. La transcription effacée par le moine date du Xe siècle. Très endommagée, cette copie est néanmoins si proche d'autres versions originales des travaux du savant et si conforme à son style que les spécialistes estiment qu'elle ne peut qu'être fidèle à l'original.

Au XIIIe siècle, le parchemin était rare, et l'on recyclait fréquemment des manuscrits de bibliothèque pour en faire des palimpsestes (du grec qui signifie « gratter de nouveau »), ce qui explique que le moine ait traité avec autant de légèreté cette œuvre fondamentale. Il la trempa dans un bain d'eau de Javel naturelle puis gratta l'encre pour obtenir une nouvelle surface vierge. Il coupa en deux les feuilles originales, qu'il relia de nouveau, ce qui lui permit d'avoir deux fois plus de pages pour son livre de prières.

Juste après sa découverte, en 1906, l'ouvrage subit de nouveaux outrages. Alors qu'il consultait le livre, Johan Ludvig Heiberg, spécialiste danois de lettres classiques, reconnut le texte d'Archimède, à peine déchiffrable. Mais avant qu'il ait pu convaincre la communauté internationale de son importance, un collectionneur d'ouvrages religieux avait acheté le manuscrit. Ce dernier, motivé par l'appât du gain, colla des enluminures plus récentes sur certaines pages du livre avant de le déchirer et de le tacher pour essayer de le revendre comme une relique.

Puis les avancées technologiques dans le domaine de l'imagerie révélèrent la valeur de ce parchemin : en 1998, l'ouvrage qui abritait l'œuvre de l'un des plus grands esprits ayant jamais existé fut vendu 2 millions de dollars – à un acheteur resté anonyme.

Le texte révélé

À partir de traces rougeâtres dans un vieux livre de prières, les caméras associées à des logiciels de pointe ont permis d'obtenir une image très claire de l'héritage mathématique de la Grèce antique.

1

L'imagerie spectrale révèle une ligne de texte horizontale d'un rouge pâle ; on peut la distinguer derrière la main au doigt pointé dessinée par le moine. Le cercle sous la lettrine rouge fait également partie du traité d'Archimède, mais il se voit à peine.

2

Lorsque l'on expose le manuscrit à des rayons ultraviolets, les encres réagissent aux différentes longueurs d'onde en prenant une couleur plus ou moins foncée. Le texte peut être mis en évidence en modifiant la lumière et les filtres de la caméra. Des capteurs identifient les longueurs d'onde réfléchies par les premiers écrits.

3

L'ordinateur reconnaît la signature spectrale spécifique aux longueurs d'onde émises par le texte du traité d'Archimède et supprime tout autre signal. Il propose alors une image en noir et blanc, qui révèle bien plus nettement le texte disparu. Deux lignes de texte apparaissent très distinctement en haut de l'image.

4

Le texte d'Archimède est coloré numériquement en vert afin de pouvoir être transcrit puis traduit par des spécialistes. Le schéma montre comment Archimède se servait des principes de calcul des intégrales pour déterminer l'aire d'une zone délimitée par une courbe, en additionnant les surfaces de triangles.

LA FIÈVRE DE L'EMPIRE ROMAIN

La puissante Rome succomba aux attaques d'un moustique

Des milliers de pages ont été écrites sur les causes de la chute de Rome, mais une découverte récente apporte un éclairage surprenant sur la question : le simple dard d'un petit moustique aurait porté un coup fatal à l'Empire.

LA DANSE DE LA MORT En latin, funérailles signifie défilé. Le corps du défunt était transporté sur un catafalque jusqu'au tombeau familial, dans les catacombes, ou inhumé dans un cimetière. En analysant l'ADN des ossements, il est possible d'établir la cause de certains décès.

Au début du Ve siècle après J.-C., l'Empire romain agonisait : ses frontières subissaient les attaques incessantes des barbares – Huns, Goths, Wisigoths, Ostrogoths et Saxons ; des querelles religieuses sapaient ses bases, tandis qu'une profonde animosité grandissait entre les territoires grecs orthodoxes, à l'est, et l'Occident latin ; de plus, la corruption gangrenait le gouvernement et l'armée. Marqué par les guerres civiles, l'Empire était devenu vulnérable face à des forces ennemies pourtant a priori plus faibles.

Un long processus de décadence mena, en 476, à la déposition du dernier empereur, Romulus Augustule, par

Odoacre. L'empire, menacé à l'extérieur, ne savait pas qu'un autre ennemi était déjà à l'œuvre au sein même du pays : l'anophèle, moustique responsable de la transmission du paludisme (ou malaria). Lorsque les barbares germaniques attaquèrent, leurs adversaires n'étaient peut-être plus en état de combattre.

Le paludisme, une maladie déjà connue

Les Romains connaissaient le paludisme depuis un certain temps déjà, mais ils n'avaient aucun moyen efficace de lutter contre ce fléau. En 40, l'écrivain Columelle, auteur d'un traité d'agronomie, en avait même identifié la cause : « Il ne doit pas non plus y avoir de marais près des bâtiments et aucune voie militaire à proximité car ceux-ci dégagent par temps chaud une pestilence mortelle et donnent naissance à des insectes armés de dards exaspérants qui nous attaquent en essaims denses […] et provoquent souvent de mystérieuses maladies dont les raisons dépassent même l'entendement des médecins. »

Toutefois, l'idée que les moustiques pouvaient être responsables du paludisme était peu répandue. Sur la route de Rome, en 467, saint Sidoine Apollinaire raconte avoir été victime d'une maladie survenue lorsque le « vent atabulus de Calabre ou bien de la région pestilentielle d'Étrurie a pénétré mon corps ». Cette croyance selon laquelle la maladie restait en suspension dans l'air persista jusqu'au XVIIIe siècle – le mot malaria signifie d'ailleurs littéralement « mauvais air ».

Certaines parties du pays étant moins saines que d'autres, les riches Romains se retiraient dans des villas sur les hauteurs durant les mois chauds et humides. Au cœur des terres basses, avec leurs mares d'eau stagnante où pondaient les moustiques porteurs du parasite, le risque était accru. En se déplaçant vers des terrains

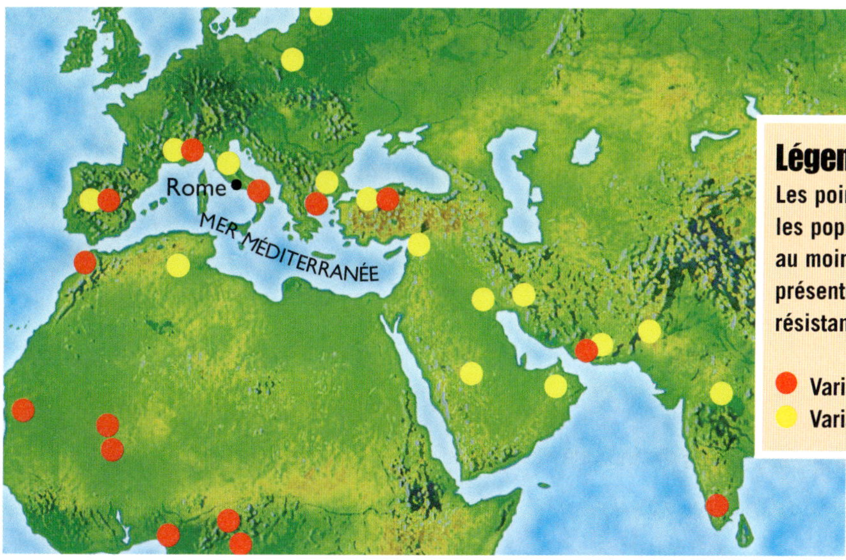

Légende

Les points de couleur identifient les populations au sein desquelles au moins 1 individu sur 200 présente un des deux gènes résistant au paludisme.

- **Variante africaine**
- **Variante méditerranéenne**

La progression du moustique

Les scientifiques ont identifié des gènes permettant à l'organisme de résister au paludisme et ont mesuré leur présence au sein des différentes populations africaines et européennes. En Europe, on retrouve un gène originaire d'Afrique (en rouge), ce qui prouve qu'une souche africaine, *Plasmodium falciparum,* a franchi la Méditerranée. La variante européenne de ce gène (en jaune) ne protège que contre des formes atténuées de la maladie. Dans le sud de l'Europe, on remarque la présence des variantes africaine et méditerranéenne : durant l'Antiquité, une forme virulente de paludisme de souche africaine se développa dans le bassin méditerranéen, affaiblissant les populations romaines tout en donnant peu à peu naissance à un gène résistant.

plus élevés, certains habitants, moins exposés aux piqûres, échappaient à la maladie.

Jusqu'à la fin de la République (Ier et IIe siècle avant J.-C.), aucun commentateur ne signale la moindre augmentation du nombre de victimes. Selon les écrivains et les médecins romains de l'époque, la plupart des adultes touchés par le paludisme souffraient de fortes fièvres, mais on parvenait à les soigner. Seuls les plus faibles et les plus vulnérables succombaient. Certains, comme Jules César, finissaient par être naturellement immunisés et toléraient le parasite, généralement après de nombreuses années d'infection chronique. La population en vint même à développer une forme de résistance génétique que l'on retrouve encore aujourd'hui chez les Italiens.

Une théorie étonnante

En 1907, le Britannique William Henry Samuel Jones observa que le nombre de décès liés au paludisme avait augmenté à partir de la fin du IIe siècle. Il avança alors une hypothèse audacieuse : le paludisme aurait largement contribué à la chute de l'Empire romain. Cette idée se fondait sur l'étude des registres de l'armée romaine indiquant que la population des régions les plus basses et les plus chaudes d'Italie ne fournissait plus de jeunes recrues aux légions. Les soldats étaient surtout recrutés dans les régions montagneuses. Au milieu du Ve siècle, la majeure partie de l'armée était même constituée de recrues d'origine germanique. Le professeur Jones supposa que la maladie avait été introduite en Italie par des soldats du général carthaginois Hannibal au cours de la deuxième guerre punique. Mais la plupart des experts réfutèrent cette thèse : selon eux, le paludisme n'aurait pas pu prendre des proportions épidémiques.

Aujourd'hui pourtant, de nouveaux éléments tendent à donner raison au professeur Jones. L'arrivée soudaine, en Europe, d'une nouvelle souche de paludisme – contre laquelle les Romains n'étaient pas immunisés – eut peut-être des conséqucnccs dramatiques : le coupable serait

TRANSMISSION SANGUINE L'anophèle femelle véhicule *Plasmodium falciparum* (ci-contre), un parasite mortel, dans ses glandes salivaires. Elle infecte le sang d'individus sains en les piquant.

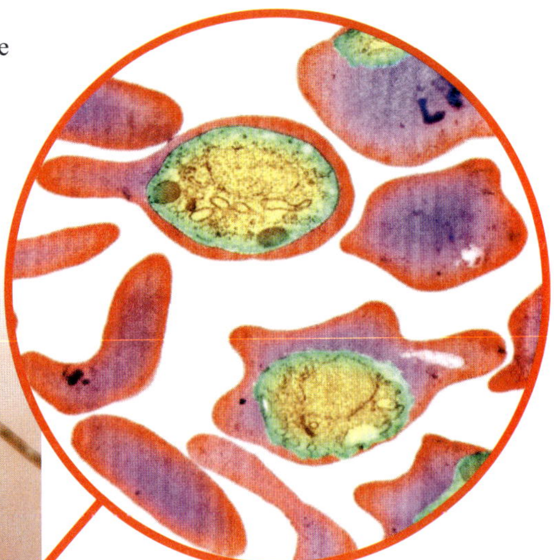

Plasmodium falciparum, parasite transmis par la piqûre de l'anophèle. Généralement associé aux climats tropicaux, surtout répandu en Afrique, il est encore la première cause de mortalité dans le monde, avec environ 3 millions de décès par an.

Sarah Tishkof, chercheuse américaine à l'université du Maryland, a mis en évidence des preuves génétiques de

FOUILLES ARCHÉOLOGIQUES On découvrit les restes de quarante-sept nourrissons dans un cimetière, sur le site d'une villa romaine à Lugnano. L'analyse des sépultures montre que les corps furent probablement enterrés en l'espace de un mois, vers 450. C'est une épidémie de paludisme qui semble avoir décimé cette communauté.

l'arrivée de *Plasmodium falciparum* en Europe. Selon elle, cette incursion aurait eu lieu entre 4400 avant J.-C. – au plus tôt – et l'an 400 de notre ère. Les moustiques traversèrent sans doute la Méditerranée à bord de navires marchands à une époque où les échanges commerciaux entre Rome et l'Afrique s'intensifiaient.

Une communauté exposée

La récente découverte d'un cimetière romain dans une villa de Lugnano, en Ombrie, à 110 km au nord de Rome, apporte la preuve indiscutable d'une terrible épidémie de paludisme survenue vers 450. Dans une fosse à proximité de la villa, on retrouva les squelettes de quarante-sept bébés, pour la plupart des prématurés mort-nés ou des nouveau-nés. Selon les archéologues, les corps furent inhumés en l'espace de quelques jours ou de quelques semaines tout au plus.

La villa était située près des marais, le long du Tibre, dans une zone propice au développement des moustiques. Les graines de chèvrefeuille retrouvées dans les tombes indiquent qu'elles furent sans doute creusées en été, seule saison à laquelle frappe la maladie. Bien que difficile, l'analyse des os a livré de l'ADN de *Plasmodium falciparum*. Cette forme de paludisme provoque souvent des fausses couches, ce qui expliquerait le grand nombre de fœtus retrouvés. Les techniques d'analyse scientifique du XXIe siècle ont donc confirmé l'intuition du professeur Jones un siècle auparavant.

Il existe très peu de récits sur le développement de ce paludisme, peut-être parce qu'il se manifestait sous différentes formes. Certains adultes succombaient quelques heures après l'apparition des premiers symptômes ; d'autres étaient si affaiblis qu'ils pouvaient mourir de maladies comme la grippe ou la tuberculose. L'infection provoquait également des vomissements et des diarrhées.

Si, comme l'atteste la découverte de Lugnano, le parasite était présent au nord de Rome à l'époque du déclin de l'empire, il y eut probablement d'autres épidémies plus au sud. Les moustiques envahirent sans doute l'ensemble du pays, affaiblissant des populations déjà en difficulté sur le plan économique, politique et agricole.

LA MORT DES NOURRISSONS Au départ, les corps étaient enterrés individuellement ou par deux. Par la suite, on inhuma jusqu'à sept nourrissons ensemble. On peut donc penser que l'épidémie se propagea très rapidement. Les tombes furent creusées à la hâte : l'un des corps repose à même une tuile de terre cuite.

PIERRE QUI BOUGE…

Stonehenge n'a jamais cessé d'être modifié

Érigés depuis des millénaires, les mégalithes paraissent immuables. Or le site a connu de multiples modifications. Certaines pierres se sont effondrées, d'autres ont été réalignées, restaurées et même vandalisées.

On pourrait croire que Stonehenge, figé depuis des millénaires dans l'isolement et le silence, a toujours résisté aux bouleversements de l'Histoire. En réalité, cet ensemble mégalithique n'a pas connu le moindre répit, tour à tour agrandi, remodelé, détruit et reconstruit. Au XXe siècle encore, il subit trois restaurations majeures. On releva les pierres qui étaient tombées, on redressa celles qui penchaient, et bon nombre d'entre elles furent ancrées dans un socle de béton. Ce ne sont pas les bâtisseurs de l'âge du bronze qui mirent en place certains des imposants linteaux de pierre mais des grues modernes de 60 tonnes.

Les photographies des travaux de restauration récemment découvertes par un historien spécialiste de Stonehenge, Christopher Chippendale, bousculent les idées reçues. S'agit-il bien d'un site ancien ou serait-il plus juste de parler de reconstitution contemporaine ? La plupart des cent soixante-deux pierres qui le composent ont en effet été déplacées, le plus souvent au cours du siècle dernier. Il n'a aujourd'hui pas le même aspect que dans les années 1960. En fait, contrairement par exemple aux pyramides, aucun des peuples qui contribuèrent à son édification n'eut la vision d'un ensemble achevé : Stonehenge fut toujours en perpétuelle évolution.

Les vandales de l'Antiquité

À l'origine, il s'agissait d'un ouvrage de terre circulaire. Il y a environ quatre mille ans, les hommes acheminèrent des pierres bleues depuis le pays de Galles et les disposèrent en U. Le cercle de trilithes – deux pierres dressées soutenant une pierre horizontale – ne les remplaça que postérieurement. Au fil des siècles, les pierres bleues furent ramenées à l'intérieur du cercle principal et réorganisées selon des dispositions diverses, en cercle, en ovale ou en fer à cheval.

Il y a environ trois mille ans, des hommes – ou peut-être une catastrophe climatique – détruisirent le site. L'une des pierres renversées au cours de cet

PALANS ET MADRIERS On déplaça plus de pierres du site au XXe siècle qu'au cours des trois mille ans qui précédèrent. C'est durant la campagne de restauration de 1901, dirigée par William Gowland (au centre), que l'on utilisa pour la première fois du matériel de levage moderne afin de soulever les pierres, mais aussi du béton pour les maintenir en place.

acte de vandalisme – le premier et le plus grave qu'ait subi Stonehenge – se brisa en deux (les spécialistes l'appellent la pierre 55). Elle n'a pas été bougée depuis ce jour. Trente et un des grands mégalithes de grès local (le grès *sarsen*) et vingt-neuf des pierres bleues, moins imposantes, furent volés, et ce dès l'Antiquité.

John Aubrey, historien du XVIIe siècle qui consacra une partie de sa vie à l'étude du site, découvrit que des pierres avaient été réutilisées. Certaines, transportées à l'aide de chariots, permirent de construire un pont. On raconte aussi que les villageois prélevaient des morceaux de pierre, les réduisaient en poudre et les jetaient au fond de leurs puits pour éloigner les crapauds. Les mégalithes restants furent considérablement dégradés. En janvier 1797, l'un des trilithes centraux s'écrasa après avoir été déstabilisé par un dégel brutal. En 1900, une ou deux heures avant l'avènement du XXe siècle, une tempête en jeta un autre à terre.

Victime des touristes

Néanmoins, ce ne sont pas les populations locales ni même les aléas climatiques qui endommagèrent considérablement Stonehenge… mais les touristes. Dès 1740, William Stukeley, médecin et archéologue, déplorait cette manie qu'avaient les visiteurs de prélever de petits morceaux de pierre avec des marteaux, habitude qui se perpétua à l'époque victorienne. Un visiteur écrivait que « par beau temps, la solitude du site était troublée par le bruit incessant des

LA PREUVE PAR L'ART John Constable peignit Stonehenge en 1835. Cette étude très précise montre qu'au XIXe siècle, le monument était beaucoup plus dégradé qu'aujourd'hui (photo ci-dessus).

TOMBÉ EN 1797 Ce trilithe fut redressé en 1958, et l'on remit le linteau en place. La restauration révéla des tenons magnifiquement ouvragés sur les deux pierres verticales, qui s'ajustaient parfaitement aux deux mortaises creusées dans le linteau.

coups frappés sur la pierre ». Parmi les visiteurs, il n'y avait pas seulement des amateurs de souvenirs mais aussi des experts en graffitis : sur un mégalithe de grès figure l'inscription « H. Bridger, 1866, Chichester » en lettres capitales.

Vandalisme et destruction se poursuivirent au XXe siècle. Durant la Première Guerre mondiale, l'installation d'un camp militaire sur sur la plaine de Salisbury détruisit l'extrémité est du « cursus », un fossé de plus de 3 km situé au nord du monument. La rumeur dit même que Stonehenge devait être démoli car il constituait un danger pour les nouveaux avions ultramodernes des Royal Flying Corps – le 5 juillet 1912, un engin s'était écrasé non loin du site, sur la plaine de Salisbury !

Un chantier moderne

Paradoxalement, la physionomie de l'ensemble mégalithique fut nettement bouleversée par ceux qui consacrèrent leur vie à sa restauration. En 1898, sir Edmund Antrobus hérita de Stonehenge, que lui légua son oncle, propriétaire du terrain. Il envisagea d'abord de le vendre intégralement et de l'expédier en Amérique. Finalement, il changea

Les statues-menhirs du Rouergue

Protections pour les chasseurs ? Monuments commémoratifs ? Divinités ? Ancêtres ? Bornes de territoire ? Le rôle de la centaine de statues-menhirs érigées entre 3000 et 1500 avant J.-C. dans la région du Rouergue reste un mystère pour les chercheurs. Taillées dans le grès ou dans le granit, ces grandes statues anthropomorphes (entre 1 m et 4,50 m pour la plus haute) sont remarquablement conservées : leurs visages comportent des yeux, un nez, parfois des tatouages ou des scarifications au niveau des joues, mais pas de bouche (excepté sur trois d'entre elles) ni d'oreilles. Les cheveux, sculptés dans le dos, sont parfois réunis en une sorte de catogan. Sur le corps sont figurés les plis d'un vêtement mais aussi une ceinture ornée d'une boucle, décorée ou non.

Certains attributs permettent de différencier les statues féminines des statues masculines. Les premières portent des colliers et un objet en forme de Y sur le torse, peut-être une amulette – les archéologues ont trouvé des objets similaires dans des sépultures situées à l'intérieur de grottes. Les secondes sont représentées avec un arc et une flèche ; à une sorte de ceinture en bandoulière passant sur l'épaule est parfois suspendu un accessoire triangulaire, peut-être un poignard en silex – plusieurs armes de ce type ont été découvertes dans des dolmens de la région.

Des statues-menhirs furent également édifiées ailleurs dans le sud de la France, mais aussi en Corse (Filitosa, le site mégalithique le plus important de l'île, abrite environ un quart des menhirs corses), en Italie, en Sardaigne, au Portugal, en Espagne, en Grèce, en Bulgarie, en Roumanie, en Ukraine, en Crimée…

LA DAME DE SAINT-SERNIN Cette statue-menhir en grès fut découverte en 1888.

d'avis et demanda au professeur William Gowland de remédier à la dégradation de son bien. Sous sa direction, une équipe releva une pierre, en consolida d'autres à l'aide de madriers et mena des travaux archéologiques sur le site. Gowland fut également le premier à cimenter le pied des mégalithes.

La deuxième campagne de restauration commença après la Première Guerre mondiale. Les équipes soulevèrent des linteaux en place depuis quatre millénaires afin de redresser les mégalithes qui les soutenaient. Elles utilisèrent pour cela des vérins et des poutrelles d'acier, et coulèrent de nouveau du béton au pied des pierres avant de remettre les linteaux en place. Les photographes et les cameramen de l'époque immortalisèrent l'instant. Les trilithes qui s'étaient effondrés en 1797 et en 1900 ne furent redressés qu'en 1958, à l'aide d'une gigantesque grue utilisée pour soulever des avions. À la fin des travaux, seuls sept des trilithes étaient encore enchâssés dans leur socle calcaire d'origine, la majeure partie de l'édifice étant désormais solidifiée grâce à une épaisse couche de ciment. Le site avait retrouvé un aspect proche de celui qu'admirèrent les observateurs du XVIe siècle. Ce fut le cas jusqu'en 1963, date à laquelle la pierre 22, déplacée à l'aide d'un levier, heurta la pierre 23, qui s'effondra. Son redressement en 1964 fut le dernier grand ouvrage de restauration. Depuis une cinquantaine d'années, Stonehenge demeure en paix, si l'on parvient à oublier le tumulte du trafic routier à proximité, qui ébranle parfois ces troublants mégalithes fixés dans leur socle de béton.

Vrai! En 1919, une bouteille de porto fut découverte dans un trou, sous la « pierre du sacrifice ». Elle avait été laissée là au XVIIIe siècle par un antiquaire nommé William Cunnington : le bouchon avait pourri, et le vin était imbuvable !

LA MORT OU LA GLOIRE

Les gladiateurs étaient des professionnels du spectacle

Dans l'Empire romain, tous les gladiateurs n'étaient pas maltraités, enchaînés ou contraints de combattre pour sauver leur vie : on épargnait souvent les meilleurs, et certains, telles les stars du sport aujourd'hui, avaient des supporters enthousiastes.

DANS LE FEU DE L'ACTION **Cette mosaïque (ci-dessus), découverte près de Zliten, en Libye, montre que les combats étaient codifiés. Les personnages portant une tunique blanche sont des arbitres. Celui qui se trouve à droite écoute le recours d'un combattant, dont le doigt levé signifie la reddition. À gauche, un autre empêche un gladiateur de frapper son adversaire à terre.**

Au cinéma, les péplums donnent toujours une image terrifiante des affrontements entre gladiateurs : les hommes sont jetés de force dans l'arène pour des combats à mort, devant un public avide de violence. La devise qu'ils lancent avant de se battre donne le ton : « Ceux qui vont mourir te saluent. »

La vérité est tout autre. Ces combats étaient des duels soigneusement orchestrés qui se déroulaient sous l'œil attentif d'un arbitre, en une sorte de version armée de nos matchs de boxe. La foule acclamait avec enthousiasme chaque coup, chaque feinte ou parade particulièrement habile. Et, malgré leur salut poignant, les combattants ne risquaient pas systématiquement la mort : certains survivaient à l'épreuve et pouvaient se battre à nouveau.

Dans l'arène, le danger faisait partie du jeu ; il donnait du piment au spectacle. Le professeur Fritz Krinzinger, membre de l'Institut autrichien d'archéologie, compare les gladiateurs à des pilotes de formule 1 : ils se mettaient en danger chaque fois qu'ils se produisaient… pour la beauté du sport.

Ils avaient d'ailleurs des supporters enthousiastes. À en juger par les graffitis admiratifs retrouvés sur les murs de Pompéi telles que « Celadus le Thrace fait soupirer les filles », ces hommes musclés et courageux fascinaient le public féminin. Les noms très évocateurs de certains gladiateurs (Éros, Narcisse) montrent que les organisateurs des jeux n'hésitaient pas à vanter le pouvoir de

UN COMBATTANT LIBRE **Lorsqu'il gagnait sa liberté, un gladiateur recevait une tablette gravée à son nom. Celui à qui il appartenait devait être remboursé.**

séduction de leurs combattants. Au IIe siècle, le poète satirique Juvénal relata avec ironie qu'une femme de la noblesse avait quitté son mari pour un gladiateur au visage déformé par une cicatrice et un énorme kyste sur le nez. Il concluait par ces mots : « Ce qu'aiment les femmes, c'est l'épée. »

Mais l'érotisme qui se dégageait de ces combats virils n'était pas du goût de tous. L'empereur Auguste n'autorisait les femmes à y assister qu'assises au fond des gradins.

Des sportifs bien soignés

Les premières représentations de combats de gladiateurs remontent au IIIe siècle avant J.-C. La popularité de ces spectacles ne fit qu'augmenter au cours des siècles. Au début du Ier siècle avant J.-C., on comptait cent quatre-vingt-six amphithéâtres dans tout l'Empire romain.

La découverte d'un cimetière de gladiateurs à Éphèse, en Turquie, permit d'en apprendre un peu plus sur ces combattants. L'analyse des ossements, qui datent des IVe et IIIe siècles avant J.-C., révéla divers types de blessures : trois trous dans le crâne – un coup de trident –, une blessure à la gorge… Mais l'état des squelettes témoigne aussi de la qualité des soins médicaux qu'on prodiguait à ces hommes. L'examen d'un avant-bras fracturé montra que l'os s'était parfaitement ressoudé, ce qui prouve que la blessure avait été traitée et surveillée. Le peu de mutilations constatées sur l'ossature confirme la théorie selon laquelle les combats n'étaient pas aussi sanguinaires qu'on le pense.

Certains gladiateurs avaient leur masseur et leur médecin privé. À Éphèse, ces derniers étaient peut-être formés par le célèbre Galien, qui vivait non loin de là, à Pergame.

Trop précieux pour mourir

Les organisateurs de jeux mettaient tout en œuvre pour protéger leurs combattants, à l'intérieur comme à l'extérieur de l'arène. Car des gladiateurs bien entraînés constituaient un investissement, et laisser mourir les meilleurs, c'était perdre un patrimoine de valeur. Les organisateurs suivaient donc les combats avec attention et s'assuraient que les arbitres savaient quels hommes devaient être épargnés. D'après certains documents, des gladiateurs vaincus quittaient l'arène vivants. Contrairement au mythe populaire, ni la foule ni le dignitaire présidant les jeux ne décidaient qui devait vivre ou mourir à l'issue du spectacle. La décision dépendait avant tout des intérêts financiers des lanistes, propriétaires de groupes de gladiateurs qu'ils louaient pour l'occasion. Les gladiateurs condamnés étaient, semble-t-il, abattus en coulisses d'un violent coup de marteau sur la tête, peut-être asséné par un bourreau, comme le révéla l'analyse de dix des crânes des gladiateurs d'Éphèse.

Les lanistes dirigeaient des écoles de formation au combat. La discipline y était sévère et l'entraînement, intensif. Les hommes se nourrissaient d'aliments riches en glucides – légumes et fruits secs, bouillie d'orge – pour se maintenir en forme.

UNE ARME SPÉCIALE Le terme gladiateur vient du mot *gladius,* glaive, utilisé dans l'armée romaine. Le *gladius* des gladiateurs était plus court que celui des soldats, comme le montre un spécimen de 30 cm découvert dans une caserne de gladiateurs à Pompéi. Les hommes combattaient au corps-à-corps.

LES RÈGLES DU JEU **Dans ce tableau daté de 1872, *Pollice Verso*, le peintre Jean-Léon Gérôme a représenté un public assoiffé de sang attendant l'exécution. En réalité, le gladiateur victorieux ne faisait pas appel à la foule mais attendait la décision de l'arbitre. Les combattants blessés n'étaient pas non plus abandonnés dans l'arène mais emportés sur une civière.**

Les performances de chacun des combattants étaient scrupuleusement consignées dans des registres, car leur valeur dépendait de leurs succès dans l'arène. Le laniste surveillait ainsi de près le résultat de ses gladiateurs et pouvait demander à l'arbitre d'épargner certains d'entre eux ou même de suspendre l'affrontement pour éviter qu'ils soient trop grièvement blessés.

L'arbitre satisfaisait à la fois les demandes des lanistes et les exigences de la foule. Il annonçait la fin du combat : contrairement aux actuels matchs de boxe, les combats des gladiateurs n'étaient pas organisés en rounds. Il n'y avait aucune limitation de temps, mais l'arbitre ordonnait parfois une pause.

Le gladiateur avait la possibilité de déclarer forfait : il jetait alors son bouclier ou son épée à terre ou levait la main, l'index tendu. S'il s'était vaillamment battu et ne capitulait qu'à bout de forces, les spectateurs agitaient le bord de leur toge ou de leur manteau et criaient *« Missio ! »* (« Grâce ! »). En revanche, une foule mécontente hurlait *« Iugula ! »* (« Égorge-le ! »).

La personnalité qui finançait l'événement avait parfois le dernier mot. Mais elle devait concilier les désirs du public et ses propres impératifs financiers : en effet, elle payait le laniste pour chaque gladiateur tué dans l'arène. En étudiant les résultats d'une centaine de combats au cours du Ier siècle avant J.-C., un historien constata que dix-neuf gladiateurs sur les deux cents qui y avaient participé étaient morts au combat.

Des hommes adulés

Les gladiateurs avaient un énorme pouvoir de séduction, comme le montre cette inscription, qui fait allusion à « Crescens, le combattant au filet, médecin des filles la nuit ».

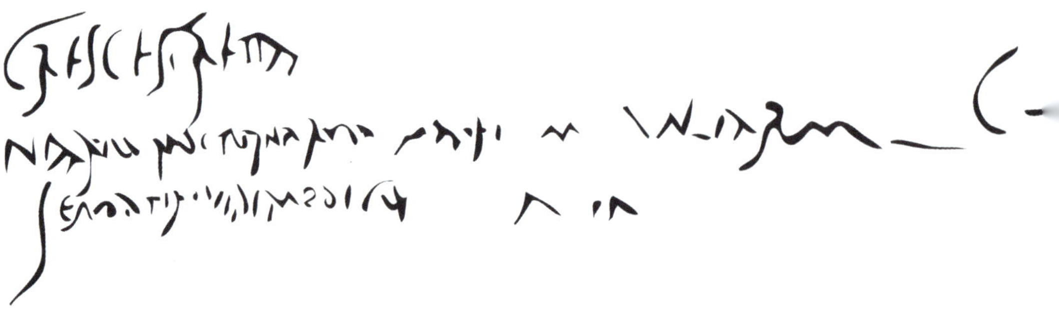

De beaux trophées

Ceux qui finançaient les jeux n'approuvaient pas qu'un homme de valeur fût tué sans nécessité. L'historien Suétone rapporte ainsi que Jules César, au cours de jeux organisés pour sa fille Julia, « donna ordre que lorsque des gladiateurs célèbres se battaient sans gagner les faveurs de la foule, ils soient sauvés et mis à sa disposition ». Suétone note aussi que l'empereur Néron, malgré sa réputation sanguinaire, avait exigé que personne ne fût tué lors de jeux organisés au Champ de Mars. Il semble que les gladiateurs, du moins les meilleurs et les plus populaires, aient donc été bien protégés.

Pour ceux qui triomphaient, la récompense pouvait être fort belle. Après le combat, le vainqueur gravissait les marches jusqu'à la loge officielle ; là, il recevait la palme ainsi qu'un sac de pièces, qu'il conservait même s'il était esclave. Si sa prestation avait été vraiment remarquable, il recevait une couronne de laurier, véritable honneur pour ces hommes – esclaves, criminels ou soldats vaincus – issus du plus bas de l'échelle sociale. Certains d'entre eux, les *auctorati,* étaient des volontaires, le plus souvent contraints à faire ce choix par des raisons économiques. Légalement frappés d'infamie, ils pouvaient néanmoins racheter leur liberté.

Malgré le danger et des conditions de vie très dures, les stars de l'arène, capables de donner à ces combats une véritable intensité dramatique, étaient récompensées par la célébrité, la richesse et parfois même la liberté.

Faux! **Le fait de tendre le pouce vers le haut pour gracier un gladiateur (ou vers le bas pour le condamner) serait une invention moderne. Faussement imputé à Juvénal, ce geste n'apparaît pas dans les nombreuses représentations d'époque de combats de gladiateurs (bas-reliefs, mosaïques ou graffitis).**

Que les jeux commencent !

Dans le film *Gladiator,* le réalisme des séquences de combats a été particulièrement travaillé. Même si les combats singuliers étaient en réalité plus fréquents que les affrontements à plusieurs montrés dans le film, celui-ci met bien en évidence les intérêts des responsables de l'arène et des propriétaires de gladiateurs. On y voit aussi évoluer les *harenarii,* qui, équipés de longues perches, étaient chargés de discipliner les combattants ou de leur donner plus d'ardeur lorsqu'ils n'étaient pas assez agressifs. Des archives mentionnent d'ailleurs l'usage de fouets, de torches ou de fers rouges pour pousser les participants à se battre ; la plupart des historiens pensent que les combattants récalcitrants étaient des criminels condamnés à mort.

Un programme bien réglé

La journée débutait par un spectacle mettant en scène des animaux. Un peu plus tard – ou après la pause déjeuner –, le public assistait à la mise à mort de criminels – crucifiés, dévorés par les lions ou exécutés de toute autre manière. Une prestation d'athlètes, des danses ou parfois un interlude burlesque suivaient cet épouvantable spectacle, très apprécié des Romains.

L'après-midi, les gladiateurs faisaient une première entrée dans l'arène, avec leurs armures richement décorées, au son des roulements de tambour et des fanfares. Leur palmarès, leurs précédentes victoires et leurs éventuelles récompenses étaient mentionnés dans le programme. Les combattants s'échauffaient et faisaient la démonstration de leurs talents en se battant avec des armes en bois ou au tranchant émoussé. Chaque homme en profitait pour rallier le public à sa cause et impressionner ses supporters. Les mouvements quasi chorégraphiés des participants, codifiés comme le sont les combats de lutte d'aujourd'hui, déclenchaient les applaudissements de la foule.

Le vrai spectacle pouvait enfin commencer. La plupart des jeux se composaient d'une série de duels – douze à quinze environ. Ils se déroulaient suivant des règles précises, sous l'œil attentif d'un arbitre qui avait le droit d'interrompre le combat et d'ordonner aux gladiateurs de revenir à leur point de départ.

OÙ EST NÉ PARIS ?

Les vestiges d'une grande ville gauloise découverts à Nanterre

L'île de la Cité a toujours été considérée comme le cœur historique de la ville de Paris, l'une des rares capitales d'Europe à s'être maintenue au cours des siècles. Mais, en 2003, la découverte de quartiers d'habitation gaulois sur le site de l'actuelle commune de Nanterre remet en question cette certitude…

Le peuple gaulois des Parisii – ancêtres celtes des Franciliens – occupait un territoire traversé par la Seine, qui en constituait l'épine dorsale. Celui-ci correspondait globalement à Paris et à sa couronne, depuis la confluence de la Seine et de l'Oise, au nord-ouest, jusqu'aux abords de Melun, au sud-est. La zone s'organisait autour du fleuve, axe d'échanges majeur en Gaule : y transitaient en effet les marchandises venues d'Italie et de Gaule centrale à destination de l'Ouest et de la Gaule Belgique. Les Parisii occupaient donc une position stratégique, dont témoignent notamment le monnayage en or et la puissance de la corporation des Nautes.

Lorsque, en 53 avant J.-C., dans ses *Commentaires sur la guerre des Gaules,* César mentionne les Parisii, il ne fait état que d'un seul oppidum (ville fortifiée) : Lutèce. L'année suivante, la ville fut prise – non sans difficultés – par l'un de ses généraux, Titus Labienus. À l'époque de la conquête, Lutèce présentait probablement des caractéristiques identiques à celles des autres villes gauloises. Dans le nord de la Gaule, on ne construisait pas encore en pierre, et les bâtiments, en bois et en torchis, ne résistèrent pas aux attaques du temps. Aujourd'hui ne subsistent de cette époque que les traces fugaces de ces aménagements et des objets du quotidien jetés, perdus ou abandonnés.

La Lutèce des Romains

Comme dans toutes les cités de l'empire – relais de leur autorité mais aussi de leur civilisation –, sous le règne d'Auguste, les Romains développèrent à Lutèce un urbanisme calqué sur celui de la Cité éternelle. Deux axes perpendiculaires se croisaient en leur centre : le *decumanus* suivait une orientation est-ouest, le *cardo maximus* s'étendait du nord au sud, sur le tracé des actuelles rues Saint-Martin et Saint-Jacques. On y trouvait des monuments similaires à ceux des autres villes romaines : un forum, un théâtre, un cirque, plusieurs thermes et un amphithéâtre – les actuelles arènes de Lutèce. Vers 300, Lutèce prit le nom de Paris, en référence aux Parisii. Jusqu'à une époque récente, on ne remit jamais en cause la localisation de celle qui, au début du XIIIe siècle, devint la capitale de la France. César décrivant une île entourée de marais et des ponts, on pensa donc qu'il s'agissait de l'île de la Cité – malgré, selon l'ingénieur Alain Bulard, l'absence « de vestige significatif d'une occupation conséquente antérieure à la conquête romaine ».

STATÈRES EN OR DES PARISII Entre le IIIe et le Ier siècle avant J.-C., les Parisii développèrent un monnayage en or original, inspiré des statères à l'effigie de Philippe II de Macédoine. Les Celtes avaient en effet été au contact du monde méditerranéen – ils furent notamment rétribués comme mercenaires à la solde d'Alexandre le Grand. De retour chez eux, ils imitèrent ces monnaies, puis leur donnèrent leur propre style. Les représentations figurées cédèrent alors le pas à des formes décomposées et à des figures plus géométriques.

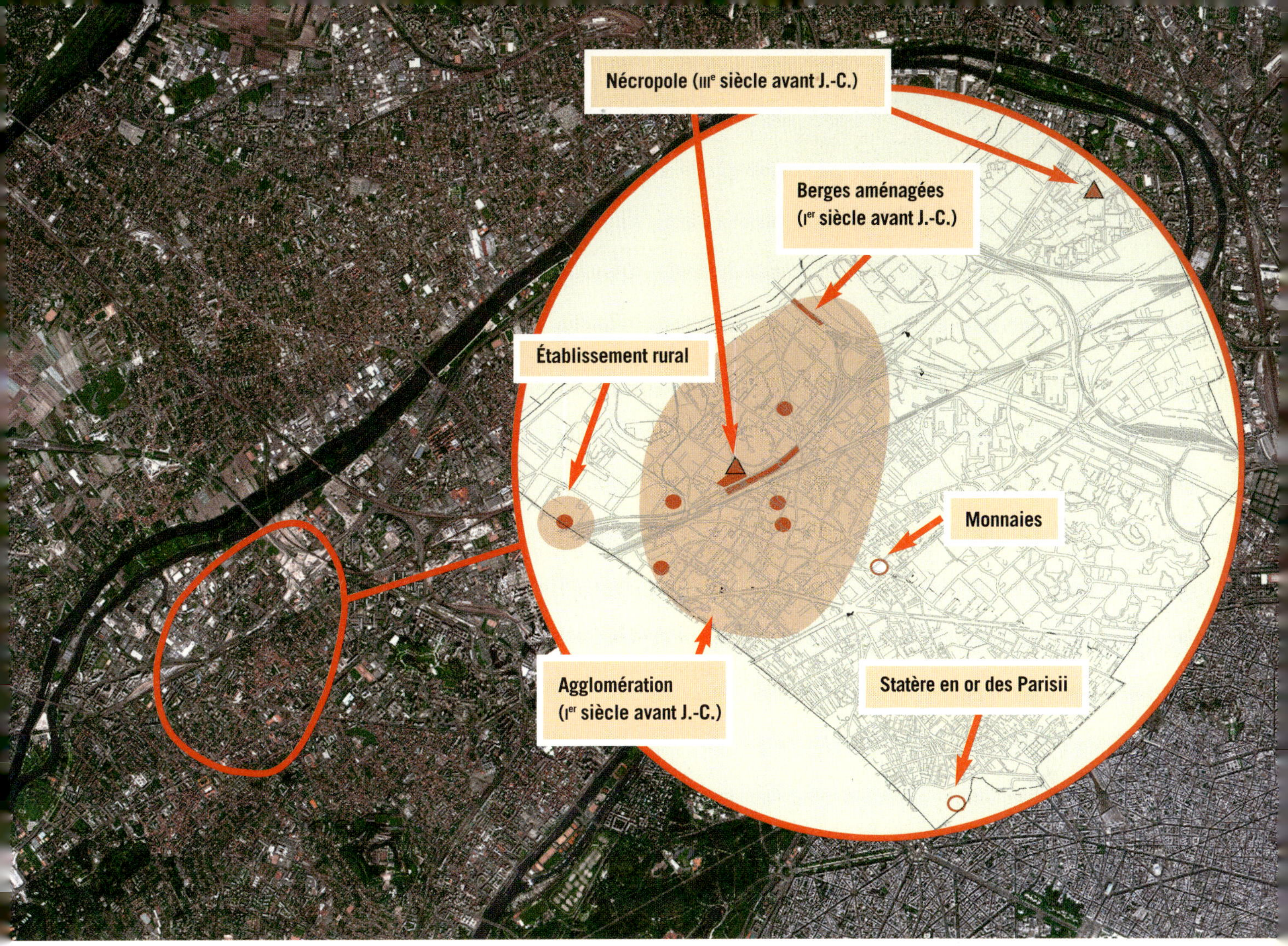

Mais dans les années 1990, à Nanterre, ville située à l'ouest de Paris, des découvertes bouleversèrent nombre de certitudes : les travaux l'autoroute A 86 révélèrent les vestiges d'un quartier artisanal (ateliers de tisserands, activité de boucherie, travail de la corne, du métal…) et d'un probable lieu de culte. À quelques centaines de mètres, des aménagements de berges laissaient imaginer un port fluvial. Plus récemment, la mise au jour de quartiers résidentiels desservis par des rues empierrées, de zones de stockage ou encore de lieux de rassemblement a permis de mieux comprendre l'organisation du site.

Grâce à des fours de potiers gaulois postérieurs à la conquête, on commence à connaître les productions céramiques des Parisii. En effet, leur comblement recelait de nombreux restes de vases, dont certains présentent des formes originales et des motifs géométriques.

La ville gauloise est partiellement implantée sur une nécropole du début du IIIe siècle avant J.-C., qui fait écho à un premier ensemble découvert fortuitement en 1899, à plusieurs centaines de mètres de là. Ce dernier avait notamment livré les prestigieux vestiges d'une tombe à char. Le véhicule déposé dans la tombe était garni de nombreuses appliques en bronze, et certains éléments, comme les clavettes des roues, portaient des décors émaillés.

De la nécropole fouillée en 2003 furent exhumées une trentaine de personnes. Hommes, femmes et enfants étaient étendus sur le dos, accompagnés d'objets de parure, d'accessoires vestimentaires ou d'équipements militaires. Les cinq hommes en armes possédaient tous une épée, logée dans un fourreau en fer rehaussé de décors gravés. Certains étaient par ailleurs munis d'une lance, voire d'un bouclier. Les femmes portaient quant à elles des bracelets en fer ou en bronze, exclusivement au poignet gauche, tandis que leurs vêtements, au même titre que ceux des hommes et de certains enfants, étaient fermés par des fibules en fer.

UNE AGGLOMÉRATION GAULOISE

Au pied du mont Valérien, dans un méandre de la Seine appelé boucle de Gennevilliers, Nanterre livre des vestiges gaulois depuis une dizaine d'années. À l'occasion de projets d'aménagement, des fouilles archéologiques sont régulièrement entreprises : elles permettent de mettre au jour des quartiers de l'agglomération datant du Ier siècle avant J.-C. mais aussi d'occupations antérieures, comme les nécropoles du IIIe siècle avant J.-C.

D'après les études anthropologiques, cette population menait une vie confortable et atteignait une espérance de vie très satisfaisante pour l'époque. À l'exception de quelques rares caries, ces individus ne présentaient pas de traces particulières de pathologies, et pouvaient atteindre 60 à 70 ans. L'originalité de cet ensemble tient à la présence d'enfants en bas âge, mais aussi à la forte représentation statistique de la frange militaire de la population. En outre, si l'on en croit certains témoignages, il est fort probable que cette nécropole ait elle aussi abrité une tombe à char, totalement détruite lors de travaux d'aménagement au milieu du XXe siècle. Il reste cependant à mieux comprendre les pratiques funéraires et cultuelles de ces populations du IIIe siècle avant J.-C. En effet, certaines tombes témoignent de manipulations tels le prélèvement du crâne ou la destruction des armes, autant de gestes encore difficiles à interpréter.

Les recherches archéologiques, dirigées par Antide Viand, montrent qu'une véritable ville s'étendait là sur une vingtaine d'hectares au moins – contre 8 seulement pour l'île de la Cité. De grands bâtiments en bois et en torchis formaient des îlots, desservis par un système orthogonal de rues empierrées. De nombreux puits relevaient probablement d'un usage privatif, correspondant ainsi à des unités d'habitation distinctes. Leur profondeur restreinte – de l'ordre de 2 m – s'explique par la présence de la nappe phréatique, laquelle interdisait à l'époque toute forme de stockage souterrain dans des silos.

À l'intérieur d'un enclos ceint d'un portique et largement ouvert sur l'une des rues, la population se réunissait probablement à l'occasion de banquets : on y découvrit notamment des restes de broches à rôtir, de chaudrons, de fourchettes, de cruches métalliques, mais également de nombreux fragments d'amphores italiques et d'ossements animaux et des filtres à vin. La diversité des activités artisanales et l'émission de monnaie montrent qu'il s'agissait d'une agglomération importante, à la fois centre économique et politique. Par ailleurs, la qualité des objets trouvés à Nanterre (torque, bracelets, fibules, perles de verre…) permet de supposer que la population y menait une existence prospère, en grande partie grâce au contrôle du trafic fluvial.

Pour les archéologues, la topographie du site et son implantation dans un méandre de la Seine permirent à ses occupants de concilier préoccupations défensives et commerciales. Le fleuve était un axe d'échange mais aussi un rempart naturel, vraisemblablement bordé de marécages. En effet, le cours de la Seine – qui ne sera stabilisé qu'au cours du Ier siècle de notre ère – était alors fluctuant.

ARMES GAULOISES À l'époque de la conquête romaine, les populations celtiques disposaient d'équipements militaires performants. Ci-dessous, un umbo (pièce métallique) de bouclier, un casque, une épée et son fourreau, des lances et une fibule en bronze du Ier siècle avant J.-C. La cotte de maille, connue depuis déjà plusieurs siècles par les Celtes, sera reprise par les légions romaines, de même que le casque en fer, pourvu de paragnatides, ou couvre-joues. En revanche, le fourreau d'épée en fer, chef-d'œuvre de technologie, restera une caractéristique des populations celtiques du second âge du fer.

Nanterre, capitale des Parisii ?

L'importance des découvertes conduisit certains chercheurs à s'interroger : n'était-ce pas là que se situait l'ancienne capitale des Parisii ? Hasard des découvertes ou élément déterminant, les vestiges mis au jour à Nanterre sont encore les seuls de ce type sur le territoire des Parisii. Il s'agit pour l'heure de l'unique agglomération gauloise de bord de Seine contemporaine de la conquête. Les différentes zones fouillées ont certes livré des vestiges gaulois du Ier siècle avant J.-C., mais aussi les indices d'une présence militaire romaine à partir de la conquête. Des éléments de

La Gaule romaine à Paris, c'est le Quartier latin

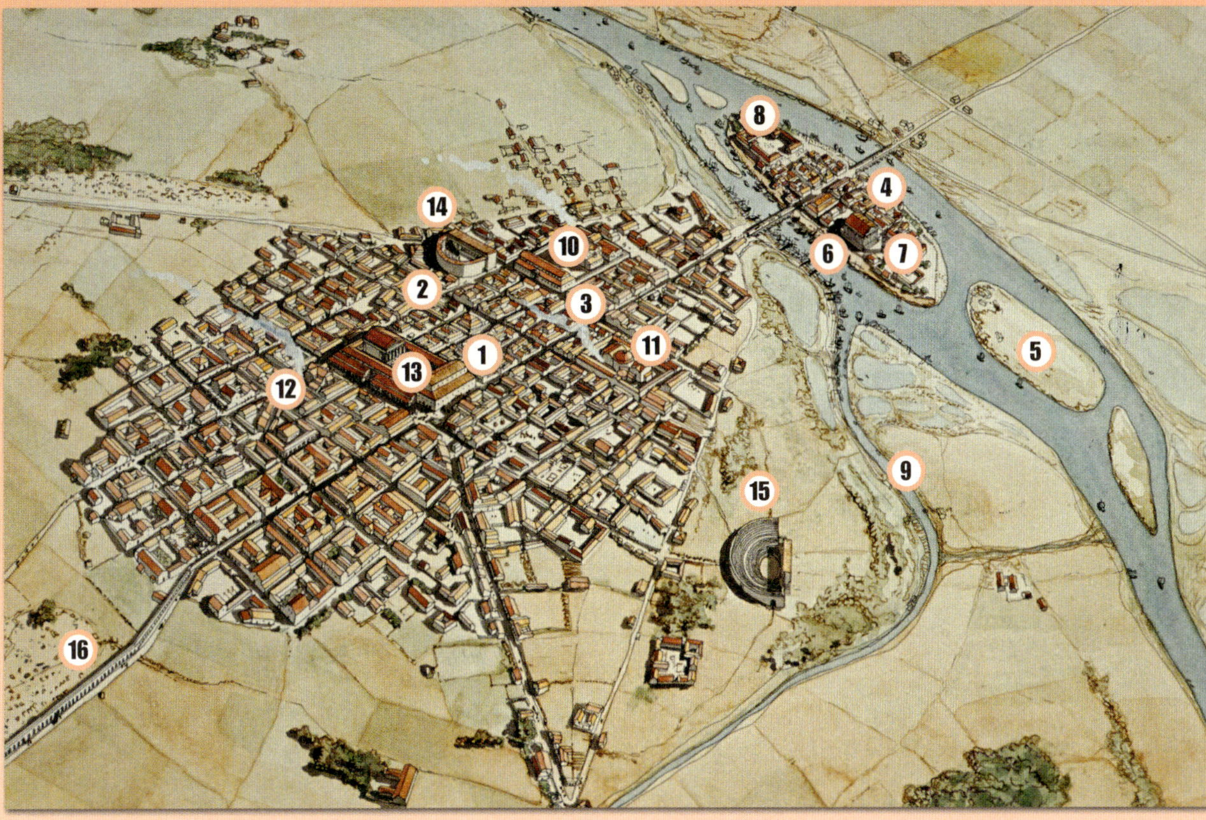

Les conquérants romains rebâtirent la ville – incendiée en 52 avant J.-C., lors de la bataille de Lutèce – sur le versant septentrional de la colline de la rive sud (la montagne Sainte-Geneviève), à l'abri des inondations. Un réseau de voies permettait de rejoindre les principales cités gauloises.

1 - *Cardo maximus*. Rue de la Cité puis (rive gauche) rue Saint-Jacques.
2 - *Cardo* secondaire. Boulevard Saint-Michel.
3 - *Decumanus*. Rue des Écoles probablement.
4 - Île de la Cité.
5 - Île Saint-Louis.
6 - Temple (disparu).
7 - Pilier des Nautes (au musée de Cluny).
8 - Palais du gouverneur (?).
9 - La Bièvre, actuellement transformée en égout.
10 - Thermes du Nord (se visitent au musée de Cluny).
11 - Thermes dits du Collège de France (disparus).
12 - Thermes du Sud (disparus).
13 - Forum (disparu) sous la rue Soufflot.
14 - Théâtre (disparu) entre la rue Racine et le lycée Saint-Louis.
15 - Arènes de Lutèce (rue des Arènes).
16 - Aqueduc (emprunte le haut de la rue Saint-Jacques).

harnachement, de ceintures, des restes d'armes et des fragments de vaisselle de légionnaires sont autant d'indices discrets permettant de mieux comprendre la fin de l'agglomération gauloise de Nanterre. Parallèlement, Paris ne livre que des vestiges épars et le plus souvent postérieurs à la guerre des Gaules. En outre, l'abandon du site de Nanterre date du début du règne d'Auguste (27 avant J. -C.-14 après J.-C.), période à laquelle Paris adopte la forme monumentale classique de toute cité romaine, comme semblent le confirmer les fouilles menées en 2006 sur le site du futur bâtiment de l'institut Curie, dans le Ve arrondissement. De ce fait, la problématique de la localisation de Lutèce pourrait s'inscrire dans le schéma déjà éprouvé de la délocalisation des centres de pouvoir, la ville se déplaçant au début de l'Empire en gardant son nom. Pour l'heure, cependant, rien ne peut être affirmé…

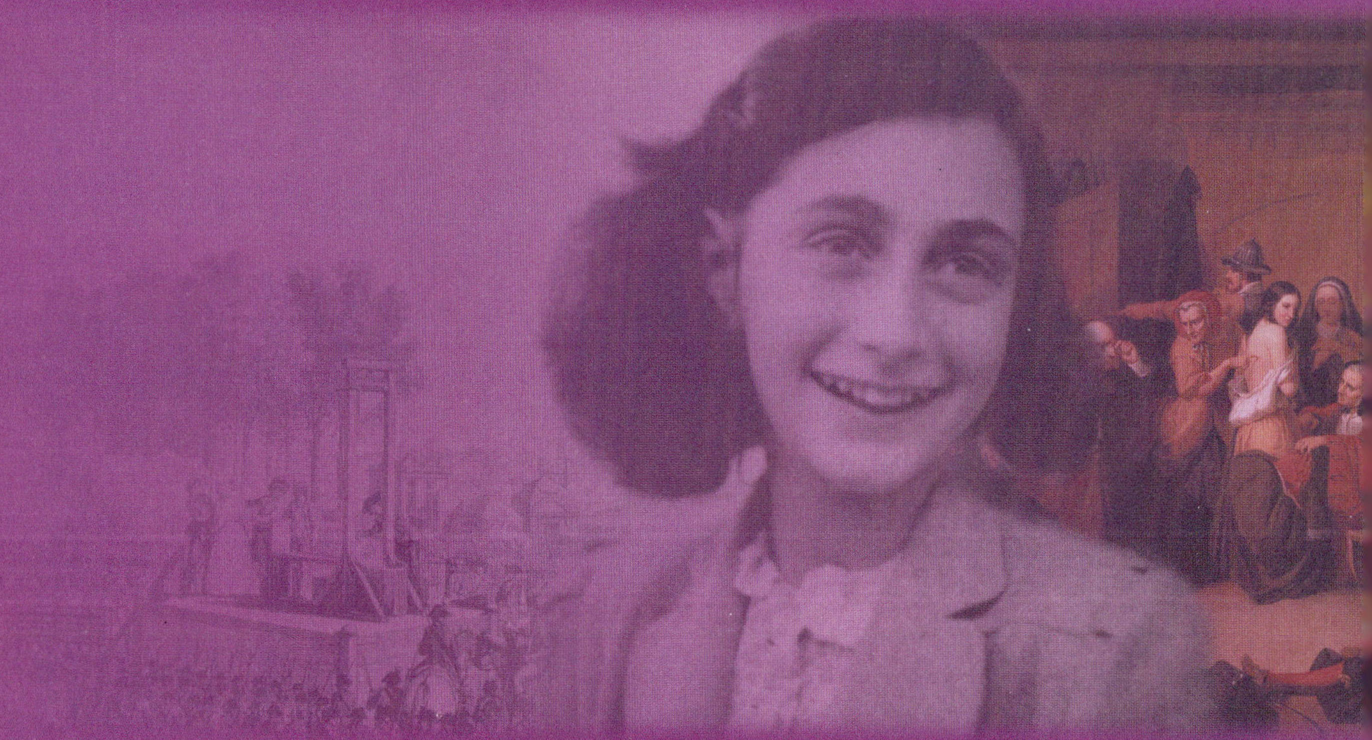

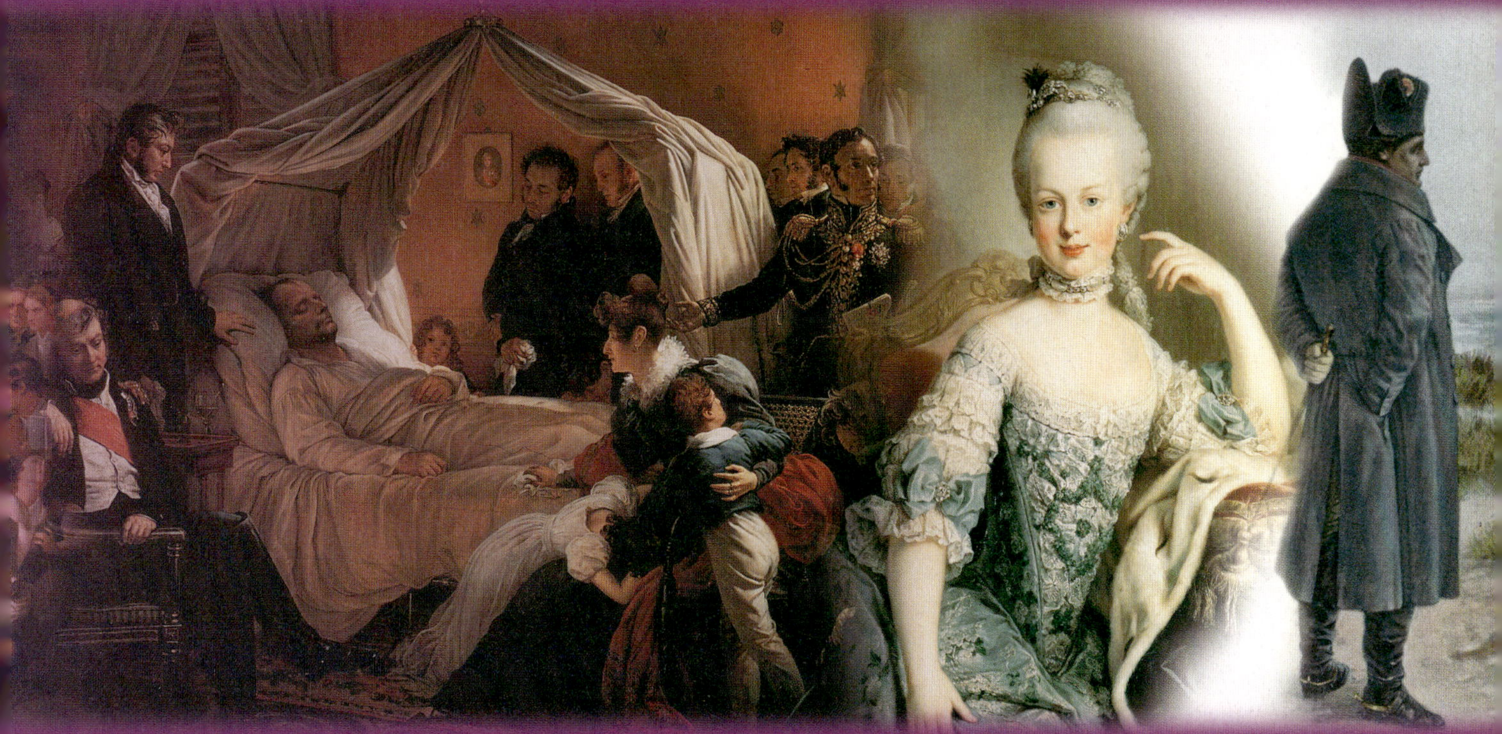

COURONNES ET COMPLOTS

VICTIME DE PAMPHLETS ASSASSINS

Ce sont les libelles et les calomnies – et non la brioche – qui firent la ruine de Marie-Antoinette

Frivole, libertine, dépensière… l'Histoire juge sévèrement la reine Marie-Antoinette. Par son comportement, elle aurait elle-même scellé son tragique destin. En réalité, une campagne de diffamation largement orchestrée par la cour manipula l'opinion publique.

Durant les dix années qui précédèrent la Révolution française, des colporteurs distribuèrent des feuilles à scandale dans les rues de Paris. Les auteurs – anonymes – s'y moquaient des ministres, des courtisans ou des financiers. Mais leur cible préférée était la reine Marie-Antoinette. En 1781, l'une de ces publications l'accusa de se livrer à des orgies avec des aristocrates des deux sexes, de tous rangs et de tous âges. La jeune femme de 26 ans eut alors ces propos amers : « Reine barbare, épouse infidèle, femme sans morale, souillée par le crime et la débauche, tels sont mes titres. » Pourtant, onze ans auparavant, lors de son arrivée en France, sa beauté, sa jeunesse et sa vivacité avaient séduit le peuple français.

Née en 1755, la fille cadette de l'impératrice Marie-Thérèse d'Autriche était destinée à servir les desseins politiques de sa mère, qui cherchait à nouer des alliances avec plusieurs cours européennes.

En 1770, à 14 ans, elle quitta donc Vienne pour épouser le dauphin Louis, lui-même âgé de 15 ans. La princesse Maria Antonia Josepha Johanna von Habsburg-Lothringen devint Marie-Antoinette au cours d'une cérémonie symbolique : arrivée à la frontière française, elle descendit de voiture, s'abrita dans une maison édifiée pour l'occasion et se déshabilla, abandonnant ses effets à ses anciens domestiques. Nue, elle franchit le seuil d'une autre pièce située sur le sol français, où elle revêtit de nouveaux vêtements. Cinq ans plus tard, elle était reine de France. Les premières années furent difficiles. À Versailles, la vieille aristocratie de la cour n'était pas tendre avec elle, et la jeune fille avait du mal

PORTRAIT ROYAL Marie-Antoinette, alors archiduchesse Maria Antonia, est ici âgée de 12 ans. Elle fut mariée au roi de France deux ans plus tard, en 1770.

à s'habituer à une étiquette très rigide. Elle devait se montrer courtoise en toute occasion et dissimuler ses émotions. Certains rituels lui étaient particulièrement pénibles, tel celui de sa toilette, pendant lequel sa chemise volait de main en main selon une hiérarchie immuable, tandis qu'à demi nue elle tremblait de froid. Son intimité était régulièrement violée. On la conseilla même sur la façon d'attirer davantage son époux dans son lit, son frère Joseph lui suggérant de le « fouetter comme un âne » ! Très surveillée, elle n'était pas libre de recevoir qui elle souhaitait : Christoph Gluck, son ancien professeur de clavecin et de chant, fut stupéfait de ne pas pouvoir l'approcher lorsqu'il vint lui rendre visite, en 1774.

En réaction, Marie-Antoinette chercha donc à se constituer un espace et une vie privés. Elle s'entoura d'un cercle de fidèles, avec lesquels elle se consacrait dès que possible au jeu, à la danse et à la fête. À Versailles, elle chercha à exploiter l'agencement des lieux, fait de passages secrets, d'escaliers dérobés et de cabinets privés. Elle s'échappait du château pour se rendre à des bals costumés ou au théâtre à Paris. Elle s'était fait construire un hameau avec une ferme et une laiterie dans son domaine du Trianon, à côté du petit château que lui avait offert le roi. Elle aimait à s'y réfugier, se déguisant en paysanne, entourée de moutons blancs.

Une telle personnalité ne pouvait être bien accueillie à Versailles, dont le raffinement surpassait celui de toutes les cours d'Europe. Dès son arrivée, son manque d'éducation choqua les courtisans : selon eux, elle n'était pas digne d'être dauphine. Les commentaires désobligeants se multiplièrent. L'une des tantes douairières de Louis la surnomma l'Autrichienne ; ce sobriquet ne faisait pas seulement référence

LE DERNIER VOYAGE **Le peintre français Jacques David fit une rapide esquisse au crayon de Marie-Antoinette alors qu'elle était conduite vers l'échafaud dans une charrette. Son exécution eut lieu sur la place de la Révolution, le 16 octobre 1793.**

Le culte de la simplicité

Marie-Antoinette fut très souvent représentée. Une vingtaine de portraits sont l'œuvre de son amie Élisabeth Vigée-Lebrun, l'une des artistes les plus brillantes de son temps. Contrairement à d'autres tableaux, celui-ci, peint en 1783, la montre à l'âge de 28 ans, dans le style simple et « sans affectation » que privilégiait l'artiste. Beaucoup considéraient toutefois que les peintures de ce genre étaient inconvenantes et « déclassaient » la reine de France.

à son pays d'origine mais jouait aussi sur le mot chienne. D'après Mme de Staël, sa contemporaine, la reine était condamnée d'avance. « Elle court à grands pas vers la ruine », prédisait sa propre mère, qui multipliait les conseils et lui dépêcha, en 1777, son frère Joseph, lequel lui écrivit un règlement de conduite qu'elle ne respecta jamais…

Accusations diffamatoires

Le petit monde de la cour était moins clos qu'on ne le pense : les visiteurs épiaient puis colportaient les rumeurs à l'extérieur. Des ragots se mirent ainsi à circuler sur la reine, publiés noir sur blanc dans de nombreux pamphlets. Exutoires de l'opinion publique, ces féroces satires étaient bien sûr anonymes… Toutefois, les frères du roi auraient financé certaines d'entre elles. L'une de ces feuilles, intitulée « L'Autrichienne et l'ivrogne », représentait ainsi Marie-Antoinette se livrant à une orgie avec ses courtisans tandis que Louis XVI trépassait. « Le bordel royal », « La poule autrichienne », « La harpie autrichienne », autant de titres qui devinrent d'importants outils d'agitation politique.

IMPRESSION AU VITRIOL
Les pamphlets donnaient de Marie-Antoinette une image dévoyée. Elle y était décrite comme un monstre aux passions insatiables. Parfois, ils étaient même illustrés d'images pornographiques.

Mais que lui reprochait-on vraiment ? Comme huit années passèrent avant la naissance de Madame Royale, en 1778, elle fut accusée de ne pas savoir charmer son époux… mais aussi d'être infidèle ! Pourtant, sa fidélité ne pouvait être mise en cause puisqu'elle n'était pas enceinte. En fait, le roi souffrait de troubles de l'érection. Il fut probablement opéré, car le couple eut finalement quatre enfants. Mais le mal était fait, et les critiques continuèrent. On exagéra sa réputation de légèreté – la relation amoureuse qu'elle aurait eue avec le Suédois Axel de Fersen n'a jamais été prouvée. Certains l'accusèrent de faits plus graves. La reine correspondait fréquemment avec sa mère et son frère. On la

L'affaire du Collier

En 1784, l'affaire du Collier – en fait une escroquerie – salit considérablement la réputation de Marie-Antoinette. Une intrigante, qui se faisait appeler la comtesse de La Motte, avait convaincu le riche cardinal de Rohan qu'elle était la confidente de la reine. Elle lui demanda d'acheter un collier de diamants (à droite) pour Marie-Antoinette ; cette dernière était censée, en retour, lui manifester sa gratitude, peut-être par des faveurs en nature… Pour appuyer ses dires, elle organisa une rencontre dans un bosquet avec « Sa Majesté »… en réalité une prostituée vêtue d'une robe identique à celle de la reine. Lorsque le joaillier vint se faire payer, le scandale éclata.

La Motte fut condamnée et Rohan acquitté, ultime affront fait à la reine, qui ignorait tout du complot. En effet, reconnaître la bonne foi du cardinal accréditait l'hypothèse – insultante – selon laquelle Marie-Antoinette était capable d'échanger son corps contre des diamants.

L'AUTRUCHE AUTRICHIENNE La reine était souvent représentée sous une forme animale, comme cette autruche – qui fait également allusion, par un jeu de sonorités, à ses origines autrichiennes.

soupçonna d'influencer son époux, le transformant en pantin manipulé par l'Autriche.

Les sentiments patriotiques de l'opinion publique grandirent à mesure que se développait la méfiance à l'égard de l'Empire autrichien. En réalité – au moins jusqu'à la Révolution –, il semble bien que le roi ait refusé de suivre les conseils politiques de son épouse, se contentant d'accorder certaines gratifications à ses protégés.

Enfin, Marie-Antoinette fut sévèrement critiquée pour sa prétendue indifférence aux malheurs du peuple. Elle manifesta pourtant de la sollicitude envers les pauvres. Au début de son règne, elle supprima un impôt appelé « le corset de la reine » en déclarant : « On ne porte plus de corset ! » Mais la remarque n'est pas passée à la postérité… Un an plus tard, en 1775, alors qu'éclataient les violentes émeutes de la « guerre de la farine » provoquées par une hausse du prix du pain, elle écrivit à sa mère : « Voyant le peuple nous traiter aussi bien en dépit de ses propres infortunes, nous sommes plus que jamais obligés de travailler dur à son bonheur. » S'occuper des œuvres charitables faisait partie de ses obligations. Elle visitait les institutions où les nécessiteux trouvaient refuge : son naturel et son manque d'instruction l'aidaient à établir un véritable contact.

Madame Déficit

Après 1780, le désordre des finances publiques – imputable en grande partie à la guerre d'Amérique – fut attribué à la reine. Les pamphlets devinrent plus fielleux encore. Ils publièrent les dépenses que fit Marie-Antoinette pour financer sa folie champêtre et ses bals costumés, tentant de prouver ainsi son intention de ruiner la France. Son beau-frère, le comte de Provence, se moquait d'elle en la surnommant « Madame Déficit ».

Qu'ils mangent de la brioche !

C'est l'une des phrases célèbres de la Révolution française. Marie-Antoinette, apprenant que la population manquait de pain, aurait répondu, par naïveté ou par cynisme : « Qu'ils mangent de la brioche ! » Mais l'expression circulait déjà à la cour bien avant son accession au trône. On sait que la reine (dont l'extravagance est caricaturée, à droite) n'en est en fait pas l'auteur : dans les *Confessions,* Jean-Jacques Rousseau évoque un incident au cours duquel elle fut prononcée « par une grande princesse » à qui l'on avait appris que les paysans manquaient de pain. Or l'écrivain entreprit la rédaction de l'ouvrage en 1762, trois ans avant l'arrivée en France de Marie-Antoinette. Il ne fut publié qu'en 1782, dans les dernières années du règne de Louis XVI : on lui attribua alors la phrase par erreur.

Faux! Son nom est à jamais associé à l'instrument d'exécution de la Terreur. Mais celui qui le fit adopter par l'Assemblée, le docteur Joseph Guillotin (1738-1814), espérait en fait qu'il écourterait les souffrances des condamnés et découragerait les spectateurs. C'est le chirurgien Antoine Louis qui perfectionna cette terrible machine, inspirée d'un dispositif déjà connu en Italie.

Comprenant l'ampleur de la crise financière, elle commença à réduire son train de vie dispendieux. Elle chercha à donner une image de simplicité et commanda des portraits la représentant en mère attentionnée, portant des vêtements ordinaires, sans corset. Mais ses efforts échouèrent.

Lorsque la Révolution éclata, la famille royale fut contrainte de s'installer à Paris. Marie-Antoinette tenta de faire appel aux puissances étrangères pour sauver la monarchie, ce qui joua en sa défaveur. Quand, en 1792, l'Autriche et la Prusse déclarèrent la guerre à la France, on accusa le roi et la reine de trahison. Le 13 août, ils furent enfermés au Temple avec leur famille, d'abord ensemble puis séparément, sans leurs enfants, dans des conditions très pénibles. De sa fenêtre, Marie-Antoinette vit même la tête de sa favorite, Mme de Lamballe, promenée sur une pique.

Au cours de son procès, qui se déroula du 14 au 16 octobre 1793, on l'accusa de complot avec les Autrichiens mais aussi d'inceste sur son fils de 10 ans. Elle répondit alors : « La nature se refuse à une pareille accusation faite à une mère. J'en appelle à toutes celles qui peuvent se trouver ici. » Une clameur de soutien s'éleva de l'assemblée, et l'accusation d'inceste fut abandonnée.

La reine, convaincue de haute trahison et condamnée à être guillotinée, montra une grande dignité sur le chemin de l'échafaud, alors que dans la foule circulaient des feuilles intitulées « Les adieux de la reine à ses mignons et mignonnes ».

Fin de règne
La vie en prison transforma la séduisante Marie-Antoinette en « veuve Capet », du nom de la lignée de son époux. Elle n'était plus qu'une citoyenne comme une autre.

L'Histoire selon Dumas

L'Histoire fut la principale source d'inspiration d'Alexandre Dumas : sur les 4 194 personnages de ses romans, nombreux sont ceux qui ont vraiment existé. Mais la vérité historique s'en trouva affectée : aujourd'hui, on se souvient essentiellement des descriptions du romancier, parfois très éloignées de la réalité…

Le grand amateur d'histoire qu'était Alexandre Dumas s'inspirait de faits réels pour bâtir ses intrigues, même si son imagination l'amenait à s'éloigner de la vérité. Il n'effectuait jamais de recherches historiques poussées lorsqu'il s'attelait à la rédaction de ses romans, s'inspirant bien souvent d'autres auteurs : les *Mémoires de monsieur d'Artagnan,* de Courtilz de Sandras (1700), lui permirent par exemple d'écrire *les Trois Mousquetaires.* Il confiait les enquêtes historiques à ses collaborateurs – à tel point qu'on a pu voir en eux les véritables auteurs de son œuvre. Pourtant, le grand écrivain ne laissait à personne le soin de rédiger les dialogues qui rendaient ses récits si palpitants… Dumas, en décrivant l'envers de la grande Histoire, la vie privée et les secrets intimes, parvint à séduire un lectorat en pleine expansion.

> **« Violer l'Histoire à la condition de lui faire un bel enfant. »**

Les Trois Mousquetaires

Dans son œuvre sans doute la plus célèbre, *les Trois Mousquetaires,* les portraits d'Anne d'Autriche et de Louis XIII semblent assez conformes à la réalité. Néanmoins, l'infidélité supposée de la reine – Dumas lui prête une relation amoureuse avec George Villiers, duc de Buckingham – n'a jamais été prouvée (Buckingham la poursuivit effectivement de ses assiduités, mais la reine était une personne très pieuse) ; par ailleurs, la prétendue faiblesse du roi paraît quelque peu exagérée : intelligent et très volontaire, le souverain sut se montrer inflexible à plusieurs reprises, par exemple en ce qui concerne l'interdiction des duels. Quant à d'Artagnan, il ressemble au mousquetaire Charles de Batz de Castelmore (v. 1611-1673). Mais on ne connaît rien de la personnalité de ce dernier ; seul reste le portrait brossé par le romancier.

Le Chevalier de Maison-Rouge

Paru en 1846, *le Chevalier de Maison-Rouge* rapporte les aventures d'un homme éperdument amoureux de Marie-Antoinette. En 1793, alors que celle-ci est emprisonnée et sur le point d'être jugée, il fomente un complot pour la faire échapper. Après de multiples péripéties, il échoue et se donne la mort sous l'échafaud de la reine. La vie du marquis Alexandre Gonsse de Rougeville, qui tenta de faire évader la souveraine, inspira Dumas : Rougeville dissimula un message dans un œillet, mais la

découverte de la missive fit échouer le complot. Traqué, Rougeville dut se cacher dans les carrières de gypse de Montmartre. Contrairement à Maison-Rouge, il ne se suicida pas. Fidèle à ses convictions royalistes, il mourut exécuté en 1814, après s'être engagé dans les armées alliées contre Napoléon Ier. Dumas avait pensé appeler son ouvrage *le Chevalier de Rougeville ;* mais une lettre du fils du marquis, qui s'inquiétait de ce que l'écrivain allait raconter sur son père, le poussa à changer le titre de son livre...

La Reine Margot

Publié en 1845, *la Reine Margot* décrit la période la plus dramatique des guerres de Religion, au lendemain de l'union d'Henri de Navarre et de Marguerite de Valois, sœur de Charles IX et fille de Catherine de Médicis. Cette dernière, dont le nom reste associé à la Saint-Barthelémy, n'a déjà pas bonne réputation lorsque Dumas écrit son roman : dans son ouvrage, il exagère son machiavélisme et fait d'elle un despote dont ses propres enfants sont les premières victimes. Pourtant, la souveraine n'empoisonna pas son fils Charles IX, et certains historiens d'aujourd'hui tendraient plutôt à la réhabiliter en affirmant qu'elle était cultivée, pétrie d'humanisme, soucieuse de préserver à la fois le trône de ses fils et la paix du royaume. Marguerite de Valois (ci-contre) – qui doit à Dumas le surnom de Margot – est présentée comme une femme aussi pugnace et habile que sa mère, d'une loyauté à toute épreuve envers son mari, quoique ses initiatives politiques semblent fréquemment sacrifiées à ses amours romanesques (avec le comte de La Mole), voire incestueuses (avec ses frères) : en réalité, l'inceste semble tout à fait improbable à la cour de France, et ses sentiments amoureux furent probablement sublimés.

De la réalité à la fiction

- L'histoire vraie d'un certain Picaud, dont Dumas prit connaissance dans les archives de la police de Paris, lui inspira le personnage d'Edmond Dantès, comte de Monte-Cristo : accusé à tort d'être un agent anglais, Picaud fut emprisonné pendant sept ans. Libéré en 1814, enrichi par un héritage, il se vengea en assassinant ceux qui l'avaient a priori dénoncé.

- Dans *les Trois Mousquetaires,* Richelieu est un petit gentilhomme provincial. En réalité, il appartenait à une noblesse d'épée en pleine ascension : son père, François du Plessis, seigneur de Richelieu, exerçait la fonction prestigieuse de grand prévôt de France à la fin du XVIe siècle.

- Dans *la Reine Margot,* Catherine de Médicis assassine involontairement son fils Charles IX, mort pour avoir compulsé les pages d'un livre de chasse empoisonné qu'elle destinait à Henri de Navarre. En réalité, l'autopsie réalisée au lendemain du décès du roi par Ambroise Paré ne permet aucun doute : c'est bien une pleurésie consécutive à une pneumonie tuberculeuse qui emporta le roi...

NAPOLÉON ASSASSINÉ ?

D'après l'analyse d'une mèche de cheveux, sa mort ne serait pas naturelle

Pendant une décennie, l'empereur Napoléon Ier domina l'histoire de l'Europe. Les circonstances de sa mort, survenue lors de son exil sur l'île de Sainte-Hélène, font aujourd'hui l'objet d'une passionnante enquête criminelle.

Le 5 mai 1821, à 5 h 49, Napoléon mourait à Longwood House, sur l'île de Sainte-Hélène, dans l'Atlantique Sud. Le rapport de l'autopsie pratiquée le lendemain par ses médecins conclut à un cancer de l'estomac. Sa santé, déjà médiocre, n'avait cessé de se dégrader. Prise de poids, chute des cheveux, pieds enflés, nausées, diarrhées, constipation, maux de tête, vertiges, douleurs au foie et à l'estomac, perte des dents, saignements des gencives, faiblesse, surdité, baisse de la vue et soif inextinguible… Plus de trente symptômes furent décrits par son entourage.

Le 26 février, soit dix semaines avant le décès, son médecin italien notait : « L'Empereur, qui était assez bien depuis le 21 février, a une brusque rechute. Toux sèche. Vomissements. Chaleur des entrailles. Agitation générale. Anxiété. Chaleur presque insupportable, accompagnée d'une soif ardente. » Le lendemain, son état s'était aggravé : « La toux est plus violente, et les nausées n'ont pas cessé jusqu'à 7 heures ce matin. »

En désespoir de cause, les médecins persuadèrent l'Empereur de prendre un vomitif et un laxatif. Après l'ingestion d'une dose particulièrement élevée de laxatif à base de calomel, le 3 mai au soir, Napoléon fut atteint d'une paralysie musculaire totale et sombra dans le coma. « Il ne pouvait même plus déglutir », témoigne le général Gratien Bertrand. L'Empereur mourut deux jours plus tard, sans avoir repris connaissance. Il fut enterré à Sainte-Hélène. Une vingtaine d'années plus tard, son corps fut transféré à Paris, pour être inhumé aux Invalides.

Preuve capillaire

Au moment de sa mort – et pour longtemps –, personne ne mit en doute le certificat de décès : dans tous les livres d'histoire, il est écrit que Napoléon succomba d'un cancer de l'estomac. Aucune question ne se serait posée sans l'habitude qu'avait l'Empereur de distribuer des mèches de cheveux à ses visiteurs et à ses serviteurs. Beaucoup de ces « mèches-souvenirs » furent conservées comme des reliques.

ASSASSINÉ ? **Officiellement, c'est un cancer de l'estomac qui emporta Napoléon, ce que semble confirmer une récente étude scientifique. Néanmoins, la grande quantité d'arsenic décelée dans les mèches de cheveux de l'Empereur permet de mettre en doute cette affirmation.**

L'exhumation de Napoléon

Le 15 octobre 1840, dix-neuf ans après sa mise en terre, on exhuma le cercueil de Napoléon en présence du prince de Joinville, fils de Louis-Philippe, et d'anciens compagnons de l'Empereur. Il fut ensuite ramené en France, où eurent lieu des funérailles grandioses. On ouvrit le cercueil pendant deux minutes et, à la stupéfaction générale, le corps de l'Empereur – qui n'avait pourtant pas été embaumé – apparut intact. L'arsenic avait sans doute ralenti le processus de putréfaction de la dépouille, placée par ailleurs dans quatre cercueils – deux en bois, un en plomb et un en fer-blanc.

En 1955, le scientifique suédois Sten Forshufvud s'intéressa aux Mémoires – publiés peu auparavant – de Louis Marchand, valet de Napoléon. En effet, certains détails ne correspondaient pas aux conclusions des médecins : si Napoléon était mort d'un cancer de l'estomac, comme les historiens s'accordaient à l'affirmer, comment se faisait-il que Marchand n'ait remarqué aucun symptôme de cette maladie ? Et pourquoi Napoléon était-il devenu obèse alors que les victimes de ce cancer sont terriblement amaigries ?

Cette lecture convainquit Forshufvud que tous ces symptômes sans liens évidents – l'alternance de rémissions et de rechutes, l'obésité, la taille volumineuse du foie constatée à l'autopsie – permettaient de tirer des conclusions tout à fait différentes de celles des médecins de l'époque. Mais, pour cela, il devait fournir des preuves, et donc pousser plus loin les investigations.

Pendant vingt ans, méthodiquement, il s'efforça de retrouver les mèches de cheveux de l'Empereur en France, en Suisse, en Angleterre, en Russie et en Autriche. Au total, cent quarante échantillons furent réunis et analysés, d'abord par le docteur Hamilton Smith, du département de médecine légale de l'université de Glasgow, puis au centre de recherche sur l'énergie atomique de Harwell, en Angleterre. Les premiers résultats montrèrent que tous ces cheveux appartenaient bien à la même personne, et que cette dernière avait ingurgité une grande quantité d'arsenic.

Certains chercheurs affirmèrent que l'empoisonnement avait sans doute été accidentel – l'huile capillaire de Napoléon, par exemple, contenait peut-être de l'arsenic – ou encore que l'Empereur avait été intoxiqué par la teinture verte, à base d'arsenic, de son papier peint. Mais l'analyse d'un échantillon de cheveux prélevés après sa mort infirme cette hypothèse.

Des preuves presque indiscutables

Les tests médico-légaux ne portent pas seulement sur l'ensemble du cheveu mais sur ses différents segments. Sachant quand un échantillon a été prélevé, un scientifique peut, en travaillant sur toute la longueur du cheveu, calculer au jour près la date à laquelle l'arsenic a été administré. Si la concentration varie de façon significative, la contamination par une source externe (comme le papier peint ou l'huile capillaire) peut être écartée.

Louis Marchand coupa une mèche de cheveux de Napoléon juste après sa mort et la plaça soigneusement dans une enveloppe, que conservèrent ses descendants. D'environ 7 cm, cette mèche fournit un témoignage précieux sur les six derniers mois de la vie de l'Empereur. À une époque où le taux d'arsenic présent dans

Un cheveu qui en dit long

Louis Marchand, valet de Napoléon, coupa une mèche de cheveux de l'Empereur après sa mort et la conserva dans une enveloppe. Ces 7 cm de cheveux révélèrent l'état de Napoléon pendant les six derniers mois de sa vie. En effet, l'analyse d'un cheveu, de la racine à l'extrémité, permet d'évaluer en parties par million (ppm) la quantité d'arsenic absorbée à un moment précis.

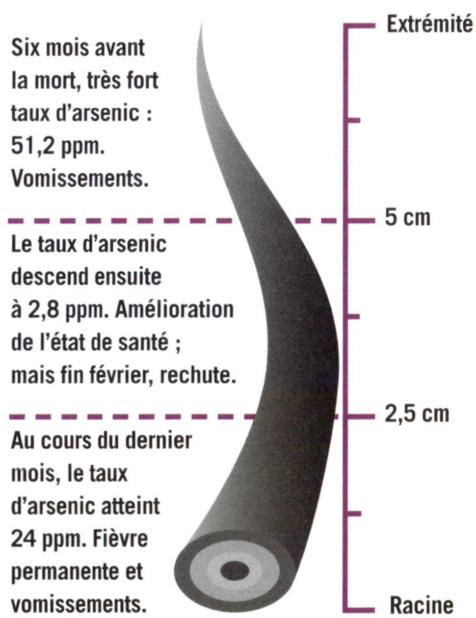

le corps humain atteignait 0,08 partie par million, celui que relevèrent les chercheurs chez Napoléon variait entre 2,8 et 51,2. À certains moments, la quantité d'arsenic contenue dans ses cheveux était six cents fois supérieure à la normale.

En collaboration avec Ben Weider, président de la Société napoléonienne internationale, basée à Montréal, Forshufvud établit une liste chronologique des symptômes relevés par Marchand et par les médecins, puis la compara au taux d'arsenic mesuré dans les cheveux de Napoléon : il atteignait des pics au moment de l'apparition des symptômes. Les échantillons prélevés plus tôt livrèrent les mêmes résultats : plus le corps de Napoléon contenait d'arsenic, plus il était malade. Il fut probablement empoisonné lentement, avec des interruptions, pendant toute la durée de son exil.

Ce ne fut cependant pas l'arsenic qui tua Napoléon mais les médicaments prescrits pour traiter les symptômes qu'il provoquait. Au cours du mois précédant sa mort, on lui fit boire une citronnade additionnée d'un émétique (vomitif), le tartrate de potassium, et d'antimoine, hautement toxique. Toujours à la même période, on lui donnait de l'orgeat, auquel on ajoutait un laxatif au calomel. Ce mélange lui fut fatal. L'un des ingrédients de l'orgeat est l'huile d'amande amère, source d'acide prussique, et le calomel contient du chlorure de mercure : leur combinaison dans l'estomac entraîne la formation de cyanure de mercure. Or ce dernier détruit la paroi stomacale et cause finalement la mort par paralysie, ce qui fut précisément constaté au cours des dernières heures de Napoléon.

À la recherche du meurtrier

Ceux qui empoisonnèrent l'Empereur ne voulaient pas, semble-t-il, le tuer brutalement. Un assassinat aurait réveillé les passions républicaines en France, et les Bourbons, qui étaient remontés sur le trône en 1814 puis en 1815, après les Cent-Jours, ne pouvaient prendre le risque d'une autre révolution. Il était plus sûr d'agir progressivement, afin que la lente dégradation de la santé de Napoléon apparaisse comme une maladie chronique.

Les preuves accumulées par Forshufvud finirent par convaincre la police criminelle : en 1995, le ministère américain de la Justice déclara que les résultats des analyses de cheveux

LA MORT DE NAPOLÉON Charles de Steuben peignit la scène plusieurs années après la mort de l'Empereur, ici représenté entouré d'une foule de gens affligés, parmi lesquels le comte de Montholon (cercle rouge), l'assassin présumé.

validaient la thèse d'un empoisonnement à l'arsenic ; et dans une lettre adressée à Ben Weider en 1997, Scotland Yard confirma ces conclusions.

En juin 2001, Weider révéla que les échantillons avaient été également examinés par le docteur Pascal Klintz, du département de toxicologie de l'université Louis-Pasteur à Strasbourg. Ses conclusions étaient claires : « Il y a eu une exposition majeure, je dis bien majeure, à l'arsenic. »

Mais qui était l'assassin ? Seuls son valet, Marchand, et un courtisan, Charles-Tristan de Montholon, vivaient au côté de Napoléon pendant la durée de son exil et avaient accès à sa nourriture et à ses boissons.

La loyauté de Marchand ne peut être mise en doute. En revanche, Montholon est un suspect intéressant : il avait non seulement l'occasion mais surtout le mobile. Royaliste, il entretenait des liens avec Louis XVIII et son frère, le comte d'Artois, futur Charles X. Il avait également des raisons personnelles d'en vouloir à Napoléon, qui l'avait démis de ses fonctions diplomatiques. Par ailleurs, il semble que sa femme, Albine, ait été la maîtresse de l'Empereur à Sainte-Hélène.

Montholon aurait servi les desseins du comte d'Artois, qui s'était déjà attaqué à l'Empereur lors d'un attentat à la bombe en 1800. Mis en cause dans une affaire de détournement de fonds, il avait échappé à une condamnation grâce à l'intervention du comte. En retour, peut-être se porta-t-il volontaire pour l'exil sur l'insistance de la faction royaliste. Montholon avait accès aux réserves de vin de l'Empereur. Il lui était donc facile d'y ajouter de l'arsenic, qui n'a ni odeur ni goût.

Bien que les preuves directes soient minces, il semble constituer un coupable idéal. D'ailleurs, en octobre 2002, l'un de ses descendants, François de Candé-Montholon, dans une lettre adressée à Weider, acceptait la thèse de la culpabilité de son aïeul. Il lui écrivit : « Si l'on considère comme acquise cette première hypothèse, à savoir que Napoléon aurait été empoisonné, il serait tout à fait malhonnête de ma part de ne pas reconnaître que, parmi ceux qui approchaient Napoléon, mon ancêtre est celui qui est resté auprès de l'Empereur quotidiennement pendant toute la période où celui-ci présenta les symptômes d'intoxication que vous avez mis en évidence. Si cette intoxication provenait d'une cause naturelle, les autres compagnons auraient présenté les mêmes symptômes, ce qui ne fut pas, sauf erreur de ma part, le cas. »

Mais la thèse de l'assassinat – sur laquelle s'accordent de nombreux historiens – est aujourd'hui remise en cause dans une étude menée par des pathologistes canadiens, suisses et américains : après avoir réexaminé toutes les pièces du dossier, ils affirment que l'Empereur mourut bien d'un cancer de l'estomac, probablement causé par un ulcère d'origine bactérienne. Ils soutiennent que Napoléon perdit environ 10 kg au cours des derniers mois de sa vie, et que l'arsenic trouvé dans ses cheveux n'avait pas été ingéré. Affaire à suivre…

VALET DÉVOUÉ Louis Marchand, qui servit fidèlement Napoléon, notait dans son journal ce que consommait son maître à Sainte-Hélène. Ce récit détaillé, qui ne fut publié qu'en 1950, aida à comprendre comment l'Empereur aurait été assassiné.

MASQUE MORTUAIRE DE NAPOLÉON L'hypothèse de l'assassinat de l'Empereur par Montholon est admise par un grand nombre d'historiens à travers le monde. Mais en France, de nombreux chercheurs rejettent cette conclusion. Certains affirment en effet que la présence d'arsenic dans les cheveux de Napoléon serait uniquement due aux méthodes de conservation des mèches.

Le massacre des Innocents

Dans ce tableau, François Dubois a cherché à représenter tous les aspects du massacre de la Saint-Barthélemy, dont il était un rescapé : on y voit Catherine de Médicis (au fond à gauche), ou encore la défenestration de Coligny. Mais tous les événements ne se déroulèrent pas simultanément, et les catholiques n'étaient pas systématiquement vêtus de rouge – ni les protestants de noir ou de blanc. Cette représentation stylisée donne aux événements une portée mystique, dans la lignée des récits de martyrs ou du massacre des Innocents de la Bible.

LE MASSACRE DE LA SAINT-BARTHÉLEMY

La responsabilité de Charles IX et de Catherine de Médicis réexaminée

La légende noire de la Saint-Barthélemy (24 août 1572) impute l'un des massacres les plus meurtriers de l'histoire de France au roi Charles IX et surtout à sa mère, Catherine de Médicis. Cette perspective est aujourd'hui abandonnée par les historiens : le souverain et son entourage n'avaient pas imaginé l'ampleur que prendraient les événements.

Le matin du 22 août 1572, au cœur de Paris, Nicolas de Louviers, un capitaine gascon, se met en embuscade et blesse de deux coups d'arquebuse l'amiral de Coligny, conseiller du roi et chef historique de ceux que l'on appelle les huguenots. Louviers est un familier des Guises, principaux chefs des catholiques. Coligny adjure le roi, venu à son chevet, de ne pas chercher à le venger. Mais les chefs protestants réclament justice.

L'engrenage de la violence

Le surlendemain, dimanche 24 août, fête de la Saint-Barthélemy, le tocsin de Saint-Germain-l'Auxerrois retentit. C'est un signal pour les massacreurs catholiques. Des cavaliers proches de la cour s'élancent, les armes à la main, en criant : « Tue, tue le huguenot, le roi le veut ! » La maison de l'amiral est mise à sac. Lui-même est égorgé dans son lit, et son cadavre jeté par la fenêtre avant d'être piétiné et mutilé. Coligny est le premier visé parmi les nobles protestants. La milice des bourgeois de Paris ratisse tous les quartiers. On ne compte plus les pillages, les meurtres et les viols… Et Dieu approuve ces actes en faisant un miracle : au cimetière des Saints-Innocents, une aubépine sèche depuis plusieurs années ne vient-elle pas de refleurir ? Les troubles durent six jours : deux mille à cinq mille protestants sont tués à Paris, et la violence gagne aussi la province – La Charité-sur-Loire, Meaux, Angers, Saumur, Lyon, Troyes, Bordeaux…

Le roi Charles IX et sa mère, la reine Catherine de Médicis, commencent par manifester leur surprise : l'après-midi du 24 août, le roi fait une déclaration dans laquelle il condamne la violence et menace les Guises de la justice royale. Mais deux jours plus tard, le 26 août – tout en appelant à la fin des combats –, le souverain revendique les massacres : ils sont le châtiment d'un complot imminent que les protestants fomentaient contre lui et le royaume. Coligny en personne est mis en cause.

LA REINE MÈRE ET SON FILS, CHARLES IX
Présentée comme une mère tyrannique, Catherine de Médicis était surtout soucieuse de défendre l'héritage du roi de France, et en particulier les prérogatives du souverain. Elle assura la régence jusqu'à la majorité de Charles IX : mais devenu majeur, celui-ci prit ses distances. Il fut très influencé par Coligny, au grand dam de sa mère…

LA CAPITALE DU ROYAUME **La Seine coupe symboliquement cette cité que les rois voulaient parfaite : à gauche, sur la rive droite, s'élevait le quartier des marchands ; la rive gauche en revanche était l'espace consacré au savoir. Au centre se dresse Notre-Dame, qui marquait la consécration de la ville à Dieu. Les violences se déchaînèrent sur la rive droite, et la plupart des cadavres furent jetés dans la Seine. Quelques protestants installés au sud-est, dans le faubourg Saint-Germain, près de l'abbaye du même nom – que l'on distingue en bas à droite –, réussirent cependant à s'échapper.**

Cette revendication a inspiré l'historiographie traditionnelle de la Saint-Barthélemy, qui, derrière un roi faible, visait surtout sa mère : la politique de concorde de celle-ci n'aurait été qu'une feinte destinée à endormir le parti protestant pour mieux l'abattre ; elle aurait donc ordonné un massacre prémédité depuis plusieurs années…

L'impossible concorde entre catholiques et protestants

Ces événements s'inscrivaient en fait dans une longue série d'affrontements entre catholiques et huguenots. La nouvelle religion se diffusa à partir des années 1520, mais c'est surtout dans les années 1550 que, victimes de nombreuses attaques des « papistes », les protestants se mobilisèrent pour obtenir la liberté de conscience et de culte. Dès lors, les combats firent rage presque sans répit. Chaque camp souhaitait rallier le roi et la cour à sa cause. À Wassy, le 1er mars 1562, des catholiques menés par le duc de Guise massacrèrent des réformés. En 1567, les protestants tentèrent d'enlever Catherine de Médicis et Charles IX : ils voulaient soi-disant libérer le roi et sa mère de l'emprise des Guises ; en réalité, ils cherchaient probablement à gouverner en leur nom et place…

Dans ce contexte, la monarchie tenta de mener une politique de concorde : en 1561, à l'initiative de Catherine de Médicis et du chancelier Michel de L'Hospital, une rencontre théologique présidée par le conseil du roi eut lieu à Poissy, afin d'aboutir à une réconciliation. La question de la présence du Christ lors de la célébration de l'Eucharistie – niée par les réformés – rendit tout rapprochement impossible.

Ces circonstances troublées fragilisèrent l'autorité royale, qu'il fallait constamment réaffirmer. En son nom, et pour la paix du royaume, les révoltes étaient sévèrement réprimées. La reine tenait à ce que le souverain ne prenne parti pour aucune des factions. Dès lors, une véritable tolérance politique du protestantisme fut instituée. Alors que les coups de force se succédaient de part et d'autre, le roi prononçait des édits de pacification, dont l'application était éphémère : l'édit d'Amboise en 1563, l'édit de Longjumeau en 1568, l'édit de Saint-Germain-en-Laye en 1570. La paix restait fragile… Néanmoins, un événement devait pérenniser l'union au sein du royaume : le mariage du protestant Henri, roi de Navarre, et de Marguerite de Valois, sœur de Charles IX.

Les noces furent célébrées à Paris le 18 août 1572, ce qui explique la présence de nombreux chefs protestants dans la capitale. Les relations entre huguenots et papistes étaient extrêmement tendues. Outre l'animosité réciproque, le projet qu'avait le roi – influencé par Coligny – de mener une guerre contre l'Espagne catholique de Philippe II en envahissant les Flandres constituait un sujet supplémentaire de discorde. Les catholiques, à commencer par les Guises, très hostiles à cette expédition, voulaient pour cela s'en prendre aux protestants. C'est donc quelques jours après, dans un Paris surpeuplé et accablé de chaleur, que débuta le massacre…

Le pouvoir royal débordé

L'étude du contexte amena plusieurs historiens contemporains à revoir totalement la thèse de la duplicité coupable de Catherine de Médicis. Sa responsabilité dans le premier attentat contre Coligny n'est certes pas réfutée par tous. Cette tentative ratée obligea la royauté à agir : le roi et sa mère durent accepter la violence, ne pouvant ni accuser le parti catholique sans se l'aliéner, ni se contenter d'attendre en sachant que les huguenots allaient chercher à se venger. Lors du conseil royal du 23 août, les conseillers italiens de Catherine auraient recommandé le meurtre d'une cinquantaine de chefs protestants afin de réduire à néant le danger huguenot. Par conséquent, c'est donc contraints et forcés que Charles IX et Catherine de Médicis remirent en cause leur politique de concorde, n'imaginant pas les horreurs que cette décision allait provoquer – ou espérant empêcher un carnage pire encore.

D'autres interprétations sont possibles. Les Guises organisèrent peut-être eux-mêmes le massacre, faisant une sorte de coup d'État contre la politique de concorde monarchique en s'appuyant sur l'Espagne, sur le militantisme catholique parisien et sur le mécontentement des troupes royales non soldées. Le prince Henri d'Anjou, futur Henri III, frère du roi et, à l'époque, lieutenant général du royaume, est également mis en cause : pour lui, l'assassinat des chefs huguenots était un moyen de s'imposer au gouvernement. En mal de pouvoir, il aurait peut-être agi de concert avec le duc de Guise – tout aussi ambitieux – et certains meneurs parisiens. Si Catherine de Médicis voulut faire condamner ces crimes et menacer les Guises de la justice royale, elle dut reculer en découvrant l'implication de son propre fils, qui les obligeait, le roi et elle, à en assumer l'initiative.

HENRI DE GUISE, CHEF DU PARTI CATHOLIQUE
Grand seigneur ambitieux, il espéra vainement épouser Marguerite de Valois, ce qui aurait fait de lui le beau-frère du roi. Certains pensent qu'il prit l'initiative du meurtre de l'amiral de Coligny.

La Saint-Barthélemy, le roi et la raison d'État

Pour de nombreux contemporains, la Saint-Barthélemy mit en question la fonction et la dignité du roi. Dans l'immédiat, les partisans du massacre y virent l'accomplissement d'un commandement de Dieu au souverain. Mais la violence passa aussi pour un acte de désacralisation du monarque : comment, après cela, pouvait-il prétendre être un roi sacré, justicier et protecteur de son peuple ? La monarchie semblait fragilisée, et de nombreux pamphlets huguenots ne se privèrent pas de l'exprimer, dénonçant la violence sanguinaire du roi et de la reine mère. Ces idées contestataires légitimèrent une théorie de la résistance à l'État lorsque certaines limites sont franchies. En 1574, dans un pamphlet, Henri de Montmorency justifia de cette manière sa prise d'armes contre le roi.

D'un autre côté, les événements d'août 1572 permirent aussi de diffuser une nouvelle conception du pouvoir politique. En condamnant le massacre puis en prétendant en être l'instigateur, le pouvoir monarchique usa de l'art de la simulation. En invoquant l'imminence d'un péril pour justifier les faits, Charles IX mit en pratique l'idée selon laquelle l'abus de pouvoir peut se faire au nom de ce pouvoir, quand un péril oblige à agir immédiatement.

UN ROI TIREUR ? On raconta que pendant la Saint-Barthélemy, le roi Charles IX voulut tirer sur des huguenots qui s'enfuyaient – affirmation aujourd'hui remise en question.

L'Histoire des vainqueurs

Très peu de pays reconnaissent envahir une autre nation, ils affirment généralement la « libérer ». Les vainqueurs réécrivent l'Histoire : des envahisseurs deviennent des libérateurs, des chefs courageux se transforment en sombres tyrans tandis que des peuples, des lieux et des événements disparaissent des cartes et des livres comme par enchantement…

La victoire disculpe : face aux torts de l'ennemi, elle devient un gage de bon droit. Pourtant, la guerre est ambiguë : il existe toujours deux versions d'un conflit, et le verdict historique change aussi souvent que les faits sont rapportés. Si l'Histoire a un enseignement à donner, c'est qu'il ne faut pas tout prendre pour argent comptant…

Conflits autour d'une postérité

Parmi les acteurs de la conquête de l'Amérique du Sud par l'Espagne, on retient surtout les personnalités d'Hernán Cortés et de Francisco Pizarro. Pendant des années, ils furent tous deux acclamés comme des héros civilisateurs par les missionnaires, leur action ayant permis de répandre le catholicisme. Mais à la même époque, l'Angleterre et les Pays-Bas, adversaires de l'Espagne, révélèrent que Cortés était un homme cruel, auteur de véritables massacres. Cette vision fut reprise et confortée en Amérique latine après l'indépendance – obtenue au début du XIXe siècle. Quant à Pizarro, le conquérant du Pérou, on le présenta comme un bandit ayant dupé et assassiné l'empereur inca Atahualpa. Chacune de ces versions est partisane mais contient néanmoins sa part de vérité : l'Empire inca, par exemple, était une théocratie militaire, et les peuples du Mexique victimes de la cruauté aztèque virent en Cortés un libérateur et l'aidèrent à prendre la capitale, Tenochtitlán.

ERREUR SUR LA PERSONNE **Lorsque le conquistador espagnol Hernán Cortés débarqua au Mexique, en 1519, il fut accueilli chaleureusement par les Aztèques, persuadés qu'il était la réincarnation de leur dieu Quetzalcóatl.**

La victoire en chantant ?

Le 20 septembre 1792, les troupes de la France révolutionnaire remportent la bataille de Valmy (ci-contre), près de l'actuelle ville de Châlons-en-Champagne. À la tête de 24 000 Français, Dumouriez et Kellerman stoppent les troupes ennemies, quatre fois plus nombreuses. Celles-ci auraient été impressionnées par le *Chant de guerre de l'armée du Rhin* (future *Marseillaise*), que les soldats français déterminés entonnaient à tue-tête… Le Prussien Brunswick dut alors sonner la retraite. Grâce à cette victoire, le pays sembla sauvé, et le lendemain, la république put être proclamée. Pourtant, le mythe du peuple en armes semble être en partie une invention des chroniqueurs révolutionnaires : le nombre d'officiers nobles présents empêche de parler d'armée populaire. Par ailleurs, cette « formidable victoire » ne fut en réalité qu'une simple canonnade, qui fit 300 morts côté français et 184 côté austro-prussien.

Le stylet émousse l'épée

Au Ier siècle, l'historien juif Joseph ben Mattatyahu (Flavius Josèphe) fit le récit de l'assaut de Gamla, ville d'Israël détruite en 67 par l'empereur romain Vespasien (ci-dessous), son fils Titus et leurs troupes. Il y présenta les Juifs comme des victimes impuissantes, non à cause des Romains mais… des conditions météorologiques – ils auraient été frappés par un orage exceptionnel. « Les Juifs maltraitèrent les assaillants en les accablant de projectiles variés, en particulier de quartiers de roche qu'ils faisaient rouler sur eux, étant eux-mêmes, grâce à la hauteur, difficiles à atteindre. Mais il survint, pour le malheur des Juifs, un orage miraculeux qui, portant de leur côté les traits ennemis, détournait et dispersait obliquement les leurs. La violence du vent les empêchait de se tenir sur les escarpements, de conserver une assiette ferme et même de voir les assaillants. Alors les Romains gravirent les pentes et se hâtèrent d'encercler les Juifs, dont les uns se défendaient et les autres tendaient des mains suppliantes. »

L'historien dépeignit les Romains sous un jour plutôt positif : en fait, lorsqu'il était jeune soldat, il fut capturé en Galilée et condamné à mort. Conduit auprès de Vespasien, il le persuada de lui laisser la vie sauve en lui prédisant qu'il serait un jour empereur. Lorsque la prophétie se réalisa, Vespasien accorda la citoyenneté romaine à son prisonnier, qui s'installa à Rome et changea de nom. Son intention, en rédigeant l'histoire de la guerre, était d'inciter les Juifs, ses semblables, à accepter la défaite et à vivre en paix sous la domination romaine.

PUISSANCE MILITAIRE La violence des campagnes militaires de Vespasien, à commencer par celle menée contre Gamla, qui provoqua la mort de milliers de Juifs et la destruction de la ville, s'oppose à l'image de l'empereur juste et magnanime qu'il a laissée.

L'Histoire en citations

- *L'Histoire est une galerie de tableaux où il y a peu d'originaux et beaucoup de copies.*
  Alexis de Tocqueville
- *Le talent de l'historien consiste à faire un ensemble vrai avec des traits qui ne sont vrais qu'à demi.*
  Ernest Renan
- *L'Histoire est écrite par les vainqueurs.*
  Robert Brasillach
- *L'Histoire, c'est la rencontre d'une volonté et d'un événement.*
  Charles de Gaulle
- *Ce n'est que pour les faibles d'esprit que l'Histoire a toujours raison.*
  Eugène Ionesco
- *Le seul devoir que nous avons vis-à-vis de l'Histoire est de la réécrire.*
  Oscar Wilde

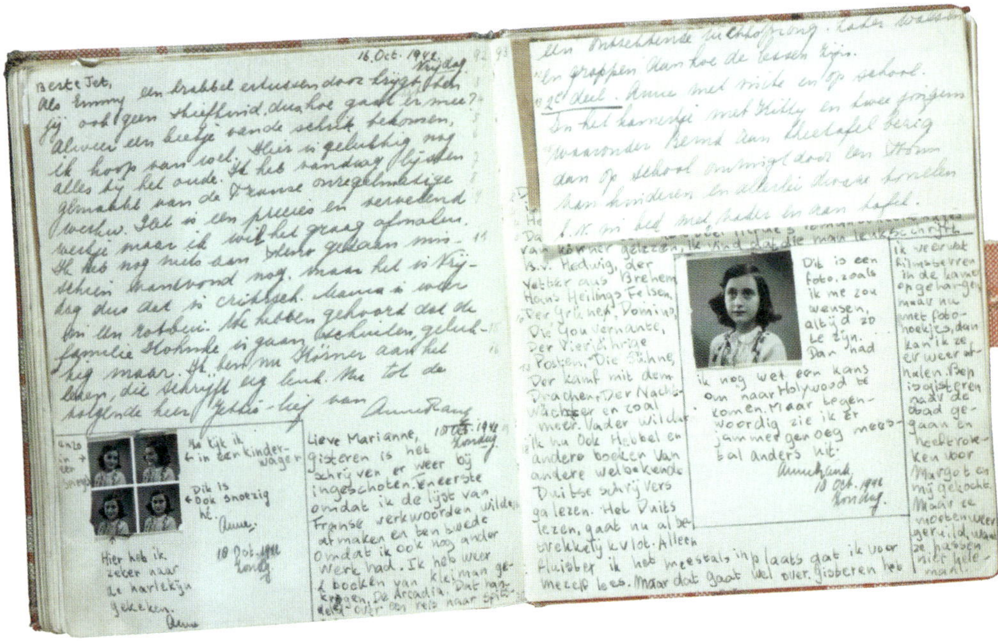

L'HOMME QUI DÉNONÇA ANNE FRANK

La véritable identité du responsable de son arrestation

« Il faut que je résume l'histoire de ma vie, quoi qu'il m'en coûte… » Durant les deux années qu'elle passa enfermée avec sa famille, Anne Frank relata les aléas de son existence clandestine dans son journal, jusqu'au jour où l'irruption de la Gestapo brisa définitivement ses espoirs. Mais qui révéla où se trouvait « l'annexe secrète » ?

CADEAU D'ANNIVERSAIRE Le 12 juin 1942, jour de son treizième anniversaire, Anne Frank reçut un journal. Durant toute la période passée dans la clandestinité, elle y raconta sa vie, avec photos et commentaires.

Le 4 août 1944, en début de matinée, le QG de la Gestapo d'Amsterdam reçoit un coup de fil anonyme. L'interlocuteur affirme que des juifs se cachent dans l'annexe secrète d'une maison située en bordure d'un canal, au 263 Prisengracht. Quelques heures plus tard, des membres de la Gestapo et des nazis néerlandais investissent le bâtiment. Là ils découvrent, dissimulée par une bibliothèque, l'entrée des pièces dans lesquelles la famille Frank se cache depuis vingt-cinq mois.

Les Frank et les autres occupants de la cachette – Fritz Pfeffer, Hermann, Auguste et Peter Van Pel – sont d'abord conduits dans une prison sur le Weteringschans puis, quelques semaines plus tard, déportés à Auschwitz. Ironie du sort, ils prennent le dernier train transportant des juifs hollandais vers le camp de la mort. Anne, la fille cadette d'Otto et Edith Frank, est alors âgée de 15 ans.

La jeune fille relata précisément dans son journal les deux années passées dans la clandestinité avec sa famille. Elle ne survécut pas à la guerre – seul Otto Frank revint des camps de la mort –, mais le récit de sa vie sous l'occupation nazie perpétue à jamais le souvenir des horreurs de l'Holocauste.

Après la publication du *Journal d'Anne Frank,* en 1947, les spéculations se multiplièrent sur l'identité de celui qui avait dénoncé les Frank. Les premiers à s'y intéresser furent les policiers néerlandais. Leur enquête débuta en janvier 1948. À l'époque, le principal suspect était Wilhelm Van Maaren, patron de l'entrepôt situé sous l'abri des Frank. Van Maaren nia toute implication et bénéficia d'une libération conditionnelle.

La police questionna également Lena Hartog, épouse de l'un des adjoints de Van Maaren. Employée dans l'entrepôt, elle pensait que des juifs étaient cachés dans le bâtiment – ce qu'elle aurait confié à une autre femme – et redoutait d'être arrêtée si elle ne disait rien. Malgré l'imprécision de son témoignage, elle ne subit pas d'autre interrogatoire. Quatre mois plus tard, l'enquête fut close, sans résultat.

Le témoignage d'un officier nazi

L'affaire en resta là. Mais, dans les années 1960, le célèbre traqueur de nazis Simon Wiesenthal décida de mener sa propre enquête. En 1963, il suivit la piste de l'homme qui avait supervisé l'arrestation des Frank, Karl Josef Silberbauer. Il le retrouva à Vienne. Lors de son interrogatoire, cet ancien membre de la Gestapo reconnut que l'intervention avait eu lieu très rapidement après le coup

Cachés dans l'annexe secrète

1 Peter Van Pel

Anne et Peter devinrent très proches durant leur longue captivité. Elle décrit la chambre de Peter comme « très étroite, très sombre et humide » mais dit qu'il en avait fait une « vraie chambre ».

2 Hermann et Auguste Van Pel

La chambre des Van Pel faisait aussi office de salle à manger. Chaque soir, les occupants de l'annexe s'y retrouvaient pour dîner.

3 Otto, Edith et Margot Frank

Tous trois vécurent dans la même pièce après l'arrivée de Fritz Pfeffer, en novembre 1942.

4 Anne Frank et Fritz Pfeffer

Anne et Fritz partageaient la même chambre, qu'Anne décora avec sa collection de posters de stars hollywoodiennes. Les murs, écrit-elle, étaient « une gigantesque image ».

5 La bibliothèque escamotable

La bibliothèque dissimulait l'entrée qui conduisait aux cinq petites pièces où les huit personnes se cachèrent durant deux ans.

6 Le bureau et la cuisine

On rejoignait le bureau via la porte d'entrée et une porte dans le vestibule qui ne s'ouvrait que de l'intérieur.

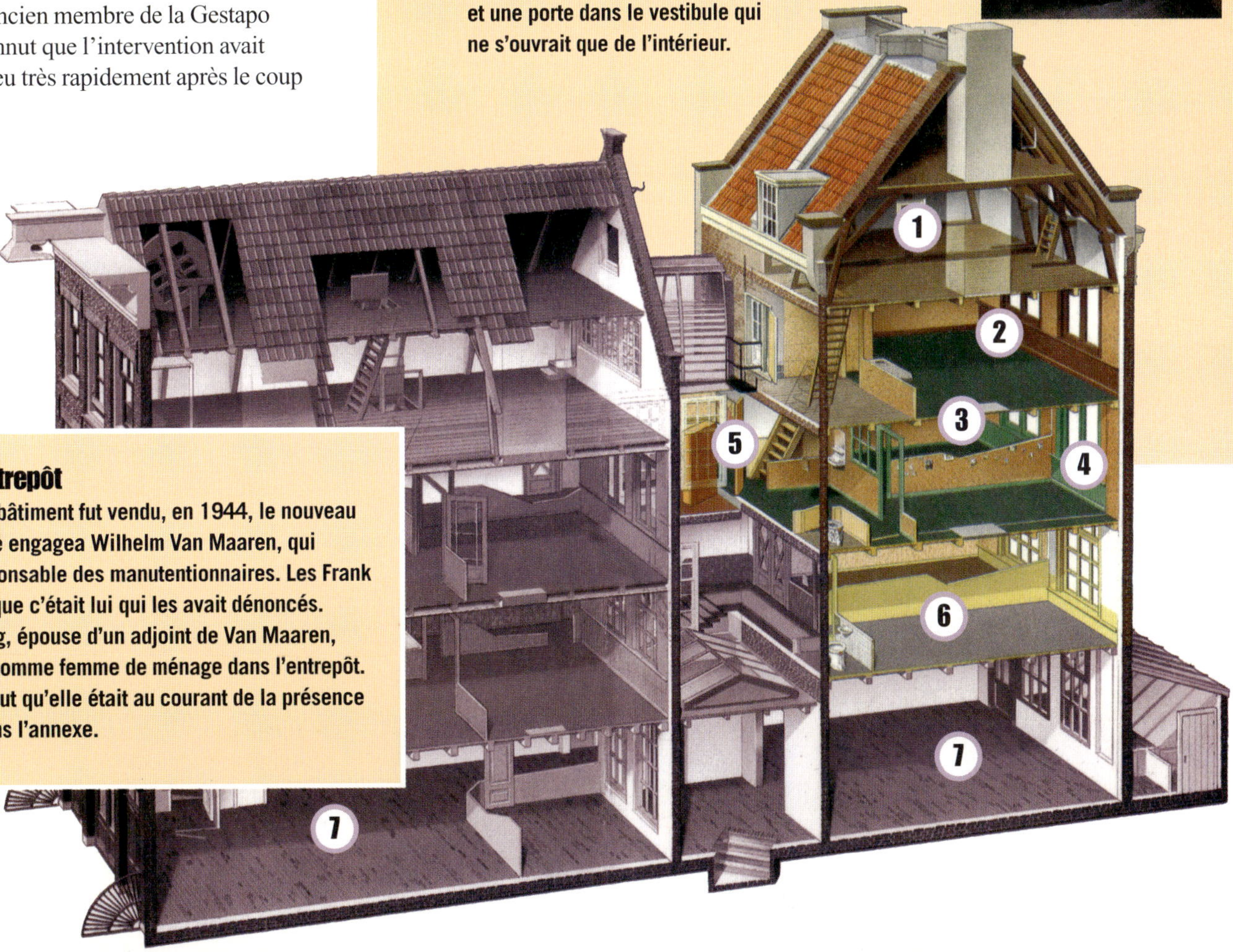

7 L'entrepôt

Lorsque le bâtiment fut vendu, en 1944, le nouveau propriétaire engagea Wilhelm Van Maaren, qui devint responsable des manutentionnaires. Les Frank pensaient que c'était lui qui les avait dénoncés. Lena Hartog, épouse d'un adjoint de Van Maaren, travaillait comme femme de ménage dans l'entrepôt. Elle reconnut qu'elle était au courant de la présence de juifs dans l'annexe.

LE VISAGE DU TRAÎTRE **Tonny Ahlers (cercle rouge), l'homme qui se vanta d'avoir livré la famille Frank aux occupants allemands, est ici photographié aux obsèques d'un nazi néerlandais, en février 1941. Il se tient à côté d'Anton Mussert, fondateur du parti nazi hollandais en 1931.**

de téléphone : l'informateur était donc quelqu'un en qui les nazis avaient toute confiance. Mais il affirma ne pas lui avoir parlé. Il réfuta également les affirmations de la police et les allégations parues dans le magazine néerlandais *Revue* selon lesquelles le coupable était Van Maaren.

Wiesenthal abandonna son enquête, mais les spéculations ne cessèrent pas pour autant. En 1998, Melissa Müller, dans sa biographie d'Anne Frank, soutint que la coupable était certainement Lena Hartog. Mais cette dernière clama son innocence jusqu'à son décès, et on ne trouva rien qui puisse corroborer cette accusation. Van Maaren mourut lui aussi en niant toute responsabilité dans cette affaire. Le mystère restait entier.

Sur la piste d'un antisémite notoire

En 2002, une chercheuse persévérante, Carol Ann Lee, a publié un ouvrage dans lequel elle affirme que le coupable était un certain Tonny Ahlers, qu'Otto Frank connaissait : en avril 1941, il avait fait irruption dans le bureau du père d'Anne en brandissant un courrier envoyé au NSB, le parti nazi hollandais, qui accusait Frank d'être antinazi. Ahlers avait accepté de garder le silence, probablement contre une somme d'argent – chantage cependant toujours démenti par Frank.

De tempérament violent et instable, Ahlers avait déjà été arrêté avant la guerre, au cours de violents incidents à caractère antisémite. Affilié au NSB, dénonciateur de juifs et de membres de la résistance hollandaise, il parvint à gagner la confiance de l'occupant allemand.

En 1942, lorsque la famille Frank entra dans la clandestinité, les affaires d'Ahlers étaient plutôt florissantes. Il croyait en une victoire allemande et pensait mener une existence confortable une fois la guerre terminée. Le 5 juillet, la fille aînée des Frank, Margot, reçut l'ordre de se présenter pour être déportée en Allemagne. La famille, préparée à cette éventualité, avait aménagé une annexe située derrière le bureau d'Otto. Anne venait de fêter son treizième anniversaire quand ils s'y installèrent.

À l'été 1944, la situation d'Ahlers était très différente. Ses affaires allaient mal, il était criblé de dettes et ses amis nazis commençaient à se retourner contre lui. Il devait trouver de l'argent rapidement et regagner la confiance de la Gestapo, qui l'avait jusque-là protégé contre ses nombreux ennemis.

Le prix de la trahison

L'occupant allemand promettait une prime de 40 florins pour chaque juif dénoncé. Quatre personnes vivaient avec les quatre membres de la famille Frank : l'annexe secrète du 263 Prinsengracht valait donc 320 florins… Une coquette somme pour un homme dans une situation financière critique. Après la guerre, Ahlers affirma qu'il avait toujours su où les Frank se cachaient. Si tel était le cas, ce secret fut pour lui une sorte de « police d'assurance » : le 4 août, il appela la Gestapo dans le but d'encaisser la récompense promise.

Edith mourut à Auschwitz en janvier 1945. Ses deux filles, Margot et Anne, succombèrent au typhus à Bergen-Belsen en mars de la même année, quelques semaines avant la libération du camp. Otto survécut à l'enfer d'Auschwitz et revint à Amsterdam après la guerre.

À son retour, il eut une attitude surprenante. Alors qu'Ahlers avait été arrêté pour collaboration en juin 1945, Otto Frank plaida en faveur de sa libération. Il prit la défense de Wilhelm Van Maaren et même celle de l'officier nazi Karl Silberbauer, qui, selon lui, avait fait preuve de courtoisie au moment de son arrestation.

Il eut de violentes discussions avec Wiesenthal. Ce dernier resta convaincu qu'Otto Frank savait qui l'avait dénoncé : les explications qu'il donna concernant ses relations avec Ahlers restèrent très évasives.

De nouveaux témoignages

Des membres de la propre famille d'Ahlers confirmèrent les conclusions de Carol Ann Lee : son frère cadet, Casper, déclara qu'après la guerre Tonny lui avoua avoir livré la famille Frank. Il en tirait une certaine fierté, même si son mobile principal était l'appât du gain. Il récupéra d'ailleurs des objets dans l'annexe. Casper affirma qu'il possédait un bougeoir volé par son frère.

Anton, le fils de Tonny, raconta que son père semblait obsédé par Otto Frank et parlait de lui sans arrêt. Ahlers aurait découvert que, durant la guerre, des contrats avaient été passés entre Opekta – l'entreprise de vente d'épices en gros et de pectine de Frank – et l'armée allemande. Il négocia alors son silence. D'après Anton, son père recevait tous les mois, sur son compte en banque, une somme d'origine inconnue.

Pour certains, ces assertions ne sont néanmoins pas sérieuses : en 2003, un rapport de l'Institut néerlandais pour la documentation sur la guerre (NIOD) critiqua la théorie du chantage, déclarant qu'elle se basait sur les seules déclarations d'Ahlers, qui avait pu faire croire à sa famille qu'il avait dénoncé les Frank… Le rapport conclut donc que l'identité de l'informateur restait un mystère.

Otto Frank en savait peut-être plus sur son dénonciateur. Mais apparemment, il préféra consacrer le reste de sa vie à protéger l'œuvre de sa fille plutôt qu'à remuer le passé.

Le *Journal d'Anne Frank* est un best-seller international, sans doute par la force du témoignage mais aussi parce que l'histoire de cette jeune fille renvoie à la tragédie de millions d'autres victimes du génocide nazi. Les mots qu'elle écrivait le 19 novembre 1942 ont conservé toute leur puissance : « Les Allemands sonnent à toutes les portes pour demander si des juifs habitent ici. Le soir, quand il fait noir, je vois marcher des files de gens simples et innocents, accompagnés d'enfants en pleurs, qui sont brutalisés et frappés jusqu'à ce qu'ils s'effondrent. Personne n'est épargné… Les personnes âgées, les bébés, les femmes enceintes, les malades, tous se retrouvent dans cette marche vers la mort. »

LE TRAIN DE LA MORT Le camp de concentration d'Auschwitz II (Birkenau) en 1945, après sa libération par les Russes : la neige recouvre les quelques effets des déportés, conduits là pour travailler ou pour mourir. Les Frank y arrivèrent en septembre 1944, par le dernier train qui quitta le camp de transit de Westerbork, aux Pays-Bas.

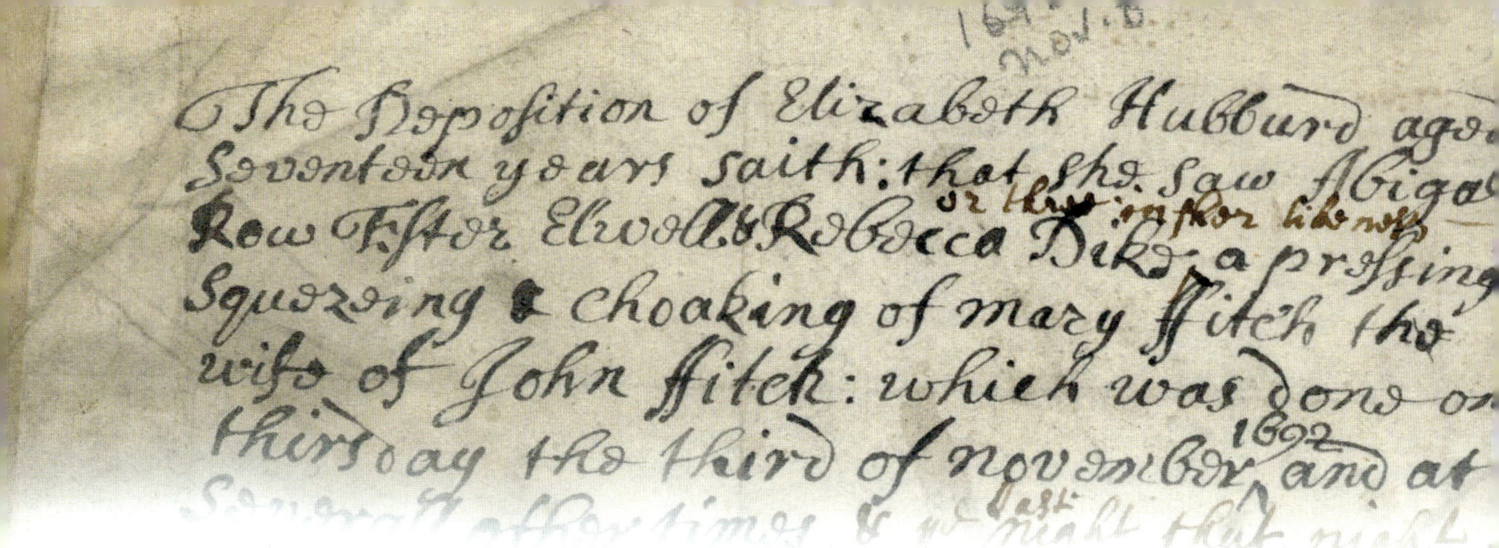
The Deposition of Elizabeth Hubburd aged
Seventeen years saith: that she saw Abigail
Row Ester Elwell & Rebecca Dike a pressing
Squeezing & choaking of mary ffitch the
wife of John ffitch: which was done on
thirsday the third of november 1692 and at

LES SORCIÈRES DE SALEM

Les procès pour sorcellerie cachaient une autre réalité

Au xviie siècle, le procès des sorcières de Salem divisa profondément ce village du Massachusetts et se termina par l'exécution de dix-neuf de ses habitants. Hystérie collective ou empoisonnement dû à l'ergot de seigle ? Récemment, une analyse géographique des lieux a permis de cerner une vérité plus dérangeante encore.

UNE ACCUSATRICE ACCUSÉE **Des dépositions comme celle d'Elizabeth Hubbard (ci-dessus) attestaient les pouvoirs maléfiques des sorcières. Relatant en l'occurrence que trois filles « pressèrent, comprimèrent et étouffèrent » leur victime. Orpheline, Elizabeth Hubbard avait 17 ans lors des procès. C'était la plus âgée des jeunes « envoûtées ». Elle témoigna contre vingt-neuf personnes mais fut également la cible de rumeurs de sorcellerie.**

Le 19 août 1692, une charrette quitte Salem Village (aujourd'hui Danvers), dans le Massachusetts, pour conduire cinq prisonniers sur une colline, à l'est, où ils doivent être exécutés. Parmi les condamnés se trouve un pasteur, George Burroughs, ancien chef de file de la communauté, condamné pour sorcellerie. Sur le chemin qui le mène au gibet, Burroughs réaffirme son innocence. Son discours est « prononcé avec un tel calme et une telle ferveur qu'il est très émouvant et tire des larmes à plus d'un », rapporte l'historien Robert Calef dans son ouvrage *More Wonders of the Invisible World* (« autres merveilles d'un monde invisible ») (1700). Mais cette éloquence et la récitation du Notre-Père ne changent rien : le président de la cour, Cotton Mather, s'avance et rappelle à l'auditoire que « le diable prend souvent l'apparence d'un ange de lumière »… Le pasteur est pendu.

La main du diable

La chasse aux sorcières de Salem débuta de manière anodine, par un simple jeu divinatoire. Betty Parris, la fille du pasteur du village, le révérend Samuel Parris, s'amusait avec des amies. Les fillettes faisaient tomber des blancs d'œufs dans une casserole d'eau et tentaient d'en interpréter les formes. C'est la servante de la famille, Tituba, originaire des Caraïbes, qui leur avait enseigné ce jeu pour les aider à passer le temps durant les longues veillées d'hiver. Soudain, l'une des fillettes crut voir un cercueil. Elle prit peur et effraya les autres. Toutes se mirent alors à hurler et à trembler.

Parris fit venir le médecin du village, William Griggs, qui examina les petites filles en pleine crise d'hystérie, hurlant des obscénités. Faute d'explication médicale pour définir ce comportement incohérent, Griggs y vit la « main du diable ». Un mois après, l'état des petites patientes ne s'était pas amélioré. Pire, d'autres filles du village furent à leur tour touchées par ce mal étrange. Soumises à des interrogatoires poussés, elles affirmèrent qu'on les avait ensorcelées, accusant trois femmes de la communauté : Sarah Osborne, Sarah Good et la servante du pasteur, Tituba.

Des preuves diaboliques

Sarah Osborne n'allait guère à l'église et vivait isolée, Sarah Good était une mendiante et Tituba, une étrangère : la situation sociale de ces trois femmes ne les aida pas à se défendre contre ces accusations. Elles furent arrêtées le 29 février. Mais, après leur incarcération, la chasse aux sorcières se poursuivit. Dans une ambiance d'hystérie grandissante, les fillettes continuèrent à se comporter de façon étrange : certaines se mettaient à hurler en affirmant avoir des visions, d'autres se moquaient des sermons prononcés à l'église ; elles multipliaient les accusations de sorcellerie.

En mai 1692, le gouverneur du Massachusetts, William Phips, institua un tribunal extraordinaire pour juger ce type d'affaire, qui siégea dans une atmosphère aussi sinistre que confuse. Les jeunes malades étaient prises de convulsions et se mettaient à hurler dès qu'elles voyaient les accusés. Les mises en accusation se basaient sur ce que l'on nomma des « preuves spectrales » : les spectres des accusés étaient soi-disant apparus aux fillettes et les avaient agressées. Un aubergiste du village, Nathaniel Ingersoll, déclara lors du procès d'une certaine Sarah Wilds que « si elle croisait les mains ou penchait la tête de côté, les personnes visées […] étaient […] torturées ». Régulièrement, le diable lui-même était évoqué dans les dépositions. Susannah Shaldon déclara avoir vu l'armateur Philip English en compagnie « d'un homme noir coiffé d'un grand chapeau, un livre dans les mains ». Des membres de la famille Putnam accusèrent même Rebecca Nurse, une femme de 71 ans respectée dans la communauté et mère de huit enfants, « d'avoir blessé et fait souffrir » une fille de 12 ans, Ann, ainsi que sa mère. Dans un premier temps, Rebecca Nurse fut acquittée par la cour, mais les jeunes filles se remirent à hurler de plus belle : appelés à reconsidérer leur verdict, les juges condamnèrent finalement la vieille femme à mort.

Hallucinations et fièvre

Les procès se poursuivirent pendant quatre mois. Cette chasse aux sorcières coûta la vie à plus de vingt personnes, qui périrent sur l'échafaud ou en prison. Le village ne se remit jamais du traumatisme.

Pour expliquer la violence qui s'était emparée de cette petite communauté profondément croyante, les théories se multiplièrent. Certains évoquèrent une crise d'hystérie collective provoquée par un refoulement de type freudien. D'autres affirmèrent que les hallucinations étaient dues à l'ingestion d'ergot de seigle (un champignon parasite – entre autres – du seigle, responsable d'hallucinations passagères), ou que les villageois

LA MARQUE MAUDITE L'un des moyens de prouver que l'accusée était une sorcière consistait à repérer sur son corps la « marque du diable », comme dans ce tableau de Tompkins H. Matteson, *l'Examen d'une sorcière,* peint en 1853.

UN REGARD MEURTRIER La déposition d'Abigail Williams témoigne de l'ampleur du délire qui s'empara d'elle. Elle était convaincue que la vision d'une apparition l'avait, à plusieurs reprises, « quasiment tuée ».

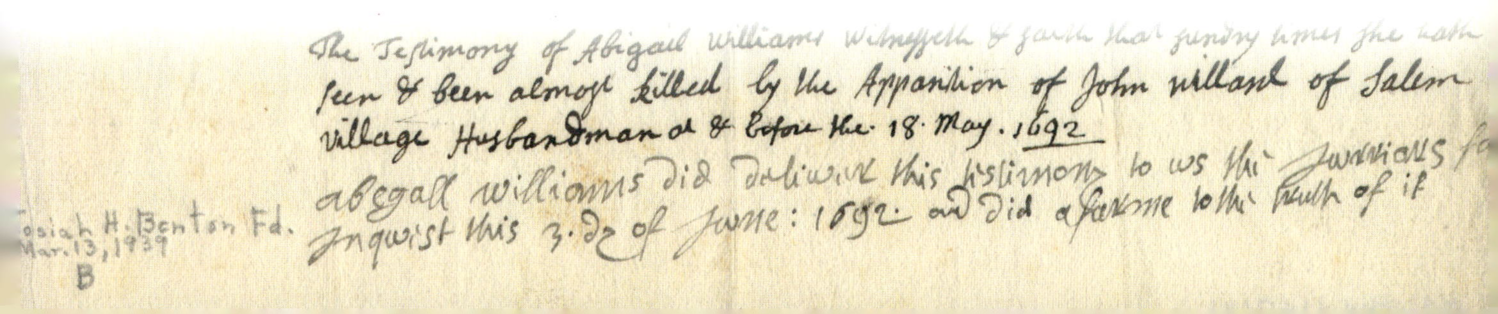

The Testimony of Abigail Williams witnesseth & saith that sundry times she hath seen & been almost killed by the Apparition of John Willard of Salem Village Husbandman at & before the 18 May. 1692
abegall williams did deliuer this testimony to us the Jurriars of Inquest this 3. dy of June: 1692 and did afirme to the truth of it

Josiah H. Benton Fd.
Mar. 13, 1939
B

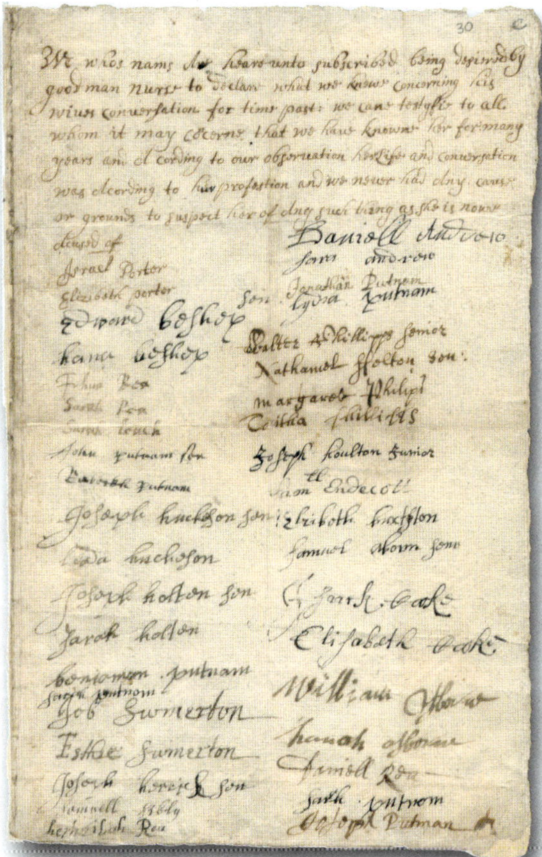

We whos nams are heare unto subscribed being desiered by goodman nurse to declare what we knowe concerning his wives conversation for time past: we can testifie to all whom it may concerne, that we have knowne her for many years and acording to our observation her life and conversation was acording to her profession and we never had any cause or grounds to suspect her of any such thing as she is nowe charged of

Israel Porter
Elizabeth porter
Edward bishop
hana bishop
Joseph hutchinson sen
Lidia hutchinson
Joseph holton sen
Sarah holton
benjamin putnam
Job Swinerton
Esther Swinerton
Joseph herrick sen
Daniell Andrew
Sarah Andrew
Jonathan Putnam
Lydia Putnam
Walter Phillips senior
Nathaniel Felton sen
margaret Philips
Tabitha Phillips
Joseph houlton junior
Samuel Endecott
Elizabeth buxston
Samuel Aborn senior
Elisabeth Cooke
William Osborne
hanah Osborne
Sarah Putnam
Joseph Putnam

DE VAINES PROTESTATIONS **Les poursuites contre Rebecca Nurse soulevèrent de nombreuses protestations. Une pétition signée par quarante et un villageois précisait : « Nous la connaissons depuis de nombreuses années […] et nous n'avons jamais eu aucune raison de la soupçonner de ce dont elle est accusée. » Sans résultat : Rebecca Nurse fut pendue le 19 juillet 1692.**

avaient été victimes d'une épidémie d'encéphalite léthargique, maladie du sommeil de type viral caractérisée par de fortes fièvres et pouvant entraîner la mort. Mais une théorie plus récente (1974), basée sur l'étude d'une ancienne carte, donne une tout autre explication à ce déchaînement de passions.

L'est contre l'ouest

En 1867, Charles W. Upham établit un plan du village dans sa configuration de 1692, avec une localisation du domicile des protagonistes. On remarque que la quasi-totalité (douze sur quatorze) des accusés reconnus coupables de sorcellerie vivaient dans la partie est de Salem, alors que trente des trente-deux accusateurs résidaient à l'ouest. En outre, sur les vingt-neuf personnes sceptiques quant à la réalité des faits ou avocats des accusés, vingt-quatre habitaient à l'est. Cet étrange clivage entre les sorcières, à l'est, et leurs accusateurs, à l'ouest, excita la curiosité de deux historiens, Paul Boyer et Stephen Nissembaum, qui décidèrent d'étudier plus attentivement le passé de Salem.

Les causes de la scission

En 1626, la construction d'un port à Salem Town (aujourd'hui Salem) attira les commerçants et transforma cette zone en un marché prospère ; Salem Village, plus ancien et plus rural, se retrouva de fait mis à l'écart.

La soudaine expansion économique de Salem Town provoqua une rupture au sein du village : la moitié est, qui se trouvait à une courte distance du port, le long d'Ipswich Road, se développa, d'autant qu'elle disposait de vastes zones agricoles couvertes de prairies. Une bonne partie de ses habitants choisirent d'exercer de nouveaux métiers : cordonnier, aubergiste, potier…, alors que ceux de la moitié ouest se retrouvèrent isolés sur des terres pauvres et moins rentables. Des familles comme les Ingersoll et les Putnam, certes très impliquées dans la vie politique villageoise, devinrent – sur un plan économique et social – des citoyens de seconde zone. À partir des années 1660, ils réclamèrent que Salem Village soit détaché de Salem Town et bénéficie d'une autonomie administrative.

Les habitants de l'est, redoutant qu'une telle décision ne mette fin à leur toute nouvelle prospérité, se mobilisèrent contre ce projet de scission. L'un des villageois, Jeremiah Watts, décrivit ainsi le climat qui régnait en 1682 : « Frère contre frère, voisin contre voisin, tous se querellent et se battent. »

Bataille autour du temple

Mais ces conflits politiques avaient également des fondements religieux. Comme beaucoup d'immigrants venus s'installer dans le Massachusetts après les années 1630, les habitants de Salem ouest étaient des puritains austères : ils observaient des règles religieuses strictes et bannissaient le luxe. Pour eux, les hommes d'affaires de Salem Town vouaient leur existence à satisfaire leur soif de profit. Désirant se démarquer le plus possible de ces entrepreneurs, les puritains insistèrent même auprès de l'Administration pour avoir leur propre temple. Leur requête fut satisfaite en 1672. En revanche, la question de la désignation du pasteur provoqua de nouvelles tensions. Plusieurs pasteurs se succédèrent, avec des mandats de courte durée. Le révérend Samuel Parris prit ses fonctions en 1689 : sous son influence, les puritains parvinrent à dominer le temple. Les habitants de l'est du village, eux, boycottaient les rassemblements et cherchaient à obtenir le départ de Parris.

Déchirées par une fracture à la fois sociale, économique et religieuse, les deux parties étaient déjà en ordre

Les collines contre la vallée

Sur le plan du village de Salem établi par Charles W. Upham, deux universitaires américains, Paul Boyer et Stephen Nissenbaum, ont localisé le domicile des prétendues sorcières et des témoins clés des procès. Cette analyse géographique met en évidence un net clivage est (accusés)-ouest (accusateurs). Les villageois des collines de l'ouest, qui fréquentaient le temple puritain, mirent en cause les riches habitants de l'est, mobilisés pour obtenir la révocation du pasteur.

Légende

- Maison d'un accusateur
- Maison d'un accusé
- Temple puritain
- Frontière du village de Salem

La famille Putnam, à laquelle appartenaient Thomas, Edward et Ann Putnam, occupait deux maisons en bordure du village.

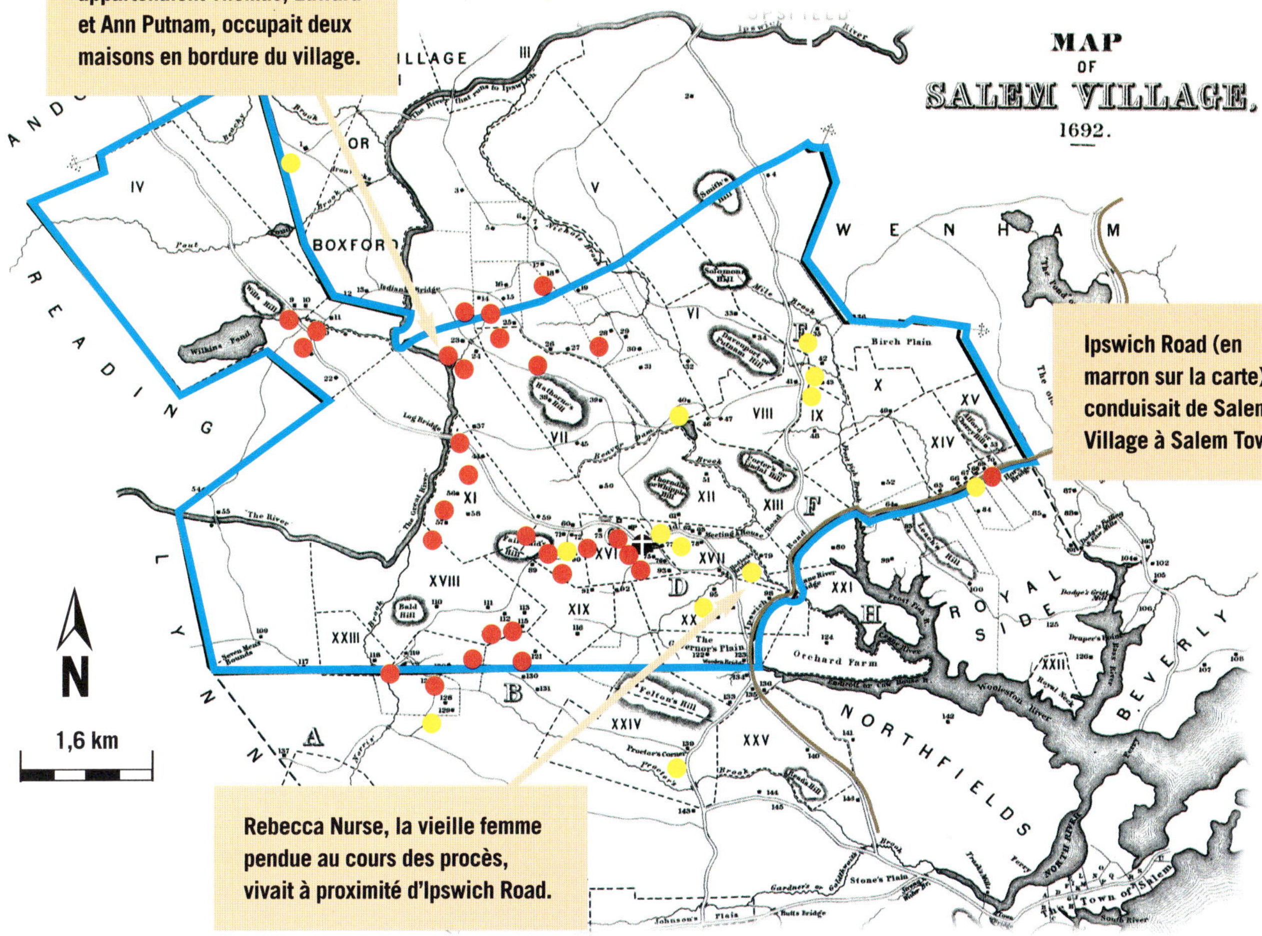

Ipswich Road (en marron sur la carte) conduisait de Salem Village à Salem Town.

Rebecca Nurse, la vieille femme pendue au cours des procès, vivait à proximité d'Ipswich Road.

Le développement du port (au sud-est sur la carte) fit la prospérité de Salem Town. À l'intérieur des terres, la partie ouest de Salem Village resta isolée et pauvre, comme le montre la gravure du XVIIIe siècle ci-dessous.

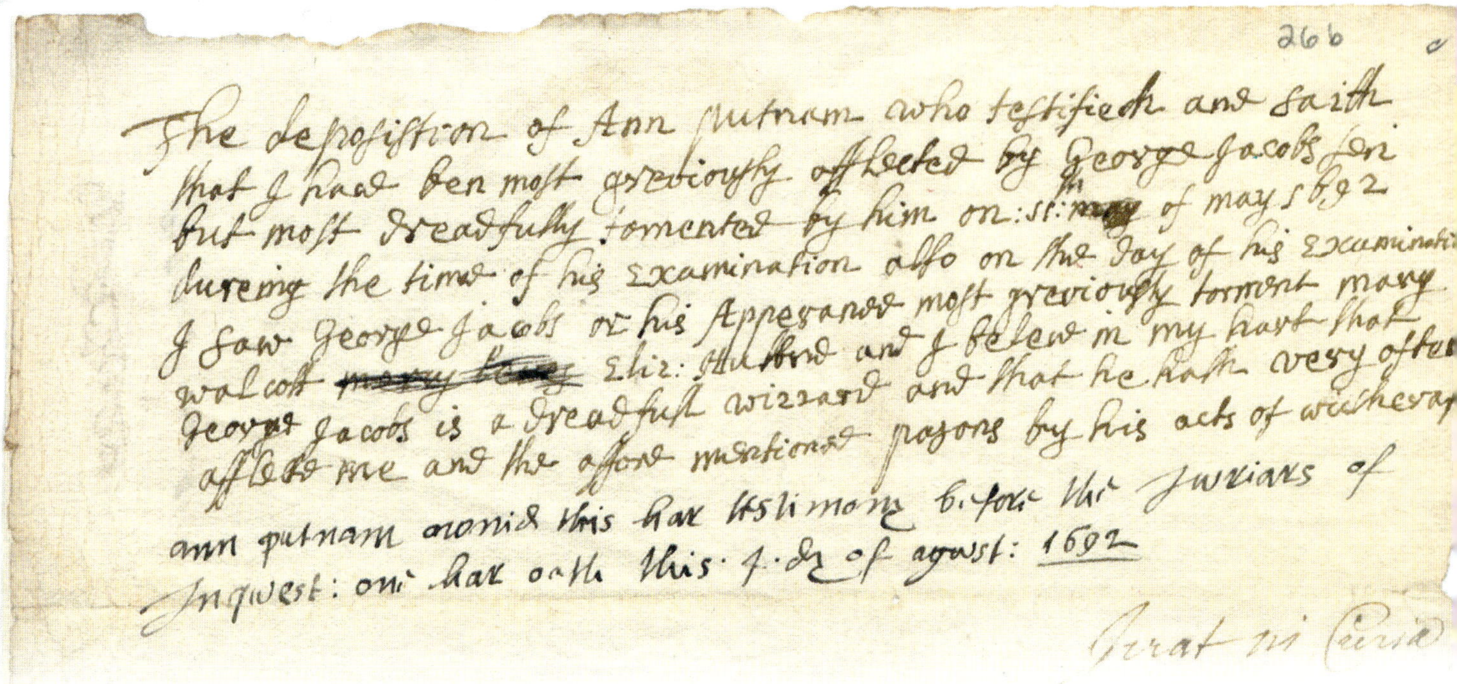
266

The deposistion of Ann putnam who testifieth and saith that I haue ben most greviously afflected by George Jacobs sen but most dreadfully tormented by him on: 11: of may 1692 dureing the time of his examination also on the day of his examination I saw George Jacobs or his Appearance most greviously torment mary walcott ~~mary lewes~~ Eliz: Hubburd and I beleue in my heart that George Jacobs is a dreadfull wizzard and that he hath very often afflected me and the afore mentioned persons by his acts of wichcraft

ann putnam owned this har testimony before the Juriars of Inquest: on har oath this: 4: day of agust: 1692

Jurat in Curia

de bataille quand s'ouvrirent les procès : à la fin de cette période, il suffisait, semble-t-il, d'habiter dans la partie est de Salem pour être accusé de sorcellerie ! Certains habitants furent mis en cause par des personnes qui n'étaient même pas capables de les identifier devant le tribunal. Les enfants, malgré l'absence de preuves physiques, proféraient des accusations terribles : « Sarah Good me bloqua violemment la tête derrière un coffre, m'attacha les mains avec une lanière de rouet et faillit m'étouffer. » Ces affirmations délirantes se comprennent mieux à la lumière des conflits qui déchiraient le village : baignés dans une ambiance délétère, les plus jeunes n'hésitaient pas à s'en prendre aux individus que détestaient leurs parents.

Querelles de voisinage

La plupart des « sorciers » étaient en conflit avec leurs accusateurs depuis bien longtemps. John Wilds, l'époux de Sarah, siégeait dans une commission chargée d'arbitrer les différends agraires. Il avait fixé les limites entre Salem et le bourg voisin de Topfield, et s'était fait des ennemis en favorisant ce dernier.

George Burroughs, le pasteur exécuté en 1692, ne vivait même pas à Salem. Il avait quitté le village en 1683, après s'être brouillé avec les frères Putnam pour des problèmes financiers. En effet, deux ans plus tôt, Burroughs avait emprunté de l'argent au capitaine John Putnam pour payer les obsèques de son épouse. Désirant récupérer la somme, Putnam avait lancé un mandat d'arrêt contre lui. L'affaire se régla en dehors des tribunaux, mais la mésentente persista. Neuf ans plus tard, contraint et forcé, George Burroughs dut quitter Maine, dans le New Jersey, et revenir à Salem afin d'y être jugé pour sorcellerie. Au cours de son procès, Ann Putnam déclara : « Il m'a torturée au chevalet et quasiment étranglée, et il m'a persuadée d'écrire dans son livre. » Cette petite fille de 12 ans ne pouvait ignorer ni le conflit entre sa famille et les Burroughs, ni le différend entre les Putnam et les Wilds. Elle prononça vingt et une accusations au cours des procès, soit plus qu'aucun autre accusateur. Huit membres de sa famille témoignèrent également, dont sa mère et son père. À eux seuls, ils furent à l'origine du tiers des accusations de sorcellerie officiellement enregistrées…

Des années plus tard, Ann Putnam se repentit, imputant son comportement à « une grande illusion satanique ». Mais le mal était fait… Les procès des sorcières de Salem masquèrent en fait les règlements de comptes de deux camps visant à solder de vieilles rancunes.

ACCUSATIONS MEURTRIÈRES Ann Putnam déclara, au cours du procès de George Jacobs, qu'il était un « épouvantable sorcier ». Jacobs, pendu à l'âge de 72 ans, fut l'un des premiers hommes exécutés pour sorcellerie à Salem. Au tribunal, sa propre petite-fille, Margaret, témoigna contre lui.

COMMENT TOUTANKHAMON EST-IL MORT ?

Le triste destin d'un enfant devenu roi d'Égypte

Depuis la découverte du fabuleux tombeau de Toutankhamon, bien des questions sur la vie et la mort de ce jeune souverain égyptien demeurent sans réponse. Certains historiens, qui privilégient l'hypothèse de l'assassinat, ont tenté de retrouver l'auteur de ce crime perpétré il y a plus de 3 000 ans.

Novembre 1922. Dans les sables du désert égyptien, l'archéologue britannique Howard Carter est sur le point de faire l'une des plus extraordinaires découvertes archéologiques de tous les temps : le bloc de pierre grossièrement taillé qui vient d'être dégagé est la première marche de l'escalier conduisant à la sépulture du jeune roi, Toutankhamon. Dix années seront nécessaires pour examiner et inventorier l'ensemble des trésors trouvés dans la tombe du jeune pharaon. Toutefois, pour Howard Carter, « sa vie demeure mystérieuse. Les zones d'ombre se déplacent, mais l'obscurité ne se disperse jamais totalement ». Qui était vraiment Toutankhamon et pourquoi disparut-il brusquement à l'âge de 19 ans ?

Le fils d'Akhénaton

Après avoir minutieusement étudié les textes égyptiens dans l'espoir d'y trouver des précisions sur l'identité de Toutankhamon, certains chercheurs concluent qu'il était le fils d'Aménophis IV, dixième pharaon de la XVIIIe dynastie, qui prit le nom d'Akhénaton. Durant son règne, ce souverain plongea l'Égypte

LE VISAGE D'UN ROI **Le cercueil de Toutankhamon était orné de cornaline, de quartz et d'or… Un raffinement étonnant compte tenu de la hâte avec laquelle on l'embauma.**

AMIS OU ENNEMIS ? **Toutankhamon fut entouré de conseillers influents durant toute son adolescence. Le Premier ministre, Aÿ (à gauche), et le général Horemheb (à droite) pourraient être impliqués dans sa brutale disparition.**

dans la tourmente. Il persécuta le clergé d'Amon, fit fermer ses temples et favorisa le culte d'Aton, le « disque solaire », représenté par un soleil émettant des rayons terminés par des mains.

Les travaux qu'Akhénaton entreprit pour bâtir une nouvelle capitale à Tell el-Armana épuisèrent le pays. C'est dans cette ville, entre intrigues de palais et renouveau religieux, que grandit Toutankhaton. À la mort de son père, il n'avait que 9 ans. L'Égypte voulait oublier Akhénaton : la quasi-totalité des archives de son règne fut détruite, et sa tombe n'a jamais été retrouvée.

Une autre politique

Le jeune Toutankhaton suivit sans doute les conseils des puissants, qui rejetèrent la politique menée par son père. Il rétablit la religion traditionnelle, fit rouvrir les temples d'Amon et prit le nom de Toutankhamon. Sur la stèle dite de la Restauration, découverte à Thèbes, est gravée l'inscription suivante : « Il [Toutankhamon] a restauré tout ce qui était ruiné pour en faire son monument pour toujours et à jamais. Il a vaincu le chaos dans tout le pays et rétabli Maat à sa place. Il a mis fin à un crime tandis que la Terre retrouvait l'état où elle se trouvait au moment de la Création. »

Après avoir installé la cour dans l'ancienne capitale du nord, Memphis, ou à Thèbes, au sud, et épousé sa demi-sœur aînée, Ankhésénamon, il se préparait sans doute à vivre un règne long et prospère. Or ce règne dura moins de dix ans.

ADORATEUR DU SOLEIL **Aménophis IV, dixième pharaon de la XVIIIe dynastie, prit le nom d'Akhénaton (celui qui plaît à Aton) en l'honneur d'Aton, le disque solaire dont il favorisa le culte en Égypte.**

Une mort brutale

La tombe de Toutankhamon – bien trop modeste pour un personnage de rang royal – prouve la soudaineté de son décès. Cette sépulture, sans doute préparée pour un haut dignitaire, fut probablement réquisitionnée à la dernière minute.

Le mystère entourant les circonstances de sa mort s'épaissit encore après le premier examen de sa momie. Toutankhamon avait été inhumé dans trois sarcophages successifs – le dernier était en or massif et portait un masque mortuaire. Carter et son assistant, Douglas Derry, professeur d'anatomie à l'université du Caire, eurent beaucoup de mal à les ouvrir. Lorsqu'ils parvinrent à soulever le couvercle du troisième sarcophage, ils découvrirent qu'une substance ressemblant à de la résine avait collé le corps au fond du cercueil. Derry se servit d'un burin pour l'extraire afin de l'autopsier. Il ne remarqua pas que le sternum et une partie de la cage thoracique manquaient – enlevés avant la momification ? – et ne put établir les causes du décès.

La théorie de l'assassinat

Les premières hypothèses évoquant un possible meurtre furent avancées en 1968, lorsque l'on réexamina la momie aux rayons X. Un professeur d'anatomie britannique, Ronald Harrison, interpréta les clichés. Il remarqua un petit morceau d'os à l'intérieur de la partie gauche de la boîte crânienne. « La radio laisse penser que cet os est soudé à la boîte crânienne, écrit-il. Toutankhamon est peut-être mort d'une hémorragie cérébrale provoquée par un coup porté sur le crâne avec un instrument contondant. » Mais il est fort possible qu'au cours de la première autopsie, le burin de Derry ait détaché une partie d'une vertèbre cervicale et l'ait fait pénétrer dans le crâne. Il se peut également que l'os ait été délogé en raison de la hâte avec laquelle les embaumeurs réalisèrent la momification de Toutankhamon qui, comparée à d'autres ouvrages similaires de la XVIIIe dynastie, fut manifestement bâclée.

En 1996, l'égyptologue américain Bob Brier transmit des copies des clichés à Gerald Irwin, traumatologiste à l'université de Long Island. Celui-ci repéra une « zone d'ombre » sur la radio. Il émit l'hypothèse de la présence d'un caillot sanguin calcifié, peut-être provoqué par un coup porté à la tête, supposition néanmoins insuffisante pour accréditer la thèse de l'assassinat. Par ailleurs, l'emplacement de l'ombre laisse penser que le pharaon aurait été blessé à la base du crâne, zone bien protégée par la musculature du cou : ce n'est pas là que frapperait un assassin.

Anatomie d'un meurtre

L'égyptologue américain Bob Brier, de l'université de Long Island (ci-dessus à droite), affirme avoir résolu l'une des plus vieilles énigmes criminelles du monde. Lors d'une conférence de presse en janvier 1997, il annonça que l'assassin de Toutankhamon n'était autre que son Premier ministre et plus proche confident, Aÿ.

Rivalité sanglante

Brier s'appuie sur des preuves à caractère médical. Selon lui, Toutankhamon fut tué par un coup porté à la base de la tête, peut-être pendant son sommeil. Il estime, avec son associé, Gerald Irwin, directeur médical du département de technologie radiologique de l'université de Long Island, que les radios du crâne révèlent également des déperditions de fluide, ce qui laisse penser que le roi souffrit durant des mois avant de succomber à sa blessure.

Proche du roi, Aÿ avait à la fois des opportunités et un mobile pour commettre son forfait. On sait qu'il succéda à Toutankhamon et épousa sa veuve, Ankhésénamon. On ne peut pas réellement parler d'usurpation du trône car il n'y avait pas d'héritier de sang royal mais, selon Brier, Aÿ ne laissa sans doute pas le choix à la reine.

LE VOILE SE DÉCHIRE **Avant de pouvoir autopsier la dépouille de Toutankhamon, l'archéologue Harold Carter dut ôter les restes d'un linceul à l'intérieur du deuxième sarcophage. La momie se trouvait dans le troisième.**

Des preuves contradictoires

Un scanner effectué sur la momie en 2005 a amené plusieurs chercheurs à réfuter totalement la thèse de l'assassinat, même si les clichés n'ont toujours pas permis d'élucider le mystère de sa mort. Les fractures constatées seraient dues aux manipulations de Carter et des embaumeurs. Certains experts pensent qu'une plaie à la jambe aurait dégénéré en infection généralisée. L'hypothèse du crime reste donc difficile à prouver.

Les historiens ne sont pas tous persuadés qu'il y eut mort violente. L'interprétation des radios de la momie conclut à une malformation de la colonne vertébrale de type scoliose. La présence de cent trente cannes dans la tombe tend à confirmer cette hypothèse. Si Toutankhamon était chétif, il aurait pu mourir prématurément de maladie ou d'infection.

Pourtant, sur de nombreux objets d'art, le roi est représenté comme un jeune homme en pleine santé, chassant sur un char tiré par des chevaux, les rênes enroulées autour des hanches afin de garder les mains libres pour frapper avec sa lance. A-t-il pu glisser de son char et mourir écrasé sous les roues ? Cette nouvelle hypothèse expliquerait le mauvais état de la momie royale, l'absence

des côtes et du sternum – retirés au moment de l'embaumement – et la présence d'une telle quantité de résine dans le cercueil – cette dernière servait à masquer l'odeur de décomposition.

À qui profite le crime ?

Même plausible, la thèse de l'accident n'explique pas tout, notamment l'atmosphère de peur qui régna manifestement à la cour après le décès du jeune pharaon. Jalousies, intrigues, rivalités de pouvoir… les raisons ne manquent pas pour qu'au sein même de son entourage, quelqu'un ait eu intérêt à voir disparaître prématurément Toutankhamon. Ses proches collaborateurs, sa famille, son épouse ? La jeune Ankhésénamon n'avait aucune raison de vouloir sa mort. Toutes les fresques représentent le pharaon et son épouse comme un couple uni. Deux fœtus momifiés découverts dans la sépulture prouvent qu'ils eurent des enfants.

En revanche, le vieil Aÿ, vizir de l'ancien roi et courtisan le plus haut placé du pays, apparaît comme le suspect idéal. Lorsque Toutankhamon atteignit sa majorité et se mit à prendre la plupart des décisions seul, Aÿ vit sans doute son influence décliner. Il comprit alors que son temps était compté : si Ankhésénamon donnait naissance à un fils, ses espoirs de succession seraient définitivement anéantis. Or, sans avoir aucun lien de sang avec la famille royale, il succéda à Toutankhamon et épousa sa veuve. Pourtant, d'après les lettres que celle-ci écrivit après la mort de son mari, elle se sentait menacée par un individu précis. Ainsi, dans ses missives adressées au roi des Hittites – peuple voisin mais rival de l'Égypte –, elle lui demande d'envoyer un prince pour l'épouser. Ses mots, miraculeusement préservés dans l'argile, se font l'écho de son désespoir et de sa fragilité : « Je ne prendrai jamais un de mes serviteurs pour époux. J'ai très peur. » Cette phrase conforte la théorie de Bob Brier, le premier à suggérer que l'ancien ministre Aÿ s'est rendu coupable de régicide…

Suspects ? complices ?

Le général Horemheb, commandant en chef de l'armée, était aussi l'un des plus proches conseillers du pharaon. Pourtant, cet homme ambitieux, d'origine modeste, est le seul courtisan à n'avoir laissé aucun souvenir du roi dans sa tombe, ce qui traduit un profond manque de respect. Quatre ans seulement après la mort du pharaon Aÿ, Horemheb monta sur le trône. Il ordonna d'effacer dans tout le pays les inscriptions mentionnant le nom de Toutankhamon et de les remplacer par le sien.

Aÿ ? Horemheb ? Sont-ils coupables ? Manigancèrent-ils ensemble le crime ? Jusqu'à maintenant, ces questions ne suscitent que des hypothèses. La seule certitude est que les deux dignitaires surent profiter de la disparition du jeune souverain.

DES REPRÉSENTATIONS CONTRADICTOIRES

Un coffre de bois décoré trouvé dans la tombe de Toutankhamon montre le roi s'appuyant sur une canne. Certains experts ont donc pensé que le pharaon était handicapé. Mais, sur cet éventail d'or gravé, il apparaît comme un jeune chasseur sportif conduisant habilement son char. S'agit-il là du véritable Toutankhamon ?

LES RÉVOLTÉS DE 1914-1918

Vers une réhabilitation des mutins de la Grande Guerre

Grâce aux archives militaires, on sait aujourd'hui que les mutins de la guerre de 1914-1918 étaient des poilus comme les autres. Mais il faudra attendre 1998 pour qu'ils soient réhabilités par l'État français, malgré des oppositions encore vives.

Dès le lendemain de la Première Guerre mondiale, en France, les antimilitaristes multiplient les attaques contre l'encadrement militaire pendant le conflit. Ils lui reprochent, entre autres, la répression des mouvements de désobéissance individuels et collectifs, très nombreux – surtout en 1917. Pour cette seule année, le socialiste et historien Albert Mathiez avance le chiffre de 2 700 fusillés. D'autres affirment que des régiments entiers auraient été exécutés pour l'exemple.

Les gradés répondent à ces accusations en parlant de complot orchestré par l'ennemi qu'auraient soutenu des socialistes et des syndicalistes défaitistes. Ils présentent les mutins comme des « fortes têtes », ouvriers, syndicalistes et instituteurs pour l'essentiel. La loi d'amnistie votée par le Parlement français en novembre 1920 ne bénéficie pas aux meneurs des rébellions : pour les autorités politiques et militaires, alors que le pays connaît une forme d'union sacrée autour de ses morts, il est préférable de divulguer le moins d'informations possible.

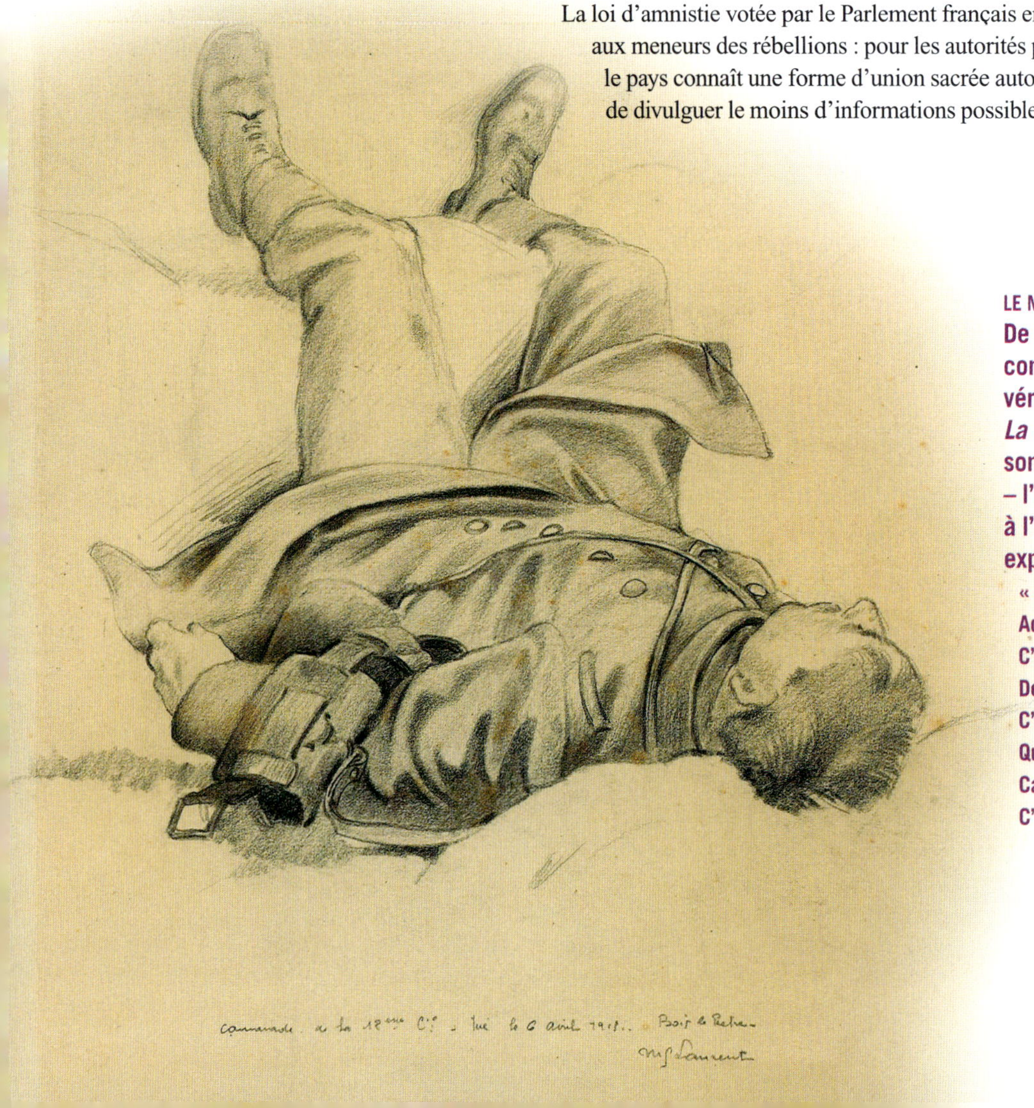

LE MORT DANS LES TRANCHÉES

De nombreux poilus se percevaient comme des sacrifiés pour les véritables profiteurs de la guerre. *La Chanson de Craonne,* qui doit son titre au plateau du même nom – l'un des secteurs les plus disputés à l'est du Chemin des Dames –, exprime la lassitude des soldats :

« Adieu la vie, adieu l'amour,
Adieu toutes les femmes.
C'est bien fini, c'est pour toujours,
De cette guerre infâme.
C'est à Craonne, sur le plateau,
Qu'on doit laisser sa peau
Car nous sommes tous condamnés
C'est nous les sacrifiés ! »

Pourtant, la polémique ne s'éteint pas. En août 1934, le journal satirique *le Crapouillot* affirme qu'il y aurait eu 528 exécutions. L'année suivante, le maréchal Pétain, chef des forces françaises sur le front Nord-Est à l'époque, prend la parole sur ce sujet à l'Institut de France. « Une crise a secoué la nation française au milieu de l'année 1917. Elle s'est manifestée par une courte mais vive révolte devant les rigueurs d'une lutte dont on pouvait craindre alors qu'elle fût sans issue » déclare-t-il. Bien que dix-huit ans soient passés, le héros de Verdun considère encore les mutineries comme une tache dans l'histoire de la Première Guerre mondiale…

Des soldats comme les autres

De 1914 à 1918, les soldats qui survivent dans les tranchées attendent la victoire promise par leurs chefs. En 1915 déjà, plusieurs tentatives de percée échouent lamentablement. L'année suivante, l'offensive lancée sur la région de la Somme se solde par un échec, même si la résistance est exemplaire à Verdun. Le 16 avril 1917, le général Nivelle mène une nouvelle offensive au Chemin des Dames, qui se solde par une avancée dérisoire au prix de pertes humaines considérables : en trois jours, on dénombre 90 000 blessés et 40 000 tués. Mais cela ne décourage pas les officiers, qui maintiennent des choix stratégiques dont les troupes perçoivent l'absurdité.

À partir du 17 avril, à Aubérive, en Champagne, de nombreux poilus refusent collectivement d'obéir. Le phénomène s'étend surtout sur les points stratégiques du front, à savoir le plateau de Craonne, le Chemin des Dames, les monts de Champagne et les environs de Soissons. Certes, depuis le début des combats, les désertions ont été nombreuses malgré l'union sacrée : jusqu'au début de l'année 1917, il y aurait eu un peu plus de vingt-deux condamnations à mort par mois, essentiellement pour des motifs militaires, dont sept à huit exécutées. Mais cette fois, l'insoumission prend une ampleur sans précédent. Jusqu'au début du mois de juin, bien que minoritaires dans les troupes, les « abandons de poste devant l'ennemi » se multiplient : pour échapper au combat, des hommes se cachent ou cherchent à fuir. À en croire les sources, on peut estimer à 250 le nombre de refus collectifs, ce qui correspondrait à 30 000 à 40 000 mutins. Convaincus par leurs officiers subalternes – qui partagent pourtant leurs motivations –, certains semblent avoir presque

« UNE LITURGIE BARBARE » **Le déroulement des exécutions des mutins de la Première Guerre mondiale était très réglementé. Les condamnés, immobilisés, faisaient face aux soldats de la troupe, au garde-à-vous. Le son des clairons retentissait, on lisait le jugement avant la fusillade. Enfin, les hommes défilaient devant les cadavres à terre.**

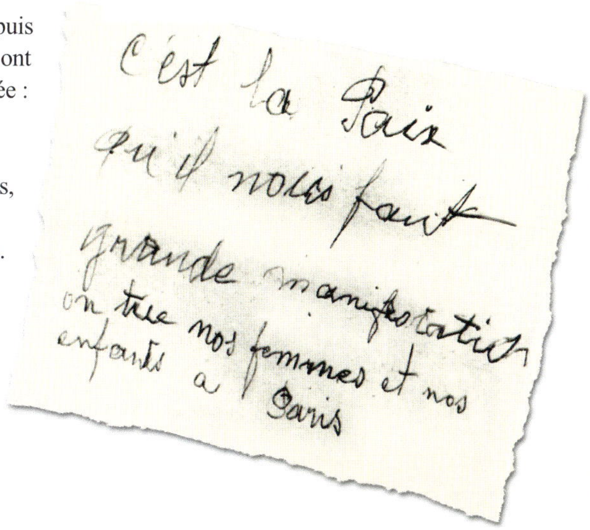

FAIRE CIRCULER D'AUTRES INFORMATIONS **Par le biais de tracts griffonnés, les mutins de la Première Guerre mondiale tentaient d'alerter leurs camarades et l'ensemble de l'opinion sur les dangers de la guerre mais aussi sur la désinformation.**

LE RIDEAU SE DÉCHIRE Le Premier ministre Lionel Jospin est l'un des premiers dirigeants français à avoir affirmé la nécessité d'un « travail de mémoire » et de « lucidité » sur les « moments sombres » de l'histoire de France, se préoccupant en particulier des mutineries de la Première Guerre mondiale mais aussi de la torture durant la guerre d'Algérie.

immédiatement renoncé à se soulever. Pour chaque unité concernée, la fronde dure trois ou quatre jours. Mais à partir du 7 juin, malgré quelques sursauts ici ou là jusqu'en janvier 1918, le mouvement retombe. Le général Pétain, qui en a compris les causes, instaure une stricte égalité pour les tours de permission, soit dix jours par période de quatre mois. Il prévoit aussi l'amélioration des conditions de voyage des permissionnaires, de la nourriture des soldats et de l'aménagement des cantonnements. Au cours de l'année 1917, d'autres troupes européennes connaissent des actes de rébellion similaires : des soldats italiens se soulèvent entre mars et juillet, des Anglais en septembre.

Dans le cas de la France, les archives des procès montrent qu'il s'agit davantage de protestation que de contestation : dans la grande majorité des cas, l'insoumission est exprimée à l'arrière du front. Au contraire, dans les situations de confrontation directe avec l'ennemi, par réflexe de défense ou par sentiment patriotique, les défections sont très rares. Les mutins dénoncent surtout des conditions de vie qu'ils ne supportent plus et qu'ils imputent à de mauvais choix stratégiques. Malgré la version officielle qui prévaut après 1918, les archives des procès montrent que les états de service des coupables étaient irréprochables, et leurs engagements politiques secondaires dans leurs motivations.

La répression est pourtant sévère : conformément à la procédure militaire, ces affaires relèvent des conseils de guerre. Nulle attitude de défi chez les présumés coupables ; parmi les condamnés à mort, un seul tient tête à ses juges. 3 500 arrêts sont rendus : 1 381 condamnent aux travaux forcés ou à de longues peines de détention, 1 492 à des peines moins importantes ; sur les 554 prévoyant une condamnation à mort, il y aurait eu 49 condamnations avérées, 10 probables et 8 possibles. Un condamné se suicide avant son exécution, et un autre parvient à s'échapper. Ceux-là, ainsi que les hommes accusés des faits les plus graves, sont pour la plupart des paysans – on recense aussi quelques commerçants, maçons et employés, et un seul instituteur. Aucun d'entre eux n'a d'antécédents judiciaires.

Vers une réhabilitation des mutins

En 1957, un jeune cinéaste, Stanley Kubrick, présente *les Sentiers de la gloire* : inspiré du roman d'un ancien combattant canadien, ce long-métrage – véritable pamphlet antimilitariste – relate le destin de mutinés de 1917, exécutés parce que leurs officiers incompétents veulent en faire un

LES SENTIERS DE LA GLOIRE Dans son film, Stanley Kubrick montre les conséquences dramatiques d'une offensive désespérée menée par un régiment de l'armée française pendant la Première Guerre mondiale : après avoir dû battre en retraite, les soldats sont mis en cause par Mireau, un général carriériste et sans scrupules.

exemple. La France est alors en pleine guerre d'Algérie : les autorités françaises interdisent ce film « incontestablement offensant » pour le pays, « sa justice et son armée ». Sous la pression de l'ambassade de France, la projection des *Sentiers de la gloire* est même suspendue à Bruxelles. Des organisations de gauche et des journaux comme *le Canard enchaîné* se mobilisent en sa faveur, sans succès : les mutins de 1917 restent les exclus de la mémoire officielle.

Dix ans plus tard, en 1967, grâce aux archives militaires auxquelles il a eu accès, l'historien Guy Pedroncini publie *les Mutineries de 1917,* premier ouvrage français d'autorité sur la question. Le voile est levé : *les Sentiers de la gloire* est projeté en 1975, alors que Kubrick est devenu un cinéaste célèbre. Mais il faut attendre le 5 novembre 1998 – et une déclaration du Premier ministre de l'époque – pour que la question des fusillés de 1914-1918 soit évoquée officiellement : sur le plateau de Craonne, à l'occasion du soixante-dixième anniversaire de la fin de la Première Guerre mondiale, Lionel Jospin émet le souhait que les soldats « fusillés pour l'exemple, épuisés par des attaques condamnées à l'avance, glissant dans une boue trempée de sang, plongés dans un désespoir sans fond et qui refusaient d'être sacrifiés, victimes d'une discipline dont la rigueur n'avait d'égale que la dureté des combats, réintègrent aujourd'hui pleinement notre mémoire collective ». Il ne parle pas explicitement des mutins et ne dit pas en quoi consisterait une telle réintégration. Néanmoins, ces propos suscitent à nouveau la polémique. On leur oppose principalement cet argument : on ne peut pas réhabiliter des traîtres…

Les mutins de La Courtine

À la fin de l'année 1915, en pleine guerre d'usure, les Français manquent d'effectifs, les Russes de matériel. Paul Doumer, en mission à Petrograd, réclame de l'aide : au printemps 1916, Moscou envoie deux brigades russes de dix mille hommes chacune en France. C'est dans l'Hexagone que, l'année suivante, elles apprennent qu'une révolution a éclaté dans l'empire des tsars : la république proclamée, Nicolas II aurait abdiqué. Quelques jours plus tard, la meurtrière offensive Nivelle est lancée. De nombreux Russes tombent au combat. Les actes d'insoumission qui commencent à se multiplier au sein des troupes françaises les incitent alors à revendiquer le droit de retourner dans leur pays, où la situation politique est troublée. Le 1er mai suivant, lors d'un passage en revue des troupes, certains d'entre eux brandissent des calicots : sur l'un d'eux est écrit le mot liberté.

Inquiet face à une telle effervescence, le ministre de l'Intérieur français envoie les brigades russes à La Courtine, un camp perdu de la Creuse, sur le plateau de Millevaches. Mais en arrivant là-bas, fin juin, les soldats poursuivent leur mouvement contestataire. Le 9 juillet, le camp est contrôlé par environ dix mille rebelles dont le seul objectif est de rentrer dans leur patrie. Les négociations avec les autorités françaises durent deux mois – au cours desquels les rebelles rencontrent même un représentant du nouveau pouvoir russe – mais n'aboutissent pas. Pour mettre fin à la sédition, Paris arme des troupes loyalistes russes de canons de 75 ; celles-ci – soutenues par des troupes françaises – tirent sur leurs compatriotes le 16 septembre, après un dernier ultimatum. Le bilan officiel – neuf morts – peut être au moins multiplié par dix. Les survivants deviendront des travailleurs volontaires – ouvriers agricoles, mineurs… – avant d'être, pour la plupart, échangés en 1919 avec des soldats français retenus par les Soviétiques. Une trentaine d'hommes se fixèrent dans la région.

Archéologie sous-marine

Les trois quarts de la surface de la Terre sont recouverts par les océans et les mers, dont les fonds restent inexplorés. Ils recèlent pourtant de formidables trésors que de nouvelles technologies permettent de dévoiler au monde entier.

Les profondeurs marines livrent souvent des informations précieuses pour les historiens : les épaves et ce qu'elles contiennent les renseignent sur les transports, le commerce maritime et même certains aspects de la vie quotidienne. Des vestiges peuvent aussi être retrouvés sur d'anciens littoraux habités, qui disparurent sous les eaux à la suite de catastrophes naturelles.

La détection sous l'eau

Des appareils comme le magnétomètre permettent de détecter des anomalies dans la composition du sous-sol océanique, qui peuvent révéler des vestiges d'anciennes civilisations. Des archéologues plongeurs ou des submersibles descendent alors afin de les explorer. En eaux très profondes, le sonar permet – grâce à la réflexion des ultrasons – de retrouver des objets immergés sous d'épaisses couches de sédiments. Un navire de commerce byzantin a ainsi été découvert à 324 m de profondeur dans la mer Morte. L'épave était remarquablement conservée car, à cette profondeur, l'eau de mer est très pauvre en oxygène.

Sauvetage pharaonique

Théâtre des amours de Marc Antoine et de Cléopâtre, l'antique port d'Alexandrie et le quartier des palais royaux ont été peu à peu détruits par des séismes, puis engloutis par les eaux. Il a été très difficile de les localiser. Mais les difficultés furent surmontées grâce à la mise au point, par le Commissariat à l'énergie atomique, du magnétomètre à résonance nucléaire. Cet appareil permet de déceler les plus infimes perturbations provoquées par la présence d'objets ferromagnétiques. La ville mythique a été retrouvée par l'archéologue français Frank Goddio, qui, depuis 1996, a remonté à la surface de nombreux trésors, telle cette grande prêtresse d'Isis.

DES TRÉSORS PROTÉGÉS

Au fond de la mer, les objets découverts sont souvent intacts : une sorte de croûte formée par la vase protège en effet le verre et la poterie, comme ces jarres d'argile vieilles de 1 000 ans trouvées dans la baie d'Ag Limani, en Turquie. Même les matériaux organiques comme le bois et le cuir sont préservés de la décomposition.

Toujours plus profond

En 1977, l'Américain Robert Ballard fut le premier explorateur sous-marin à utiliser des véhicules submersibles pilotés à distance (ROV), mis au point dans les années 1960 par l'US Navy : ces sous-marins automatiques sont équipés de caméras vidéo, de détecteurs et d'un bras robotisé pour collecter des objets (à droite).

Les ROV se pilotent à distance avec une simple manette ; les scientifiques peuvent ainsi explorer les épaves dangereuses ou échouées hors de portée des plongeurs. Ces véhicules sont assez petits pour se faufiler dans des espaces réduits comme la cale étroite d'un bateau de pêche envasé ou les sabords d'un vaisseau de guerre. La fibre optique permet de transmettre les images captées par les caméras numériques mobiles jusqu'au navire de surface. L'opérateur manœuvre le ROV comme s'il était assis à l'intérieur, et ce avec beaucoup de précision pour ne pas soulever de vase, qui gênerait la visibilité.

L'exploration des vaisseaux de commerce coulés en Méditerranée a montré que, contrairement à ce que l'on croyait, les marins de l'Antiquité ne se contentaient pas de caboter le long des côtes. Ils naviguaient sur de longues distances correspondant aux circuits d'échanges. En 2000, l'examen du chargement d'une épave étrusque, baptisée *Grand Ribaud F* et reposant au fond de l'eau non loin de Hyères, a mis en évidence l'ampleur des réseaux commerciaux de cette civilisation à la fin du VIe siècle avant J.-C. Les Étrusques exportaient massivement leur vin et leur bronze à travers toute la Méditerranée.

Des recherches coûteuses

En 1985, soit soixante-treize ans après son naufrage, l'épave du *Titanic* fut localisée par Robert Ballard et son équipe. Le grand paquebot reposait par 3 800 m de fond au large des côtes de Terre-Neuve. Les hommes-grenouilles – qui ne plongent pas à plus de 60 m – ne pouvaient l'atteindre. Ballard utilisa donc des véhicules submersibles (les ROV). Grâce aux images restituées par sonar et par vidéo, il put reconstituer une vue complète de l'état du *Titanic* (ci-dessous à gauche). Ce qu'il découvrit vint contredire la plupart des théories qui expliquaient les circonstances du drame : en effet, depuis 1912, il était communément admis que l'iceberg avait ouvert une brèche de 90 m de long dans le flanc du navire. Or, grâce aux images de Ballard, on découvrit que la coque n'avait pas subi un si grand dommage : il y avait en réalité six brèches étroites sur tribord, couvrant environ 1,10 m^2. Le *Titanic* ne coula pas à cause de la taille des voies d'eau mais plutôt de leur emplacement : elles se situaient dans six compartiments étanches, endroits critiques pour la flottabilité du bâtiment. Les recherches à de telles profondeurs nécessitent des équipes et du matériel très performants. Le coût d'une telle opération peut dépasser 26 millions d'euros : les projets doivent donc être largement sponsorisés.

GRANDS ÉVÉNEMENTS

LA PRISE DE LA BASTILLE

C'est pour de la poudre que le peuple donna l'assaut, pas au nom de la liberté

La prise de la Bastille marque le point de départ de la Révolution française. L'Histoire a retenu que le peuple de Paris s'était attaqué à une forteresse symbole de l'Ancien Régime. En réalité, c'est une foule incontrôlable en quête de quelques barils de poudre qui, ce jour-là, investit la célèbre prison…

Au début de l'été 1789, Paris est en ébullition. La hausse du prix des céréales et les difficultés de la vie quotidienne attisent les tensions. Les événements survenus depuis l'ouverture des états généraux du 5 mai ne calment pas les craintes. La ville est arpentée par les troupes du roi, qui, lui, ne quitte pas le château de Versailles. Les soldats n'ont pas d'ordres précis, mais leur présence est perçue comme une menace. Le peuple est persuadé que Louis XVI (ou certaines personnes de son entourage) craint une émeute et envisage de la réprimer. Les rumeurs les plus alarmistes se propagent. Au cœur de la ville, dans les jardins du Palais-Royal, des orateurs haranguent la foule, dont un avocat encore inconnu, Camille Desmoulins.

Tout se précipite le 12 juillet, à la nouvelle du renvoi de Necker, le directeur général des Finances ; descendus dans la rue, les Parisiens portent en triomphe des bustes à son effigie. L'après-midi, ils se heurtent à un régiment près de la place Louis-XV, future place de la Concorde. Dans la nuit, les troupes royales reçoivent l'ordre de se replier à l'extérieur de la ville. Mais la panique monte d'un cran : la foule, persuadée que les aristocrates fomentent un complot, pense que l'on va tirer sur elle. Des émeutes se déclenchent. La ville est alors entourée du mur des Fermiers généraux, enceinte de 24 km de long érigée pour assurer le paiement de l'octroi, une taxe prélevée sur toute marchandise entrant dans la capitale : sur les cinquante-quatre barrières d'octroi donnant accès à Paris, une quarantaine sont en feu ; certains bâtiments sont saccagés.

À la recherche d'armes pour se défendre, les « électeurs » (ceux qui ont élu les députés des états généraux) se regroupent autour de l'Hôtel de Ville. Ils forment un comité permanent qui prétend exercer une autorité sur Paris ; une milice bourgeoise est chargée d'assurer la sécurité publique. Le 14 juillet, pour lui fournir des armes, de nombreux Parisiens se rassemblent dans la cour d'honneur des Invalides. Nullement impressionnés par les cinq mille soldats, ils pénètrent dans le dépôt d'armes et de munitions et raflent plus de trente mille mousquets. Il y a peu de munitions sur place, mais la foule apprend que deux cent cinquante barils de poudre à canon ont été transférés dans la forteresse de la Bastille. C'est probablement pour récupérer cette poudre – mais aussi pour trouver d'autres armes – qu'ils se dirigent vers l'imposante prison qui commande l'accès à la porte Saint-Antoine.

LA COCARDE BLEU-BLANC-ROUGE

C'est La Fayette qui en est l'inventeur (en souvenir du drapeau américain ?). Devenu chef de la Garde nationale le 31 juillet 1789, il la remit solennellement à la municipalité de Paris. En 1794, la Convention décréta que ses couleurs seraient désormais celles de la nation.

Bloqués dans la forteresse

Les cent trente hommes qui gardent la Bastille se retrouvent soudain face à environ un millier de personnes. Le gouverneur Bernard Jordan de Launay accepte de recevoir les milices bourgeoises… mais refuse de fournir des munitions sans une autorisation du roi. La foule perd patience. Un groupe parvient à couper les cordes auxquelles sont suspendus les contrepoids du premier pont-levis, qui s'abaisse. Des hommes et des femmes en colère s'engouffrent

Symbole de la tyrannie

L'importance symbolique de la prise de la Bastille explique pourquoi l'on représenta la prison fortifiée – construite à partir de 1370 pour défendre la porte Saint-Antoine – avec des dimensions très supérieures à la réalité. Le tableau d'Hubert Robert, *la Bastille dans les premiers jours de sa démolition* (ci-dessous), réalisé en 1789, montre une énorme construction au pied de laquelle les hommes semblent minuscules : en réalité la partie la plus haute du bâtiment dépassait à peine 21 m. Sur la lithographie contemporaine (à droite), les proportions sont justes. Par ailleurs, le dessin donne l'impression d'une mêlée confuse, non d'une foule se lançant héroïquement à l'assaut de la forteresse.

SINISTRE TROPHÉE **Les émeutiers tuèrent Bernard Jordan de Launay, le gouverneur de la Bastille et promenèrent sa tête – qui, dit-on, fut découpée au couteau – dans les rues de Paris, fixée au bout d'une pique (ci-dessous).**

dans la cour extérieure. Le gouverneur, préoccupé par la sécurité de ses gardes, ordonne de faire feu peu après midi : les personnes qui se trouvent dans la cour, bloquées par la foule amassée au-dehors, ne peuvent plus ressortir. Persuadées que le pont-levis a été baissé sur ordre des occupants de la Bastille, elles pensent qu'on les a laissées entrer dans l'enceinte de la forteresse pour mieux les prendre au piège. Jusque-là, seuls ceux qui possèdent leurs armes personnelles s'en sont servis. Les autres, faute de munitions, n'ont pas pu tirer. Aucun des gardes n'a été touché.

Vers 17 heures, on apporte quatre canons pris aux Invalides. Informé, Launay rédige une note dans laquelle il menace de faire sauter la forteresse et ses alentours si on ne laisse pas sortir sains et saufs ceux qui se trouvent à l'intérieur. Mais la foule n'est pas disposée à négocier et hurle : « Abaissez les ponts ! » ou encore « Pas de capitulation ! »

Alors que les lourds canons sont pointés vers le second pont-levis, celui-ci s'abaisse soudain, ouvert par les gardes. Après un instant d'hésitation, la foule se rue à l'intérieur, désarme les défenseurs terrifiés et pille la forteresse.

Du déchaînement populaire à la fête nationale

Lors de la prise de la Bastille, quatre-vingt-trois insurgés périssent – abattus par les soldats qui se trouvent sur les murs d'enceinte – contre trois gardes seulement. Les émeutiers se vengent sur Launay, qu'ils emmènent à l'Hôtel de Ville, siège du gouvernement municipal. Le gouverneur est violemment frappé et couvert de crachats. Alors que l'on débat sur la manière de le tuer – certains proposent, entre autres, de l'attacher à la queue d'un cheval et de le traîner le long des rues pavées –, Launay crie tout à coup : « Tuez-moi sur-le-champ ! » en donnant des coups de pied. Instantanément, la foule s'abat sur lui armée d'épées, de baïonnettes et de couteaux. Traîné dans le caniveau, il est achevé d'un coup de pistolet. Sa tête, tranchée et fixée au bout d'une pique, est promenée dans la ville sous les acclamations et les rires de la foule. Les troubles se poursuivent pendant une semaine, durant laquelle d'autres meurtres sont commis, tel celui de l'intendant de Paris.

Une grande partie de l'entourage du roi lui conseille la fermeté : Louis XVI préfère apaiser le peuple

Les prisonniers de la Bastille

Les gravures éditées après la Révolution montrent des prisonniers nus, enchaînés, croupissant dans d'horribles geôles. En réalité, les conditions de vie dans la prison n'avaient rien d'inhumain. La plupart des cellules étaient meublées et de nombreux détenus apportaient leurs affaires personnelles. L'alcool et le tabac étaient autorisés et ceux qui en avaient les moyens pouvaient se faire servir de copieux repas. Les prisonniers présents le 14 juillet n'étaient pas non plus les martyrs politiques décrits par la littérature révolutionnaire. Il n'y en avait que sept. Quatre étaient de vulgaires faussaires (Jean de La Corrège, Jean Béchade, Bernard Laroche et Jean-Antoine Pujade), qui furent de nouveau arrêtés le jour même. Un cinquième, le comte de Solages, était incarcéré pour inceste. Les deux derniers souffraient de troubles mentaux. L'un était en prison depuis trente ans, l'autre, un Irlandais connu sous le nom de major Whyte, se vit porté en triomphe par la foule sans avoir la moindre idée de ce qu'il faisait là.

et, le 15 juillet, annonce à l'Assemblée le renvoi des troupes. Le lendemain, il rappelle Necker et le 17, il se rend à Paris. C'est là, à l'Hôtel de Ville, qu'il accepte la cocarde bleue et rouge aux couleurs de Paris.

Cette victoire est commémorée un an après, le 14 juillet 1790, au Champ-de-Mars : la commune de Paris réunit autour du roi les fédérés originaires de toute la France. Cet anniversaire permet de célébrer l'unité nationale. Au cours du XIXe siècle, la date ne sera pas fêtée. Il faudra attendre la IIIe République pour que le 14 juillet soit promu fête nationale : les républicains souhaitent alors créer un nouveau symbole, fondé sur la mémoire révolutionnaire, et l'assimiler à la république. Cependant, certains députés considérant le 14 juillet 1789 comme trop violent, on décide de célébrer non pas la prise de la Bastille, mais la fête de la Fédération du 14 juillet 1790 : la première fête nationale a lieu en 1880.

Une réputation exagérée

La propagande révolutionnaire contribua largement à accréditer l'effrayante réputation de la Bastille. Sur les tableaux de l'époque, la prison était représentée comme un énorme édifice monolithique, cœur de l'Ancien Régime despotique. Une version mythique des événements naquit immédiatement après la prise de la forteresse. Dans le premier numéro de *Révolutions de Paris*, un récit fantaisiste racontait les rudes combats auxquels avaient participé des femmes et des enfants, et parlait des cellules que l'on ouvrait enfin pour délivrer des victimes innocentes et des vieillards stupéfaits de voir la lumière du jour…

Dans les jours qui suivirent, le même journal raconta les événements à sa manière :

« D'abord on s'est présenté par la rue Saint-Antoine pour entrer dans cette forteresse, où nul n'a pénétré sans la volonté de l'affreux despotisme […]. Le traître gouverneur a fait déployer

LE DÉMANTÈLEMENT Deux jours après la prise de la Bastille, des ouvriers, dirigés par un entrepreneur du nom de Palloy, commencèrent à démolir la forteresse, qui fut rasée avant la fin de l'année. La plupart des pierres servirent à bâtir le pont de la Concorde. En 1793, on édifia une fontaine à la place de la célèbre prison.

l'étendard de la paix. Alors, on s'est avancé avec confiance : un détachement des gardes-françaises et peut-être cinq à six cents bourgeois armés se sont introduits dans les cours de la Bastille ; mais le premier pont-levis s'est relevé derrière eux, les prenant au piège : une décharge d'artillerie a renversé des gardes-françaises et quelques soldats ; le canon a tiré sur la foule, le peuple a pris l'épouvante ; quantité d'individus ont été tués ou blessés [...]. Cependant, on continue le feu ; les boulets lancés pour fracasser le pont-levis en ont déjà brisé l'une des chaînes [...]. Le premier pont-levis tomba [...]. On arrive dans la première cour [...]. Un feu roulant ne cesse de part et d'autre [...]. On incendie les logements du gouverneur [...]. On montait de toutes parts sur les toits tandis que le feu du canon perçait le deuxième pont-levis [...]. Des enfants même, après le déchargement du fort, couraient çà et là pour ramasser les balles [...]. L'ennemi fait abaisser le petit pont-levis [...]. On pénètre partout [...]. Le traître gouverneur est entre les bras de ses vainqueurs [...]. On le traite en infâme [...]. On ouvre les cachots [...]. »

En réalité, les clés de la prison furent portées triomphalement bien avant que quelqu'un ne s'inquiète de délivrer les prisonniers. On apprit par la suite que seulement sept hommes y étaient détenus, « deux fous, quatre faussaires et un débauché » – aucun n'étant coupable d'offenses envers le « monstrueux despote ». Celle que l'on présenta comme un bastion de l'oppression n'était plus une prison politique depuis quelques années déjà...

LA LIESSE RÉVOLUTIONNAIRE Une gravure de l'époque montre la joie des révolutionnaires. Un homme brandit le règlement et les clés de la Bastille. Au cours d'une procession commémorant la prise de la forteresse (ci-dessous), des patriotes portent une reproduction miniature de la prison taillée dans l'une de ses pierres.

UN ACTE DE GUERRE

Il a suffi d'une torpille pour couler le paquebot *Lusitania*

Le naufrage du *Lusitania* fit plus d'un millier de victimes et modifia le rapport de forces de la Première Guerre mondiale. Mais personne ne put expliquer comment une torpille parvint à anéantir un aussi grand navire, qui coula en dix-huit minutes. Aujourd'hui, l'analyse de l'épave permet de comprendre ce qui se passa réellement.

Dans l'après-midi du 7 mai 1915, tandis que la guerre faisait rage, le navire marchand britannique *Lusitania* voguait vers Liverpool. Il se trouvait à 16 km au large des côtes sud de l'Irlande. La Grande-Bretagne et l'Allemagne avaient toutes deux délimité de façon arbitraire des « zones de guerre » où les navires marchands ennemis pouvaient être attaqués sans sommation. À bord de ce magnifique paquebot, le plus grand et le plus rapide du monde, les passagers se détendaient dans les salons et les bars. Personne n'imaginait que ce géant des mers serait la cible d'un sous-marin allemand.

Depuis le café situé sur le pont véranda, quelques personnes contemplaient l'océan. Une traînée de bulles à la surface de la mer attira soudain leur regard. Quelques secondes plus tard, une formidable explosion retentit.

AU-DEVANT DU DANGER Au moment de l'embarquement, la plupart des passagers avaient dû lire les avertissements de l'ambassade d'Allemagne, signalant que les navires des Britanniques – ou de leurs alliés – naviguant dans les eaux territoriales anglaises étaient susceptibles d'être détruits. L'une de ces mises en garde parut dans la presse, à côté d'une publicité pour la compagnie Cunard.

OCEAN STEAMSHIPS.

CUNARD

EUROPE VIA LIVERPOOL
LUSITANIA
Fastest and Largest Steamer now in Atlantic Service Sails SATURDAY, MAY 1, 10 A. M.

Transylvania, Fri., May 7, 5 P.M.
Orduna, - - Tues., May 18, 10 A.M.
Tuscania, - - Fri., May 21, 5 P.M.
LUSITANIA, Sat., May 29, 10 A.M.
Transylvania, Fri., June 4, 5 P.M.

Gibraltar–Genoa–Naples–Piraeus
S.S. Carpathia, Thur., May 13, Noon

ROUND THE WORLD TOURS
Through bookings to all principal Ports of the World.
Company's Office, 21-24 State St., N. Y.

NOTICE!

TRAVELLERS intending to embark on the Atlantic voyage are reminded that a state of war exists between Germany and her allies and Great Britain and her allies; that the zone of war includes the waters adjacent to the British Isles; that, in accordance with formal notice given by the Imperial German Government, vessels flying the flag of Great Britain, or of any of her allies, are liable to destruction in those waters and that travellers sailing in the war zone on ships of Great Britain or her allies do so at their own risk.

IMPERIAL GERMAN EMBASSY

WASHINGTON, D. C., APRIL 22, 1915.

LE SAUVETAGE DES SURVIVANTS **Juste après la catastrophe, la presse britannique publia des illustrations montrant le chaos qui régnait au moment de l'évacuation du navire. La rapidité du naufrage et le manque de préparation de l'équipage contribuèrent à alourdir le bilan. Près des deux tiers des passagers périrent dans la catastrophe.**

Le souffle souleva une gerbe d'eau plus haute que le navire, le pont se couvrit de débris. Un canot de sauvetage fut projeté à la mer depuis le bossoir.

Un compte à rebours terrifiant

En quelques minutes, le paquebot géant se mit à gîter à tribord. L'eau s'engouffrait à l'intérieur du navire au rythme de 800 tonnes par minute tandis que les passagers et l'équipage, bloqués dans les ponts inférieurs, tentaient de s'échapper. Sur les ponts supérieurs, tout le monde paniquait. Les canots de sauvetage situés à bâbord basculaient vers l'intérieur et ne pouvaient être mis à l'eau, ceux de tribord étaient devenus inaccessibles.

Able Seaman Leslie Moreton décrivit plus tard comment, alors qu'il venait de réussir à mettre à l'eau un canot rempli de passagers, le courant le porta directement à l'aplomb d'un autre canot. Ce dernier tomba et écrasa tous les passagers. « Les gens affolés lâchaient prise sur le pont et glissaient vers le bas ou sur le côté ; le vacarme s'amplifia quand des centaines et des centaines de personnes commencèrent à réaliser que le bateau coulait très vite et, selon toute probabilité, trop vite pour permettre à quiconque de s'en tirer. »

D'après les témoignages des survivants, une seconde explosion retentit alors que le bateau sombrait. Le *Lusitania,* fleuron de la compagnie Cunard, coula en dix-huit minutes seulement. Les rescapés se souviennent d'une « longue plainte lancinante » allant « crescendo pour se muer en puissants hurlements » durant le naufrage. Au moment où le navire disparaissait, une passagère, Margaret Funnel, fut aspirée par l'une des cheminées puis éjectée à l'extérieur, couverte d'huile et de suie. Elle survécut, mais le naufrage fit 785 morts sur les 1 257 passagers. Les corps des 128 enfants qui se trouvaient à bord flottaient autour des canots de sauvetage « comme des feuilles de nénuphar sur un étang ». Sur les 702 membres d'équipage, 413 y laissèrent la vie.

Avant même que le *Lusitania* soit englouti par les eaux, le capitaine Walter Schwieger, commandant le sous-marin U-20 allemand qui tira sur le paquebot, mettait le cap sur sa base.

Cent vingt-huit Américains périrent noyés – la nouvelle de la catastrophe provoqua des émeutes à New York. Cependant, les passagers étaient en majorité irlandais : bien qu'un tiers seulement des corps ait été retrouvé, le nombre de victimes était tel qu'il fallut creuser des fosses communes à Queenstown, ville du comté de Cork, dans le sud de l'Irlande.

Droit d'éperonnage

Le capitaine du sous-marin ne pouvait prévoir un tel bilan. Des navires de la taille du *Lusitania* mettent en principe des heures, voire des jours à couler. Au moment du naufrage, le bateau était très près des côtes irlandaises, et il y avait 48 canots de sauvetage à bord.

Les conventions de La Haye de 1899 et 1907 avaient édicté de nouveaux codes de conduite pour les pays neutres en cas de guerre : les navires neutres comme les cargos et les paquebots ne devaient normalement pas être agressés. Mais ces règles étaient antérieures à la guerre sous-marine organisée.

S'il avait respecté les textes, le capitaine du bâtiment agresseur aurait procédé aux sommations d'usage et autorisé l'équipage à quitter le bateau. Mais en faisant surface pour prévenir le navire d'une attaque, le sous-marin compromettait la sécurité de son propre équipage. N'étant pas considéré comme un bâtiment neutre, il courait le risque d'être immédiatement éperonné ou de devenir la cible de tirs de canon – la convention autorisait les navires marchands à être armés. Tout cela était difficilement acceptable par le commandant du sous-marin.

Après l'affaire du *Lusitania,* l'Allemagne fut unanimement condamnée pour le non-respect de ces règles de neutralité. De son côté, le gouvernement britannique s'efforça de taire une information gênante : l'amirauté avait demandé à tout navire marchand qui croiserait un sous-marin de l'éperonner ou d'ouvrir le feu à partir de ses canons mobiles. Les Allemands connaissaient ces ordres : ils en trouvèrent des copies à bord de navires ennemis conquis. Schwieger savait donc que son sous-marin n'aurait aucune chance face à un géant comme le *Lusitania.*

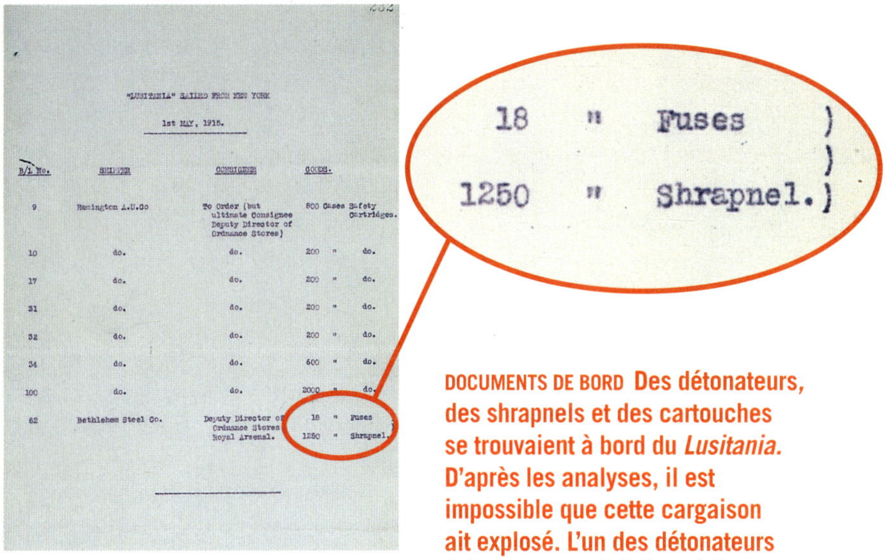

"LUSITANIA" SAILED FROM NEW YORK

1st MAY, 1915.

B/L No.	SHIPPER	CONSIGNEE	GOODS.
9	Remington A.U.Co	To Order (but ultimate Consignee Deputy Director of Ordnance Stores)	800 Cases Safety Cartridges.
10	do.	do.	200 " do.
17	do.	do.	200 " do.
31	do.	do.	200 " do.
32	do.	do.	200 " do.
34	do.	do.	600 " do.
100	do.	do.	2000 " do.
62	Bethlehem Steel Co.	Deputy Director of Ordnance Stores Royal Arsenal.	18 " Fuses 1250 " Shrapnel.

18 " Fuses)
1250 " Shrapnel.)

Un peu plus tôt dans la journée, il fit preuve de clémence en permettant l'évacuation d'une goélette avant de la couler, mais les circonstances lui étaient moins défavorables…

L'attaque du *Lusitania* fut rapidement au centre d'un débat mondial sur les conventions à respecter pour les navires marchands en temps de guerre. Les Allemands tentèrent de se justifier en faisant remarquer que le paquebot transportait du matériel militaire : 4 200 caisses de cartouches, 1 250 caisses de shrapnels et 18 caisses de détonateurs à percussion. Cette cargaison étant considérée comme non explosive – elle ne risquait pas d'exploser en cas de torpillage –, elle pouvait être légalement transportée par des vaisseaux neutres. Les Allemands affirmèrent alors que d'autres

DOCUMENTS DE BORD **Des détonateurs, des shrapnels et des cartouches se trouvaient à bord du *Lusitania.* D'après les analyses, il est impossible que cette cargaison ait explosé. L'un des détonateurs (ci-dessous) a été récupéré intact dans l'épave.**

Une médaille embarrassante

Cette médaille rappelant le naufrage du *Lusitania* est l'œuvre d'un ferronnier munichois, Karl Goetz. On y voit les passagers faire la queue au guichet de la Cunard pour acheter leur billet pour la mort. Sur l'autre face, le bateau coule, lourdement chargé de canons, d'avions et d'autres armes. L'inscription juste au-dessus indique « pas de produits de contrebande ». Le gouvernement allemand, qui cherchait à défendre ses orientations militaires, intervint rapidement pour empêcher la mise en circulation des médailles, mais certaines furent néanmoins diffusées et finirent entre les mains de propagandistes britanniques.
Ils passèrent aussitôt contrat avec Gordon Selfridge, propriétaire d'un grand magasin londonien, pour en frapper 250 000 exemplaires et les distribuer dans le monde entier.

munitions se trouvaient illégalement à bord. Le *Lusitania* était censé transporter secrètement du fulmicoton, une substance explosive hautement volatile peut-être responsable de la seconde explosion mystérieuse, qui accéléra le naufrage du navire. Si tel était le cas, le gouvernement britannique et la compagnie Cunard auraient alors sciemment exposé la vie des passagers.

En 1993, l'épave fut explorée à l'aide de caméras sous-marines ultramodernes. L'examen du navire permit d'écarter cette hypothèse. L'arsenal était pratiquement intact et la déchirure de la coque, comme l'ont montré les images en 3D, ne ressemblait pas à celle qu'auraient causée des explosifs de type militaire.

L'exploration fournit également des éléments permettant de comprendre comment un bâtiment de construction particulièrement robuste avait pu couler aussi rapidement sous l'effet d'un unique impact. La torpille toucha le navire à son point le plus faible, juste sous la cloison principale (l'une des barrières qui séparent les compartiments dans la cale du navire). La brèche dans la coque permit à l'eau d'envahir deux longues soutes à charbon situées au cœur du bâtiment. La pression de l'eau fit céder d'autres cloisons, ouvrant de nouveaux compartiments et détruisant toute la structure du navire.

La théorie du complot

D'autres facteurs vinrent alourdir le bilan, en particulier la confiance excessive du capitaine William Turner. Certains gilets de sauvetage étaient

Au moment de l'impact

La torpille creuse une brèche d'environ 3 m sur 6 dans la coque d'acier du paquebot, juste sous la ligne de flottaison, à tribord. L'impact fait sauter les rivets et crée une vague responsable d'importants dégâts sur les deux ponts inférieurs. Le bateau fait une embardée à tribord, de nouveaux rivets et des plaques d'acier sautent. L'eau s'engouffre alors à tribord par une brèche de 1 000 m^2, et ce juste quelques secondes après l'impact. Le courant est coupé, il devient impossible de ralentir les moteurs, qui propulsent le navire à une vitesse de 18 nœuds. Le bateau prend l'eau au rythme de 800 tonnes par minute.

Pourquoi le naufrage fut-il si rapide ?

La nouvelle du naufrage du *Lusitania* suscita l'incrédulité : comment une seule torpille parvint-elle à couler un aussi grand navire en dix-huit minutes seulement ? Beaucoup d'explications furent avancées, de l'existence d'un second tir de torpille à l'explosion d'une cargaison d'armes transportée illégalement à bord du paquebot. Un chercheur décida donc de calculer l'exacte ampleur des dégâts. La succession d'événements qu'il rapporte concorde bien avec les détails connus du naufrage.

7 minutes après l'impact

Le navire se couche inexorablement à tribord et prend l'eau d'autant plus rapidement que de nombreux hublots sont ouverts de ce côté. En l'absence d'électricité, les portes de sécurité à commande hydraulique ne peuvent être fermées – cela aurait permis d'isoler les soutes à charbon, situées sur toute la longueur du navire, juste au-dessous de la ligne de flottaison. L'eau envahit alors très rapidement l'ensemble des ponts inférieurs.

15 minutes après l'impact

Alors que le bateau continue à prendre l'eau, les cloisons se déforment et se tordent sous la pression avant de céder dans un énorme fracas. Sous l'effet du seul poids de l'eau dans la proue à tribord, l'arrière du navire se soulève et pivote, la brèche sur le côté s'élargit encore. Le bateau se couche sur le flanc, la proue s'enfonce et le *Lusitania* sombre.

attachés, ce qui les empêchait de glisser de part et d'autre du pont. Les exercices de sécurité avaient été négligés de peur d'alarmer les passagers : bon nombre d'entre eux enfilèrent leur gilet à l'envers et se retrouvèrent la tête sous l'eau.

Turner, persuadé que le navire resterait suffisamment longtemps à flot pour être évacué, ne fit pas respecter l'ordre de maintenir tous les hublots fermés. Pire, il semble qu'il n'ait pas tenu compte d'un télégramme du commandement, daté du 6 mai, l'avertissant de la présence de sous-marins dans le secteur. Devant tant de légèreté, un responsable de la marine laissa entendre qu'il avait été « acheté par les Allemands ».

Certaines personnes mettent en cause l'Amirauté elle-même. Pour ces partisans de la théorie du complot, Turner aurait agi sur ordre secret et laissé le navire couler. Selon eux, ce sacrifice devait inciter les États-Unis à entrer en guerre. Ils firent également remarquer que le *Lusitania* n'avait pas d'escorte. La raison est pourtant simple : entouré d'une escorte armée, le navire aurait pu être agressé dans le cadre de la réglementation existante !

Le 7 mai, le dernier message que reçut le *Lusitania,* à 11 h 52, indiquait simplement : « Sous-marins actifs dans la partie sud de la Manche irlandaise. Repérés pour la dernière fois à 20 miles au sud de Coninberg Lightship. » Turner avait ordre de naviguer en zigzag s'il croisait une activité sous-marine ennemie. Le capitaine n'était pas un militaire mais un officier de la marine marchande, sans expérience du combat en temps de guerre. Il n'obtempéra pas, déclarant ultérieurement devant les tribunaux qu'il interpréta mal cette instruction : pour lui, elle signifiait que le navire devait changer de cap en cas d'attaque. Après avoir pris connaissance de ces informations, il ralentit les moteurs et tenta de retarder son arrivée à Liverpool pour éviter de se retrouver à l'extérieur d'un grand port à marée descendante. Lorsque le capitaine Schwieger, à bord de son U-20, vit dans son périscope les quatre cheminées si caractéristiques du bateau et ordonna de tirer, le *Lusitania* suivait parfaitement son cap…

***ENLIST* (ENRÔLEZ-VOUS) ! Beaucoup d'Irlandais trouvèrent la mort lors du naufrage du *Lusitania*, ce qui poussa de nombreux habitants de l'île à s'enrôler. Pour faire de nouvelles recrues, l'armée diffusa des affiches aux images-chocs.**

La fin de la neutralité américaine

Malgré l'horreur de la catastrophe, les États-Unis n'entrèrent pas en guerre à cause du naufrage du *Lusitania.* C'est le décryptage d'un télégramme intercepté par les Britanniques qui décida de l'engagement américain.

Les États-Unis déclarèrent la guerre à l'Allemagne en avril 1917. Cette décision ne fut motivée ni par les attaques contre les citoyens américains, ni par la volonté de venir en aide à la Grande-Bretagne. En fait, les Américains entrèrent dans le conflit pour protéger leurs propres États du Sud contre une invasion mexicaine. En mars 1917, les médias américains publièrent un télégramme du ministre allemand des Affaires étrangères, Arthur Zimmermann, adressé à l'ambassadeur d'Allemagne à Washington, le comte Johann von Bernstoff. Sur ce message codé, Zimmermann mentionnait le lancement d'une « guerre sous-marine sans restriction » dans l'Atlantique alors que l'empereur d'Allemagne y avait renoncé après le naufrage du *Lusitania.* L'affaire fit grand bruit.

Une offre révoltante

Plus effrayant encore pour les Américains, l'Allemagne évoquait une alliance avec le Mexique et le Japon : si elle était victorieuse, elle promettait aux Mexicains les territoires controversés du Texas, de l'Arizona et du Nouveau-Mexique. Les Allemands espéraient, semble-t-il, créer des troubles à la frontière des États-Unis pour qu'ils ne s'engagent pas dans la guerre en Europe.

Comment ce communiqué top secret arriva-t-il entre les mains des Américains ? Zimmermann ignorait qu'aux premiers jours de la guerre, les Britanniques avaient posé des écoutes sur les câbles transatlantiques allemands. Les messages étaient systématiquement interceptés et décryptés dans le bureau numéro 40, au sein même des locaux de l'Amirauté. La longueur du télégramme envoyé par Zimmermann le 17 janvier 1917 éveilla les soupçons. Deux cryptographes, William Montgomery et Nigel de Grey, tentèrent de le décoder. Le décryptage des mots « Mexique » et « États-Unis et Japon » révéla l'importance potentielle du document. Plusieurs semaines furent nécessaires pour réussir à le lire dans son intégralité.

Les Britanniques se trouvèrent face à un dilemme. Annoncer la teneur du télégramme aurait fait comprendre aux Allemands que leurs lignes de communication étaient surveillées. Pour éviter cela, une version codée du message ainsi qu'une copie du manuel allemand de cryptage furent remises aux Américains, qui le déchiffrèrent sur leur propre sol. Lorsque le président américain Woodrow Wilson en annonça la teneur, il ne fit aucune allusion au rôle des Britanniques.

L'authenticité du message fut immédiatement remise en cause, mais Zimmermann confirma qu'il l'avait bien envoyé. « Je ne peux le nier. [...] C'est vrai. » La menace devenait une réalité : le 2 avril 1917, Wilson déclara au Congrès : « La neutralité n'est plus ni possible ni souhaitable lorsque la paix du monde est en jeu. » Et il ajouta, en faisant allusion au télégramme de Zimmermann : « Nous relevons le défi que constitue ce projet ennemi. »

Quatre jours plus tard, les États-Unis déclaraient la guerre à l'Allemagne.

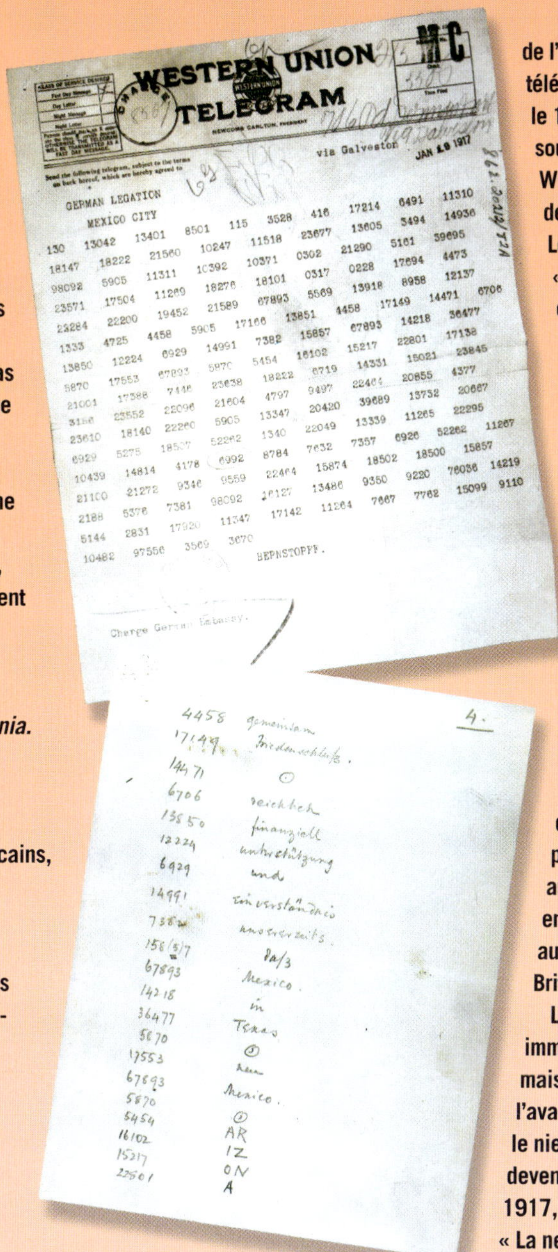
WESTERN UNION TELEGRAM

NEWCOMB CARLTON, PRESIDENT

Send the following telegram, subject to the terms on back hereof, which are hereby agreed to

via Galveston JAN 19 1917

GERMAN LEGATION

MEXICO CITY

130 13042 13401 8501 115 3528 416 17214 6491 11310
18147 18222 21560 10247 11518 23677 13605 3494 14936
98092 5905 11311 10392 10371 0302 21290 5161 39695
23571 17504 11269 18276 18101 0317 0228 17694 4473
22284 22200 19452 21589 67893 5569 13918 8958 12137
1333 4725 4458 5905 17166 13851 4458 17149 14471 6706
13850 12224 6929 14991 7382 15857 67893 14218 36477
5870 17553 67893 5870 5454 16102 15217 22801 17138
21001 17388 7446 23638 18222 6719 14331 15021 23845
3156 23552 22096 21604 4797 9497 22464 20855 4377
23610 18140 22260 5905 13347 20420 39689 13732 20667
6929 5275 18507 52262 1340 22049 13339 11265 22295
10439 14814 4178 6992 8784 7632 7357 6926 52262 11267
21100 21272 9346 9559 22464 15874 18502 18500 15857
2188 5376 7381 98092 16127 13486 9350 9220 76036 14219
5144 2831 17920 11347 17142 11264 7667 7762 15099 9110
10482 97556 3569 3670

BERNSTORFF.

Charge German Embassy.

4.

4458 gemeinsam
17149 Friedensschluss
14471 ⊙
6706 reichlich
13850 finanziell
12224 unterstützung
6929 und
14991 Einverständnis
7382 unsererseits
15857 daß
67893 Mexico
14218 in
36477 Texas
5870 ⊙
17553 Neu
67893 Mexico
5870 ⊙
5454 AR
16102 IZ
15217 ON
22801 A

DOCUMENT CODÉ Sur ce télégramme, les Britanniques décodèrent – entre autres – les noms Texas et Arizona, prouvant que les Allemands cherchaient à créer des troubles à la frontière américano-mexicaine.

Histoire et astronomie

De nombreux épisodes de l'histoire ancienne sont souvent relatés dans le détail, mais les dates exactes ne sont pas précisées. L'astronomie moderne a permis de combler certaines de ces lacunes avec précision.

Retour cyclique

L'apparition de la comète de Halley fut longtemps considérée comme un présage funeste. En 1066, son passage dans le ciel paniqua toute l'Europe. Elle est d'ailleurs représentée sur la tapisserie de Bayeux (ci-contre, à l'intérieur du cercle). En 1456, les hommes la rendirent responsable des séismes et des épidémies, d'une mystérieuse pluie rouge et de la naissances d'animaux à deux têtes en Suisse ! En 1705, l'astronome anglais Edmond Halley démontra que la comète qui porte aujourd'hui son nom orbite autour du Soleil et revient dans le ciel tous les 76 ans. On peut alors, en remontant le temps, dater certains événements passés. Ainsi le « long jour » biblique décrit dans le Livre de Josué, au cours duquel le Soleil serait resté immobile dans le ciel, ferait peut-être référence à la comète. Cela signifierait donc que les Israélites occupaient la terre de Canaan en 1404 avant notre ère.

Datée grâce aux étoiles

L'astronomie a permis d'estimer la date de naissance de Jésus-Christ. Selon l'évangile de saint Matthieu, il vit le jour sous le règne d'Hérode le Grand. L'historien juif Flavius Josèphe, qui mourut en l'an 100, nota qu'Hérode était décédé au moment de la Pâque, peu après une éclipse de Lune, mais sans donner d'année précise. Or, selon les astronomes, cette éclipse eut lieu le 12 ou le 13 mars de l'an 4 avant notre ère. Cette année-là, la Pâque tombait le 14 avril. Si l'Évangile est précis, c'est donc au plus tard ce jour-là que Jésus naquit. En se basant sur ces données, les scientifiques voulurent vérifier si l'apparition de l'étoile ayant guidé les Rois mages jusqu'à Jésus correspondait à un événement astronomique : d'après eux, un point lumineux inhabituel, dû à la conjonction de deux planètes, Jupiter et Saturne, fut visible entre la fin du mois de mars et le début du mois d'avril de l'an 7 avant notre ère.

DANS LES ANNALES Autrefois, les éclipse de Soleil terrorisaient et fascinaient les populations ; ces événements étaient toujours soigneusement consignés.

Éclipses solaires

Les chroniques anciennes rapportent souvent des faits exceptionnels survenus telle année du règne de tel souverain, ce qui rend leur datation précise parfois difficile. Néanmoins, les éclipses solaires – événements suffisamment spectaculaires pour être mentionnés dans les textes d'époque – peuvent aujourd'hui être datées a posteriori en calculant les orbites de la Terre et de la Lune. Ainsi, dans le récit biblique du Livre d'Amos, il est noté : « Et il arrivera en ce jour-là, dit l'Éternel, que je ferai coucher le Soleil en plein midi, et que je ferai venir les ténèbres sur la Terre en un jour serein » (Amos 8-9). Cette éclipse totale de Soleil eut lieu le 15 juin de l'an 763 avant J.-C. De même, au Moyen-Orient, une guerre de cinq ans entre les Lydiens et les Mèdes prit soudainement fin lorsque « le jour devint nuit ». Cet événement fut aussi spectaculaire que terrifiant. Il s'agissait là encore d'une éclipse totale de Soleil, qui survint le 28 mai de l'an 585 avant J.-C.

Datations stellaires

Les Égyptiens croyaient que les pharaons, après leur mort, devenaient des étoiles dans le ciel boréal. Les pyramides étaient donc construites face au nord, pour aider les défunts à trouver leur chemin… Mais comment les architectes parvenaient-ils à déterminer où était le nord ? Des études récentes montrent qu'ils le localisaient en observant la course des étoiles Mizar et Kochab. Les deux astres étaient, à un moment, alignés verticalement sur une droite passant par le pôle nord céleste. Un simple fil à plomb permettait de repérer cet alignement et de déterminer la direction du nord. Mais cette loi n'est pas imparable. Comme notre planète tourne autour de son axe, la position des étoiles change lentement au fil des siècles ; aujourd'hui, c'est Polaris qui est alignée sur le pôle nord. D'après les calculs des astronomes, le nord était exactement aligné avec Mizar et Kochab en 2467 avant notre ère. Puis les deux étoiles s'éloignèrent légèrement vers l'ouest. L'alignement des pyramides édifiées après celle de Kheops est ainsi décalé d'une fraction de degré vers l'ouest, tandis que celles construites avant pointent légèrement plus à l'est. Quant à la Grande Pyramide, la mesure de son angle de déviation prouve que sa construction date de 2478 avant J.-C.

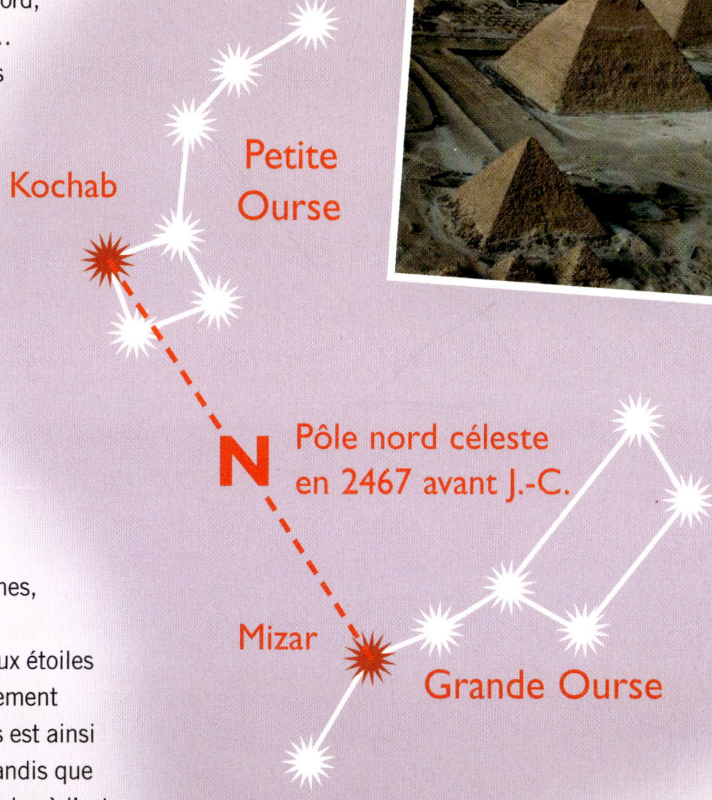

L'HOMME DE LA RENAISSANCE

Un artiste oublié changea notre regard sur la peinture

La ville italienne de Florence serait le berceau de la Renaissance. Néanmoins, la découverte des œuvres du maître romain Pietro Cavallini, peu connu et antérieur aux grands artistes florentins, bouscule cette certitude : serait-il le précurseur de l'art moderne européen ?

Florence, capitale de la Toscane, est située au cœur des collines verdoyantes du Chianti. Ses cinq cent mille habitants y côtoient les plus belles œuvres d'art européennes : on peut admirer des tableaux de Léonard de Vinci et de Botticelli à la galerie des Offices, des sculptures de Michel-Ange – dont le célèbre *David* – à la galerie de l'Académie… Florence abrite plus de cinquante musées et galeries, mais aussi de superbes palais, églises et autres monuments remarquables.

Depuis des siècles, les historiens d'art considèrent la « petite ville trésor » – c'est ainsi que l'appelait l'écrivain américain Henry James – comme le berceau de la Renaissance, époque à laquelle s'opéra le passage d'une Europe médiévale à une Europe moderne. C'est au cours de cette période de renouveau des arts que le style plat caractéristique de l'art pictural byzantin, si apprécié au Moyen Âge, évolua, les artistes lui préférant une peinture plus naturaliste.

QUI TENAIT LE PINCEAU ?
À la Renaissance, la représentation des visages – souvent ceux des anges ou des apôtres – gagna en réalisme. Trois de ces illustrations sont des détails d'œuvres de Pietro Cavallini, les autres furent peintes par le célèbre Giotto di Bondone. Tournez la page pour savoir « qui a peint quoi »…

Un Florentin convaincu

Le premier livre de critique d'art reconnu attribue les débuts de la Renaissance aux artistes florentins, et plus particulièrement à Giotto di Bondone (1266-1337), un fils de paysans devenu peintre et sculpteur. Les thèses défendues dans cet ouvrage – *Vie des meilleurs peintres, sculpteurs et architectes,* écrit en 1550 par Giorgio Vasari – marquèrent l'histoire de l'art. Toutefois, Vasari n'était pas tout à fait objectif. Né à Arezzo, il vivait à Florence, où il jouissait de l'amitié et du mécénat des Médicis, famille de banquiers immensément riche et généreuse, bienfaitrice des arts florentins – son texte est d'ailleurs dédié à Cosme de Médicis (dit Cosme l'Ancien). Vasari privilégia les artistes de la ville tels Giotto et Donatello, faisant parfois de son œuvre un outil de propagande au service de la cité.

Cette constatation ne remet néanmoins pas en cause l'influence de Giotto. Le génie de ce peintre s'exprima pleinement dans la fresque de la chapelle Scrovegni, à Padoue : c'est en utilisant la lumière et la perspective de manière novatrice qu'il parvint à donner vie aux personnages représentés. Il fut sans doute le premier artiste à appliquer ce type de technique à Florence, mais pas en Italie : un artiste mal connu des historiens de l'art, Pietro Cavallini, le précéda.

Cavallini naquit à Rome dans les années 1240-1250, mais les témoignages sur sa vie sont rares. Son fils raconta qu'il vécut centenaire et qu'il ne portait jamais de chapeau lorsqu'il faisait

LIBERTÉ ARTISTIQUE Dans son ouvrage *Vie des meilleurs peintres, sculpteurs et architectes,* Giorgio Vasari chanta les louanges de Raphaël et de Michel-Ange, tous deux florentins. En revanche, il sous-estima l'œuvre de Pietro Cavallini, raison pour laquelle on situa les origines de la Renaissance dans la mauvaise ville.

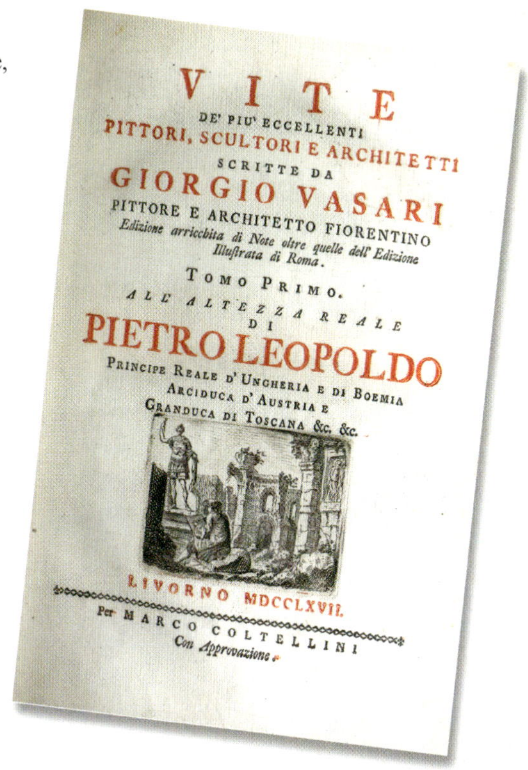
VITE
DE' PIU' ECCELLENTI
PITTORI, SCULTORI E ARCHITETTI
SCRITTE DA
GIORGIO VASARI
PITTORE E ARCHITETTO FIORENTINO
Edizione arricchita di Note oltre quelle dell' Edizione Illuſtrata di Roma.
TOMO PRIMO.
ALL' ALTEZZA REALE
DI
PIETRO LEOPOLDO
PRINCIPE REALE D'UNGHERIA E DI BOEMIA
ARCIDUCA D'AUSTRIA E
GRANDUCA DI TOSCANA &c. &c.
LIVORNO MDCCLXVII.
Per MARCO COLTELLINI
Con Approvazione.

Cavallini, 1293 : un ange, détail du Jugement dernier de l'église Sainte-Cécile (quartier du Trastevere, Rome).

Giotto, 1306 : un ange, détail du Jugement dernier de la chapelle Scrovegni (Padoue).

Cavallini, 1293 : saint Jacques, détail du Jugement dernier de l'église Sainte-Cécile (quartier du Trastevere, Rome).

Giotto, 1305 : un des disciples du Christ, détail du Lavement des pieds de la chapelle Scrovegni (Padoue).

Cavallini, 1292 : détail de la foule, extrait des scènes de la *Vie de sainte Agnès*, église Sainte-Marie (Naples).

Giotto, 1320 : détail de la foule, extrait de *la Résurrection de Drusiana*, chapelle Peruzzi (Florence).

froid… Cet obscur personnage était pourtant considéré comme l'un des meilleurs peintres de son temps. Le Florentin Lorenzo Ghiberti disait de lui qu'il était « un maître […] le plus distingué de tous les maîtres, l'un des plus prolifiques ». La plupart des chercheurs s'accordent à dire que le travail de Cavallini influença celui de Giotto, dont on sait qu'il visita Rome. Comment cet artiste essentiel a-t-il pu être négligé par les historiens d'art ?

Fort de sa réputation, Cavallini exerça son art dans les églises les plus illustres et les plus fréquentées. Mais les fresques se détériorèrent rapidement, s'effacèrent peu à peu puis disparurent sous les coups de pinceau d'autres artistes… On l'oublia. La disparition de ses œuvres ne fut évoquée que deux siècles après sa mort. Ainsi, Giorgio Vasari indiqua que Cavallini avait « peint quelques scènes au-dessus de la porte de la sacristie de Sainte-Marie d'Aracoeli, aujourd'hui détruites par le temps ». En 2000, l'historien d'art Tommaso Strinati met au jour une fresque cachée sur les murs de cette église, située sur la colline du Capitole, à Rome. Elle représente une madone à l'expression sévère portant un Enfant Jésus replet ; en arrière-plan est peinte une chapelle. Très certainement réalisée par Cavallini, cette Vierge à l'Enfant date de 1290. De style naturaliste, l'œuvre offre une perspective qui, si l'on se réfère à Vasari, n'existait pas avant le XIVe siècle. Elle fut achevée au moment où Giotto terminait son apprentissage chez l'artiste Cimabue ; cette année-là aussi, il semble qu'il ait visité Rome… Monta-t-il les cent vingt-quatre marches menant à l'église Sainte-Marie ? Fut-il inspiré par ce qu'il y vit ?

La Vierge à l'Enfant n'est pas la seule œuvre de Cavallini découverte à Sainte-Marie. Au début des années 1970, une section de fresque y fut mise au jour. Une colonne peinte en trompe-l'œil ornée de mosaïques de style Cosmati – du nom de la famille d'artisans qui inventa cette technique – y est représentée. On retrouve ce type

UN TOURNANT DÉCISIF C'est en utilisant les ombres et la lumière que Cavallini donna une réelle densité aux traits du visage de cet ange (détail du Jugement dernier de l'église Sainte-Cécile).

Un nouveau regard sur les innovations de la Renaissance

Selon Giorgio Vasari, historien d'art du XVIe siècle, non seulement Cimabue fut le maître de Giotto, mais il influença aussi profondément son œuvre. L'artiste florentin Cimabue était proche de Giotto : néanmoins, leurs styles picturaux ne se ressemblent guère. En revanche, il y a de profondes similitudes entre le travail de Giotto et celui de l'artiste romain Pietro Cavallini.

Des constructions improbables

Cimabue ne maîtrisait visiblement pas l'art de la perspective. L'œuvre qu'il a peinte au plafond de la basilique Saint-François, à Assise, représente un bâtiment aux toitures déformées et aux arches défiant les règles élémentaires de la perspective (à gauche). En comparaison, la technique de Giotto est extraordinaire. Treize ans après l'achèvement de la fresque de Cimabue, Giotto exécutait des représentations de palais en trois dimensions, avec des toitures et des balustrades réalistes (à droite). Il semble peu probable que Cimabue lui ait enseigné cette technique.

Ombre et lumière

À Rome, Cavallini, contemporain de Giotto, réalisait déjà des œuvres démontrant une maîtrise de la technique du point de fuite : le détail des sièges des apôtres dans la scène de son Jugement dernier (à gauche) l'illustre parfaitement.

Les historiens d'art savent que Cavallini utilisait les ombres et la lumière afin de créer du volume. Il donnait ainsi de la densité aux formes du corps humain, et ce avec davantage de talent que ses contemporains.

Des personnages réalistes

L'école florentine releva le défi. Elle développa rapidement l'utilisation de la perspective dans l'art pictural. Giotto fut le premier à réduire ses personnages au premier plan pour donner une impression de profondeur, comme le montre le tableau *le Jardin de Gethsémani*, avec les apôtres endormis (ci-dessous). Peu après, un élève de Giotto, Taddeo Gaddi, peignit les ombres portées des personnages, ce qui accentua leur volume et leur réalisme.

À l'avènement de ce nouveau style, la manière gothique de représenter de face des personnages dépourvus de profondeur devint obsolète.

de décoration, propre aux œuvres de Cavallini, dans le Jugement dernier (1293) peint par l'artiste à l'intérieur de l'église Sainte-Cécile (quartier du Trastevere, à Rome).

Cavallini ne peignait pas seul : les chantiers, sortes de collectifs d'artistes travaillant dans le même style et dirigés par des maîtres, datent de la fin du XIIIe siècle. Pour Strinati, le chantier de l'église Sainte-Cécile, dirigé par Cavallini, infirme la thèse selon laquelle les origines de la peinture Renaissance seraient exclusivement florentines.

Une œuvre décisive

La première grande fresque de la Renaissance, la *Vie de saint François* peinte dans la basilique Saint-François, à Assise, offre le meilleur exemple de techniques artistiques communes à Cavallini et à Giotto. Vasari affirma néanmoins qu'elle était l'œuvre de Giotto.

Cependant Bruno Zanardi, qui restaura la fresque entre 1978 et 1982, estime qu'il en est autrement. Elle aurait été créée par un – ou plusieurs – maître romain, vraisemblablement Cavallini et ses élèves. Zanardi pense qu'« au XIIIe siècle, Rome était la ville la plus importante du monde » et estime qu'il « est logique que la Renaissance y soit née ». La découverte des fresques de l'église Sainte-Marie conforte son hypothèse.

Aujourd'hui, les historiens d'art savent que Cavallini possédait les connaissances et les compétences techniques requises pour peindre les fresques d'Assise. Plusieurs détails portent d'ailleurs sa marque : les petits chérubins tenant des guirlandes de feuilles, de fleurs ou des rubans tendus entre deux points, une tour rouge avec une balustrade à piliers ainsi que les colonnes Cosmati en trompe-l'œil, identiques à celles retrouvées à Sainte-Marie. Si Cavallini ne réalisa pas lui-même la *Vie de saint François,* son influence est indéniable.

Plus on découvre Cavallini et l'école romaine de peinture, plus l'affirmation de Vasari, qui fait de Florence le berceau de la Renaissance, semble discutable.

La polémique entre les partisans de Rome et ceux de Florence est toujours aussi passionnée, d'autant que tous les artistes qui travaillaient à Florence n'y étaient pas nés ou n'y avaient pas été élevés, ce qui complique encore les débats. Mais peut-être la Renaissance naquit-elle lorsque Giotto vit pour la première fois le visage d'un ange peint de la main de Pietro Cavallini…

L'ÉVEIL DES SENS ***Le Rêve du palais rempli d'armes*** **(détail des fresques de la basilique supérieure de Saint-François, à Assise) est attribué à Giotto. La représentation de la main du Christ, qui s'apprête à réveiller le saint, exemple de son style figuratif, prouve son sens aigu de l'observation. Aujourd'hui, certains historiens d'art attribuent ces peintures à Cavallini.**

QUI EST LE ROI DE FRANCE ?

Les lois fondamentales du royaume ont été élaborées au gré des événements

Les règles conférant sa légitimité au roi de France et fixant les modalités de sa succession ont de multiples origines. Certaines correspondent à des traditions très anciennes relevant parfois du droit privé, d'autres ont été mises en place pour figer ce qui a pu apparaître comme une nécessité.

LE SACRE DE PHILIPPE AUGUSTE **Le sacre, qui ne fait pourtant pas partie des lois fondamentales du royaume, donne au roi de France sa légitimité en mettant la dynastie capétienne à l'écart des luttes et des rivalités, et en faisant prévaloir la règle de la primogéniture. Philippe Auguste est le dernier roi à avoir été sacré du vivant de son père.**

Au cours de l'été 1179, Philippe, fils unique et héritier du roi de France Louis VII, est blessé à la chasse. Inquiet, son père se rend en pèlerinage à Canterbury, en Angleterre, sur le tombeau de Thomas Becket, afin d'obtenir sa guérison. Le roi a-t-il été entendu ? Toujours est-il que Philippe est guéri. Le 1er novembre 1179, à quatorze ans, comme cela est prévu depuis longtemps, il peut être couronné du vivant de son père, conformément à la coutume du temps. Deux siècles après l'avènement d'Hugues Capet, en effet, le sacre fait le roi, mais dans un contexte troublé, celui-ci intervient du vivant de son prédécesseur…

Or Philippe Auguste est le dernier roi à devoir s'appuyer sur une telle pratique : son règne marque l'affirmation d'un pouvoir monarchique, dont la linéarité paraît dès lors établie jusqu'à la fin de l'Ancien Régime.

Les lois fondamentales du royaume

Le roi est roi par hérédité

Assez courante en Europe, l'hérédité n'est pas appliquée partout : ainsi, jusqu'au XIXe siècle, le principe électif l'emporte dans le Saint Empire germanique, et le tsar de Russie choisit son successeur.

La primogéniture mâle

En cas d'absence d'héritier mâle, la règle est celle de la collatéralité masculine : la couronne échoit au plus proche parent par les hommes. Les femmes ne peuvent pas régner ni transmettre le trône. Cette règle a aussi été reconnue par les monarchies danoise, belge ou italienne. Ailleurs, comme en Angleterre, les femmes peuvent monter sur le trône, mais généralement après les mâles, qui restent prioritaires.

Une couronne indisponible

La succession n'est pas patrimoniale et héréditaire, mais statutaire : le roi ou son héritier ne peuvent pas décider de la modifier, en y renonçant par exemple. Le roi est le dépositaire de la couronne. Il ne peut en disposer, ni pour lui-même ni pour les autres. Le problème se pose par exemple lorsque, pour monter sur le trône d'Espagne, Philippe d'Anjou, petit-fils de Louis XIV, renonce à ses droits sur le trône de France. Une telle disposition paraît contestable dès cette époque.

Un héritier nécessaire

L'héritier du roi de France est dit nécessaire : il jouit d'un droit acquis à succéder auquel le roi régnant ne peut le faire renoncer. En conséquence, on parle de continuité ou d'instantanéité de la couronne : l'adage « Le roi est mort, vive le roi !» signifie que la succession se fait immédiatement après la mort du souverain.

Un roi catholique

Le roi de France ne peut pas avoir une autre religion, ce qui n'est pas le cas dans tous les royaumes européens.

Un roi français

Enfin, la nationalité française du roi est aussi essentielle : l'exemple des Hanovre en Angleterre, ou des Bourbons en Italie et en Espagne, montre que cette condition ne va pas de soi en Europe sous l'Ancien Régime, à une époque où le principe de nationalité n'a pas encore pris son sens moderne.

Des lois établies au gré des événements...

Pendant longtemps, il apparaît que les lois fondamentales demeurent incertaines. En fait, elles prennent forme au gré des événements et en particulier lors de périodes troublées.

Ainsi, au début du XIVe siècle, le principe électif qui avait mis Hugues Capet sur le trône (987) a été abandonné depuis longtemps au profit de l'hérédité : la couronne de France se transmet de père en fils dans une parfaite continuité depuis plus de trois siècles. Le contexte de la féodalité n'y est pas étranger : la transmission des fiefs devait permettre d'assurer le respect des obligations féodales qui leur étaient associées.

Mais la question des règles de succession monarchique est alors posée, du fait que les trois fils et successeurs de Philippe le Bel meurent sans héritier mâle, et qu'il n'est pas question de céder le trône à leur neveu Édouard, fils de leur sœur, qui est aussi roi d'Angleterre. Cette situation inédite conduit à affirmer que le roi de France doit être français et, surtout, à édicter la loi salique (voir page 298), qui permet d'imposer le principe de masculinité exclusive alors que celui-ci ne relevait pourtant jusqu'alors ni de la raison, ni du droit...

Au siècle suivant, la loi d'indisponibilité de la couronne est énoncée lorsque les prétentions du Dauphin Charles VII au trône de France sont affirmées comme légales, face à celles d'Henri VI d'Angleterre, que Charles VI avait désigné comme son hériter dans le traité de Troyes.

À l'époque de la Réforme, c'est le problème de la religion du roi qui est posé : en 1589, lorsque le dernier Valois, Henri III, meurt sans héritier, le problème de sa succession fait formuler clairement le principe de catholicité.

... fondées sur le droit privé

En réalité, on s'aperçoit que le fondement juridique de l'élaboration progresssive des lois fondamentales du

CHARLES VI LE FOU Du fait de l'indisponibilité de la couronne, le roi règne jusqu'à sa mort malgré sa folie, et le traité de Troyes (1420), par lequel il désigne Henri V d'Angleterre comme son héritier, donne lieu à de nombreux débats.

HENRI IV CONFIE LA RÉGENCE À MARIE DE MÉDICIS La reine obtint d'être couronnée le 13 mai 1610, à la veille du départ prévu du roi en opération militaire, et finalement de son assassinat. Ce fut le dernier couronnement d'une reine de France.

TROIS MARIS ET DEUX FOIS REINE En 1490, Anne de Bretagne épouse par procuration Maximilien d'Autriche. Charles VIII fait le siège de Rennes et obtient que la duchesse renonce à ce mariage et devienne sa femme, lui apportant la Bretagne en dot. Après sa mort, Anne épouse le nouveau roi, Louis XII : la Bretagne ne pouvait pas échapper à la France…

royaume est souvent tiré du droit privé ! La loi salique s'inspire d'un ensemble de règles barbares, remontant peut-être au IVe siècle, qui édictent les règles de transmission des « biens propres ».

Un peu plus tard, c'est encore un adage de droit successoral privé, « La mort saisit le vif », qui est invoqué à la fin du XIVe siècle pour signifier l'instantanéité de la succession, que l'on a parfois résumé par « Le roi est mort, vive le roi ! », c'est-à-dire que le roi est reconnu comme tel dès la mort de son prédécesseur, avant son sacre.

Certes, au siècle suivant, le grand juriste Jean de Terrevermeille s'efforce de distinguer la chose privée et la chose publique, reconnaissant un droit spécifique au roi de France, même si celui-ci continue d'être la tête du corps mystique qu'est le royaume. Cette conception organique est indissociable d'une conception unitaire du droit qui semble garantir la souveraineté du roi. Quand, à partir du XVIe siècle, progresse une réflexion juridique qui amène à distinguer les lois fondamentales de l'ensemble du droit public – dont, beaucoup plus tard, le principe de liberté –, les fondements du pouvoir monarchique s'en trouvent fragilisés. De fait, quand la conception moderne du droit finit par l'emporter, la monarchie française ne peut s'en relever…

Les femmes et le royaume

De Clotilde, épouse de Clovis, à Marie-Amélie, unie à Louis-Philippe Ier, la reine assure une fonction essentielle pour le roi de France. Jusqu'à Philippe Auguste, elle est souvent choisie dans les grands lignages du royaume, auxquels le souverain, en position de faiblesse, doit s'allier. À partir du XIIIe siècle, elle est davantage issue d'autres dynasties : les horizons des stratégies matrimoniales s'élargissent.

Au-delà des alliances, la reine apporte aussi des terres, parfois considérables : outre l'Aquitaine, acquise pour un temps avec Aliénor, on pense en particulier à la Bretagne, que gagne le royaume lorsque la duchesse Anne épouse à 13 ans Charles VIII en 1491, puis, en 1499, à 21 ans, le cousin et successeur de celui-ci, Louis XII.

Cependant, le premier rôle de la reine est de donner un héritier au trône. Quand celui-ci se fait attendre, la répudiation peut être envisagée, à moins que, comme pour Henri IV et Marguerite de Valois, à l'extrême fin du XVIe siècle, celle-ci revête la forme d'une annulation de mariage. Le Vert-Galant peut alors épouser Marie de Médicis. Jugée indigne par ses origines de devenir reine de France, la riche Florentine est baptisée « la grosse banquière » par les nombreux ennemis qu'elle se fait rapidement à la cour, mais elle donne au roi son héritier, le futur Louis XIII.

En cas de maladie, d'absence ou de mort du roi, si son héritier est mineur, le royaume de France prévoit la désignation d'un régent, ou d'une régente. Plutôt que le titre, qui ne comporte pas de statut particulier ou d'insignes spécifiques, son évocation suppose de mettre en avant le lien familial que son titulaire entretient avec le roi : « Notre très honorée mère et régente », peut-on souvent lire au XVIIe siècle. En effet, de Blanche

de Castille à Anne d'Autriche en passant par Catherine de Médicis, la fonction échoit souvent à la reine mère. Celle-ci est considérée comme particulièrement apte à l'exercer.

Alors qu'elle n'a aucune légitimité pour régner ou pour transmettre le trône, elle n'apparaît pas comme une menace pour la continuité dynastique. On ne doute pas qu'elle se soumette à la seule obligation d'une régente, qui consiste à remettre le gouvernement du royaume dans les mains du roi à sa majorité. Certes, la maîtrise des affaires du royaume a régulièrement suscité la contestation des grands contre Blanche de Castille au XIIIe siècle, ou contre Anne d'Autriche au XVIIe, ce qui, dans ce dernier cas, provoque avec la Fronde une véritable guerre civile. Mais globalement, la régence renforce le rôle de la reine dans la monarchie française : rouage de la stabilité monarchique, sa maternité assure la continuité dynastique, de même que comme régente, elle permet, si nécessaire, le passage d'un règne à l'autre…

Le rôle symbolique du sacre

Le sacre est la cérémonie par laquelle l'Église catholique sanctionne la souveraineté du roi en lui donnant un caractère divin qui le place au-dessus de tous les laïques. En France, il est marqué par l'imposition de la couronne. Les premiers rois francs, comme Clovis, se contentent des effets divins du baptême ou de rites laïques telle l'élévation sur le pavois. Le rituel du sacre, institué au VIIIe siècle avec les Carolingiens, est fixé au siècle suivant. Reims en est le lieu exclusif. D'Hugues Capet jusqu'à la Révolution, tous les rois de France ont été sacrés. En 1429, cela fait de Charles VII le roi légitime, face à son rival Henri VI d'Angleterre, qui tente en conséquence d'avoir le même statut en se faisant sacrer à Notre-Dame en 1431. Certaines fêtes publiques, comme l'entrée du roi dans une bonne ville, rappellent d'ailleurs la divinité du souverain : on lui remet parfois une couronne qui commémore le sacre.

Ce type de festivités royales pourrait expliquer la vision de Jeanne d'Arc, évoquant des anges qui auraient porté une couronne au Dauphin, « vrai héritier de France et fils de roi », signe qu'il devait être sacré.

Après la Révolution cependant, les mentalités ont évolué de sorte qu'en 1814 Louis XVIII, frère de Louis XVI, ne court pas le risque de se faire sacrer. En 1825, leur frère et successeur Charles X renoue avec le rituel. Cela suscite des critiques, même chez les royalistes, tel Chateaubriand, qui condamne une cérémonie qu'il juge désuète.

Jeanne d'Arc au sacre de Charles VII.

ALIÉNOR D'AQUITAINE En 1137, le mariage d'Aliénor d'Aquitaine avec Louis VII fit passer le duché au royaume de France. Mais les liaisons affichées de la reine, en particulier au cours de la deuxième croisade, décidèrent le roi à rompre cette union. En épousant peu après Henri II Plantagenêt, Aliénor offre l'Aquitaine à l'Angleterre… Enclaves anglaises dans le royaume des Capétiens, l'Aquitaine et la Normandie furent à la fin du XIIe siècle la cause d'importants affrontements entre les deux grands royaumes.

COUP D'ÉTAT AU PALAIS D'HIVER

La révolution russe telle qu'elle a vraiment eu lieu

La révolution d'Octobre est passée à la postérité comme un bouillonnant soulèvement populaire marqué par la victoire sanglante mais héroïque des bolcheviques. En réalité, ce fut un coup d'État mal organisé qui passa quasiment inaperçu.

UNE DÉFENSE INSUFFISANTE La révolution bolchevique ne rencontra guère de résistance. À Petrograd, la cavalerie de la garde impériale ne tarda pas à déserter ses casernes pour laisser le champ libre aux gardes rouges.

Le 24 octobre 1917, tout est calme à Petrograd (aujourd'hui Saint-Pétersbourg). Dans les théâtres, les représentations s'achèvent sous les applaudissements du public. Les serveurs des restaurants s'affairent de table en table. Les spectateurs et les convives rentrent chez eux en tramway, comme à l'accoutumée. Dans l'un des quartiers de la ville, le seul événement mentionné par la police est l'arrestation de deux soldats en état d'ivresse. Les ouvriers dorment profondément après une longue journée de travail. Aucun d'entre eux ne se doute que, tout près, se déroule un événement qui allait changer le cours de l'Histoire.

En effet, si l'on en croit la légende soviétique, des dizaines de milliers de soldats et d'ouvriers – dont beaucoup furent les victimes de la cause qu'ils défendaient – prirent d'assaut le palais d'Hiver, siège du gouvernement provisoire. Après une bataille acharnée contre des soldats lourdement armés, ils remportèrent la victoire, guidés par leur leader, Vladimir Lénine, et portés par la volonté du prolétariat. La vérité est sensiblement différente : ce triomphe populaire sans précédent fut en fait un coup d'État militaire couronné de succès malgré l'amateurisme de ses chefs de file. Le glorieux soulèvement contre un gouvernement bourgeois devint la vérité historique soviétique, et les manuels d'histoire relatèrent des faits héroïques qui n'avaient jamais eu lieu… En Occident, on remit rarement ce récit en cause. Même si certains historiens émirent des réserves dès les années 1950, en France notamment, la véritable histoire de la révolution russe ne fut rétablie qu'après l'éclatement de l'URSS.

Octobre rouge

Les événements d'octobre survinrent après une année agitée. Au mois de mars déjà, les émeutes du pain à Petrograd et les défaites subies par les troupes russes lors de la Première Guerre mondiale poussèrent le tsar Nicolas II à abdiquer. La dynastie des Romanov, au pouvoir depuis trois cents ans, fut remplacée par un gouvernement provisoire, dirigé à partir de juillet par Aleksandr Kerenski, un révolutionnaire libéral. L'État ne souhaitait pas se désengager de la guerre, ce qui déclencha une importante polémique. Il y eut des défections au sein de l'armée. Seul le parti bolchevique militait clairement pour la fin de la guerre : envisageant avec optimisme de déclencher la révolution au moment opportun, il constituait sa propre armée de gardes rouges.

La date et l'heure furent fixées : le soulèvement aurait lieu le 24 octobre (6 novembre 1917 selon notre calendrier), et tout serait fini avant midi. À l'heure dite, les ministres de Kerenski étaient toujours en réunion au palais d'Hiver, ce qui n'empêcha pas Lénine d'annoncer, en pleine réunion du soviet de Petrograd, la chute du gouvernement provisoire. En réalité, celui-ci mit onze heures de plus à se rendre, le plan de bataille des bolcheviques ayant tourné au fiasco…

Une partie de leurs soldats – des marins de la flotte de la Baltique – n'arrivèrent pas à temps. Le palais d'Hiver devait être bombardé depuis la forteresse Pierre-et-Paul, occupée par les rebelles, sur l'autre rive de la Neva. Mais le commandant bolchevique Blagonravov eut quelques surprises. « Les canons impressionnants installés sur les parapets n'étaient pas en mesure de tirer et n'étaient là que pour faire illusion », écrivit-il plus tard. Un seul d'entre eux fonctionnait, celui que l'on chargeait par la gueule pour tirer tous les jours à midi. Les hommes

L'HISTOIRE REVISITÉE **Sur cette représentation héroïque de la prise du palais d'Hiver, rien de ce qui est montré – de l'importance de l'armée à l'assaut guerrier d'un bâtiment ardemment défendu – n'a de réalité historique. Les bolcheviques firent croire à une terrible bataille, impliquant des milliers d'hommes.**

ALEKSANDR KERENSKI Alors que les forces bolcheviques cherchaient des pièces d'artillerie en état de marche, le chef du gouvernement provisoire avait quitté le palais d'Hiver pour chercher du renfort.

REJOUER L'HISTOIRE Après 1920, des photographies de la révolution circulèrent dans le monde entier. En réalité, elles furent faites lors d'un spectacle en plein air, *la Prise du palais d'Hiver,* qui mobilisa 8 000 acteurs et 500 musiciens.

de Blagonravov durent donc monter sur les remparts une batterie de canons de 75 trouvée dans une cour, et il fallut trouver des artilleurs capables de les actionner.

Le plan d'action était le suivant : une lanterne rouge accrochée au mât d'un drapeau annoncerait que les hommes de Blagonravov étaient prêts. Le croiseur *Aurore,* qui mouillait dans la Neva, tirerait en l'air pour inciter le gouvernement à se rendre. En cas d'échec, les artilleurs de la forteresse pilonneraient le palais d'Hiver. Enfin, si les assiégés ne cédaient toujours pas, les canons de l'*Aurore* entreraient en action.

Pour Blagonravov, ce n'était décidément pas un bon jour : « Un petit élément imprévu perturba notre plan : il n'y avait pas de lanterne pour donner le signal. » Après de longues recherches, on dénicha enfin une lampe. Mais elle n'était pas rouge, et ils ne parvinrent pas à la hisser sur la hampe du drapeau. Pendant ce temps, la vie suivait son cours. « Une file de trolleybus bruyants traversait le pont de la Trinité en faisant tinter leur cloche, et on voyait briller le reflet des voitures et des piétons, se souvient Blagonravov. Il n'y avait aucun signe de la bataille d'Octobre. »

Retard et frustration

Le commandant n'était pas au bout de ses peines : « Le second lieutenant vint nous voir et nous dit qu'ils ne pouvaient pas actionner les canons car ils étaient hors d'usage. Ils étaient rouillés et risquaient d'exploser au premier coup : il n'y avait pas une goutte d'huile dans les mécanismes de recul. »

Blagonravov partit lui-même inspecter la batterie. Il tomba dans des flaques de boue puis s'égara dans le dédale des coursives de la forteresse. Lorsqu'il finit

par trouver les canons, il dut admettre qu'on lui avait dit vrai. « Tirer avec ces canons était indéniablement très risqué. Alors que faire ? Était-il possible de trouver un camarade capable de les actionner et prêt à se sacrifier pour la révolution ? »

Alerté, Kerenski quitta le palais d'Hiver pour chercher du renfort. Ceux qui restèrent sur place n'avaient guère envie de livrer bataille, ne sachant pas vraiment comment défendre le bâtiment. Les bolcheviques étaient frustrés – on dit que Lénine tournait comme un lion en cage en houspillant ses commandants –, les assiégés terrifiés.

En début de soirée, les forces à l'intérieur du palais d'Hiver, habituellement rempli de soldats, étaient réduites au minimum. Ces défections sont imputables à la peur mais aussi à la faim : il n'y avait pas grand-chose à manger dans le palais, et bon nombre de militaires partirent en ville à la recherche de nourriture. Les autres échangèrent quelques tirs d'armes légères avec les bolcheviques. En fait, ces derniers auraient pu pénétrer dans le palais sans rencontrer de véritable résistance et acculer le gouvernement provisoire à la reddition, mais ils s'en tinrent au plan initial.

À 18 h 30, ils adressèrent un ultimatum au gouvernement, lui intimant l'ordre de se rendre sous peine d'être bombardé depuis la forteresse Pierre-et-Paul et le croiseur *Aurore*. Les ministres ignoraient que les canons de la forteresse étaient hors d'usage et que le croiseur n'avait que des munitions à blanc ; ils résistèrent pourtant, espérant à tout moment voir Kerenski réapparaître à la tête d'une colonne de troupes loyales. À 21 heures, l'Aurore tira sa première salve. À 23 heures, entre trente et trente-cinq obus furent tirés depuis la forteresse – où s'étaient rendus quelques artilleurs prêts à risquer leur vie.

Mais leur adresse au tir ne valait pas leur courage… Seuls deux obus touchèrent le palais : ils écornèrent une corniche et cassèrent une fenêtre. Cela passa inaperçu. Il ne restait plus dans le bâtiment que quelques cadets et un bataillon de femmes, surnommé avec grandiloquence le « bataillon de la mort ».

À l'intérieur du palais

De l'intérieur du palais, les tirs cessèrent rapidement. Les marins et les gardes rouges enjambèrent les fenêtres ouvertes et franchirent les grilles, qui n'étaient pas verrouillées, suivis par une bande de pillards. Le ministre de la Justice, Maliantovitch, décrivit de manière très vivante les derniers instants du gouvernement provisoire :

« On entendait un brouhaha de voix stridentes et excitées, quelques tirs isolés, des bruits de pas, quelques coups martelés, des mouvements, un tumulte de bruits confus qui allait croissant, et la peur qui gagnait. Toute défense était inutile.Les victimes se seraient sacrifiées en vain. »

Un officier entra en courant, se mit au garde-à-vous et salua : les ministres voulaient-ils que les cadets se battent jusqu'au dernier ? Maliantovitch rapporta la réponse du gouvernement. « Inutile ! Cela ne servirait à rien ! Pas d'effusion de sang ! Rendez-vous ! »

À 2 h 10 du matin, ils furent tous arrêtés et conduits en prison. Il n'y avait pas eu d'assaut héroïque de la classe ouvrière, juste un coup d'État militaire mal ficelé et l'arrestation de quelques hommes politiques peu enclins à se battre. Seuls cinq hommes périrent, victimes pour la plupart de balles perdues.

Mais les révolutions ont besoin de héros… et le nouveau gouvernement bolchevique les trouva. En 1920, une reconstitution à grand spectacle, *la Prise du palais d'Hiver*, fut jouée devant 100 000 spectateurs, face au palais. On présenta ensuite les photographies de l'assaut comme des témoignages de la révolution. Le réalisateur soviétique Sergueï Eisenstein parfit l'illusion en 1927, dans son film *Octobre*, une œuvre de propagande qui donnait des événements l'image souhaitée par les bolcheviques.

> « Il ne restait plus dans le bâtiment que quelques cadets et un bataillon de femmes. »

Histoire et photographie

Depuis la publication des premières photographies dans les journaux, l'image est devenue un formidable instrument d'information : fidèle témoin de la réalité, une photographie ne ment pas, croyait-on… Mais l'étude approfondie de certains documents fait apparaître une tout autre réalité.

Nous savons aujourd'hui que les photographies et les films peuvent être retouchés ou délibérément falsifiés à des fins de propagande. Il est possible d'ajouter ou de supprimer des personnages et des objets sans que personne ne s'en rende compte… à moins d'avoir vu la version originale. Une photographie doit donc être regardée avec la même vigilance que n'importe quel autre document.

Un bain de jouvence

1966. Le monde occidental commence à croire que Mao Zedong est mort : en un an, il n'a fait aucune apparition publique. Quand, au mois de juillet, le leader chinois réapparaît, photographié en train de faire des kilomètres à la nage dans le Yangzi Jiang, la presse du monde entier rapporte l'événement en publiant sa photographie à la une. Mao, malgré ses 72 ans, semble en pleine forme – peu de temps après, il lancera la Révolution culturelle. À l'époque, personne ne remit en cause le texte de la dépêche envoyée par l'agence de presse chinoise. Pourtant, si l'on examine attentivement l'angle du corps sur le cliché, il est impossible que Mao eût été en train de nager – d'ailleurs, son médecin déclara plus tard qu'il n'avait jamais su ! Il devait donc marcher dans l'eau. La photo ne fut pas retouchée, mais seulement mal interprétée.

Prise sur le vif

Cliché célèbre de la Seconde Guerre mondiale, le drapeau américain planté sur Iwo Jima, île japonaise du Pacifique, fut photographié par Joe Rosenthal après la conquête d'un poste d'observation par les marines. On lui reprocha d'avoir mis en scène l'événement – il avait déclaré par erreur à son rédacteur en chef qu'il s'agissait d'une photo posée. Or, si son rouleau de pellicule comportait bien des portraits de marines posant triomphalement, celle-ci fut prise sur le vif.

Cherchez l'erreur...

Un photographe immortalisa Lénine haranguant la foule pendant la guerre civile en Russie. À la tribune, sur sa gauche, se tenait Léon Trotski, autre père fondateur de la révolution russe puis commissaire du peuple à la Guerre et créateur de l'Armée rouge. Quand, après la mort de Lénine, en 1924, Joseph Staline devint le chef de l'Union soviétique, Trotski s'opposa à lui. Il fut relevé de ses fonctions et exilé à Alma-Ata. On publia de nouveau la photographie, mais cette fois dans une version expurgée : Trotski et l'homme à sa gauche avaient été effacés. Les archives photographiques rendues publiques après la dissolution de l'Union soviétique, en 1991, révélèrent que des milliers d'autres « ennemis de l'État » avaient ainsi été rayés de l'Histoire.

Discrimination positive ?

En 2000, deux facultés américaines reconnurent avoir retouché des photos de leurs étudiants pour faire croire à un recrutement multiracial. Sur la couverture de la brochure présentant l'université du Wisconsin figurait le visage d'un étudiant appartenant à une minorité ethnique ; or le jeune homme n'était pas sur le cliché original. L'université de l'Idaho supprima de son site Web la photographie de huit étudiants – six Blancs, un Asiatique et un Noir – lorsque l'on apprit que les visages des deux derniers avaient en fait « remplacé » ceux de deux autres étudiants blancs qui étaient sur le cliché initial. La supercherie fut découverte par ceux-là mêmes qui figuraient sur la photo initiale. En revanche, les retouches étaient techniquement impossibles à déceler. À l'ère du numérique, peut-on encore faire confiance aux images ?

SOMBRES CROISADES

La prise de Jérusalem, un massacre au nom de Dieu

Les croisés, pèlerins chrétiens en route pour libérer Jésusalem, commirent de nombreux actes de violence. Particulièrement sanglante, la prise de la Ville sainte marqua l'accomplissement d'un itinéraire périlleux et spirituel…

LE SIÈGE DE JÉRUSALEM Représentée dans ce manuscrit du XVe siècle comme une bataille héroïque, la prise de la Ville sainte fut en réalité un véritable carnage. Les croisés mirent la cité à sac et massacrèrent la plupart des habitants terrorisés, réfugiés dans les lieux saints.

En 1099, ceux que l'on appelle couramment les croisés entrent dans Jérusalem après l'avoir assiégée pendant plus d'un mois. Cela fait trois ans qu'ils ont quitté l'Occident chrétien. La chaleur, le manque d'eau et de nourriture ou encore les embuscades ont rendu le voyage particulièrement éprouvant… Durant le long siège d'Antioche (entre octobre 1097 et juin 1098), la famine a poussé certains hommes à se nourrir de cadavres turcs, tandis que s'installait une rivalité entre les chefs de la croisade au sujet du commandement. Une trahison dans le camp ennemi permit enfin d'entrer dans la citadelle. Quelques jours plus tard, assiégés à leur tour par les Turcs seldjoukides, les soldats réussissent finalement une percée permettant de briser le siège.

Sur la route de Jérusalem, les hommes souffrent à nouveau de la chaleur, de la faim, et sont menacés par l'armée musulmane qui marche sur la cité depuis l'Égypte. Il n'y a plus de bois autour de la ville, et ils doivent parcourir un mois durant de longues distances pour en trouver afin de construire des tours de siège. Quelque 35 000 croisés ont déjà péri : ils ne sont plus que 15 000 à camper devant les fortifications. Désormais, Dieu seul semble pouvoir leur venir en aide… Un prêtre visionnaire affirme qu'ils ne pourront entrer dans la Ville sainte qu'après avoir fait pénitence. Le 8 juillet, à la grande surprise des assiégés, l'armée se transforme en une procession de pèlerins aux pieds nus : derrière les prêtres, ils font solennellement le tour des fortifications. Les hommes qui se fraient ensuite un chemin dans Jérusalem armés de haches et de couteaux doivent penser que c'est un miracle d'être arrivés jusque-là : « Dieu li volt ! » (« Dieu le veut ! ») est leur cri de ralliement.

Une expédition voulue par le pape

C'est le 27 novembre 1095 que le pape Urbain II appelle à prendre les armes pour délivrer les chrétiens d'Orient : Jérusalem est aux mains des musulmans depuis plus de quatre cent cinquante ans – période durant laquelle les chrétiens d'Orient ont pourtant été rarement persécutés. Par ailleurs, l'empereur byzantin Alexis Ier souhaite que les Occidentaux viennent l'aider à défendre ses terres anatoliennes, convoitées par les Turcs seldjoukides. Faisant miroiter des conquêtes spirituelles et terrestres, Urbain II cherche à convaincre ceux qui l'écoutent de partir libérer Jérusalem du joug des musulmans : « Aussi je vous exhorte et je vous supplie – et ce n'est pas moi qui exhorte, c'est le Seigneur lui-même –, vous, les hérauts du Christ [de vous] rendre à temps au secours des chrétiens et de repousser ce peuple néfaste loin de nos territoires. Je le dis à ceux qui sont ici, je le demande à ceux qui sont absents : le Christ l'ordonne. »

Il promet le pardon de leurs péchés et la protection de l'Église pour leurs terres à tous ceux qui, prouvant leur dévotion, acceptent de participer à cette expédition. Son appel est relayé en Occident, et nombreux sont les hommes à prendre la croix en accrochant à leurs épaules un tissu ayant cette forme. On ne peut pas dire exactement combien entament cette longue marche vers l'est qui va durer près de trois ans. Mais pour la princesse byzantine Anne Comnène, qui les voit plus tard traverser Constantinople, ils sont plus nombreux que les grains de sable sur une plage ou les étoiles au firmament.

Des foules indisciplinées

Les croisés sont d'abord des foules indisciplinées : des groupes en haillons partent d'Angleterre, de France ou des Flandres. Démunis, ils n'hésitent pas à piller, s'en prenant tout particulièrement aux juifs de la vallée du Rhin : les motivations religieuses du grand voyage les autorisent à combattre tous ceux qui ne sont pas chrétiens… Parmi les nombreux prédicateurs qui prêchent la « croisade populaire », Pierre d'Archères, dit l'Ermite, a une audience particulière : il prétend détenir une lettre du ciel dans laquelle Dieu lui affirme que les chrétiens, s'ils l'osent, peuvent

UN RÉCIT FONDATEUR C'est l'*Histoire des croisades* de Guillaume de Tyr (illustration ci-dessous), écrite au XIIe siècle, qui inspira la plupart des récits ultérieurs en Occident. Le texte occulte en partie la situation désespérée des croisés au moment des offensives contre Antioche et Jérusalem : à Antioche par exemple, la moitié environ de l'armée des croisés mourut de faim durant l'hiver.

chasser les païens des Lieux saints. Les foules le vénèrent pour son éloquence : le chroniqueur Guibert de Nogent lui reconnaît « quelque chose de divin », et des pèlerins vont jusqu'à arracher des poils de son mulet afin d'en faire des reliques. Prêchant de Bourges à Cologne, il réunit environ douze mille hommes qui se mettent en marche au printemps 1096, traversant l'Allemagne, la Hongrie et la Bulgarie. En chemin, nombreux sont ceux qui le rejoignent. Mais arrivé non loin de Nicée, il a du mal à maintenir la discipline au sein de ses troupes. Un jour de mai 1097, alors qu'il est retourné à Constantinople, ses troupes sont massacrées par les Turcs seldjoukides, excédés par les pillages et les incursions des pèlerins sur leur territoire. Anne Comnène écrira à propos de la croisade populaire : « Des Normands […] au nombre d'environ dix mille […] se séparèrent du reste de l'armée et se mirent à piller les environs de Nicée en se conduisant à l'égard de tous avec la dernière cruauté. Les enfants à la mamelle par exemple, ou bien ils les mutilaient, ou bien ils les empalaient sur des pieux et les faisaient rôtir au feu ; quant aux gens avancés en âge, ils leur infligeaient toute espèce de tortures. »

Pèlerinage ou guerre sainte ?

Mais les croisés les plus puissants font partie des troupes princières de Godefroi de Bouillon, de son frère Baudouin ou de Robert de Flandres. Quant à Raimond de Toulouse, à la tête d'une armée considérable, il s'est déjà battu en Espagne contre les sarrasins. Ces hommes ont l'expérience des campagnes militaires et les moyens de trouver les sommes nécessaires à l'entretien d'une armée correctement équipée. Ils appartiennent à la chevalerie, un corps d'élite qu'ils intègrent après une cérémonie liturgique, l'adoubement. Ce dernier crée un lien avec l'Église, même si, depuis le Xe siècle, les divergences s'accentuent : de son côté, l'Église prône les valeurs monastiques d'ascèse, d'humilité et de pauvreté, quand la culture de la chevalerie s'appuie sur le courage et la prouesse – prouvés au cours des joutes ou des tournois –, la courtoisie – qui valorise un amour idéalisé – mais aussi la largesse – goût du faste et du luxe, manifestation d'une appartenance à l'aristocratie. Les deux institutions développent donc des codes de valeurs opposés tout en continuant à s'appuyer l'une sur l'autre : l'Église a besoin de la chevalerie pour se défendre et servir la foi ; et nombreux sont les chevaliers qui, sentant leur mort proche, craignent pour le salut de leur âme et renoncent alors aux armes afin de se consacrer à la prière. Même sur le champ de bataille, tuer un ennemi implique de se purifier en jeûnant et en faisant abstinence. ▶ p. 154

UN PAPE APPELLE À PRENDRE LES ARMES
Jean Fouquet, peintre du XVe siècle, représenta le pape Urbain II prêchant la première croisade lors du concile de Clermont, en 1095. Sous la chaire se tient le roi de France Philippe Ier, qui n'était pourtant pas présent – ce n'est qu'à partir de la deuxième croisade que les monarques européens choisirent de mener des expéditions en Terre sainte.

Précieuses reliques

Au Moyen Âge, les restes corporels ou matériels qui perpétuent la mémoire du Christ et des saints sont omniprésents : placés dans des basiliques édifiées spécialement, ou plus souvent dans les trésors des communautés religieuses, ils servent à la liturgie, au serment, lors d'un départ en pèlerinage ou encore pour la construction d'une nouvelle église. La possession d'une relique est un gage de prospérité économique parce qu'elle confère un rayonnement important. C'est aussi une protection miraculeuse.

UNE CHÂSSE OUVRAGÉE Les restes des saints sont conservés dans des châsses dont la forme rappelle celle d'un tombeau.

Trésors des églises

Un tel pouvoir suscite des tensions. Parfois contesté, le culte des reliques doit recevoir une justification doctrinale, de saint Jérôme à saint Thomas d'Aquin. Le démembrement des corps des saints, parfois pratiqué immédiatement après leur mort, ou la richesse des sanctuaires inspirent d'autres protestations. Par ailleurs, les vols, prétendus ou avérés, sont nombreux : au VIIe siècle, les restes de saint Benoît sont par exemple transportés du mont Cassin à Fleury, au bord de la Loire. En 1204, la prise de Constantinople permet de renouveler les reliques en Occident.

Mais quand, à Noyon, aux XIIe et XIIIe siècles, les moines de l'abbaye mais aussi les chanoines de la cathédrale prétendent posséder les vraies reliques de saint Éloi, ou quand la multiplication des restes de Marie-Madeleine semble indiquer que la sainte avait six corps entiers, l'authenticité des reliques est mise en doute.

Les règles d'authentification deviennent plus strictes : un écrit doit rendre compte des circonstances de la découverte – ou invention – de la relique, du moment où elles ont été placées dans un reliquaire, et des prélèvements auxquels on a pu procéder… L'odeur de sainteté que le tombeau d'un saint est censé diffuser mais aussi une guérison miraculeuse ou le recours à l'ordalie, une procédure judiciaire faisant appel au jugement de Dieu, apparaissent comme autant de moyens de confirmer l'authenticité.

En 1215, le IVe concile du Latran décide que la vénération de nouvelles reliques nécessite l'accord du pape.

PERSONNIFICATION DU SAINT La statue-reliquaire de sainte Foy de Conques abrite les reliques de la jeune martyre, morte au IVe siècle à l'âge de 13 ans.

La longue marche vers Jérusalem
Des troupes de chevaliers quittèrent la France et la Belgique en 1096. D'autres les rejoignirent, dans le sud de la France et en Italie. À mesure que les croisés avançaient, leur réputation de violence les précédait.

DE LA CROISADE DES PAUVRES À CELLE DES PRINCES Après le massacre de ses troupes, qui marqua l'échec de sa croisade populaire, Pierre l'Ermite devint aumônier de l'armée victorieuse à Jérusalem. Son sermon sur le mont des Oliviers fut suivi de la mise à sac de la cité. De retour en Occident, il finit ses jours à Huy, en Belgique.

La donation d'une terre, d'un moulin mais surtout un pèlerinage à Compostelle, à Rome ou à Jérusalem sont conseillés si l'on souhaite être lavé de ses péchés.

La prise de Jérusalem

Le 15 juillet 1099, les croisés entrent dans la cité. Commence alors un terrible massacre : selon les sources, ni les femmes, ni les enfants, ni même les chrétiens d'Orient – que l'on ne peut pas distinguer des autres habitants de Jérusalem – ne sont épargnés. Le 16 juillet, les soldats chrétiens font irruption dans la mosquée al-Aqsa et passent par le fil de l'épée les musulmans réfugiés à l'intérieur. Les juifs regroupés dans la grande synagogue sont brûlés vifs et l'édifice est rasé. Les survivants sont chargés d'éliminer les cadavres qui jonchent les places et les rues de la Ville sainte. Six mois plus tard, Jérusalem exhale encore l'odeur pestilentielle de la mort : les assaillants déclarent avoir tué 10 000 personnes, mais un chroniqueur musulman soutient que 70 000 habitants ont péri dans les Lieux saints.

Aujourd'hui, les historiens pensent que l'armée des croisés massacra environ 40 000 civils non armés, soit 80 % de la population de Jérusalem.

Bien avant l'appât du gain ou même simplement le désir de faire preuve de bravoure, le massacre perpétré par les croisés à Jérusalem fut l'expression d'une forme de fanatisme religieux : au terme d'un voyage de trois ans ayant soumis les corps et les esprits à une pression sans relâche, la perspective de reconquête de la Ville sainte plongea les hommes dans un état d'exultation. Ce sont donc des actes de ce type qui poussèrent l'historien écossais David Hume à déclarer que les croisades furent un « monument à la folie de l'homme, le plus remarquable et le plus durable qui ait jamais été ».

Saint Louis, le roi croisé

Saint Louis, roi de France de 1226 à 1270, incarne le croisé idéal, à la fois conquérant, missionnaire et pénitent. Après un premier voyage entamé en 1248, il retourne en Orient en 1270 et meurt à Tunis, sur le chemin de Jérusalem, telle une victime expiatoire – à l'image du Christ.

Lorsqu'il prend le pouvoir, en 1248, Louis IX souhaite appliquer les principes que lui ont inculqués les traités de sagesse politique. De santé fragile – il souffrait probablement de paludisme –, ce roi gai et un peu moqueur est aussi très coléreux. Il a le goût de la parole, se passionne pour la justice et les arbitrages – ce qui donnera sans doute naissance à la fameuse image du roi rendant justice lui-même assis sous un chêne. Durant son règne, il mène plusieurs actions pacificatrices (en 1259, par exemple, il conclut un traité avec Henri III d'Angleterre pour mettre fin au conflit qui oppose les Plantagenêts aux Capétiens), mais sait aussi se montrer très ferme, surtout dans son intention de purifier ses sujets afin de les mener au salut. Celui à qui l'on reprocha, de son vivant, d'être le roi des moines, est un chrétien intransigeant : sa piété mêle les valeurs d'humilité et de miséricorde – que lui inspirent les ordres mendiants, en plein essor – à l'ascétisme et à la flagellation de la religion monastique traditionnelle. Conformément aux exigences pontificales du temps, qui appellent les croisés à se préparer et à se purifier, le roi, avant son premier départ en croisade (1248), renonce à tout luxe vestimentaire et consomme une nourriture frugale. Après chaque confession, il demande à être frappé avec des chaînes qu'il garde dans une pyxide en ivoire, dont il ne se sépare jamais. Son obsession pour les reliques tient du fétichisme : il se met dans une colère effroyable lorsque le saint clou ayant servi à crucifier le Christ, conservé à Saint-Denis, disparaît pendant une fête au cours de laquelle les reliques sont baisées par les fidèles.

Une foi intransigeante

Pour ce roi excessivement pieux, les juifs sont un élément d'impureté dans son royaume ; il les oblige à porter un insigne, « une roue de feutre ou de drap écarlate, cousue sur la partie supérieure du vêtement, sur la poitrine et dans le dos » – mesure qui avait été décidée par l'Église sans jamais être appliquée. En 1242, à Paris, il ordonne que tous les exemplaires du Talmud soient brûlés – aujourd'hui d'ailleurs, on n'en trouve plus un seul datant de cette époque. Selon Joinville, son chroniqueur, Saint Louis aurait affirmé qu'il ne fallait jamais discuter avec un juif mais lui « planter son épée dans le ventre »...

Son intransigeance religieuse le conduit également à soutenir l'Inquisition, en particulier lors du siège de Montségur (1244), et à partir en croisade animé par la volonté d'exterminer les infidèles. Joinville rapporte d'ailleurs que « quand on entend médire de la foi chrétienne, il ne faut la défendre qu'avec l'épée ». Le souverain sera canonisé en 1297, sous le pontificat de Boniface VIII.

LA JUSTICE SOUS UN CHÊNE Pour faire appliquer le droit dans le royaume, il dépêcha des représentants un peu partout. Le roi de France fut même appelé pour arbitrer des conflits qui opposaient certains grands personnages d'Occident, parmi lesquels le roi d'Angleterre.

LA FIN DU MYSTÈRE ENIGMA

L'arme secrète qui permit de gagner la Seconde Guerre mondiale

« La principale préoccupation des officiers britanniques semblait être la suivante : combien de bateaux ennemis allaient-ils couler dans la journée, et dans quel ordre ? »

Churchill ayant ordonné le silence, il fallut attendre trente années après la victoire des Alliés pour que soit connue l'histoire du code Enigma, et comment il fut décrypté à l'insu des Allemands…

En 1941 et 1942, les équipages des navires allemands qui croisaient en Méditerranée étaient sur le qui-vive. Ils devaient veiller à ce que les voies permettant d'acheminer le ravitaillement jusqu'aux Panzers allemands – engagés contre la 8e armée britannique dans le désert d'Afrique – restent libres : s'ils échouaient, les chars de Rommel, privés de munitions et d'essence, risquaient la défaite. La responsabilité des marins était donc considérable.

Les Anglais connaissaient également l'importance de cet enjeu naval : plus de la moitié (environ 6 sur 10) des navires allemands et italiens étaient envoyés par le fond. Les états-majors ennemis avaient estimé à plus de 400 le nombre de sous-marins britanniques, appuyés et guidés par une puissante aviation basée sur l'île de Malte.

En réalité, les Anglais ne disposaient que de 3 avions et de 25 sous-marins pour contrôler un espace maritime de 2,5 millions de kilomètres carrés… Pourtant, ils parvenaient à toucher les cargos de ravitaillement à une cadence soutenue. La principale préoccupation des officiers britanniques semblait être la suivante : combien de bateaux ennemis allaient-ils couler dans la journée, et dans quel ordre ? Comment était-ce possible ?

La réponse est l'un des secrets les mieux gardés de la Seconde Guerre mondiale. L'efficacité de la marine n'avait rien à voir avec les centres de commandement de Malte, du Caire ou d'Alger. Ce n'était pas non plus une question de chance ou de stratégie. Elle reposait sur des hommes très éloignés des contraintes militaires – beaucoup passaient pour des « planqués », voire des poltrons. Et pourtant, ils contribuèrent très certainement à écourter la guerre. Leur terrain de manœuvre ? Des cabanes inhospitalières situées à Bletchley Park – nom de code :

CLAVIER DE CRYPTAGE Enigma ressemblait à une machine à écrire et pouvait produire plus de 10 trillions (1 milliard de milliards) de combinaisons… Il était logique que les Allemands l'aient crue inviolable.

DÉTAILS RÉVÉLATEURS Involontairement, les opérateurs allemands facilitèrent la tâche des chercheurs britanniques. Ils commençaient souvent leurs messages par une phrase rituelle du genre « Heil Hitler », possible clé permettant aux chercheurs de Bletchley de briser plus facilement les codes…

Station X –, une propriété dans le Buckinghamshire, en Grande-Bretagne. Leurs armes ? De la logique, de l'intuition et de l'imagination.

En effet, sous la direction d'un mathématicien de génie, Alan Turing, ces hommes réussirent à percer le code des machines de cryptage Enigma utilisées par les Allemands. À travers toute une série de grilles, de brouilleurs et grâce à un ingénieux procédé, Enigma produisait 17 576 alphabets de substitution. Les Allemands, convaincus que ce système était impénétrable, ne devaient surtout pas soupçonner que les Alliés parvenaient à lire leurs messages.

Le secret fut ainsi jalousement gardé, et même les anciens combattants de la Seconde Guerre mondiale n'apprirent qu'en 1975 à qui ils devaient d'avoir la vie sauve. Les savants de Bletchley Park méritaient pleinement la reconnaissance qui leur fut témoignée ; néanmoins, ils s'inspirèrent pour leurs recherches de travaux antérieurs, qui ne connurent pas la même notoriété…

La première découverte

Tout commença dans les années 1930, en Europe de l'Est, lorsque trois jeunes et brillants mathématiciens de l'université de Poznan furent recrutés par le service du chiffre de l'état-major polonais : Marian Rejewski, Jerzy Rózycki et Henryk Zygalski allaient passer près de dix ans à étudier les systèmes de cryptage allemands.

> « Pour Churchill, les chercheurs de Bletchley étaient « des oies qui pondaient des œufs d'or et ne criaillaient jamais ». »

Le secret des campagnes victorieuses

Le décryptage des codes Enigma fut décisif en Méditerranée et dans l'Atlantique Nord. Dans les deux cas, les cibles étaient les navires de ravitaillement.

En Atlantique Nord, les cargos anglais étaient les proies et les sous-marins allemands *(Unterseebooten,* ou *U-boot),* les prédateurs. Les liaisons maritimes, indispensables à la survie de l'Angleterre, devaient à tout prix être maintenues sans que les Allemands se doutent du déchiffrement du code Enigma. L'état-major britannique ordonna alors aux équipages de ne pas attaquer les sous-marins, ce qui aurait été une riposte trop évidente, mais de les éviter et de couler les bateaux qui les ravitaillaient. Résultat : les navires anglais furent de moins en moins attaqués.

En mai 1943, la marine anglaise passa à l'offensive, détruisant un tiers des sous-marins allemands. Ils firent croire que les Alliés avaient mis au point un nouveau système de radar sous-marin. Dès l'été, les Allemands abandonnèrent le combat…

Une mise en scène trompeuse

En Méditerranée, les rôles étaient inversés : les bateaux de ravitaillement allemands étaient pourchassés. Ils apportaient d'Italie du carburant, des armes et des munitions destinés aux divisions allemandes d'Afrique.

Renseignés par ceux qui décryptaient les messages, trois avions britanniques décollaient régulièrement de leur base de Malte pour aller frapper leurs objectifs. Afin de protéger le secret du décodage d'Enigma – et faire croire que les succès des Anglais étaient dus au grand nombre d'avions de reconnaissance dont ils disposaient –, ils avaient ordre de ne pas attaquer tout de suite les bateaux. Les pilotes envoyaient d'abord un message – facile à intercepter – dans lequel ils mentionnaient le repérage d'un navire ennemi.

Plus d'un millier de bateaux de ravitaillement alliés furent coulés avant que la menace des sous-marins allemands ne soit définitivement écartée, en 1943.

Les 200 sous-marins allemands attaquaient en bandes – ils étaient parfois quarante –, les « meutes de loups » ou *wolf packs.*

Les Polonais accordaient beaucoup d'importance aux services de renseignements. Le pays était en effet très vulnérable, coincé entre deux voisins belliqueux, l'Allemagne nazie et la Russie stalinienne. En 1929, ils bénéficièrent d'un coup de chance inespéré : un colis allemand échoua par erreur dans un bureau de poste polonais. Un douanier soupçonneux alerta les autorités. Les services spécialisés ouvrirent le paquet et découvrirent une machine Enigma – une version commerciale banale de cet appareil électromécanique portable dans lequel des rotors (une série de roues adjacentes) montés sur cylindres chiffraient et déchiffraient l'information. Ils l'étudièrent minutieusement avant de la remballer et de la réexpédier à la bonne adresse, à Varsovie. Ce tour de passe-passe permit aux Polonais de fabriquer des répliques de la fameuse machine sans que les Allemands s'en doutent un seul instant.

Tout n'était pas résolu pour autant, car l'armée allemande utilisait un système de connexions électriques particulier (une plaque de connecteurs auxiliaire augmentait le nombre possible de permutations). Il fallut beaucoup d'imagination et de recherches mathématiques pour que Marian

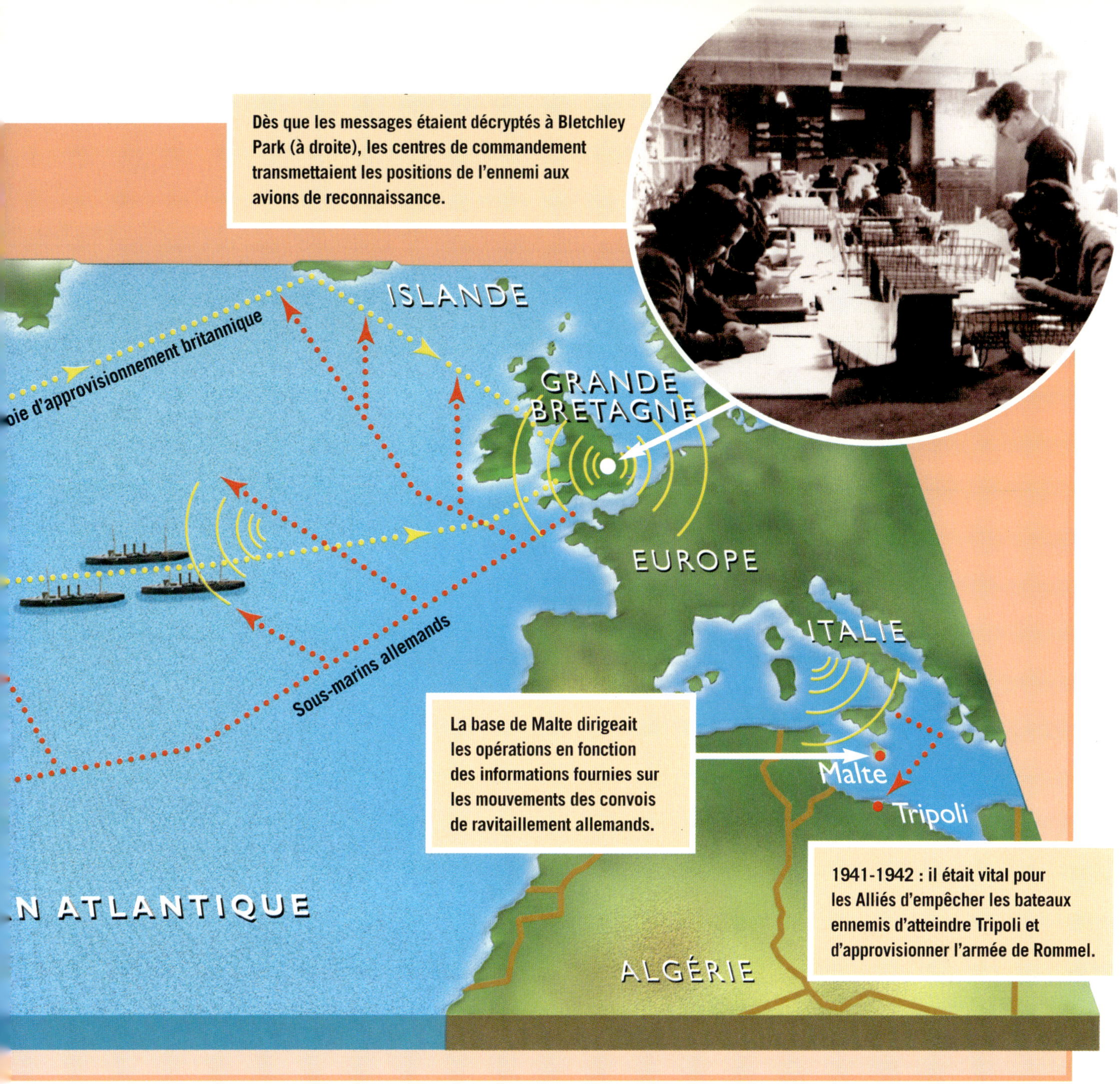

Dès que les messages étaient décryptés à Bletchley Park (à droite), les centres de commandement transmettaient les positions de l'ennemi aux avions de reconnaissance.

La base de Malte dirigeait les opérations en fonction des informations fournies sur les mouvements des convois de ravitaillement allemands.

1941-1942 : il était vital pour les Alliés d'empêcher les bateaux ennemis d'atteindre Tripoli et d'approvisionner l'armée de Rommel.

Rejewski et ses deux confrères parviennent à reconstituer ce système, préalable indispensable pour accéder au décryptage lui-même.

Le fonctionnement d'Enigma était assez simple : on tapait le texte sur un clavier, les rotors le codaient et une lampe indiquait quelle lettre était substituée. Dès le départ, les Allemands commirent une erreur : pour permettre aux destinataires de décoder les messages, les opérateurs transmettaient la séquence d'encodage dans la configuration initiale de la machine (position des rotors, réflecteur, câblage, etc.), ce qui permit aux briseurs de code d'identifier les modèles et, finalement, de décrypter les communications. On pense que de 1933 à 1939, les Polonais parvinrent à déchiffrer près de 100 000 transmissions – à propos, par exemple, de la remilitarisation de la province du Rhin, de l'annexion de l'Autriche ou encore de celle des terres sudètes : ils bénéficièrent donc d'une véritable suprématie en matière de renseignements. Mais à partir de 1939, les Allemands multiplièrent les connexions, ajoutèrent deux rotors de codage et en modifièrent la position chaque jour. Les services de renseignements polonais se retrouvèrent vite débordés.

LE MAÎTRE D'ŒUVRE Chargé de cours au King's College de Cambridge, Alan Turing, surnommé le Prof, était le meilleur mathématicien de l'équipe de Bletchley Park. On ne reconnut publiquement le rôle crucial qu'il joua dans le déchiffrement du code Enigma qu'après la guerre. Il fut décoré de l'ordre de l'Empire britannique.

Lorsque Hitler annula son traité de non-agression avec la Pologne, en 1939, les services de renseignements polonais décidèrent de partager leur secret. Au mois de juillet, à Varsovie, ils remirent aux Français et aux Anglais le fruit de leurs recherches. L'équipe de Bletchley se trouva donc pourvue d'une solide base de départ pour se lancer à l'assaut d'Enigma.

La victoire des mathématiciens

À la fin de l'année 1942, la découverte d'un recueil de codes Enigma à l'intérieur d'un sous-marin échoué en Méditerranée orientale permit à l'Angleterre de déchiffrer tous les messages allemands. Mais l'état-major était confronté à un vrai problème : comment utiliser les informations recueillies sans que les Allemands sachent que leurs codes avaient été percés à jour ?

Le meilleur atout des Alliés était indubitablement la confiance absolue des Allemands en leur système : même lorsque leurs ennemis coulaient leurs sous-marins avec régularité, ils ne remirent jamais en cause sa fiabilité. Les décrypteurs d'Enigma déchiffraient chaque mois près de 90 000 messages, qui avaient trait à presque tous les aspects de la guerre. Ce travail permit aux Anglais de limiter largement leurs pertes lorsqu'ils se retirèrent de Crète. Les armées américaines et russes en bénéficièrent aussi. Mais les Russes ne disposèrent que d'informations partielles transmises par la voie diplomatique, comme s'il s'agissait de renseignements recueillis grâce aux filières de l'espionnage classique…

Les victoires navales remportées par les Alliés ont considérablement accéléré l'inversion du rapport de force – entamée avec l'entrée en guerre des États-Unis, en décembre 1941– et contribué aussi certainement au succès du débarquement en Normandie.

Sans le travail des mathématiciens et des décrypteurs polonais et britanniques, la guerre aurait sans doute duré deux ou trois ans de plus, faisant d'innombrables victimes supplémentaires avec, comme conséquence possible, l'utilisation par les Américains de l'arme ultime, la bombe atomique, sur le sol européen…

LE PREMIER ORDINATEUR Colossus fut mis au point par des techniciens de la poste britannique à Bletchley Park, en 1943. Il pouvait tester les séquences d'Enigma au rythme de 5 000 lettres par seconde, ce qui permit de décrypter les codes les plus sophistiqués.

Le fonctionnement d'Enigma

Les livres de code

Ces manuels définissaient des séquences de lettres qui étaient dactylographiées et renouvelées quotidiennement. Si les Alliés n'avaient pas mis la main sur plusieurs d'entre eux, ils n'auraient jamais réussi à décrypter les messages.

Le cadran lumineux

Quelques secondes après que l'opérateur avait appuyé sur une touche, une ampoule, qui correspondait à une lettre, s'allumait sur le cadran situé au-dessus du clavier. Cette lettre était enregistrée jusqu'à ce que tout le message soit crypté et prêt à être envoyé.

Les touches

Les machines Enigma fonctionnaient dans les deux sens : le destinataire devait rentrer le message codé par l'intermédiaire du clavier, et le message original apparaissait alors en clair sur les touches allumées du cadran.

Les rotors et le tableau de connexions

Chaque rotor était autonome. Lorsqu'on pressait une touche, les rotors se mettaient à tourner, recodant toutes les lettres d'une manière différente. Le câblage du tableau de connexions ajoutait de nouvelles interversions de lettres ; il était modifié tous les jours.

Les rotors effectuaient le travail de cryptage, lettre par lettre.

Le clavier permettait de taper les messages.

Le cadran lumineux affichait les lettres cryptées.

Le câblage du tableau de connexions ajoutait un niveau supplémentaire de cryptage.

Le décryptage des codes

L'armée, la marine et les sous-marins allemands avaient chacun leur propre code. Les postes d'écoute anglais, appelés « stations Y », interceptaient les messages, les déchiffraient, les dataient et leur donnaient un numéro d'identification. Les équipes de Bletchley traitaient plusieurs milliers de signaux par jour. Au début, ce travail prenait plusieurs semaines, puis on parvint à l'effectuer en quelques heures grâce aux ordinateurs.

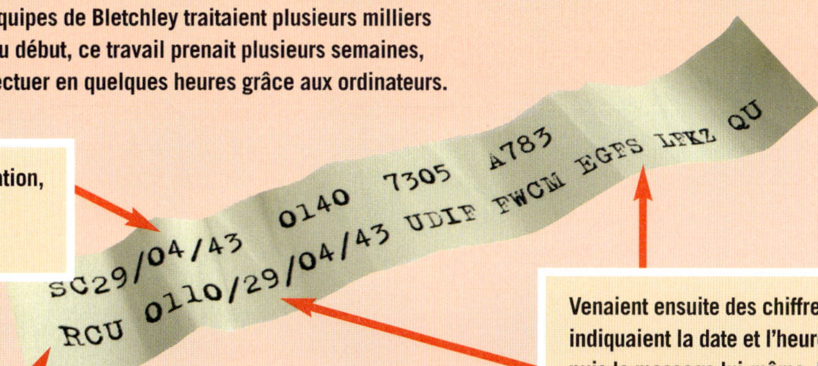

Numéro d'identification, date et heure de l'interception.

Les trois premières lettres n'étaient pas codées. Elles indiquaient la position de départ des rotors, différente pour chaque message.

Venaient ensuite des chiffres, qui indiquaient la date et l'heure du message, puis le message lui-même. Les premiers mots – souvent des phrases convenues (salutations ou considérations météorologiques…) – livraient de précieux indices aux équipes de décryptage.

TRAGÉDIES ET CATASTROPHES

LA DISPARITION DE GLENN MILLER

Un mystère éclairci grâce aux archives

En 1944, l'avion qui devait déposer Glenn Miller à Paris n'atterrit jamais. Le musicien fut porté disparu, officiellement à cause de conditions météo déplorables. En 1965, un homme réfuta cette théorie : il avait vu l'avion et savait ce qui lui était arrivé. Aujourd'hui, les recherches semblent lui donner raison…

À FAIBLE ALTITUDE Le capitaine Glenn Miller prend place à bord d'un minuscule appareil, en compagnie de deux autres hommes. Peut-être entendirent-ils, au-dessus de leur tête, l'impressionnant vrombissement de centaines de bombardiers Lancaster de retour de mission en Allemagne…

Dans l'après-midi du dimanche 15 décembre 1944, alors que la Seconde Guerre mondiale touche à sa fin, un monomoteur de neuf places décolle de Twinwood, dans le sud de l'Angleterre, pour gagner Paris. À son bord se trouvent deux officiers de l'armée de l'air américaine et le capitaine Glenn Miller, le célèbre compositeur et chef d'orchestre. L'avion disparaît dans les nuages. On ne le reverra jamais.

Miller faisait route vers la capitale française, tout juste libérée, afin d'y organiser un concert de Noël pour les troupes à l'Olympia. La nouvelle de sa disparition se propagea très vite, semant la consternation. Le Glenn Miller Army Air Force Band connaissait alors un immense succès, tant auprès des troupes américaines basées en Europe que du public.

Les rumeurs les plus folles se mirent alors à courir : selon certains, Miller avait été enlevé et torturé à mort par les nazis ; pour d'autres, il était mort dans une maison close parisienne, scandale qui devait à tout prix être étouffé.

Aucun signal de détresse, aucun message radio du pilote, aucune trace de la carlingue, la disparition du chef d'orchestre demeura inexpliquée pendant une cinquantaine d'années.

Mais, en 1984, un programme télévisé sud-africain dévoila les résultats de recherches menées par des admirateurs de Glenn Miller ; découvertes qui poussèrent le département d'histoire de l'armée de l'air du ministère britannique de la Défense à ouvrir une enquête.

L'Administration confia cette enquête à Roy Nesbit, un historien de l'aviation ayant lui-même combattu durant la Seconde Guerre mondiale. Et c'est en se plongeant dans les livres de bord et les cartes de navigation des archives publiques de Londres que Nesbit finit par découvrir les causes de la mort de Glenn Miller.

Le « son Glenn Miller »

Glenn Miller était âgé de 11 ans seulement lorsqu'il reçut son premier trombone. Passionné de musique, il citait souvent cet aphorisme que chantait Duke Ellington : *« It don't mean a thing, if you ain't got that swing. »* (« Ça sert à rien si t'as pas le coup de rein. »)

À 34 ans, il avait déjà monté son groupe et fait de la clarinette l'instrument prédominant de la section saxophone. Il connut le succès grâce à ce « son Glenn Miller », si distinctif et révolutionnaire. Avec des titres tels que *Tuxedo Junction, In the Mood* et *Pennsylvania 6-5000,* le Glenn Miller Orchestra conquit le public américain. *Chattanooga Choo Choo,* enregistré par le groupe en 1941, fut le premier disque écoulé à 1 million d'exemplaires.

Mais la guerre survint. Après l'attaque japonaise de Pearl Harbor, Miller délaissa sa carrière et son groupe pour s'engager dans l'armée, qui mit son talent à contribution, le chargeant de remonter le moral des troupes. On décida de moderniser l'orchestre militaire de l'armée des États-Unis. Le succès du Glenn Miller Army Air Force Band fut immédiat, avec quelque huit cents représentations en une année, et cinq cents radiodiffusions pour les troupes basées en Europe et en Afrique.

En juin 1944, quelques jours avant le débarquement, l'armée envoya l'orchestre à Londres, où il logeait à l'hôtel Sloane Court. Chaque nuit, la capitale britannique était la cible des V1 allemands, les premières bombes volantes. Miller décida alors d'emmener sa troupe dans le Bedfordshire, un peu plus sûr – le lendemain de leur départ, les bombes allemandes détruisirent leur hôtel londonien…

Malheureusement, le sort n'épargna pas le compositeur, qui disparut quelques mois plus tard, en décembre.

UN MUSICIEN D'EXCEPTION Glenn Miller était un tromboniste de talent mais aussi un excellent chef d'orchestre : ses arrangements extrêmement originaux apportèrent au son du jazz New Orleans des rythmes syncopés très précis et des harmonies accrocheuses.

De nombreuses hypothèses furent avancées pour expliquer sa mort, toutes impossibles à vérifier. La plus plausible date de 1956 : un dénommé Fred Shaw, après avoir vu le film *The Glenn Miller Story*, affirma qu'une bombe de la Royal Air Force avait accidentellement touché l'avion de Miller. Le 15 décembre 1944, Shaw naviguait à bord d'un bombardier Lancaster – la flottille dont il faisait partie était de retour d'une mission avortée en Allemagne. Ils larguaient leurs cargaisons de bombes au-dessus de la Manche avant l'atterrissage quand Shaw aperçut un appareil léger, un Noorduyn Norseman, qui s'abîmait en mer. Il alerta le mitrailleur arrière : « On a touché un coucou ! » Après avoir vu le film, recoupé les lieux et les dates, il en fut convaincu : il s'agissait bien de l'avion de Glenn Miller.

En territoire dangereux

On accusa Shaw de chercher la notoriété. Son histoire comportait, dit-on, des incohérences. D'abord, il était difficile de reconnaître un Norseman canadien, car un très petit nombre d'entre eux seulement avait volé en Grande-Bretagne ; par ailleurs, comment l'appareil avait-il pu dévier de sa route au point de se retrouver au cœur de cette zone dangereuse, où les avions de retour de mission larguaient toujours leur cargaison ? Enfin, les heures ne coïncidaient pas : selon les rapports, les Lancaster commencèrent à lâcher leurs bombes à 13 h 40 alors que le Norseman de Miller ne décolla qu'à 13 h 55.

Certains s'intéressèrent pourtant à la théorie de Shaw. Le témoignage de cet ancien compagnon d'armes – qui lui jurait, sans pouvoir le prouver, que son histoire était vraie – fit même vaciller les convictions de Nesbit.

Les deux seuls compagnons en mesure d'accréditer le témoignage de Shaw, le bombardier Ivor Pritchard et le mitrailleur Harry Fellows, étaient morts. Néanmoins, l'un des doutes fut rapidement éclairci : selon Nesbit, Shaw pouvait reconnaître l'avion de Miller car il s'était entraîné

Tous les vols maintenus au sol

À la base aérienne de Twinwood, dans le Twinfordshire, la faible visibilité et les mauvaises conditions météo rendirent impossible tout décollage ce dimanche 15 décembre 1944 au matin. Le capitaine Miller aurait pu reporter son départ d'une journée – les ordres d'Eisenhower précisaient qu'il devait être à Paris le 16 décembre au plus tard –, pourtant, l'avion décolla à 13 heures 55. La thèse d'une disparition de l'appareil sous les bombes devint plausible quand on s'aperçut que les Lancaster opéraient à l'heure du méridien de Greenwich, soit un décalage d'une heure : les avions avaient donc pu se croiser.

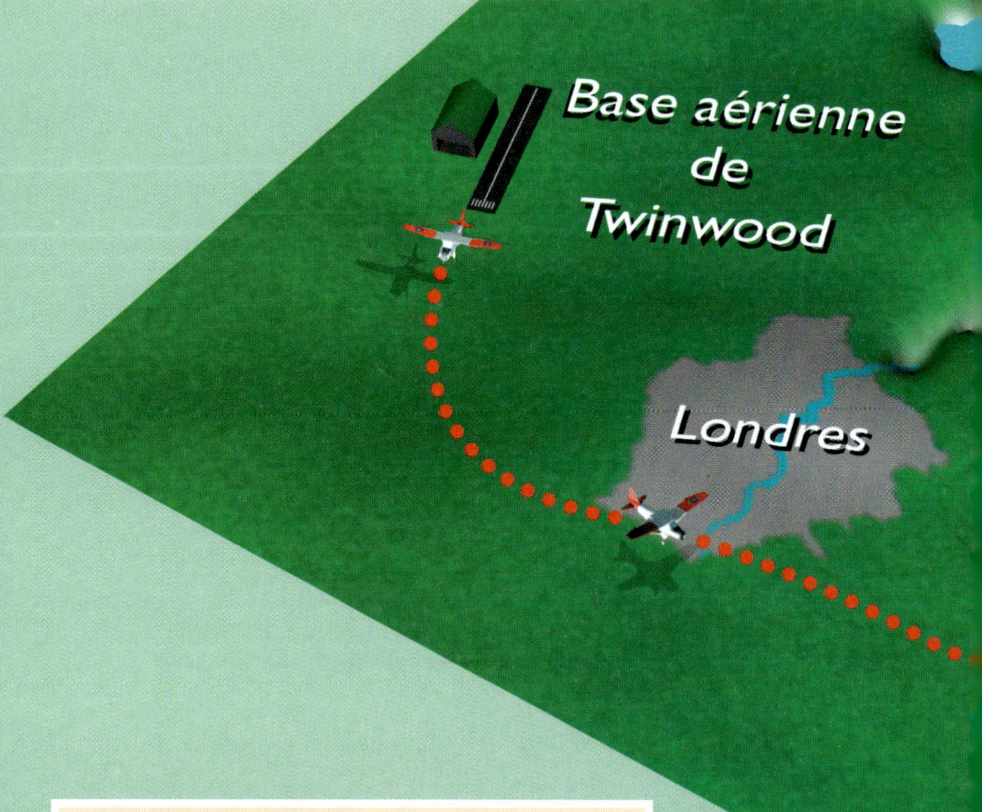

« On a touché un coucou ! »

L'avion de Miller était deux fois plus petit qu'un Lancaster. Il s'agissait d'un Noorduyn Norseman – appareil léger, identifiable au bout de ses ailes plat et arrondi –, fréquemment utilisé au Canada, où Shaw s'entraînait. Il le reconnut et le vit sombrer.

Les Lancaster, sur le chemin du retour

Leur mission à Siegen, en Allemagne, annulée, les cent trente-neuf Lancaster de la Royal Air Force rentraient à la base, dans le Norfolk. Pour des raisons de sécurité, ils n'atterrissaient jamais avec leurs bombes et avaient pour ordre de les larguer dans une zone précise au-dessus de la Manche.

Une zone à haut risque

La zone de largage couvrait 16 km de diamètre, à 45 km au sud de Beachy Head. Elle n'apparaissait sur aucune carte officielle. Les alliés qui traversaient la Manche étaient informés de sa localisation afin de l'éviter. Les avions devaient donc suivre un couloir de sécurité, le SHAEF *(Supreme Headquarters Allied Expeditionary Forces)*, à 16 km à l'ouest de cet endroit dangereux.

à Manitoba, au Canada, où les élèves pilotes volaient fréquemment à bord de Norseman.

Les deux avions avaient-ils pu se rencontrer au-dessus de la Manche ? Pour le savoir, Nesbit dut reconstituer leurs vols. Le département d'histoire de l'aviation l'aida dans ses recherches en l'autorisant à photocopier les dossiers officiels concernant Glenn Miller. L'accès à d'autres documents lui permit de localiser précisément la zone de largage, jamais dessinée sur les cartes officielles : il découvrit qu'elle était située non loin du trajet emprunté par l'avion de Miller – 16 km environ les séparaient.

Une minuscule erreur de navigation, un degré sur le compas, suffisait pour que l'avion de Miller se retrouve dans la zone de largage. Certaines archives corroborent cette possibilité : le pilote, John Morgan, était encore inexpérimenté et peu habitué à voler dans de mauvaises conditions météorologiques.

Nesbit parvint à prouver que les avions avaient pu se croiser : néanmoins, le problème des heures restait à résoudre. De retour aux archives publiques de Londres, il éplucha les livres de bord. Là, tout devint clair : quel que soit le temps, la Royal Air Force opérait à l'heure du méridien de Greenwich afin de conformer les positions de vol à la position du Soleil, de la Lune, des étoiles et des autres planètes. La base américaine de Methwold, dans le Norfolk – où était basée l'escadrille de Fred Shaw –, opérait, elle, à l'heure locale, c'est-à-dire à une heure de différence (mesure de guerre imposée par le ministère de la Défense britannique, qui allongeait le jour d'une heure en Grande-Bretagne). En réalité, l'avion de Glenn Miller avait décollé quarante-cinq minutes avant que les Lancaster n'atteignent la zone de largage, et non quinze minutes après. La détermination de Shaw et la persévérance de Nesbit furent récompensées : le petit Norseman dans lequel se trouvait le capitaine Glenn Miller avait donc bien croisé la route des bombardiers Lancaster. Selon Nesbit, l'avion, piloté par un débutant, s'était précipité sous les monstres volants au moment où ils ouvraient leurs soutes remplies de bombes.

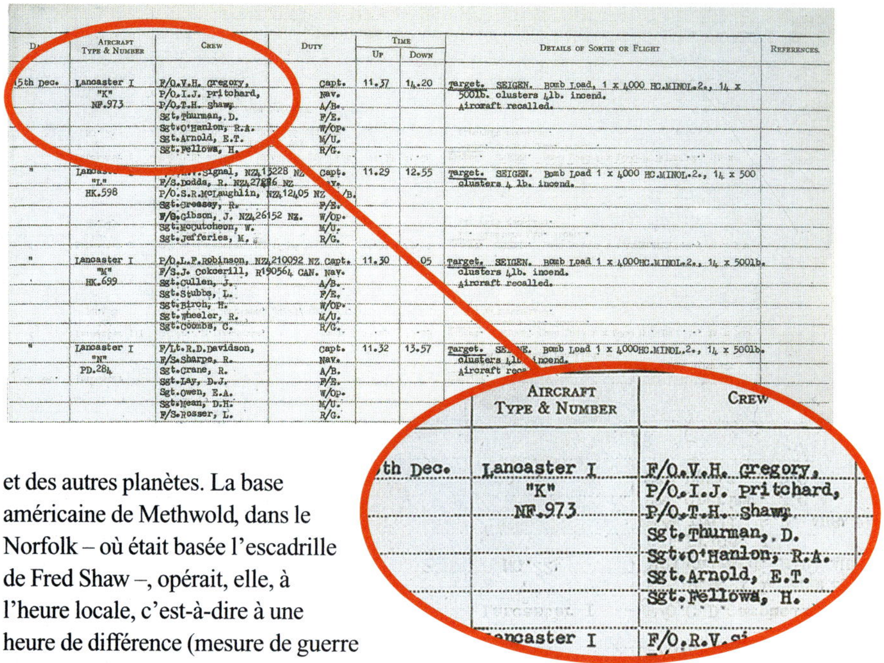

Date	Aircraft Type & Number	Crew	Duty	Time Up	Time Down	Details of Sortie or Flight	References.
15th Dec.	Lancaster I "K" NF.973	F/O.V.H. Gregory, P/O.I.J. Pritchard, P/O.T.H. Shaw, Sgt. Thurman, D. Sgt.O'Hanlon, R.A. Sgt.Arnold, E.T. Sgt.Fellowa, H.	Capt. Nav. A/B. F/E. W/OP. M/U. R/G.	11.37	14.20	Target. SEIGEN. Bomb Load, 1 x 4,000 HC.MINOL.2., 14 x 500lb. clusters 4lb. incend. Aircraft recalled.	
"	Lancaster I "L" HK.598	[illegible]Signal, NZ413228 NZ F/S.Dodds, R. NZ427236 NZ P/O.S.R.McLaughlin, NZ412405 NZ Sgt.Creasey, R. F/S.Gibson, J. NZ426152 NZ. Sgt.McCutcheon, W. Sgt.Jefferies, M.	Capt. Nav. A/B. F/E. W/OP. M/U. R/G.	11.29	12.55	Target. SEIGEN. Bomb Load 1 x 4,000 HC.MINOL.2., 14 x 500 clusters 4 lb. incend.	
"	Lancaster I "M" HK.699	P/O.L.F.Robinson, NZ4210092 NZ F/S.J. Cokcerill, R190564 CAN. Sgt.Cullen, J. Sgt.Stubbs, L. Sgt.Birch, H. Sgt.Wheeler, R. Sgt.Coombs, C.	Capt. Nav. A/B. F/E. W/OP. M/U. R/G.	11.30	[illegible]05	Target. SEIGEN. Bomb Load 1 x 4,000HC.MINOL.2., 14 x 500lb. clusters 4lb. incend. Aircraft recalled.	
"	Lancaster I "N" PD.284	F/Lt.R.D.Davidson, F/S.Sharpe, R. Sgt.Crane, R. Sgt.Lay, D.J. Sgt.Owen, E.A. Sgt.Mean, D.H. F/S.Rosser, L.	Capt. Nav. A/B. F/E. W/OP. M/U. R/G.	11.32	13.57	Target. SE[illegible]E. Bomb Load 1 x 4,000HC.MINOL.2., 14 x 500lb. clusters 4lb. incend. Aircraft reca[illegible]	

DANS LES ARCHIVES Une sortie du Lancaster à bord duquel se trouvait Fred Shaw est consignée sur les feuilles de route archivées à la base américaine de Norfolk, en Angleterre. L'heure d'atterrissage –14 h 20 – prouve que la flottille se trouvait bien au-dessus de la Manche en même temps que l'avion de Miller. La mention « appareil rappelé » signale que les avions rentraient sans avoir terminé leur mission ; ils devaient se débarrasser de leur chargement de bombes dans la zone de largage.

Les derniers airs de Miller

Deux semaines avant sa mort, Miller avait enregistré dans les studios d'Abbey Road, à Londres. Le sergent Ray MacKinlay, le « GI Sinatra », et le sergent Johnny Desmond collaborèrent à cet album – son dernier –, une compilation de grands succès interprétés par l'Army Air Force Band : une importante section de cordes le différenciait de son groupe d'avant-guerre.

Miller jouait des airs entraînants pour ce que l'on appelait les « diffusions secrètes », des radiodiffusions commanditées par le secrétariat aux Affaires de guerre des États-Unis et transmises en territoire ennemi à l'attention des troupes alliées. Véritable effort de guerre, elles remontaient le moral des troupes, ce qu'appréciaient les hauts gradés de l'armée. Le général Doolitle déclarait d'ailleurs : « Juste après les lettres du pays, le Glenn Miller Army Air Force Band a beaucoup soutenu ceux qui travaillaient sur le terrain des opérations en Europe. »

ESPÈCE EN DANGER

Une catastrophe a mis l'humanité en péril

Nous pensons bien souvent que, depuis son origine, la population humaine a augmenté régulièrement. Pourtant, il y a quelque 70 000 ans, *Homo sapiens* manqua de disparaître.

Après des centaines de milliers d'années d'évolution, le nombre d'êtres humains diminua brutalement – il y a trois mille générations de cela. Les résultats de recherches menées sur notre ADN livrent des chiffres étonnants : moins de dix mille êtres humains – toute l'humanité aurait pu tenir dans un stade de football ! – parmi lesquels, selon certains scientifiques, pas plus de cinq cents femmes. Ainsi, pendant des siècles, chaque nouvelle génération d'*Homo sapiens* aurait bien pu être la dernière.

Cette crise démographique – que l'on désigne sous le terme de « goulet d'étranglement » – fut découverte alors que des chercheurs tentaient d'expliquer la faible diversité du patrimoine génétique des hommes actuels. Pour comprendre son évolution, ils étudièrent l'ADN dont nous sommes tous porteurs et arrivèrent ainsi, en remontant dans le temps, à une période où l'espèce n'aurait plus compté qu'un tout petit nombre de femmes en état de procréer. Selon des études complémentaires, la crise eut lieu il y a environ 70 000 ans. Les généticiens qui parvinrent à évaluer son importance et à la dater ne purent en revanche en expliquer l'origine. Ce sont les paléoclimatologues et les spécialistes en sciences de la Terre qui apportèrent une réponse. Les indices se trouvaient en fait sous nos pieds !

Un cataclysme planétaire

D'importants dépôts de cendres et de débris fournissent la preuve qu'une grave catastrophe naturelle ébranla la Terre il y a exactement 71 000 ans. La cause de ce désastre fut l'éruption du volcan Toba, sur l'île indonésienne de Sumatra : la plus importante explosion volcanique des deux derniers millions d'années et l'une des plus fortes des quatre cent

UN PAYSAGE STÉRILE Les spécialistes en sciences de la Terre ont révélé qu'un changement climatique brutal avait eu lieu à une époque relativement récente, plongeant la Terre dans un long hiver volcanique : les trois quarts de la végétation de l'hémisphère Nord disparurent, et les populations furent décimées par la famine qui s'ensuivit.

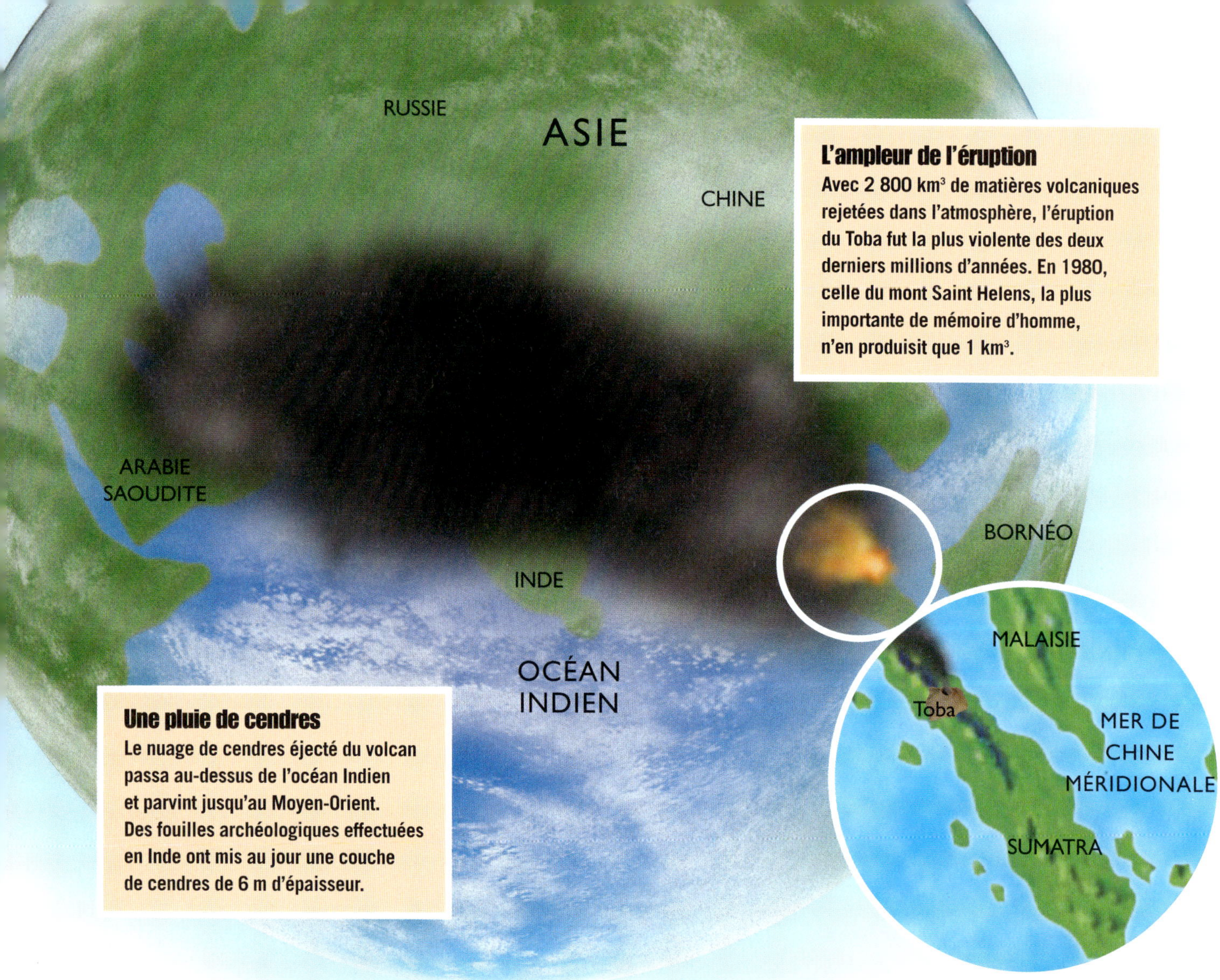

L'ampleur de l'éruption

Avec 2 800 km^3 de matières volcaniques rejetées dans l'atmosphère, l'éruption du Toba fut la plus violente des deux derniers millions d'années. En 1980, celle du mont Saint Helens, la plus importante de mémoire d'homme, n'en produisit que 1 km^3.

Une pluie de cendres

Le nuage de cendres éjecté du volcan passa au-dessus de l'océan Indien et parvint jusqu'au Moyen-Orient. Des fouilles archéologiques effectuées en Inde ont mis au jour une couche de cendres de 6 m d'épaisseur.

Autopsie d'un désastre

À cause de sa soudaineté, l'éruption du Toba eut des conséquences dramatiques. Ses effets se répercutèrent sans doute sur toute la planète en quelques jours. Un changement de climat moins brutal aurait permis aux populations de s'adapter à la diminution des ressources végétales et animales.

- D'après les scientifiques, le panache de fumée du volcan Toba dut s'élever jusqu'à 30 km de haut, ce qui représente deux fois la hauteur suffisante pour modifier l'ensemble du climat.

- Les proportions d'isotopes d'oxygène dans les échantillons prélevés à la surface de la Terre révèlent une chute brutale des températures après l'éruption.

- Des glaciers se formèrent, le niveau de la mer baissa, laissant à nu des paysages balayés par les vents. Le calcium trouvé dans les glaciers du Groenland prouve que des tempêtes de poussière soufflèrent des jours durant, tuant les plantes et privant de nourriture hommes et animaux.

Des cicatrices sur la Terre

Avec une profondeur moyenne de 450 m, la dépression géante laissée par l'éruption du Toba constitue aujourd'hui le plus grand lac de cratère du monde. Il mesure 100 km de long et son périmètre avoisine les 300 km.

cinquante derniers millions d'années. Elle laissa un cratère de 100 km de diamètre – dans sa plus grande dimension. Par ailleurs, les dépôts de cendre, de soufre et de calcium découverts dans les échantillons de roche et de glace prélevés au Groenland – à 11 000 km de là ! – attestent la violence de l'explosion.

Le grand refroidissement

L'éruption proprement dite semble avoir duré environ deux semaines. Elle se prolongea par six années « d'hiver volcanique » au cours desquelles d'épais nuages de cendres masquèrent le Soleil. Le refroidissement planétaire qui s'ensuivit dura au moins mille ans. L'éruption elle-même décima certainement un grand nombre d'individus, mais l'on attribue la crise démographique à la baisse des températures, qui atteignit entre 3 et 12 °C.

Le climat devint froid et sec, entraînant la destruction de nombreux écosystèmes. Les graines ne parvinrent plus à s'ancrer ni à germer ; la végétation disparut par manque de lumière ; les animaux moururent par milliers. La population, affamée et désorientée, s'éteignit peu à peu, à commencer par les plus fragiles : les enfants puis les femmes.
D'après certains généticiens, l'éruption du Toba aurait anéanti de nombreuses branches de l'espèce humaine. Les populations des régions tropicales et subtropicales périrent probablement à cause du froid. À des latitudes plus élevées, les hommes de Neandertal, pourtant mieux adaptés biologiquement à de rudes conditions environnementales, virent leur nombre diminuer et quittèrent l'Europe du Nord. Nous ne savons pas combien d'hommes peuplaient la planète avant l'éruption du Toba, mais, après celle-ci, notre espèce fut réellement au bord de l'extinction.

Homo sapiens survécut car des groupes de cette espèce s'étaient installés dans trois régions tropicales d'Afrique : la terre de ces zones à forte pluviosité leur fournit de quoi subsister et se développer. Les archéologues relevèrent les traces d'une activité humaine postérieure à la crise. Confectionnés il y a quelque 70 000 ans, les outils et gravures retrouvés sur ces sites attestent que l'évolution de l'homme fut plus marquée en Afrique. Avec un peu de chance et d'ingéniosité, nos ancêtres résistèrent au désastre géologique qui aurait bien pu marquer la fin de l'espèce.

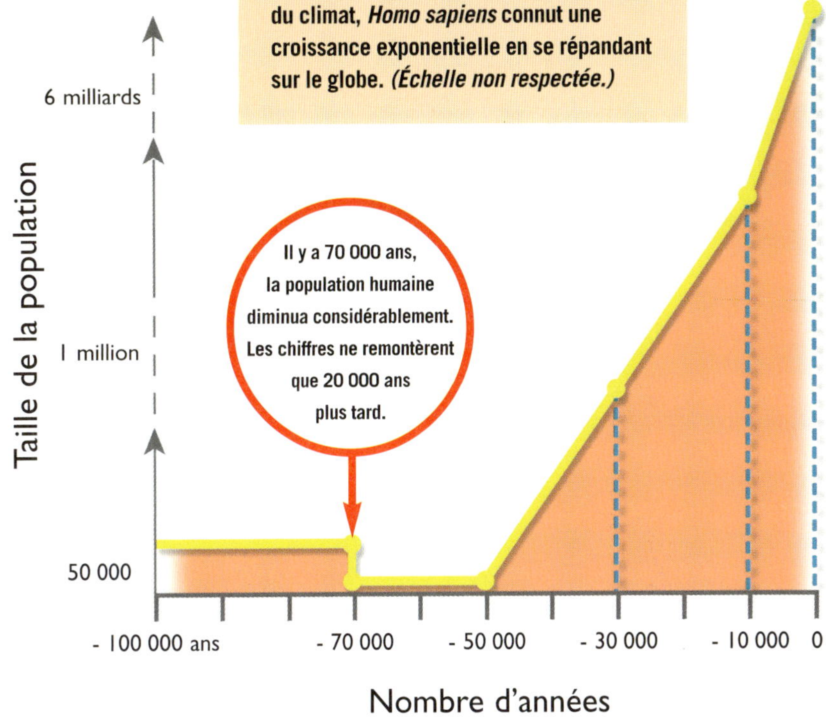

Courbe de croissance
La plus grande crise qui frappa l'espèce humaine la mena au bord de l'extinction. Mais, grâce à un radoucissement du climat, *Homo sapiens* connut une croissance exponentielle en se répandant sur le globe. *(Échelle non respectée.)*

INDICES ET REPÈRES Les échantillons cylindriques (carottes) prélevés dans les glaciers contiennent des traces de soufre et de cendres ainsi que des micro-organismes (pollens) qui ont permis de dater l'éruption du Toba et de connaître l'ampleur de ses répercussions.

LA MORT SUBITE D'AGNÈS SOREL

La Dame de Beauté a été empoisonnée !

Le 9 février 1450, l'influente favorite de Charles VII meurt en quelques heures d'un « flux au ventre » : son entourage pense aussitôt à un empoisonnement. Cinq cent cinquante-cinq ans plus tard, l'analyse des restes de la défunte a permis de confirmer ces soupçons.

LA PREMIÈRE FAVORITE D'UN ROI C'est certainement avec l'approbation du souverain que Jean Fouquet put représenter Agnès Sorel sous les traits de la Vierge. Le peintre voulut sans doute exprimer son admiration et sa fidélité à une femme dont il était l'un des exécuteurs testamentaires.

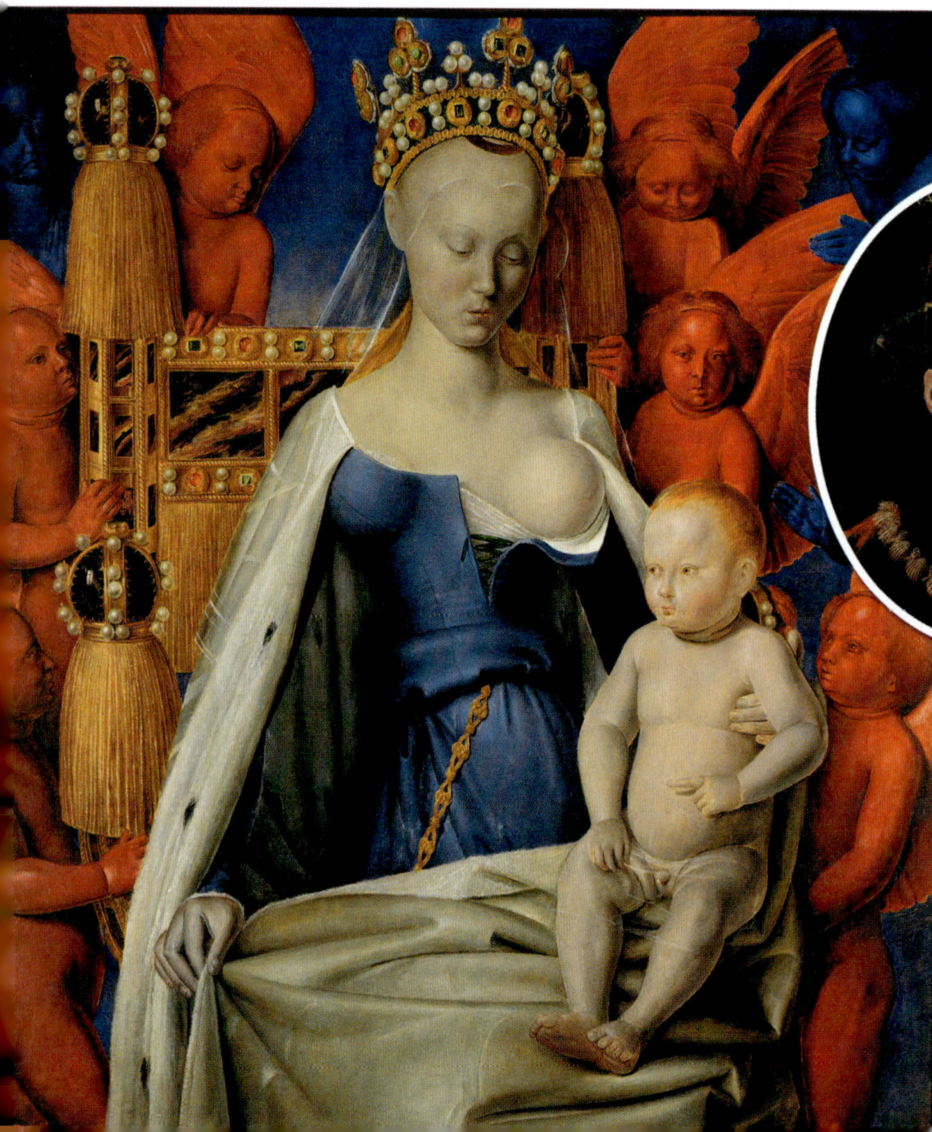

En février 1450, Agnès Sorel, favorite du roi de France depuis six ans, quitte la Touraine pour se rendre en Normandie. Elle doit y retrouver Charles VII, parti reconquérir cette province. À peine installée au manoir du Mesnil, qui dépend de l'abbaye de Jumièges, près de Rouen, elle commence à souffrir de maux de ventre. Avant de mourir, elle a juste le temps de léguer ses biens à des parents, au roi – à qui ses bijoux reviennent –, à la collégiale de Loches et à l'abbaye de Jumièges – afin que des messes soient dites pour le repos de son âme. Une mort si brutale surprend et intrigue. Jacques Cœur, grand marchand et argentier du roi, et le Dauphin Louis, futur Louis XI, sont soupçonnés de l'avoir assassinée. Très influente, particulièrement jalousée, la Dame de Beauté ne fut pas pleurée par toute la cour. Comme plusieurs personnes de l'entourage de Charles VII, le Dauphin – l'un de ses adversaires les plus déterminés – n'avait pas accepté l'ascension de la favorite ; et ce n'était qu'un des nombreux litiges l'opposant à son père, qui l'avait d'ailleurs, pour l'éloigner, envoyé gouverner le Dauphiné en 1447…

L'ascension et le scandale

Née autour de 1422, probablement en Touraine, Agnès Sorel reçut une excellente éducation : c'était l'une des futures demoiselles de compagnie de la reine de Sicile, Isabelle de Lorraine. Elle fut présentée au roi de France en 1444 : ébloui par sa jeunesse et sa beauté, il la prit pour maîtresse. Pendant six ans, à Razilly, à côté de Chinon, ou à Beaulieu, non loin de Loches, elle vécut près de Charles VII. Elle lui donna trois filles – et, à sa mort, elle était enceinte de sept mois. Certains contemporains jugèrent avec sévérité ce qu'ils considéraient comme une vie dissolue : ils décrivirent le souverain comme un débauché influencé par sa favorite.

INHUMÉE DANS UN SALOIR EN GRÈS
C'est en 1777 que l'on procéda à la réduction du corps d'Agnès Sorel, avant de placer ses restes dans ce saloir à cochon. Les scientifiques en ont exhumé des mandibules, des cheveux, des morceaux de muscle, du jus de putréfaction… Il n'y avait en revanche aucun bijou dans l'urne, profanée à plusieurs reprises.

À la cour, Agnès Sorel fit scandale. Avant d'inspirer la mode, elle choqua par sa façon de ramener ses cheveux sur le haut de la tête, ou encore par un décolleté qui laissait ses épaules dénudées. Dès leur rencontre, le roi lui offrit des robes d'étoffes précieuses bordées de martre et des bijoux – parmi lesquels le premier diamant jamais taillé. Il lui fit don du château de Loches et lui octroya les fiefs de Vernon, Issoudun, Roquecezière et Beauté-sur-Marne. C'est ce domaine qui valut à Agnès le surnom de Dame de Beauté. Toutes ces dépenses obligèrent à puiser dans les caisses tenues par Jacques Cœur.

La favorite était aussi une femme d'influence. Ses filles furent légitimées. Elle imposa, entre autres, Pierre de Brézé, qui devint maître du gouvernement de Charles VII en 1444. Elle aurait même poussé le roi à reconquérir la Normandie et la Guyenne, occupées par les Anglais…

L'empoisonnement confirmé par la science

Après son décès, on répartit les restes de la favorite de Charles VII dans deux tombeaux commandés par le roi. Placé à Jumièges, le premier reçut son cœur. Le second, installé à la collégiale Saint-Ours de Loches et surmonté d'une statue d'albâtre allongée sur un socle de marbre noir, accueillit son corps ; mais son emplacement gênait les chanoines, qui demandèrent à ce qu'il soit déplacé. En 2004, avant que le corps ne réintègre la collégiale – respectant ainsi les dernières volontés de la défunte –, des scientifiques effectuèrent des prélèvements pour découvrir si les restes déposés au XVIIIe siècle dans un saloir à cochon de 43 cm de haut étaient bien ceux d'Agnès Sorel.

L'institut de recherche criminelle de gendarmerie reconstitua son visage ; des laboratoires de Lille – pour les recherches ADN –, de Strasbourg – pour la génétique –, de Reims – pour la parasitologie – et de Paris – pour la toxicologie – reçurent et analysèrent des cheveux, des poils et des morceaux de peau. Ils conclurent que la Dame de Beauté souffrait d'ascaridiose, une infection parasitaire intestinale douloureuse. À l'époque, le mal était soigné par une décoction de fougère associée à du mercure. Or, selon les chercheurs, Agnès Sorel aurait ingéré des quantités anormalement élevées de mercure – on connaissait pourtant la posologie adaptée depuis l'Antiquité. Y eut-il une erreur au moment de la préparation du traitement ? La favorite fut-elle assassinée ? Même si l'empoisonnement de la première maîtresse officielle d'un roi dans l'histoire de France est aujourd'hui confirmé, le mystère de sa mort n'est pas totalement résolu.

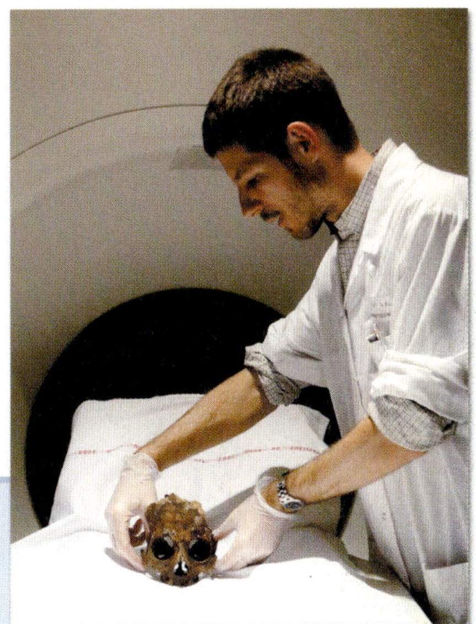

Quand la science enquête…

Coordonnés par le médecin légiste Philippe Charlier (qui dispose, ci-dessus, le crâne de la défunte pour un scanner), vingt-deux collaborateurs (radiologues, médecins légistes, paléoparasitologues…) et dix-huit laboratoires ont participé à l'étude des restes d'Agnès Sorel. Grâce au rayonnement synchrotron – qui permet de réaliser des analyses chimiques extrêmement précises et de détecter des éléments seulement présents à l'état de traces –, ils ont analysé des morceaux de peau et des cheveux et ont ainsi découvert la présence d'une quantité anormalement élevée de mercure. L'examen anthropologique du crâne a confirmé qu'il s'agissait bien des os d'une femme. Elle était manifestement jeune (dents peu usées, pas de trace d'arthrose). L'étude des dents (sept ont été retrouvées, une seule était cariée) et des sutures crâniennes a permis de déterminer l'âge de la mort (entre 23 ans et 9 mois et 27 ans et 9 mois). Les cheveux (le plus long mesurait 24 cm) ont prouvé que la maîtresse du roi était bien blonde, même si les échantillons observés paraissaient plus foncés (brunis par la gangue de plomb présente dans le sarcophage).

Histoire et médecine

Meurtres, maladies, folie ponctuent l'Histoire et sont chaque fois consignés, rapportés. Mais l'examen minutieux de certaines images et l'analyse contemporaine des symptômes amènent les médecins d'aujourd'hui à prononcer des diagnostics bien différents, permettant aux historiens de s'approcher au plus près de la vérité.

Un examen médical

En 1967, un chirurgien italien visitant le Rijksmuseum, à Amsterdam, s'arrêta devant le *Bethsabée au bain,* de Rembrandt, prêté par le musée du Louvre. Il remarqua que le sein du personnage était enflé, juste sous l'aisselle, et comportait des taches colorées très caractéristiques. Pensant reconnaître là certains symptômes, il entama des recherches : elles lui apprirent que le modèle de Rembrandt – sa maîtresse, Hendrickje Stoffels – avait succombé après une longue maladie. Le médecin du XXe siècle en conclut donc que la femme du XVIIe était bien, comme il le pensait, morte d'un cancer du sein.

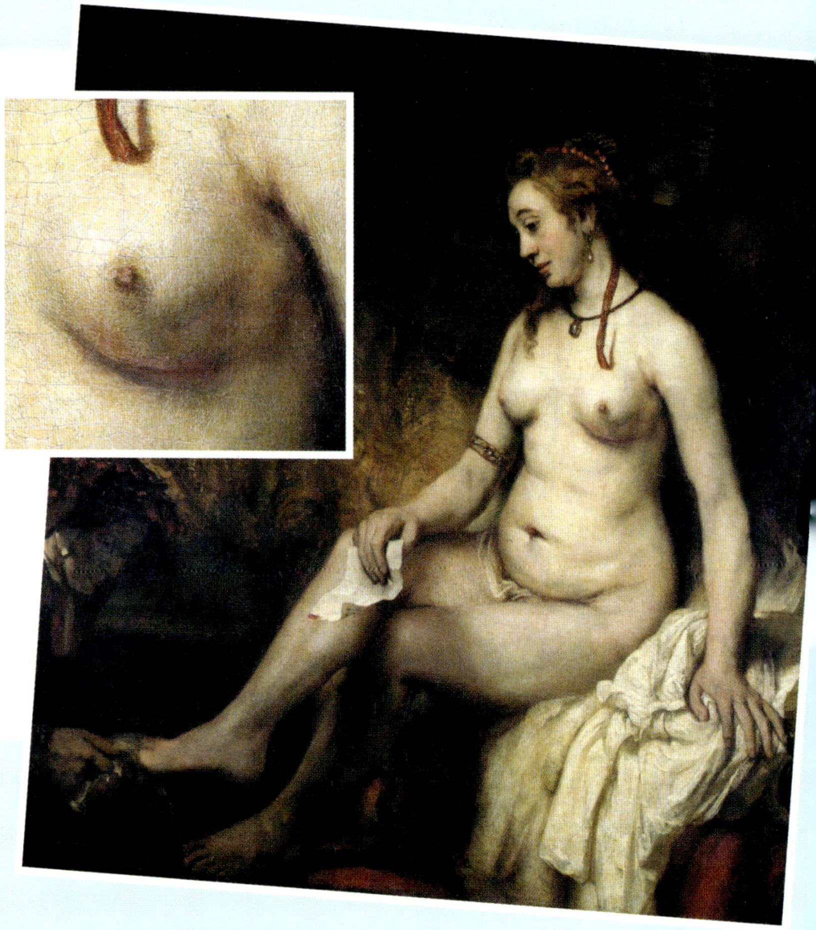

La vie en jaune

Vincent Van Gogh fut déclaré fou lorsque, en 1888, il se trancha l'oreille droite. Mais des médecins contemporains, après avoir examiné la description des symptômes consignée par l'artiste lui-même, en conclurent qu'il souffrait en fait de crises d'épilepsie partielle (ou épilepsie du lobe temporal), probablement aggravées par sa consommation d'alcool – d'absinthe plus particulièrement. À l'époque, l'épilepsie était soignée avec de la digitale, plante responsable d'un trouble de la vision appelé xanthopsie (l'impression de tout voir en jaune), ce qui expliquerait pourquoi cette couleur domine dans un grand nombre de tableaux du peintre.

Un nez boursouflé

Dans le *Portrait d'un vieillard et d'un jeune garçon,* peint par Domenico Ghirlandaio en 1490, le nez du vieil homme est hypertrophié. Il souffrait probablement d'un rhinophyma – une hyperplasie des glandes sébacées –, manifestation sévère de la rosacée que le corps médical ne nomma qu'en 1845. Les antibiotiques permettant de traiter cette maladie chronique furent mis au point cinq cents ans plus tard.

La folie de Charles VI

En août 1392, Charles VI, somnolent sur son cheval, est subitement persuadé d'être trahi et sort son épée afin de s'en prendre à tous ceux qui l'entourent. Il tue quatre hommes et doit être ramené ligoté sur un chariot. Cette crise sera la première d'une cinquantaine, durant lesquelles le roi a des accès de violence et de peur : il se croit par exemple en verre ou craint de tomber dans les escaliers. Aujourd'hui, les scientifiques s'accordent à dire que ce souverain – qui régna quarante-deux ans – souffrait d'une forme atypique de schizophrénie ou d'une psychose maniaco-dépressive.

Le protecteur empoisonné

Oliver Cromwell, lord protecteur de l'Angleterre en 1653, responsable de la condamnation à mort de Charles Ier en 1649, mourut en 1658, apparemment de malaria, ou paludisme. Mais selon une étude publiée en 1999, certains symptômes décrits dans les rapports de l'époque ne sont pas ceux que cause cette maladie : Cromwell aurait été, semble-t-il, empoisonné à l'antimoine, à l'arsenic et au mercure, administrés régulièrement sur une période de trois mois. Certains historiens en tirent une conclusion très controversée mais néanmoins plausible : Cromwell fut assassiné par les royalistes impatients de restaurer la monarchie et de renverser le Commonwealth.

MISSION SUICIDE

Les kamikazes étaient des pilotes inexpérimentés

Au cours de la Seconde Guerre mondiale, les missions suicides des pilotes japonais firent d'énormes dégâts. Ces actes de bravoure extrême, longtemps associés aux valeurs traditionnelles de loyauté et de sacrifice du Japon, étaient en réalité une tactique militaire destinée à tirer le meilleur parti de jeunes hommes sans expérience du combat.

NAVIRE EN PERDITION

En novembre 1944, l'*Essex,* porte-avions américain, fut victime d'une attaque suicide – qui causa la mort de quinze membres d'équipage et en blessa quarante-quatre autres. Un seul avion suffisait à couler un bateau de guerre.

Pour les marins américains témoins des attaques kamikazes, l'idée que les pilotes japonais n'avaient aucune expérience de la guerre était inconcevable. Pourtant, il s'agissait presque uniquement de débutants, envoyés à la mort par une armée dont les effectifs avaient subi d'énormes pertes. Le manuel d'entraînement rappelait des consignes simples destinées à de vrais novices, comme rouler en ligne droite sur la piste d'envol au moment du décollage ou retirer les goupilles de sécurité des bombes transportées. On conseillait même aux pilotes nerveux d'uriner avant de partir, car ils devaient avoir « l'esprit libre »… Surtout lorsque la mission consistait à lancer un avion chargé d'explosifs contre un navire de guerre ennemi.

En automne 1944, les forces japonaises perdaient la guerre dans le Pacifique : à Saipan, les Américains abattirent un si grand nombre de

TENUE DE COMBAT **Le port du *hachimaki* – bandeau serre-tête – faisait partie de la tenue du kamikaze. Il rappelait le bandeau que les samouraïs portaient au combat afin de ne pas être aveuglés par la sueur.**

pilotes japonais qu'ils appelèrent cette bataille « le tir aux pigeons des Mariannes ». L'armée américaine cherchait à conquérir les Philippines car elles pouvaient servir de base pour lancer des frappes contre le Japon.

L'empire japonais n'était plus en mesure de mener une guerre conventionnelle. Handicapé par le manque de pilotes expérimentés, le pays ne pouvait s'offrir le luxe de consacrer les cent jours nécessaires à la formation des débutants, qui fut donc réduite à vingt-cinq jours. Ainsi préparées, les jeunes recrues étaient incapables de rivaliser avec les pilotes de chasse de l'armée de l'air américaine. Les instructeurs japonais les comparaient à des « fleurs de cerisier bordées de noir », magnifiques mais éphémères…

Le vice-amiral Takijiro Onishi fut le premier à envisager des missions de bombardement suicides comme tactique de guerre : il était inutile d'avoir d'excellents pilotes de chasse alors qu'un seul avion chargé d'explosifs pouvait infliger des dégâts énormes à l'ennemi. Le haut commandement de la marine japonaise finit par se laisser convaincre.

Le nom officiel de ces unités était Tokkotai, « unité d'attaque spéciale », en abrégé Tokko. Les pilotes qui se sacrifièrent sont mieux connus sous le nom de kamikazes – « vent divin », référence à un épisode de l'histoire du pays : en 1281, un typhon anéantit une flotte d'envahisseurs mongols en route vers le Japon. Le haut commandement japonais espérait qu'ainsi baptisés, les jeunes pilotes parviendraient au même exploit.

Les samouraïs du ciel

La tradition japonaise des samouraïs, ces guerriers du Moyen Âge liés à leur maître par un code d'honneur extrêmement rigide, le bushidô (« la voie du guerrier »), permet de mieux comprendre les motivations des kamikazes. Le samouraï jurait obéissance et fidélité à son seigneur féodal, et ce jusqu'à la mort.

Au Japon, les pilotes kamikazes étaient effectivement présentés comme les samouraïs des temps modernes, prêts à sacrifier leur vie afin de protéger leur maître, l'empereur. Ce portrait flatteur trouva un écho auprès de nombreux pilotes : désespérés, ceux qui n'avaient pas été retenus pour des missions suicides suppliaient leurs commandants de les choisir. D'autres écrivaient des lettres avec leur sang pour prouver leur détermination sans faille.

En réalité, il n'y avait pas vraiment de rapport entre les kamikazes et les samouraïs. Ces derniers se destinaient à une noble carrière. Parfaitement entraînés au métier de guerrier, ils formaient une élite. Les jeunes pilotes japonais étaient, eux, enrôlés quels que soient leur âge ou leur niveau d'instruction. Ils pouvaient rapidement devenir de valeureux héros : pour cela, il leur suffisait juste de mourir…

Les premières attaques

Le vice-amiral Onishi forma la première unité kamikaze à partir du 201e corps d'aviation des Philippines (les Japonais occupèrent l'archipel en 1942). Le manuel d'entraînement décrivait en ces termes ce qui attendait le pilote : « Vous êtes à 2 ou 3 m de la cible. Vous voyez distinctement la gueule des canons ennemis. À ce moment-là, vous vous représentez le visage de votre mère, ni souriant, ni en larmes… son visage habituel. Vous entendrez peut-être un dernier son ressemblant à celui du cristal brisé. »

Chaque attaque devait être un succès : lorsque le pilote jugeait qu'il n'avait pas le bon angle d'approche pour couler un navire, il retournait à la base. Si le kamikaze n'était pas certain d'atteindre le but recherché – stopper l'avancée américaine –, inutile de se sacrifier. Pourtant, quatre avions suicides sur cinq environ étaient abattus avant d'atteindre leur cible.

Onishi en personne annonça à un jeune lieutenant de 23 ans, Yukio Seki, qu'il mènerait la première attaque. Seki lui aurait déclaré, en inclinant la tête : « Je vous supplie de me confier cette mission. » Le 25 octobre 1944, les navires

DROIT SUR LA CIBLE **Un avion kamikaze se dirige droit sur le pont du cuirassé *USS Missouri.* Pour que les dégâts soient très importants, les pilotes devaient s'écraser sur certaines zones particulièrement vulnérables, comme le point entre la passerelle de commandement et les cheminées.**

UN VÉTÉRAN Le pilote Hichiro Naemura (à gauche, photographié devant son chasseur *Zero-Sen*), se porta volontaire comme kamikaze en janvier 1945 mais ne fut jamais envoyé en mission. Soixante ans plus tard, il enviait encore ceux qui avaient volé : « On mourait dans l'honneur au lieu de gaspiller sa vie. »

de guerre américains furent attaqués près de l'île de Samar, dans les Philippines : Seki aurait dirigé la frappe qui coula le porte-avions d'escorte *St Lo*.

Une fois l'efficacité de cette stratégie prouvée, le haut commandement japonais lui trouva de nouveaux modes opératoires. Des petits avions appelés *okha* (fleurs), sorte de bombes pilotées, étaient transportés sur les lieux d'affrontement par des engins plus gros puis largués au-dessus des cibles ; des torpilles pilotées, nommées *kaiten* (« départ vers le ciel »), étaient tirées contre les sous-marins et les navires de guerre – le pilote, sanglé à bord, se dirigeait à l'aide d'un simple manche. Au total, les Alliés perdirent environ trois mille hommes et cent vingt navires, et les Japonais, plus de sept mille pilotes.

Ces attaques d'un genre nouveau affectèrent considérablement le moral des Alliés. Jusqu'à l'été 1945, on interdit aux militaires américains de retour du Pacifique d'y faire allusion, de peur de décourager leurs congénères. Mais ceux qui avaient pu voir une mission kamikaze ne parvenaient jamais à l'effacer de leur mémoire. Un marin qui servait sur le porte-avions *Essex* raconta : « On avait l'impression [que l'avion] arrivait très lentement. Il fumait, mais personne ne pouvait l'abattre. Au moment où il toucha le navire, je courus me mettre à l'abri. Après l'explosion, je me risquai à revenir sur la plate-forme d'envol – et j'aurais mieux fait de ne pas y aller… tous ces gens tués, pour la plupart brûlés vifs. »

Des sacrifices inutiles

La mission kamikaze n'était pas une tradition japonaise : un samouraï se battait jusqu'à la mort et ne commettait le seppuku – suicide rituel consistant à s'ouvrir le ventre (ce que nous appelons improprement hara-kiri) – que lorsqu'il pensait avoir perdu son honneur. L'envol de ces hommes vers une mort certaine était bien différent, et n'eut d'ailleurs pas le résultat espéré. Onishi essayait de se justifier en proclamant : « Sur terre, ils risquent d'être écrasés sous les bombes et, en l'air, ils peuvent être abattus. C'est triste, trop triste… Le Tokko est l'occasion pour de jeunes hommes de mourir en beauté. Offrir une belle mort, c'est le mieux que nous puissions faire pour eux. »

Dernières lettres à la famille

Avant de s'envoler, les pilotes kamikazes écrivaient une dernière lettre à leur famille. La plupart s'en tenaient à des formules standard dans lesquelles ne perçait aucun sentiment de nostalgie, et mettaient l'accent sur la valeur sacrée de leur action. Certains confiaient leur espoir d'avoir leur nom inscrit dans le sanctuaire de Yakusuni, à Tokyo, qui commémore le souvenir des Japonais morts à la guerre. Voici ce qu'écrivait un pilote à ses deux jeunes enfants : « Ne soyez pas jaloux des papas de vos amis. Votre papa [...] est devenu un dieu et veille toujours sur vous. » Mais beaucoup avaient du mal à accepter cette situation. Goro Nagamine confia les sentiments qu'il éprouvait la nuit précédant sa mission : « Je me disais "Bon, tu es prêt à partir ?", et il y avait une partie de moi qui répondait "Oui, je suis prêt à partir" mais une autre qui criait "Je ne veux pas mourir !" »

Quand ils avaient rédigé leur lettre, les pilotes réunissaient leurs affaires. Au-dessus de la pile, on plaçait un morceau de papier sur lequel était inscrit le nom du propriétaire des effets précédé de la mention « décédé ». Les hommes pouvaient alors décoller...

Les pilotes débutants ne se battaient pas comme des guerriers samouraïs aguerris : on leur imposait une mort passive. Les kamikazes furent trompés par leur hiérarchie. Ils n'étaient d'ailleurs pas toujours sûrs d'eux. Après la guerre, un grand pilote de la marine impériale, Saburo Sakai, fit part de ses doutes sur la sincérité des volontaires : « Ceux qui leur donnaient des ordres et les encourageaient mentaient. Les pilotes volontaires pour faire partie d'une unité de kamikazes criant "J'y vais ! J'y vais ! J'y vais !", c'est un mensonge ! Personne n'a envie de mourir. Mais nous étions tous des militaires. Si on nous donnait un ordre, on y allait. Moi aussi, j'y suis allé. »

Néanmoins, personne n'en parlait, ni les pilotes, ni le commandement, encore moins la population : la presse et les autres médias étaient sévèrement censurés. Le sacrifice des kamikazes ne put empêcher l'issue tragique de cette guerre. Après les bombardements atomiques d'Hiroshima et de Nagasaki, l'empereur Hirohito annonça, le 16 août 1945, la capitulation du Japon. Quant à Onishi, se considérant comme responsable de l'échec du sacrifice de ses pilotes, il se fit seppuku.

UN HOMME D'HONNEUR Dans sa dernière lettre, le vice-amiral Takijiro Onishi, père des kamikazes, remercia ses « courageux pilotes des attaques spéciales ». Par sa mort, il souhaitait racheter son incapacité à remporter la victoire. Il se fit hara-kiri et mourut quatorze heures plus tard.

> « Personne n'a envie de mourir. Mais nous étions tous des militaires. On y allait. Moi aussi, j'y suis allé. »
>
> SABURO SAKAI

LES SECRETS DE L'HOMME DES GLACES

Enquête sur une mort suspecte survenue il y a plus de 5 000 ans

Dans les Alpes, la découverte d'un corps datant du néolithique révolutionna le monde de l'archéologie. Le mystère de ces fragiles restes humains se révéla être un passionnant casse-tête médico-légal.

Ce matin de septembre 1991, Helmut et Erika Simon faisaient une excursion en montagne près de la frontière austro-italienne. À 3 200 m, alors que le couple allemand avait quitté le sentier sécurisé, il aperçut un corps à demi enfoncé dans la glace fondue. Pensant qu'il s'agissait d'un alpiniste malchanceux, ils alertèrent rapidement les secours.

La dépouille et les objets trouvés à ses côtés furent redescendus dans la vallée. On s'aperçut rapidement que le corps était prisonnier de la glace depuis très longtemps.

L'homme de la montagne – appelé Ötzi car on l'a découvert dans la vallée d'Ötztal – vivait vers 3300 avant J.-C., soit plus de mille ans avant la construction des pyramides… Son sarcophage de glace l'avait préservé de toute dégradation pendant cinq millénaires. Même ses globes oculaires ▶ p. 185

EXAMEN POST MORTEM L'homme des glaces a été examiné sur un banc réfrigéré pour limiter la détérioration due à la décomposition. Les spécialistes de l'hôpital général de Bolzano, en Italie, eurent recours aux techniques de l'imagerie médicale – rayons X et scanner. C'est ainsi qu'ils repérèrent la pointe de flèche fichée dans l'épaule gauche d'Ötzi. Dix années s'étaient écoulées depuis la découverte du corps.

Autopsie archéologique

La mort mystérieuse d'Ötzi déclencha une véritable enquête criminelle. Les investigations s'appuyèrent sur des techniques sophistiquées employées en médecine légale. On examina chaque centimètre du corps. Les scientifiques analysèrent le dernier repas du défunt et cherchèrent les signes d'une bagarre ayant pu entraîner la mort. La datation au carbone 14 permit de déterminer l'âge de la dépouille, et les tests ADN d'établir avec une certaine précision l'endroit où il avait vécu (la vallée de l'Eisack, en Italie).

Le travail des médecins légistes fournit ainsi aux archéologues de précieuses informations sur la vie des hommes qui peuplaient l'Europe il y a plus de 5 000 ans.

La saison de la mort

On pensa tout d'abord qu'Ötzi était mort en automne, car la glace autour du corps contenait des pollens de plantes à floraison automnale. Pris dans une tempête, il aurait pu succomber au froid. Mais ses intestins contenaient des cellules de pollen de charme-houblon si bien conservées que la plante avait dû être consommée juste après sa floraison. Or le charme-houblon fleurit entre mars et juin : il est donc plus probable qu'Ötzi décéda au printemps : presque impossible alors d'incriminer le froid.

Magie ou médecine ?

Un endoscope miniature révéla la présence d'une cinquantaine de tatouages sur la peau de la momie, des groupes de traits incisés dans lesquels avait été insérée de la poudre de charbon végétal... Ötzi était-il chaman ? C'est peu probable, car ces marques, situées surtout sur le dos et les jambes, n'étaient guère visibles.

Aujourd'hui, des chercheurs pensent plutôt que ces incisions correspondent à une forme d'acupuncture ; elles se situent en effet près d'articulations atteintes d'ostéoarthrite. Certaines de ces marques, semblables à des trous d'aiguille, se trouvent à 5 mm de points d'acupuncture connus.

L'âge de la mort

D'après les tests de densité osseuse, Ötzi avait à peu près 46 ans : un âge avancé pour son époque, et cela se voit. Il souffrait d'arthrose et un ver, le trichocéphale, parasitait ses intestins, ce qui devait provoquer de violentes douleurs abdominales et des diarrhées.

Un corps endommagé

Lorsque l'on découvrit Ötzi, il était impossible d'imaginer que sa dépouille était si ancienne. On mania son fragile cadavre un peu trop rudement : la hanche gauche fut brisée – l'arc et le sac à dos furent endommagés. Les pieux utilisés pour casser la glace abîmèrent les parties génitales, les côtes et peut-être le bras gauche – à moins que ces traumatismes n'aient été dus au poids de la glace. Ces dégradations masquèrent les véritables blessures et lancèrent les chercheurs sur de fausses pistes.

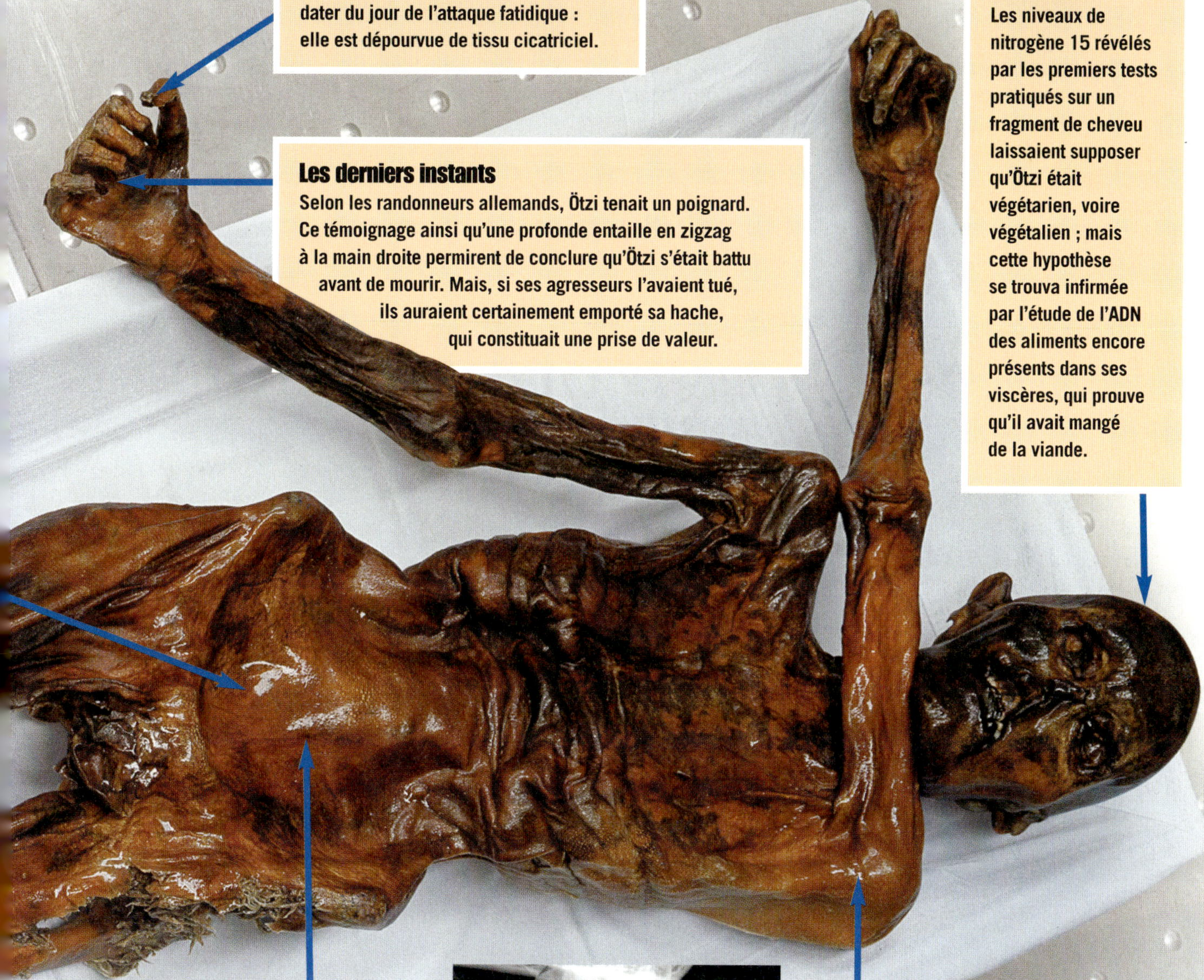

Blessure au pouce

Une profonde coupure au pouce semble dater du jour de l'attaque fatidique : elle est dépourvue de tissu cicatriciel.

Les derniers instants

Selon les randonneurs allemands, Ötzi tenait un poignard. Ce témoignage ainsi qu'une profonde entaille en zigzag à la main droite permirent de conclure qu'Ötzi s'était battu avant de mourir. Mais, si ses agresseurs l'avaient tué, ils auraient certainement emporté sa hache, qui constituait une prise de valeur.

Végétalien ou carnivore ?

Les niveaux de nitrogène 15 révélés par les premiers tests pratiqués sur un fragment de cheveu laissaient supposer qu'Ötzi était végétarien, voire végétalien ; mais cette hypothèse se trouva infirmée par l'étude de l'ADN des aliments encore présents dans ses viscères, qui prouve qu'il avait mangé de la viande.

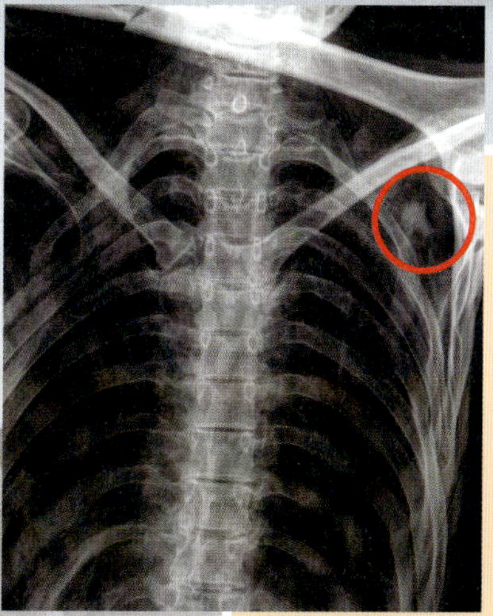

Les derniers repas

Ötzi mourut l'estomac presque vide. L'ADN des aliments digérés trouvés dans le côlon révèle que ses derniers repas comprenaient des céréales, du bouquetin et du cerf. Des fibres musculaires de ces deux viandes furent également découvertes sur sa peau et ses vêtements.

La cause du décès

En 2001, un nouvel examen radiographique de la momie révéla la présence, dans la région de la clavicule, d'un petit objet d'une densité supérieure à celle de l'os humain. Il s'agissait d'une pointe de flèche en silex de 2 cm de long. Ötzi, touché sous le bras gauche, avait arraché la hampe de la flèche. Mais la blessure lui avait été fatale : selon les spécialistes, il se serait vidé de son sang en l'espace de dix heures.

L'équipement du chasseur

Le corps fut découvert dans la montagne : on pensa tout naturellement que l'homme des glaces gardait un troupeau. Mais les outils et les armes trouvés à proximité n'étaient pas ceux d'un berger, plutôt d'un chasseur – ce que confirmerait son bonnet en peau d'ours brun. Grâce à son matériel, Ötzi pouvait certainement vivre en autarcie pendant de longues périodes. C'était sans doute un habile artisan capable de retoucher ses outils avec ses propres silex et de raccommoder ses vêtements : certains points de couture semblent moins réguliers que ceux d'origine.

Un arc et des flèches

Ötzi possédait un arc en bois d'if de 1,82 m, débandé. Son carquois en peau de cerf contenait deux flèches complètes – des pointes en silex surmontaient les tiges en bois de viorne – et douze autres inachevées. Les flèches avaient été utilisées puis récupérées : leur analyse révéla qu'elles étaient souillées de sang sur 30 cm.

Un poignard de silex à manche de frêne

Avec plusieurs arêtes tranchantes, ce poignard protégé par un fourreau en fibres végétales nattées remplissait différentes fonctions. De petites ébréchures sur la lame correspondent à des entailles dans la tige de l'arc : Ötzi avait dû s'en servir pour le fabriquer. Des résidus prouvent qu'il l'utilisait également lorsqu'il façonnait l'os et les bois de cerf, et quand il raclait les peaux.

Des silex

Les échantillons de silex trouvés près d'Ötzi étaient de très bonne qualité. Le chasseur avait peut-être l'intention de s'en servir pour faire du troc. Ils sont semblables aux roches que l'on trouve dans les carrières situées à l'est du lac de Garde, en Italie, autre preuve que les origines d'Ötzi sont plus italiennes qu'autrichiennes.

Une hache de cuivre

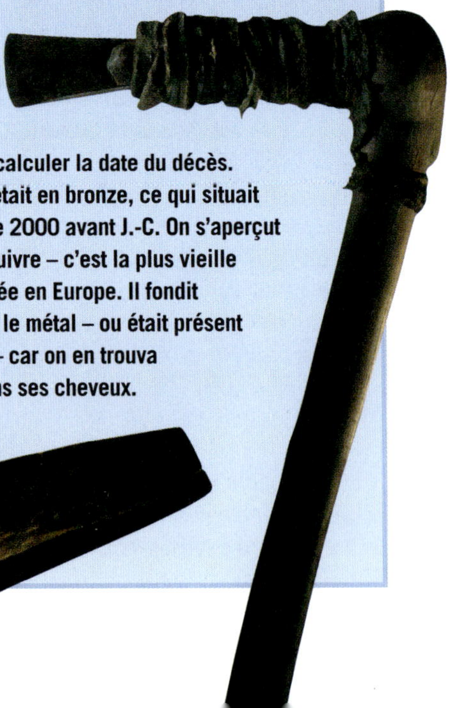

On se basa sur l'examen de la lame de la hache d'Ötzi pour calculer la date du décès. On crut d'abord qu'elle était en bronze, ce qui situait sa mort aux alentours de 2000 avant J.-C. On s'aperçut en fait qu'elle était en cuivre – c'est la plus vieille hache de cuivre retrouvée en Europe. Il fondit probablement lui-même le métal – ou était présent lors de cette opération – car on en trouva une grande quantité dans ses cheveux.

étaient intacts. Sans ce dégel inopiné, il aurait pu rester dans la montagne encore mille ans, peut-être plus.

On transporta le corps à Innsbruck, en Autriche, et les archéologues du monde entier vinrent observer et examiner sous toutes les coutures ce mystérieux homme des glaces.

Le pollen trouvé dans son estomac révéla qu'Ötzi venait sans doute d'une vallée du sud des Alpes. Mais les analyses cessèrent brusquement lorsque des fonctionnaires italiens décrétèrent que le corps avait été découvert en Italie et non en Autriche. Avocats et diplomates discutèrent la question pendant des années. Enfin, en 1998, on admit qu'Ötzi « appartenait » à l'Italie puisque son corps était enterré à 93 m de la frontière côté italien. Il fut donc transféré d'Innsbruck à Bolzano, au musée d'archéologie du Haut-Adige. Les recherches purent alors reprendre.

Les circonstances de la mort

Mais qui était Ötzi ? S'il s'agissait d'un chasseur, il était fort mal équipé : un arc débandé et quatorze flèches, dont deux seulement étaient munies d'une pointe en silex. Après un examen de ses blessures les plus évidentes – un bras et des côtes cassés –, les experts pensèrent qu'il s'était battu dans son village et s'était enfui. Réfugié dans les montagnes, il aurait succombé à ses blessures et au froid. Des recherches plus approfondies révélèrent en fait que les os se brisèrent après la mort, sous la pression de la glace : les chercheurs conclurent donc à une mort par hypothermie.

Mais la théorie du décès accidentel dut être abandonnée lorsque l'on décela, grâce aux rayons X, une pointe de flèche fichée dans son épaule. Le sang séché autour du point d'impact du projectile prouve qu'il avait été blessé juste avant sa mort. Eduard Egarter Vigl, médecin légiste à Bolzano, déclara que le projectile avait sans doute sectionné une artère. La découverte suscita de nouveaux questionnements : meurtre et enterrement rituels ? Exécution ? Sacrifice ? On retrouva seulement les 2 cm de la pointe de flèche, aucune trace de la tige en bois. Quelqu'un – peut-être Ötzi lui-même – avait dû arracher la flèche. L'angle du point d'impact et son emplacement évoquaient davantage une blessure infligée par un poursuivant qu'une mort cérémonielle.

Les analyses du corps permirent de retracer la dernière journée d'Ötzi. Il mangea dans la forêt, où du pollen se mêla à sa nourriture. Pris dans une bagarre, il fut blessé : il arracha la tige de la flèche et s'enfuit dans les montagnes pour échapper à son ou ses assaillants, qui perdirent sa trace. Arrivé à haute altitude, il avait perdu beaucoup de sang et succomba à ses blessures.

Le cadavre découvert était intact : la neige avait dû recouvrir le corps immédiatement après la mort, le protégeant ainsi des charognards. Abrité derrière un rocher, il ne fut pas broyé au passage du glacier. Mais le plus sidérant reste le concours de circonstances qui amena précisément les Simon à cet endroit juste au moment du dégel. Un commentateur le résuma ainsi : « Au cours des cinq mille dernières années, les chances de découvrir l'homme des glaces se présentèrent seulement durant six jours. »

Aujourd'hui, le corps d'Ötzi est conservé dans un congélateur du musée de Bolzano.

Le visage de l'homme des glaces

Après avoir fabriqué un moulage du crâne à partir de données numériques, les scientifiques ont façonné le visage avec du plâtre, puis y ont ajouté des cheveux et une barbe d'une couleur probablement assez proche de celle d'origine. Cette reconstitution, la plus fidèle que l'on puisse réaliser à ce jour, nous offre un troublant face-à-face avec Ötzi.

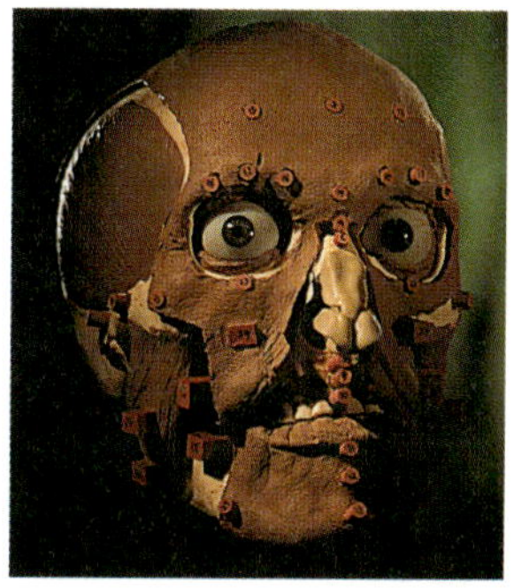

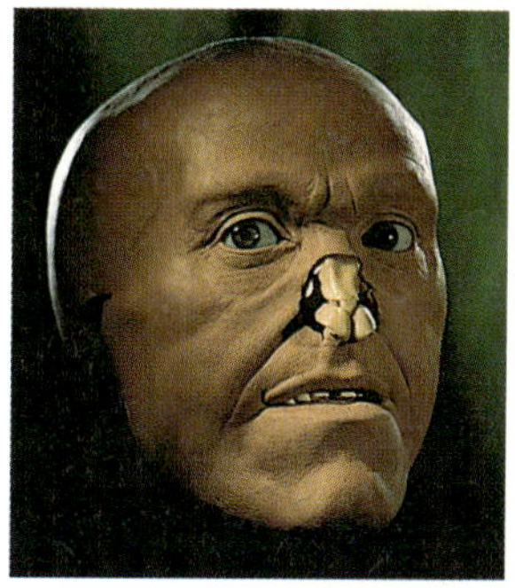

Histoire d'autopsies

Les techniques modernes de la médecine légale, développées pour résoudre des affaires criminelles, ont également permis aux archéologues et aux historiens de faire de stupéfiantes découvertes.

Dans les milieux secs, gelés ou encore dans les couches humides et privées d'oxygène des tourbières, les tissus mous des corps se conservent très bien : les scientifiques peuvent étudier les blessures tissulaires, récupérer le contenu d'un estomac, analyser le groupe sanguin, les ongles et les cheveux pour élaborer un portrait des défunts et établir la cause de leur mort. Les techniques utilisées sont celles de la médecine légale. Seule différence : ce ne sont pas des policiers qui opèrent mais des paléopathologistes.

Une mort suspecte

Au Danemark, en 1950, un homme momifié vieux d'au moins 2 000 ans fut découvert au milieu de la tourbière de Tollund Fen. Recroquevillé sur lui-même, presque nu, il ne portait qu'une ceinture et un bonnet. Seuls ses pieds étaient en bon état. On parvint à analyser les restes de son dernier repas – un gruau d'orge accompagné de différentes sortes de graminées sauvages. Un élément attira l'attention des scientifiques : l'homme avait été étranglé.
En 1952, à Grauballe, dans la même région, puis en 1984, à Lindow Moss, non loin de Liverpool, des momies semblables furent découvertes dans des marais (voir ci-contre). Plus tard, en 1986, on retrouva 215 corps en Allemagne, 166 au Danemark, 77 en Grande-Bretagne et 66 en Hollande. Tous semblaient avoir péri de mort violente. D'après les analyses, les meurtres étaient peut-être rituels, ce que confirmerait la présence de traces de pollen de gui – plante utilisée par les druides. À Lindow Moss, l'homme fut garrotté avant d'avoir la gorge tranchée, ce qui évoque bien un sacrifice. Tacite, historien latin du Ier siècle avant J.-C., rapporte que, dans les régions septentrionales de l'Europe, les traîtres, les déserteurs et les homosexuels étaient noyés dans les marais, une raison qui expliquerait peut-être la découverte de deux corps d'hommes enlacés à Weerding, aux Pays-Bas…

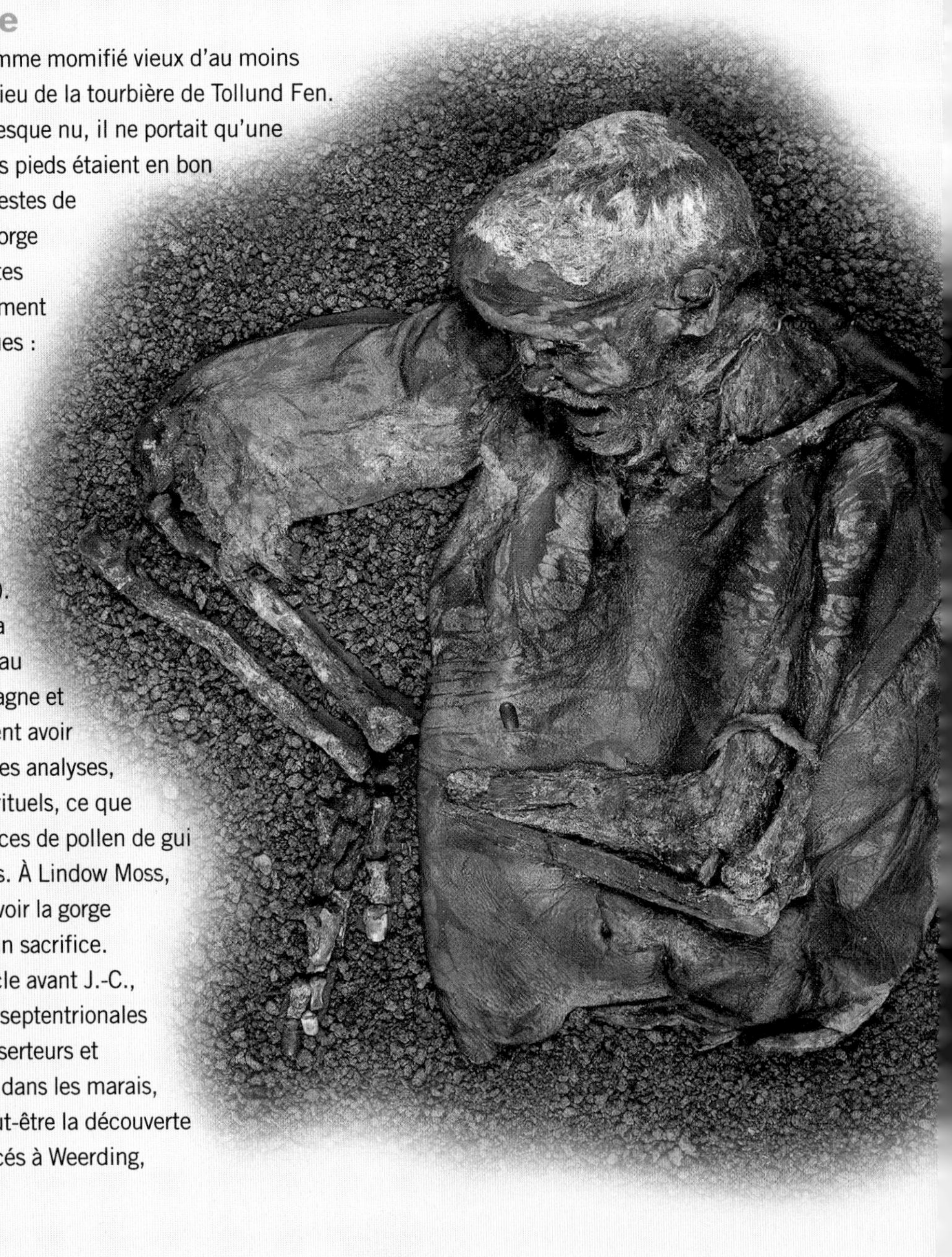

Le bon visage

Quand un crâne humain non identifié est retrouvé, la police demande parfois à des artistes de reconstruire le visage du défunt. Ils utilisent de l'argile ou du plastique pour remodeler les traits directement sur un plâtre du crâne. L'épaisseur des tissus est donnée par des mesures moyennes effectuées sur dix-huit points clés d'une tête humaine.

Cette même technique est également utilisée lorsque l'on veut connaître l'aspect d'un personnage historique. Ainsi, au musée de Bristol en 1998, des spécialistes ont moulé le crâne d'une momie décomposée. D'après les inscriptions figurant sur la tombe, il s'agissait d'Horemkenesi, un prêtre de rang moyen attaché au temple de Karnak au XIe siècle avant J.-C. – il dirigeait des travaux de construction. L'examen de son squelette a révélé son âge, 60 ans. Plusieurs détails ont permis au modeleur de donner de la personnalité et une expression au visage de ce prêtre égyptien.

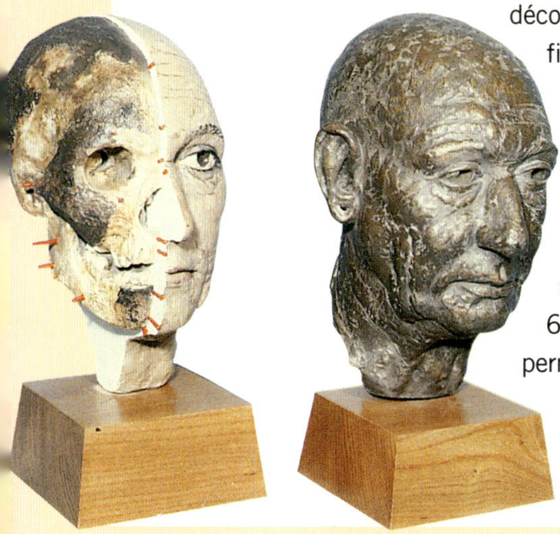

Le cœur d'un roi ?

L'analyse ADN est le moyen le plus fiable (99,9 %) pour connaître la véritable identité d'une victime. En 2000, elle a permis de résoudre l'un des mystères de l'histoire de France, celui du Dauphin prétendument échappé du Temple. Certains soutenaient en effet que l'enfant mort en prison à l'âge de 10 ans n'était pas le fils de Louis XVI et de Marie-Antoinette. Le cœur du garçon, conservé après sa mort, a été analysé. Son ADN mitochondrial a été comparé à celui de cinq membres de sa famille : deux tantes, sa mère (ADN mitochondrial prélevé dans leurs cheveux), Anna de Roumanie et son frère André (tous deux descendants de la tante Maria-Theresa, et toujours en vie). Les résultats ont finalement prouvé que l'enfant mort en 1795 était bien le véritable Louis XVII.

EMPORTÉ PAR LA TUBERCULOSE Selon certaines rumeurs, le Dauphin avait été délivré du Temple et emmené par des royalistes. Mais les analyses ADN ont prouvé que l'enfant mourut bien en prison en juin 1795.

Indices cachés

- L'analyse des cheveux de Ludwig van Beethoven a révélé une forte concentration de plomb, intoxication qui provoqua sans doute les douleurs abdominales dont le compositeur se plaignait depuis l'âge de 20 ans. Elle expliquerait également ses épisodes dépressifs. Il aurait absorbé le métal en buvant dans des gobelets en plomb, à moins que ce ne soit par l'eau thermale, qu'il affectionnait particulièrement…

- Au Mexique, dans la péninsule du Yucatán, des archéologues ont mis au jour un cimetière du XVIe siècle : parmi les 180 corps analysés se trouvaient ceux que quatre hommes originaires du Ghana (identifiables grâce à des mutilations dentaires caractéristiques), sans doute parmi les premiers Africains arrivés sur le sol américain.

- Puisqu'il détecta un taux élevé de nicotine dans l'abdomen de la momie de Ramsès II, un chercheur en déduisit que le pharaon chiquait du tabac. Depuis, on a découvert qu'au XIXe siècle les archéologues traitaient les infestations parasitaires des momies avec de la lessive de soude et des feuilles de tabac.

CHRONIQUES POST MORTEM

À la recherche du corps d'Hitler

Adolf Hitler mourut à Berlin à la fin de la Seconde Guerre mondiale, mais son fantôme hanta l'Europe pendant des décennies. Ses restes, disputés par les vainqueurs de 1945, firent un étrange voyage.

Au printemps 1945, à la fin de la guerre, Berlin n'était plus que ruines fumantes. Au milieu des rues éventrées, les troupes soviétiques progressaient vers le centre de la ville. Le 1er mai, alors que les combats faisaient rage, Radio Hambourg prévint ses auditeurs qu'ils devaient s'attendre à « une annonce grave et importante ». Sur une musique de Wagner, le speaker annonça qu'Adolf Hitler était tombé dans l'après-midi « à la tête de ses troupes ».

Seuls quelques Allemands encore présents dans le bunker de la Chancellerie connaissaient la vérité : le Führer s'était suicidé la veille, et l'on avait enterré son corps dans le jardin de la Chancellerie. Mais ce mensonge sur les circonstances du décès du leader nazi fit douter de la réalité de sa mort.

Première identification

Les soldats soviétiques arrivèrent à la Chancellerie deux jours après. Joseph Staline avait ordonné au détachement de reconnaissance de la troisième armée de choc de capturer Hitler, ou de trouver son corps coûte que coûte. En fouillant parmi les décombres, les soldats découvrirent le cadavre d'un homme dont la moustache et la coiffure étaient identiques à celles du leader nazi. Mais ils s'aperçurent rapidement qu'il s'agissait d'un sosie du Führer.

Les restes de deux autres corps carbonisés furent déterrés près de la porte du jardin. Un prisonnier allemand affirma que c'étaient les corps d'Hitler et d'Eva Braun, et qu'il avait assisté à leur crémation depuis une tour de guet. Les soldats de l'armée Rouge transportèrent les dépouilles

DERNIÈRES VOLONTÉS « Ma femme et moi choisissons de mourir pour échapper à la honte de la capitulation… Nos corps devront être immédiatement brûlés. » Mais ces volontés ne furent pas accomplies : les derniers fidèles d'Hitler ne purent mener à bien leur macabre besogne.

dans un faubourg de Berlin, où une équipe médicale militaire procéda à leur autopsie, sous la direction du docteur Faust Sherovsky. Ce dernier travaillait sous le contrôle du commandant des forces soviétiques, le maréchal Gueorgui Joukov.

Des équipes de recherche soviétiques avaient retrouvé le dossier dentaire d'Hitler, éléments clés pour les expertises médico-légales. Sherovsky radiographia le maxillaire inférieur de l'homme et informa Joukov qu'il s'agissait bien des restes d'Adolf Hitler. Le maréchal prévint alors de Staline, qui cherchait à accumuler des preuves irréfutables pour enfin croire à la mort d'Hitler. Les rumeurs s'amplifièrent alors : on racontait que le Führer avait quitté Hambourg en sous-marin et s'était réfugié en Espagne, protégé par le général Franco.

Des officiers du Smersh (le contre-espionnage soviétique) transportèrent les dépouilles d'Hitler et d'Eva Braun hors de Berlin. Ils les enterrèrent secrètement dans la cour du quartier général du Smersh est-allemand, à Magdebourg.

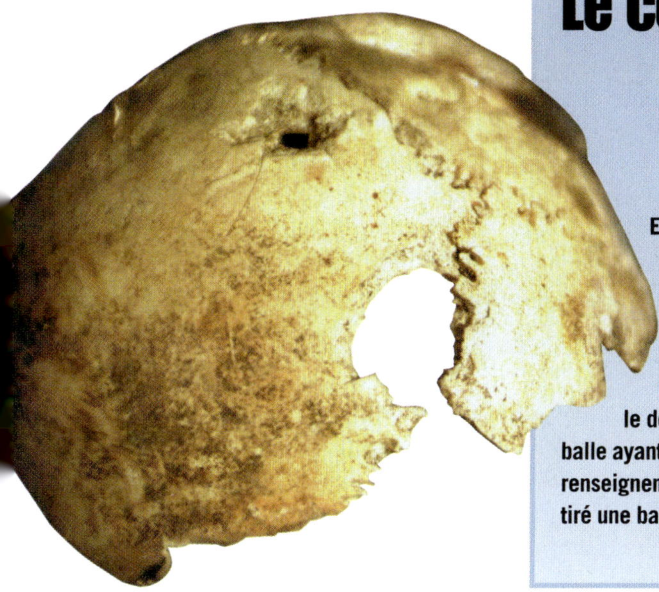

Le coup fatal

En 1993, on révéla qu'un fragment du crâne d'Hitler avait été retrouvé dans le jardin de la Chancellerie en 1946 et gardé au quartier général du KGB. Après examen, le trou visible sur le dessus fut identifié comme l'orifice de sortie d'une balle ayant traversé le cerveau et le crâne. Selon l'officier de renseignements britannique Hugh Trevor-Roper, le Führer s'était tiré une balle dans la tête : ses conclusions se vérifiaient enfin.

immédiatement Staline que la dépouille du Führer avait été retrouvée ; il fit envoyer le maxillaire en question à Moscou, à titre de preuve. Les dirigeants soviétiques ne cherchèrent pas à en informer les Alliés. Au contraire, Joukov déclara à des journalistes occidentaux : « Nous n'avons pas identifié le corps d'Hitler. Je ne peux rien avancer de précis sur son sort. Il s'est peut-être enfui de Berlin au dernier moment. » Les Soviétiques voulaient-ils empêcher les Alliés de venir sur place vérifier la réalité de la mort ? Désiraient-ils garder le sinistre trophée ? Les propos de Joukov reflètent plutôt la paranoïa

Le témoignage des proches

Staline tenait à accumuler toujours plus de preuves sur la mort de son ennemi. Les services secrets soviétiques parcoururent Berlin afin de retrouver les personnes présentes dans le bunker au cours des derniers jours du dictateur nazi. Ils arrêtèrent soixante-dix membres de son entourage et les emmenèrent à Moscou.

Les Russes menèrent des interrogatoires plutôt musclés. Heinz Linge, officier d'ordonnance et valet de chambre personnel d'Hitler, fut déshabillé et battu, tandis que les enquêteurs hurlaient : « Hitler est

LES RUINES DU BUNKER Le caporal Richard Blust (à droite) fut l'un des premiers soldats américains à inspecter les décombres du bunker, ravagé par le feu. Hitler se tua sur le canapé que l'on aperçoit au fond. Les ruines du bunker furent déblayées en 1988.

Les tribulations d'un cadavre

1945 — **Suicide d'Hitler**
Autopsie de Sherovsky. Restes enterrés à Magdebourg.

1946 — **Nouvelle inspection du lieu du suicide**
Fragments de crâne emportés à Moscou.

1970 — **Corps exhumé à Magdebourg**
Restes incinérés et dispersés dans l'Elbe.

1993 — **Nouvelles révélations**
Moscou affirme détenir des fragments du crâne.

vivant ! Hitler est vivant ! » « C'étaient toujours les mêmes questions, raconta plus tard Linge. Hitler s'était-il enfui ? L'avait-on remplacé par un sosie ? »

Chaque détail révélé était vérifié. Des schémas et des tableaux compliqués leur permettaient de recouper les témoignages et de repérer les moindres incohérences. Les prisonniers furent même ramenés à Berlin pour participer à une reconstitution filmée dans le bunker.

Les puissances occidentales ignoraient tout cela. Elles pensaient que les Soviétiques avaient trouvé le corps d'Hitler, sans en avoir la certitude. Selon la rumeur, Hitler se trouvait en Argentine – caché à l'intérieur de souterrains situés sous une hacienda, ou encore réfugié dans un ranch au pied de la cordillère des Andes –, en Espagne, au Japon, aux États-Unis ou même à Berlin. Certains affirmaient qu'il avait subi une opération de chirurgie esthétique pour changer de visage.

Le général Eisenhower, commandant des forces alliées en Europe, ordonna une enquête. Il la confia à Hugh Trevor-Roper, officier de renseignements britannique ; ce dernier interviewa tous les survivants du bunker qui n'avaient pas été faits prisonniers par les Soviétiques. Son rapport – publié en 1947 sous le titre *les Derniers Jours de Hitler* – conclut au suicide d'Hitler et d'Eva Braun et confirma l'incinération des deux corps. Quant aux Soviétiques, ils avaient toujours du mal à croire à la mort du Führer. En 1946, des criminologues et des scientifiques étaient retournés sur les lieux du suicide pour récolter de nouvelles preuves. Ils avaient mis au jour quatre fragments de crâne dans le jardin de la Chancellerie : le plus gros était percé d'un trou. On emporta les ossements à Moscou. Ils furent archivés avec les dossiers au quartier général du KGB. La commission déclara publiquement qu'« il n'était pas possible d'aboutir à une conclusion » quant à la mort d'Hitler.

Le récit d'Heinz Linge

Après une dizaine d'années d'incarcération à Moscou, Heinz Linge, le valet de chambre, fut relâché. Il donna alors des détails sur le suicide – le couple décida d'en finir après avoir appris la mort puis la pendaison par les pieds de Mussolini et de sa compagne, Clara Petacci – et l'incinération des corps, témoignage qui confirmait le rapport de Trevor-Roper. Il déclara notamment que le Führer lui avait ordonné de faire disparaître leurs corps.

Le jour de son suicide, raconta-t-il, Hitler déjeuna avec les occupants du bunker. Puis il se retira dans ses appartements avec sa compagne.

Après un silence, un coup de feu retentit. Linge entra alors dans la pièce. « Le corps d'Adolf Hitler était là, en position assise, sur un canapé. Il avait un petit trou à la tempe droite et un filet de sang coulait lentement sur sa joue. » Eva Braun, inerte, était allongée sur sa gauche. Son corps exhalait une odeur d'amande amère, caractéristique de l'acide prussique (un poison très violent à base de cyanure).

Les deux corps furent enveloppés dans des couvertures, transportés dans le jardin, arrosés d'essence, puis, après un dernier salut, enflammés. Pour éviter toute possibilité d'identification, il aurait fallu que les cadavres soient réduits en cendres, mais ce ne fut pas le cas. On enterra leurs restes en hâte, là où ils avaient été brûlés, avant que les derniers témoins ne s'enfuient pour échapper aux troupes soviétiques.

Nouvelles révélations

En 1968, un journaliste soviétique, Lev Bezymenski, fit sensation en révélant qu'une partie des restes d'Hitler était entreposée à Moscou depuis la guerre. Dans son livre, on pouvait voir des photos des corps carbonisés et des dents du Führer ainsi que le rapport de l'autopsie réalisée en secret par Sherovsky en 1945. Ce dernier avait conclu à une mort par « empoisonnement avec des dérivés de cyanure » : le document remettait donc en cause le récit de Linge. D'après Bezymenski, l'entourage d'Hitler avait peut-être « caché la vérité pour renforcer le mythe : le Führer s'était donné la mort courageusement ». Mais pourquoi Linge et les autres témoins allemands continuèrent-ils à mentir pendant leur captivité et après leur libération ? En réalité, Sherovsky se trompa probablement lors de la première autopsie faute d'éléments, puisque le fragment de crâne troué par une balle était encore enterré dans le jardin de la Chancellerie.

Même après les révélations de Bezymenski, le lieu où se trouvaient les restes d'Hitler resta secret. En 1970, le camp de Magdebourg devait être rendu à la République démocratique allemande ; informé que les os d'Hitler se trouvaient encore là, sous le terrain de manœuvres, Iouri Andropov, chef du KGB, ordonna qu'ils soient détruits : même si la RDA était un fidèle satellite, il était impensable que des Allemands se les approprient. Ils furent donc exhumés et incinérés, puis l'on jeta les cendres dans l'Elbe.

Il restait néanmoins les fragments de crâne et le maxillaire, toujours stockés dans les sous-sols du quartier général du KGB. Après l'éclatement de l'URSS, le morceau d'os troué fut ressorti. En 2000, les Russes l'exposèrent à Moscou, hommage macabre au triomphe soviétique sur le nazisme.

Vrai! **Selon certains rapports, Hitler et Eva Braun furent enterrés avec Blondi, le fidèle berger allemand du fürher, incinéré après avoir été empoisonné au cyanure.**

L'obsession de Staline

Pourquoi Joseph Staline tenait-il tant à récupérer le corps d'Hitler ? Pourquoi fit-il tout pour le dissimuler au reste du monde ? Le cadavre de Vladimir Lénine, fondateur de l'État soviétique, apporte peut-être une réponse à cette question. Quand Lénine mourut, en 1924, Staline le fit embaumer : son corps devint un objet de vénération, et son mausolée, sur la place Rouge, se transforma en un sanctuaire du bolchevisme.

Staline prit conscience du pouvoir de la dépouille d'un leader. Il était terrifié à l'idée qu'une génération future s'empare du corps d'Hitler et l'utilise pour ressusciter le nazisme ; c'est pourquoi il ordonna de nombreuses enquêtes pour s'assurer qu'il possédait le bon corps.

LA FIN DU *HINDENBURG*

Le dirigeable n'a pas explosé, il a brûlé

On a toujours pensé qu'une explosion d'hydrogène était à l'origine de la destruction du *Hindenburg.* Mais en étudiant les images filmées pendant la catastrophe, un chercheur de la NASA a relevé des indices permettant de contester cette explication.

Lorsqu'il arriva à Lakehurst (New Jersey), le 6 mai 1937 dans l'après-midi, le *Hindenburg* avait pris du retard à cause d'un orage. Au sol attendaient une petite troupe de reporters, les caméras des actualités, un groupe de personnes venues accueillir les passagers et deux cents employés chargés d'amener lentement au sol le plus gros dirigeable du monde. Trente-huit passagers et cinquante-neuf membres d'équipage se trouvaient à bord. Les cordes furent larguées pour préparer l'amarrage. Mais il se produisit un fait inhabituel : la lumière bleue d'un éclair électrique sillonna le flanc droit du dirigeable. Voici le témoignage de l'un des survivants : « J'étais à une fenêtre du pont-promenade avec ma femme… J'ai entendu une légère détonation venant d'en haut, pas plus forte que le bruit d'une bouteille de bière que l'on décapsule. J'ai regardé et j'ai remarqué une lueur rose, comme si le soleil allait se lever. J'ai tout de suite compris que le dirigeable était en flammes. »

Sous les yeux de la foule horrifiée, filmé par les cameramen, le *Hindenburg* s'enflamma soudain, resta un instant suspendu en l'air puis, lentement, presque au ralenti, s'écrasa au sol. Le drame fut commenté en direct sur les ondes radiophoniques par le reporter Herb Morrison : « C'est l'une des plus grandes catastrophes au monde ! C'est un terrible accident, mesdames et messieurs. Oh ! tous ces gens qui vont mourir ! » Il sanglotait dans son micro.

Les membres du personnel au sol durent s'enfuir pour échapper à une mort certaine. L'un d'eux raconta : « Nous nous sommes mis à courir aussi vite que nous pouvions et à prier tout aussi rapidement. La chaleur, la lumière, la fumée dégagées par l'explosion du gaz hydrogène et la pensée que nous étions sous cette énorme épave en train de sombrer nous donnaient l'impression d'être piégés… La carcasse embrasée s'écrasa juste derrière nous, la queue heurtant le sol la première… Tout en courant, la tête tournée vers l'arrière, j'entendis un message transmis par un porte-voix : "Vous êtes tous hors de danger, revenez sur vos pas et portez-leur secours". » Ceux qui étaient en mesure de le faire retournèrent à toute vitesse jusqu'à l'épave en feu pour tenter de sauver les survivants. Sur les quatre-vingt-dix-sept personnes qui étaient à bord, soixante et une sortirent vivantes des décombres.

La théorie de l'hydrogène

Au lendemain de l'accident, on pensa tout de suite que l'hydrogène contenu dans le dirigeable avait pris feu, ce que prédisaient tous les détracteurs de ce type d'engins, qui les trouvaient dangereux. Pourtant, un plus petit dirigeable, le *Graf Zeppelin*, lancé en 1928, avait déjà accompli, à cette époque, cent quarante-quatre vols transatlantiques et transporté plus de dix-huit mille passagers sans aucun accident. Néanmoins, le désastre du *Hindenburg* porta un coup fatal à l'industrie aérostatique.

Les enquêtes menées par les gouvernements américain et allemand donnèrent la même explication : l'accident était dû à une fuite d'hydrogène, peut-être provoquée par la rupture d'un câble. Les rapports officiels conclurent qu'un mélange inflammable d'hydrogène et d'air s'était accumulé sous l'enveloppe du dirigeable et avait pris feu à cause d'une décharge électrique, sans doute due à l'orage.

Curieusement, aucun des survivants parmi les membres de l'équipage ne se rappela avoir senti d'odeur d'hydrogène avant l'accident : on avait pourtant ajouté à ce gaz un fort parfum d'ail afin que toute fuite soit rapidement détectée. Des rumeurs sur un éventuel sabotage – peut-être lancées par Hermann Goering, ministre de l'Air du Troisième Reich – circulèrent au cours des années suivantes. Mais à cause du « syndrome du *Hindenburg* », bien ancré dans les esprits, plus personne ne considérait l'hydrogène comme un carburant durable et écologique.

Soixante ans après la catastrophe, un chercheur de la NASA, Addison Bain, découvrit la vérité. Il dirigeait alors le programme hydrogène au centre spatial J.-F. Kennedy, en Floride : ses travaux l'amenèrent à remettre en cause les explications officielles.

▶ p. 196

DÎNER EN PLEIN CIEL **Le *Hindenburg* était l'orgueil de l'Allemagne nazie. Dans ce luxueux aéronef qui se déplaçait à environ 120 km/h, les passagers pouvaient déguster des repas gastronomiques arrosés des meilleurs vins.**

UN PAQUEBOT VOLANT **Le pont supérieur du dirigeable abritait un salon entouré d'un pont-promenade vitré, ainsi que des cabines : chacune était équipée de deux couchettes et d'un lavabo. La partie occupée par les passagers et l'équipage se situait à l'arrière de la nacelle de contrôle (ci-dessous).**

Le compte à rebours de la catastrophe

Les dernières minutes du *Hindenburg* furent filmées pour les actualités de l'époque. En analysant les images une par une et en procédant à quelques reconstitutions numériques, les chercheurs purent mieux comprendre le déroulement de la catastrophe.

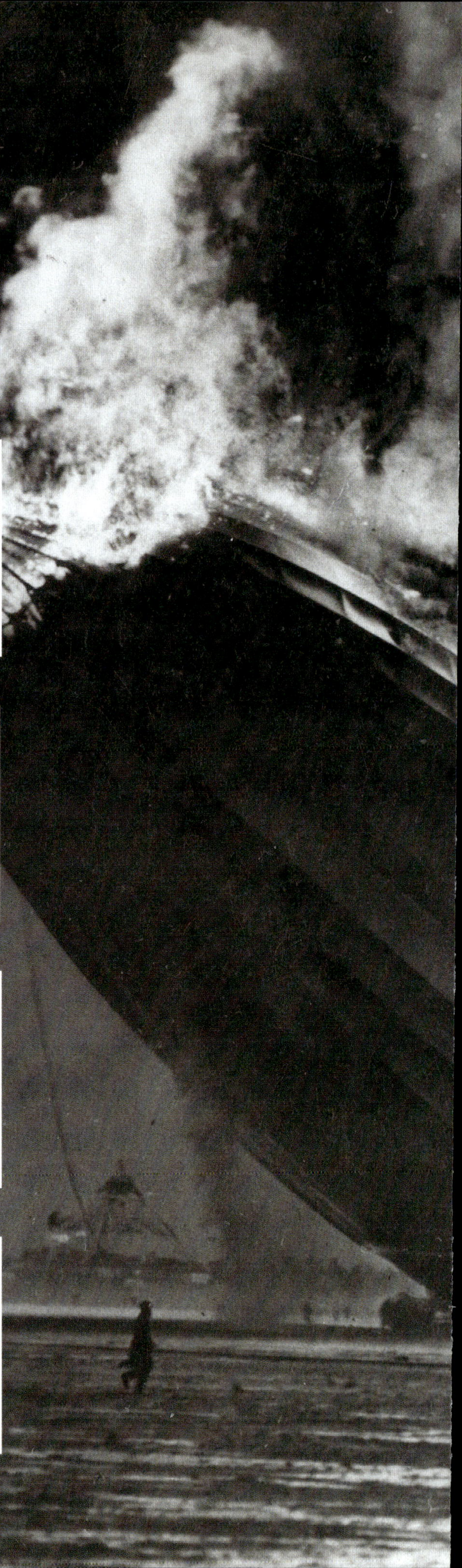

- 6 minutes

Descente à 55 m. À cause de l'orage, la carcasse métallique du dirigeable est chargée d'électricité, charge qui se dissipe généralement au moment de l'atterrissage. Mais l'équipage choisit un amarrage en hauteur : l'électricité statique est alors trop importante.

- 3 minutes

Le *Hindenburg* est éloigné du mât d'amarrage d'au moins 220 m. Les câbles sont largués. Humides, ils permettent à l'électricité accumulée dans la carcasse métallique de se décharger rapidement, entraînant un échauffement de l'enveloppe.

- 1 minute

L'équipage au sol réalise qu'il se passe quelque chose d'anormal. Des témoins racontent avoir vu l'enveloppe onduler comme s'il y avait une fuite de gaz : il s'agissait peut-être d'une décharge électrique.

Les premières flammes

L'enveloppe n'étant pas conductrice, sa température monte en flèche. À cause de certains de ses composants, très inflammables, elle prend feu. Les passagers parleront de détonation, mais il s'agit en fait d'une combustion spontanée.

+ 5 secondes

La couleur orange des flammes montre que c'est bien l'enveloppe – non le gaz – qui brûle. Les flammes se dirigent vers le bas, contrairement à ce qui se passe lorsque de l'hydrogène est en feu. Le dirigeable reste quelques secondes en position horizontale.

+ 10 secondes

À plus de 30 m encore du sol, l'aéronef brûle comme une torche. Le tissu de l'enveloppe se déchire ; les témoins entendent un bruit qu'ils prennent pour celui d'une explosion. Mais l'hydrogène a brûlé sans détruire la carcasse.

+ 20 secondes

L'hydrogène a maintenu le dirigeable en l'air et brûlé au fur et à mesure que chacune des seize cellules du réservoir était atteinte : quand ces dernières éclatent, des flammes plus claires provoquées par la combustion de l'hydrogène s'élèvent.

+ 34 secondes

La nacelle se pose plutôt qu'elle ne s'écrase. En chute libre, le dirigeable aurait touché le sol en 4 secondes seulement et non en 34, comme ce fut le cas. De nombreux passagers et membres de l'équipage parviennent à sortir de cet enfer.

Après la catastrophe

Trente-six personnes ont péri, soit un tiers des passagers et du personnel navigant. Parmi les survivants, il y a de nombreux brûlés – quelques-uns, dont le capitaine, mourront plus tard. La recherche des corps va se poursuivre jusqu'à minuit.

LE *HINDENBURG* À NEW YORK Le 14 août 1936, le *Hindenburg* survole les gratte-ciel de Manhattan alors qu'il fait route vers la station aéronavale de Lakehurst (New Jersey), où, l'année suivante, se produira le désastre. La traversée transatlantique prenait deux jours et coûtait 400 dollars.

Des flammes éblouissantes

Les médias utilisèrent à chaque fois le terme « explosion » pour qualifier la catastrophe : pourtant, les images montrent que le grand dirigeable brûla très lentement. Il resta d'abord à l'horizontale avant de heurter le sol trente-quatre secondes après le départ du feu. Selon Bain, s'il y avait eu une explosion d'hydrogène, le souffle aurait détruit le dirigeable et tué sur le coup non seulement tous les passagers mais aussi plusieurs personnes au sol.

Les témoins décrivirent presque tous un brasier aux flammes très brillantes ; beaucoup le comparèrent même à un feu d'artifice. Pourtant, les flammes d'un incendie d'hydrogène ne sont pas visibles de jour. Bain, qui assista à de nombreux lancements de navettes spatiales, savait qu'avec l'hydrogène on ne voit rien, si ce n'est une légère ondulation dans l'air. Seuls les combustibles solides produisent des flammes visibles. Le chercheur nota également que le feu s'était nettement dirigé vers le bas : les flammes descendaient le long des flancs du Hindenburg, comparables à de la bière débordant d'une chope. Or l'hydrogène étant quatorze fois moins dense que l'air, il aurait dû, en brûlant, se diriger vers le haut. Bain décida alors de pousser ses investigations et entreprit une importante série de tests. Il acheta des débris de l'aéronef, y compris des morceaux de l'enveloppe extérieure, interviewa des survivants, des témoins et étudia les images filmées à l'époque. Il se rendit également sur le site de la catastrophe, à Lakehurst, et éplucha les archives du musée Zeppelin à Friedrichshafen, dans le sud de l'Allemagne. Il chercha ensuite à confirmer sa théorie en procédant à de nombreuses vérifications chimiques et physiques en laboratoire.

Des tests décisifs

En analysant deux échantillons de l'enveloppe extérieure du dirigeable, Bain découvrit qu'elle était enduite d'un composé à base de nitrate de potassium – matière qui entrait jadis dans la composition de la poudre à canon – destiné à tendre l'enveloppe et à protéger la carcasse de la moisissure et de la rouille. À cela s'ajoutait une couche de peinture à base de poudre d'aluminium, également inflammable, donnant au dirigeable sa couleur argentée – la peinture et le durcisseur employés pour le revêtement du *Graf Zeppelin,* plus ancien, étaient différents de ceux utilisés pour le *Hindenburg.* Un mélange susceptible de prendre feu à tout moment recouvrait donc l'engin.

Bain demanda alors au laboratoire scientifique des matériaux de la NASA de soumettre l'un des échantillons à un test de propagation des flammes : il s'embrasa instantanément. Un deuxième test démontra que l'enveloppe de l'aéronef n'était pas conductrice : l'électricité statique qui se serait alors accumulée aurait très bien pu déclencher un incendie à l'atterrissage. Au cours d'un troisième test, un échantillon fut soumis à des champs électriques à haut voltage reproduisant les conditions atmosphériques de la nuit de la catastrophe : il prit feu également et fut réduit en cendres en quelques secondes.

La traduction d'une lettre manuscrite, datée du 28 juin 1937 et découverte au musée Zeppelin, vint corroborer les résultats obtenus par Bain. Son auteur, Otto Beyersdorff, ingénieur en électricité, fut engagé comme enquêteur indépendant par la Zeppelin Luftschiffbau GmbH (firme qui construisait les dirigeables Zeppelin, dont le *Hindenburg*). Après une série de tests en laboratoire, Beyersdorff conclut que « la véritable cause du feu était le caractère extrêmement inflammable du matériau de couverture sous l'effet de décharges de nature électrostatique ».

Démentis et fausses explications

En dépit de cette explication, Hugo Eckener, président de Zeppelin, continua à accuser l'hydrogène. Pourtant, la firme savait manifestement que Beyersdorff avait raison et connaissait les véritables causes de la catastrophe. En effet, elle modifia immédiatement le *Graf Zeppelin II,* frère du *Hindenburg,* alors en cours de construction. Du sulfamate de calcium, un produit chimique ignifugeant, fut ajouté à la peinture, et l'on remplaça la poudre d'aluminium par de la poudre de bronze. Mais après quelques vols d'essai – sans passagers à bord –, l'entreprise décida de ne pas le mettre en service.

Même si l'on ne dispose d'aucune preuve, il est possible que la direction de Zeppelin ait à l'époque subi des pressions de la part du gouvernement, qui souhaitait probablement dissimuler les véritables causes de la catastrophe. Le Troisième Reich ne pouvait accepter que l'image de marque de l'industrie allemande soit entachée…

UNE COQUILLE VIDE Une fois les morts et les blessés évacués, il ne resta à Lakehurst que le squelette déformé du *Hindenburg.* Cette catastrophe, attribuée à l'hydrogène, mit fin à l'ère des grands dirigeables de tourisme.

LE MAL QUI BOULEVERSA L'OCCIDENT

La peste ne fut pas qu'un fléau

Disparue depuis des siècles, la peste resurgit en Europe au XIVe siècle, décimant la population jusqu'au XIXe siècle et bouleversant la civilisation occidentale. Mais, concernant cette terrible épidémie, des mystères et des paradoxes demeurent : on a longtemps débattu de son mode de propagation mais aussi de ses effets, qui ne furent pas toujours dévastateurs...

Disparue en Occident depuis le début du haut Moyen Âge, la peste y resurgit au milieu du XIVe siècle. À partir de la cité génoise de Caffa, en Crimée, le mal se répandit dans toute l'Europe, suivant les grands axes routiers et fluviaux. Les conséquences démographiques furent rapidement très lourdes : un tiers de la population française succomba – et jusqu'à 70 % du peuple anglais... L'épidémie perdura en Europe jusqu'au XIXe siècle. Certaines attaques, notamment au XVIe siècle, furent particulièrement violentes.

En France, en 1629, la maladie semblait éradiquée, mais elle réapparut – pour la dernière fois – un siècle plus tard, en 1720, à Marseille et en Provence. Malgré une hausse de la démographie à la fin du Moyen Âge, il fallut attendre le XVIIIe siècle pour que la croissance reprenne et que le pays compte autant d'habitants qu'avant le fléau.

Cette maladie fut longtemps présentée comme l'expression de la colère de Dieu. En 1348, le pape Clément VI évoquait « la pestilence que Dieu inflige aux chrétiens ». La Vierge, saint Sébastien ou saint Roch étaient autant de figures protectrices. L'opinion populaire évoquait le diable ou d'autres créatures

SAINT ROCH ET SON CHIEN **Né à la fin du XIIIe siècle, saint Roch guérit de la peste, dont il garda le stigmate sur la cuisse. Après sa mort, c'est lui qu'on invoquait pour soigner la peste mais aussi de nombreuses maladies contagieuses.**

néfastes mais aussi les éclipses de soleil et de lune, les juifs, les protestants ou les bohémiens… À partir du XIVe siècle, l'image obsédante de la mort envahit l'Occident : l'idée d'un passage serein vers l'au-delà – apparue avant l'épidémie – disparut définitivement. Chacun commença à se préoccuper du salut de son âme par le biais de messes à célébrer pour l'éternité, de testaments prévoyant des donations…

Certes, les populations cherchèrent aussi à se prémunir : bien que désemparées, les autorités instaurèrent des mesures préventives, voire coercitives, afin de circonscrire le mal – par exemple, brûler les objets utilisés par les malades ou les bâtiments qui les avaient abrités. Au XVIe siècle surtout, des médecins tel le Lillois Nicolas Godin évoquèrent une contagion par des parasites contaminant l'air ou encore les objets touchés par les pestiférés. En 1628, les médecins lyonnais dressèrent un « avis salutaire » afin de lutter contre la propagation de la maladie : ils y affirmaient que « l'embryon et le séminaire de la pestilence proviennent de l'impureté et saleté des corps ».

Des causes de propagation longtemps mystérieuses

On ne parvint à retracer le mode de transmission de la peste qu'à la fin du XIXe siècle : elle a pour vecteur le bacille *Yersinia pestis,* que le bactériologiste français Alexandre Yersin découvrit en 1894 ; par l'intermédiaire des puces, la maladie serait passée des rongeurs sauvages aux animaux domestiques (rongeurs mais aussi chiens et chats) avant d'infecter l'homme, que la puce du rat contamina. Certains chercheurs remirent en cause cette théorie : sans réfuter ce principe d'une contamination d'abord due à la puce du rat, ils avancèrent l'hypothèse d'une propagation de la peste bubonique par les puces de l'homme *(Pulex irritans).* Les rats noirs, a priori ramenés par les croisés, ne pouvaient être responsables de la peste justinienne, entre 541 et 767. Aujourd'hui pourtant, on fait machine arrière. Des archéozoologues ont récemment démontré que cette deuxième hypothèse devait être abandonnée : l'étude des témoignages de toutes les époques et des données scientifiques confirme que les rats étaient présents en Occident bien avant les croisades. Grâce aux descriptions des épidémies de peste – dans lesquelles sont consignées les caractéristiques de la maladie et de sa transmission –, les scientifiques ont pu confirmer que l'infection se répandit sous deux formes, pulmonaire et bubonique : la première, hivernale, est très contagieuse (transmission par voie aérienne d'homme à homme) et conduit à une mort rapide (trois jours) ; la seconde, transmise par la puce, se caractérise par l'apparition de bubons et de troubles nerveux.

Des effets positifs sur les sociétés occidentales ?

La peste de 1348 mais aussi ses prolongements bouleversèrent considérablement l'Occident. C'est d'abord la répartition de la population entre villes et campagnes qui changea :

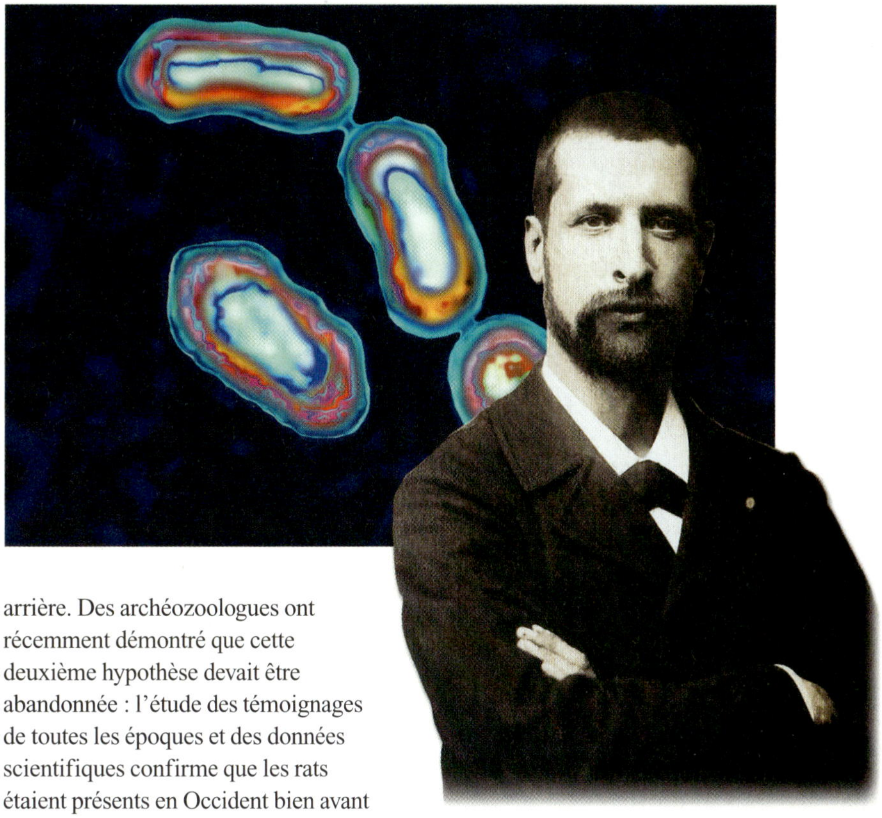

ALEXANDRE YERSIN (1863-1943) **Bactériologiste français d'origine suisse, Alexandre Yersin commença ses recherches sur la peste en 1894 à Hongkong, où sévissait une épidémie originaire de Mongolie. Il identifia le bacille de la peste (ci-dessus à gauche).**

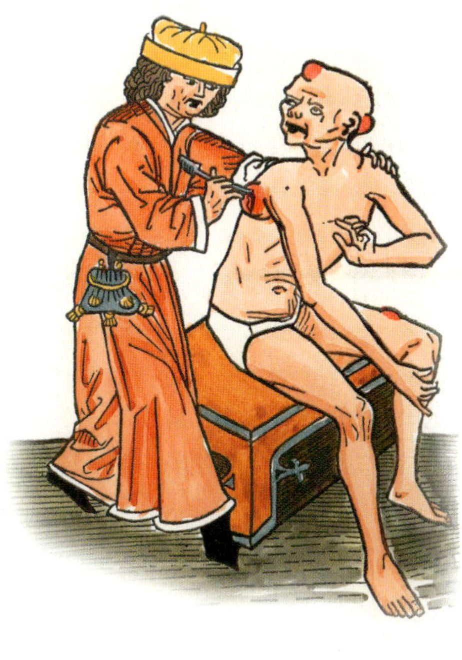

L'INCISION DES BUBONS **Outre l'ingestion de potions contenant par exemple du suc d'oseille – qui devaient leur permettre de retrouver des forces –, les pestiférés pouvaient aussi être soignés par un barbier, qui incisait les bubons ou les recouvrait de ventouses.**

dans le monde germanique par exemple, environ trois communautés villageoises sur quatre disparurent. Les terres les moins fertiles, mises en valeur en période de croissance démographique, furent abandonnées. Cette baisse de la démographie se répercuta d'ailleurs sur les revenus seigneuriaux – retrait des cultures, baisse du nombre de tenanciers. Afin de surmonter cette crise, certains seigneurs récupérèrent les tenures vacantes pour former de grandes exploitations en évinçant les paysans survivants. Cela fit apparaître, en particulier en Angleterre, les « enclosures », des champs entourés de haies laissés en pâture aux bœufs et aux moutons. Cette amorce d'individualisme agraire, si important au moment de la Révolution industrielle, se retrouva également ailleurs, dans le Bassin parisien notamment. L'épidémie entraîna un dépeuplement des campagnes au profit des villes, ces dernières retrouvant rapidement la prospérité – en dehors des périodes de résurgence de l'épidémie –, la hausse de la mortalité ayant pour conséquence une augmentation des salaires.

La surmortalité permit ainsi de concentrer les propriétés et les richesses, même si la pauvreté subsistait : non seulement la disette recula, mais l'alimentation et la consommation en général se diversifièrent. L'économie rurale devint plus productive : la pisciculture et l'élevage se développèrent ; le fumier fourni par ce dernier permit d'augmenter les rendements, de libérer une partie de la main-d'œuvre, qui put se consacrer à des cultures non vivrières et rentables comme le pastel en Languedoc. En ville, la consommation et le commerce de viande et de fruits mais aussi la diversification de l'artisanat devinrent si courants que l'on peut parler de conversion partielle de l'économie rurale dans ces domaines.

Enfin, si le choc psychologique provoqué par la pandémie – surtout quand ses effets s'ajoutèrent à ceux des guerres – entraîna une dislocation des structures sociales et familiales, la situation d'alerte conduisit justement les autorités à renforcer leur encadrement de la société. L'Église – qui bénéficiait de donations plus importantes – devint de plus en plus présente et influente.

Le rôle protecteur du roi se renforça. Ainsi, du père de famille au souverain en passant par les oligarchies urbaines, le rôle des institutions de pouvoir s'accrut. Les épidémies de peste ne firent qu'accélérer la crise du système féodal, amorcée bien avant 1348.

NE PAS ÊTRE CONTAMINÉ Pour se protéger, les médecins portaient des gants en cuir, des bottes, un chapeau, une longue blouse. Ils auscultaient les malades à l'aide d'une longue baguette de bois. Ils plaçaient des épices ou de l'ail – dont on reconnaît aujourd'hui les qualités antiseptiques – dans leur masque à long bec, afin de ne pas être incommodés par l'odeur des cadavres.

La peste de 1720 en France et le premier cordon sanitaire

À la fin du mois de mai 1720, la peste arrive à Marseille par un bateau venu d'Orient. À partir du 20 juin, dans un quartier proche du port, une dizaine de personnes meurent. Les causes de la mort sont évidentes : c'est la peste bubonique. En juillet, le nombre de victimes est porté à une trentaine de personnes. La municipalité tente de cacher la réalité afin de ne pas nuire aux activités commerciales de la cité. Elle doit cependant nettoyer certaines rues en y faisant brûler des feux. Les ordures sont évacuées à l'extérieur de la ville. On envoie les malades dans des léproseries tandis que leurs habitations sont murées. À la fin du mois de juillet, le parlement d'Aix interdit aux Marseillais de partir. Les juifs n'ont plus le droit de vendre des hardes car elles peuvent être contaminées. Sur place, l'évêque Henri François de Belsunce engage les fidèles à prier et à faire pénitence. Les autorités de la ville n'autorisent pas les processions, pour éviter la propagation du mal. Des galériens sont chargés de relever et d'ensevelir les corps qui jonchent le sol de certaines rues du centre-ville.

L'épidémie de peste – maladie que l'on croyait éradiquée – prend tout le monde par surprise. Les autorités font installer pour la première fois un cordon sanitaire. La ville et le port de Marseille sont isolés, ainsi que la Provence, où la maladie a commencé à se répandre. De mars à août 1721, un mur de 27 km est édifié – entre la Durance et le mont Ventoux. Près de mille gardes environ sont placés en faction le long de l'édifice. Même si certains d'entre eux, en jouant aux cartes avec des civils, favorisent la contagion, la mesure est efficace : en 1722, l'épidémie est stoppée. La peste, responsable d'environ 85 000 morts en Provence – sans compter les régions limitrophes comme le Languedoc et le Gévaudan, également touchées –, ne réapparaîtra plus jamais en France.

RÉPUTATION EN QUESTION

LA MALCHANCE DU CAPITAINE SCOTT

Les caprices du climat scellèrent le sort du célèbre explorateur

L'expédition conduite par le Britannique Robert Scott en direction du pôle Sud est passée à la postérité comme un acte de bravoure dramatique. Manque de préparation, erreurs d'appréciation... L'explorateur fut sévèrement jugé. Mais de nouvelles données sur les conditions météorologiques éclairent cet échec d'un jour nouveau.

SUR LE CHEMIN DU PÔLE Un membre de l'équipe de Scott pose devant l'Erebus, un volcan actif de l'Antarctique proche du camp de base, à McMurdo Sound. Des crêtes de neige en forme de vague se créent sous l'action du vent.

Dimanche 21 janvier 1912, le capitaine Robert Falcon Scott et son équipe prennent le chemin du retour. Devancés dans la conquête du pôle Sud, les cinq hommes sont amers : trois jours plus tôt, alors qu'ils touchaient au but, ils avaient découvert le drapeau norvégien flottant au vent. Mais il faut vite oublier la déception : l'hiver antarctique arrive et ils doivent encore affronter deux mois de voyage pour se retrouver en lieu sûr. Les températures augmenteront au fur et à mesure que l'expédition s'éloignera du Pôle. Une véritable course contre la montre s'engage alors. Les conditions sont éprouvantes. Scott note dans son journal qu'il devient de plus en plus difficile de tirer les traîneaux car le sol est impraticable, et l'allure s'en trouve considérablement ralentie. Toutefois, ils ne sont pas si loin du dépôt « trois degrés » (l'un des camps qui jalonnent

le chemin du retour) et espèrent y trouver des vivres et du carburant. « Une fois là-bas, nous devrions être en sécurité », écrit Scott, qui prévoit une amélioration des conditions climatiques.

Au pôle Sud même, Scott avait enregistré une température de – 29 °C. Durant les premiers 150 km parcourus à pied en direction du glacier de Beardmore, le mercure commence à grimper. Mais cinq semaines plus tard, lorsqu'ils atteignent la barrière de Ross, il fait plus froid qu'au Pôle.

Ils ne sont plus que trois hommes. Blessé à la tête après une chute dans une crevasse, Edgar Evans a succombé. Lawrence Oates, lui, est allé faire « un petit tour dehors », abandonnant sa tente dans l'espoir que son sacrifice permettrait de sauver la vie de ses camarades. En vain. Le 21 mars, Scott et ses deux derniers coéquipiers, Henry Bowers et Edward Wilson, meurent sous leur tente, où leurs corps seront découverts après l'hiver. Il ne leur restait rien à manger et les trois hommes affamés se savaient condamnés.

Alors qu'il avait les doigts gelés, Scott se força à écrire un « message au public » pour expliquer la fin tragique de son expédition. Il ne devait être trouvé que huit mois plus tard.

Une critique sévère

À l'époque, la conquête des immenses terres de l'Antarctique était un enjeu aussi important que celle de l'espace pour les Soviétiques et les Américains dans les années 1960. Scott fut pourtant sévèrement jugé, accusé d'être un piètre meneur d'hommes qui, mal préparé, avait paniqué. Un historien déclara même qu'il était « d'une incompétence à tel point systématique que l'on a l'impression qu'il œuvrait à sa perte ». Sacrifia-t-il la vie de ses hommes sur l'autel de la compétition ?

Certaines de ses décisions freinèrent effectivement l'avancée de l'expédition. Il avait choisi des poneys pour porter l'équipement, mais les bêtes supportèrent mal le voyage en mer ; Scott fut donc obligé de retarder son départ, décision qui devait lui être fatale. Plus grave,

> “Nous avons pris un risque pour l'honneur de notre patrie. Nous savions que ce risque existait, nous ne nous plaignons pas. Ces quelques notes sommaires ainsi que nos cadavres témoigneront de notre histoire.”
>
> ROBERT FALCON SCOTT

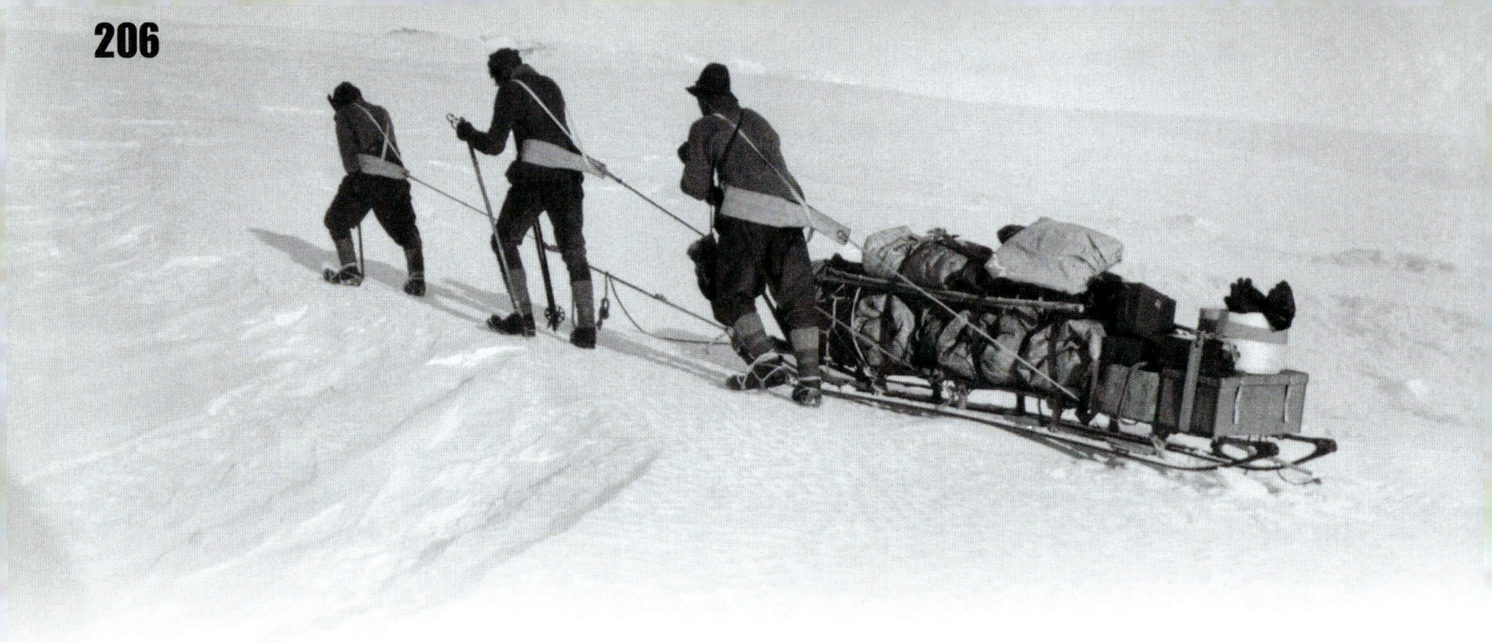

LA LONGUE MARCHE L'absence de poneys (abattus en route) ainsi que la panne du traîneau à moteur obligèrent Scott et les siens à tirer eux-mêmes les lourdes charges.

les poneys se révélèrent incapables de franchir le glacier de Beardmore et ses nombreuses crevasses. Les hommes durent donc tirer eux-mêmes leur matériel sur un sol couvert de neige, 1 100 km durant. Roald Amundsen, le rival de Scott, avait lui opté pour des chiens. Il se mit en route avant Scott et atteignit le Pôle le 15 décembre 1911. Il fit le chemin du retour par une température journalière relativement clémente (– 15 °C environ).

L'autre erreur de Scott fut d'emmener un cinquième homme pour la dernière phase de l'expédition vers le Pôle. L'équipe ne comprenait au départ que quatre hommes. Au dernier moment, il décida qu'Henry Bowers se joindrait à eux. Or le matériel et les vivres n'avaient pas été prévus pour cinq. Cette décision devait être lourde de conséquences.

Une chute fatale du thermomètre

Les relevés de l'expédition montrent que les températures chutèrent par rapport à la normale, et que ce froid terrible était imprévisible.

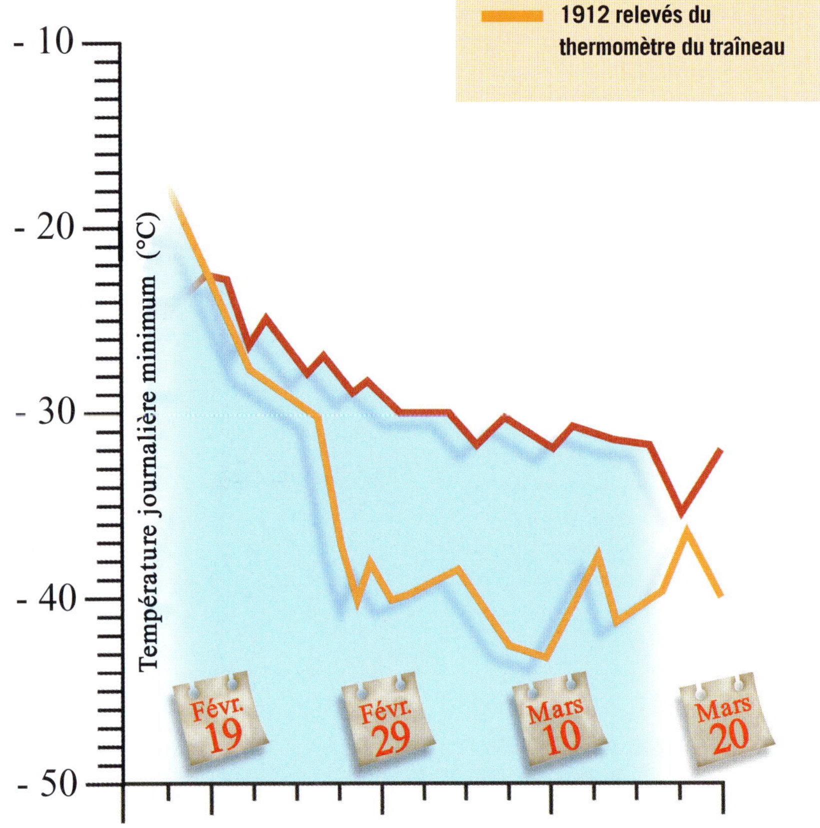

Des températures anormalement basses

Ces erreurs empêchèrent Scott d'arriver le premier au Pôle. Mais causèrent-elles la mort des explorateurs ? Selon George Simpson, le météorologue de l'équipe (plus d'une vingtaine d'hommes, dont les quatre qui périrent à ses côtés, accompagnaient Scott), d'autres facteurs entrèrent en jeu. Après avoir réintégré son poste à l'Indian Meteorological Office de Calcutta, il examina tous les relevés météo qu'il avait effectués durant les années passées au pôle Sud. Il constata que les températures de février et mars 1912 en Antarctique descendirent nettement en dessous de la normale. Comme il ne disposait pas d'autres données pour étayer sa théorie, ses conclusions furent ignorées.

Il fallut attendre soixante-dix ans pour que le capitaine Scott soit réhabilité. En 1986, une météorologue de l'American National Oceanic and

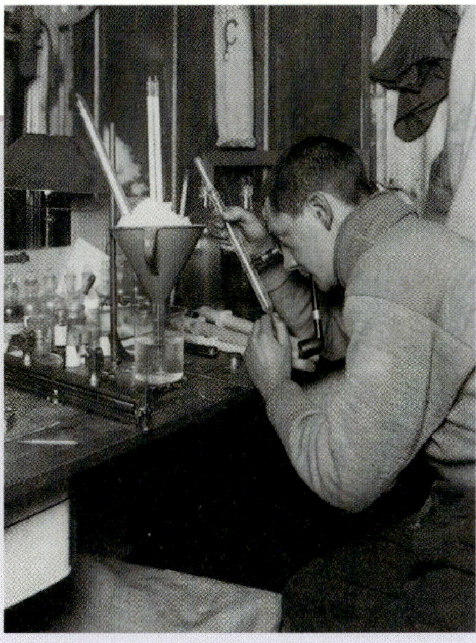

Deux techniques pour une même conclusion

Le météorologue de Scott, George Simpson (à gauche), enregistrait la température à l'aide de ballons et utilisait des thermomètres qui devaient être contrôlés quotidiennement. La météorologue américaine Susan Solomon disposait, elle, de données fournies par six stations météo informatisées ; elles imprimaient automatiquement les résultats à intervalles réguliers. Les relevés étaient transmis par satellite à sa station de base depuis plusieurs points situés sur le trajet de Scott. Les résultats obtenus confirment ce que Simpson tenta en vain de prouver.

Atmospheric Administration, Susan Solomon, entama une étude à McMurdo Sound, sur le site même où le capitaine Scott avait établi son camp de base lors de sa première expédition, en 1901 : de sa chambre, elle pouvait voir l'ancienne hutte de l'explorateur, de l'autre côté de Winter Quarters Bay.

Susan Solomon s'intéressa aux courbes de température relevées sur la barrière de Ross lors du voyage de retour de Scott. Entre le 5 et le 19 mars 1912, le thermomètre descendit jusqu'à – 40 °C, soit 8 °C de moins que la moyenne des températures minimales qu'elle avait enregistrées au même endroit. Pouvait-il y avoir une erreur dans les relevés de Scott ? George Simpson pensait que non. Il savait que le capitaine les effectuait régulièrement avec deux thermomètres. Mais cette baisse n'apparaissait nulle part ailleurs en Antarctique cette année-là.

En poursuivant ses recherches, Susan Solomon découvrit qu'à la fin du mois de février 1988, la même baisse de 8 °C fut constatée sur la barrière de Ross. En revanche, sur dix-sept années de relevés, elle n'apparaissait qu'à la fin du mois de mars. Or en 1988, le courant marin El Niño affecta le climat de l'Antarctique. Elle découvrit ainsi la cause de cette irrégularité des températures. À partir de toutes ces données, elle calcula que la probabilité d'avoir les mêmes conditions climatiques que Scott étaient de une sur vingt.

Des conditions extrêmes

Ces huit degrés de moins furent une source d'épreuves supplémentaires pour les membres de l'expédition. Mais surtout, le voyage devenait pratiquement infaisable. Lorsque les températures sont aussi basses, le film d'eau permettant aux skis de glisser ne se forme plus : tirer un traîneau est alors impossible. Scott écrivit dans son journal : « Sur cette surface, nous savons que nous ne pouvons pas faire la moitié du chemin que nous parcourions auparavant et que l'effort exige près de deux fois plus d'énergie. […] Le traîneau est terriblement lourd. » Avec un tel froid, un autre phénomène climatique rare se déclenche : le vent chute. Or Scott avait envisagé de rentrer en attachant des voiles aux traîneaux. Il dut renoncer à ce projet. Les hommes ne pouvaient plus fournir l'effort physique nécessaire pour tirer eux-mêmes l'équipement car ils souffraient de terribles gelures.

Scott et Amundsen prirent des risques calculés en tentant d'atteindre le Pôle, mais avec les températures inhabituellement basses de ce mois de février 1912, Scott joua de malchance. Voici les derniers mots écrits par le Britannique : « Notre échec est certainement dû à cette phase soudaine de mauvais temps qui ne semble avoir aucune cause évidente. Je ne pense pas que des êtres humains aient déjà vécu un mois comme celui que nous venons de vivre. »

DES DÉBUTS PROMETTEURS Robert Falcon Scott embarqua sur son premier navire, le *Boadicea,* à l'âge de 13 ans. Il fut aspirant durant deux ans : sa brillante carrière dans la marine lui valut le commandement de sa première expédition dans l'Antarctique en 1901.

CE BON CAPITAINE BLIGH...

Le capitaine du *Bounty* n'avait rien d'un tyran

Le cinéma et la littérature ont largement fait connaître l'histoire des révoltés du *Bounty*. Mais contrairement à la légende, il ne s'agissait pas de la mutinerie légitime d'un équipage victime de la cruauté de son capitaine : c'est l'affrontement de deux personnalités diamétralement opposées qui mena à la révolte – ainsi que le charme des Tahitiennes...

UN ÉQUIPAGE LOYAL Sur cette gravure de 1790, Robert Dodd illustra le moment où le capitaine Bligh fut débarqué de son vaisseau avec un groupe de dix-huit fidèles. Ils reçurent des vivres pour cinq jours seulement.

Au matin du 28 avril 1789, alors que le *Bounty* se trouve au large de Tofua, en plein Pacifique Sud, à quelque 50 km au sud des îles des Amis (aujourd'hui îles Tonga), des membres d'équipage font irruption dans la cabine du capitaine, William Bligh. Ils le menacent de leurs baïonnettes en lui ordonnant : « Tenez votre langue, monsieur, ou vous êtes mort dans l'instant. » Les mains liées, il est conduit sur le pont en chemise de nuit. Fletcher Christian, son second, âgé de 24 ans, le regarde, les yeux « flambant de rage » comme l'écrira Bligh. Le capitaine se tourne vers Christian – qu'il a lui-même recruté pour cette traversée – et lui rappelle : « Vous avez fait sauter mes enfants sur vos genoux. » « C'est trop tard. Je vis un enfer depuis deux semaines et je ne peux plus le supporter », lui répond son second. Le capitaine et dix-huit marins qui ont choisi de lui rester fidèles sont alors poussés à bord d'une chaloupe. Au moment où le navire s'éloigne, Bligh note dans son journal que les vingt-cinq marins restés à bord lancent un cri de victoire : « Huzza for Otaheite ! » (Hourra ! Vive Tahiti !)

Cette célèbre mutinerie pourrait être résumée ainsi : un groupe de jeunes gens enthousiastes commença une nouvelle vie dans un paradis exotique après s'être libéré du joug d'un capitaine sadique

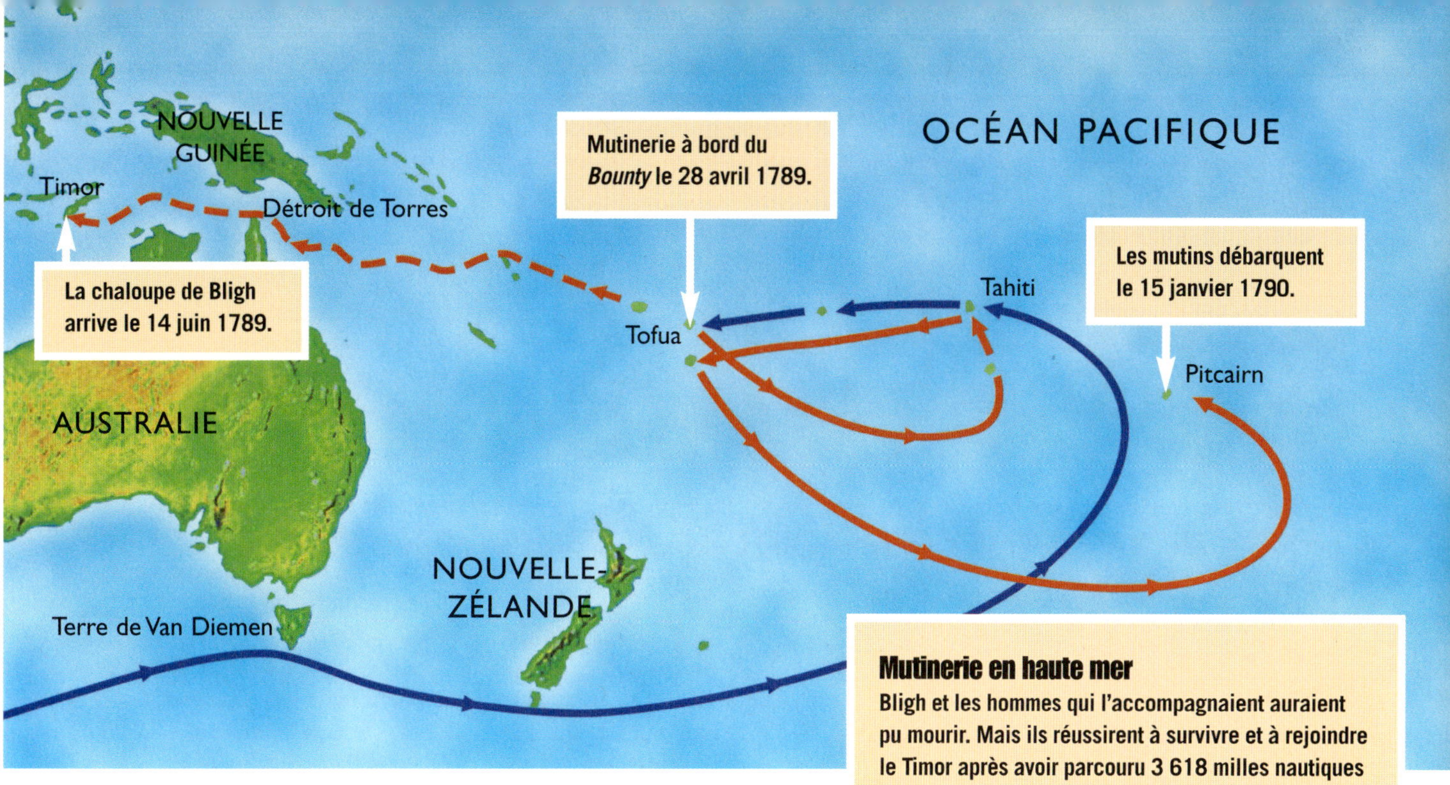

Mutinerie en haute mer
Bligh et les hommes qui l'accompagnaient auraient pu mourir. Mais ils réussirent à survivre et à rejoindre le Timor après avoir parcouru 3 618 milles nautiques (6 700 km) en 41 jours à bord d'une simple chaloupe.

La route du *Bounty* avant la mutinerie
La fuite des mutins
Le voyage de Bligh

et cruel. Le premier acte de ceux qui s'étaient ainsi « dégagés » de leurs obligations envers Bligh et la marine britannique fut de jeter par-dessus bord la cargaison de plants d'arbre à pain que transportait le *Bounty.* Les mutins choisirent Fletcher Christian pour chef et déchirèrent une partie des voiles afin de fabriquer des uniformes de toile identiques, montrant ainsi qu'ils étaient tous égaux. Les hommes firent ensuite demi-tour et revinrent à Tahiti.

Au cours d'une escale qui avait duré six mois, l'équipage était tombé sous le charme de « la plus belle île du monde » et de sa population, accueillante et nonchalante. Les marins y avaient pris pour maîtresses des Tahitiennes, et certains s'étaient même fait tatouer, adoptant les usages du pays. Bon nombre d'entre eux envisageaient sérieusement de s'y installer. Une fois débarrassés de Bligh, tout devenait possible…

L'exploit du capitaine

Laissés seuls sur leur chaloupe, à la merci des courants, Bligh et ses hommes se dirigèrent d'abord vers Tofua : ils en furent chassés à coups de pierres par des insulaires hostiles – l'un des hommes perdit la vie lors de cette brève escale. Le capitaine mit ensuite le cap sur la colonie européenne la plus proche, Timor. Dans ce canot mesurant seulement 7 m de long, le voyage fut terrible. Les marins n'avaient pour se nourrir que quelques miches de pain et des biscuits, du poisson cru et, de temps en temps, un oiseau de mer qu'ils parvenaient à attraper. Ils passaient leur temps à écoper. Et si les violents orages leur fournissaient de l'eau douce, ils les laissaient « tremblants de froid à un point inimaginable ». Le 3 juin, Bligh franchit le détroit de Torres. Sept semaines après la mutinerie, le 14 juin 1789, le bateau accosta à Kupang, au Timor. Cette aventure fut l'un des plus grands exploits de l'histoire de la navigation : l'embarcation surchargée avait parcouru 3 618 milles nautiques (6 700 km).

À son retour en Angleterre, le capitaine comparut devant la cour martiale pour la perte de son bateau. La cour l'innocenta et condamna la mutinerie. On s'étonna que Fletcher Christian, officier respectable, ait pu prendre la tête des rebelles. Bligh évoqua l'attrait de Tahiti, les prodigalités des chefs et les femmes faciles. Il embarqua en 1792 à bord de la *Providence,* avec pour mission de rapporter une nouvelle cargaison d'arbres à pain.

UNE RÉCOLTE AMÈRE **Le *Bounty* avait pour mission de rapporter des plants d'arbre à pain, censé fournir une alimentation bon marché permettant de nourrir les esclaves dans les Caraïbes. En fait, ces derniers refusèrent de consommer les fruits de l'arbre.**

Sur l'île de Pitcairn

Une bonne partie des mutins nouèrent des relations avec des Tahitiennes. Fletcher Christian était très épris de sa belle maîtresse, Maimiti. Pour beaucoup – y compris Bligh –, le charme des Tahitiennes joua un rôle déterminant dans la mutinerie. Les rebelles survivants affirmèrent que Christian et Maimiti s'étaient mariés à Tahiti.

Lorsque des marins américains accostèrent sur l'île de Pitcairn, en 1808, ils eurent la surprise d'entendre les indigènes parler anglais. Ceux-ci leur expliquèrent qu'ils étaient les enfants des mutins du *Bounty.* Il restait parmi eux un survivant, un certain John Adams, qui leur raconta toute l'histoire.

Lutte sanglante

Après un différend à Tahiti, les mutins se divisèrent en deux groupes. Les uns décidèrent de rester sur place : ils furent ensuite capturés et jugés. Les autres firent voile vers l'est, accompagnés de Tahitiens et de Tahitiennes, à la recherche d'une île inhabitée. À leur arrivée sur Pitcairn, ils mirent le feu à leur bateau pour éviter d'être repérés. Ils bâtirent des maisons et cultivèrent la terre. Mais tout se compliqua lorsque l'un des marins voulut s'attribuer la femme d'un autre. Les Tahitiens qui s'y opposèrent furent fouettés. Ils quittèrent alors le camp et tendirent des embuscades meurtrières. Il y eut dix morts, parmi lesquels Fletcher Christian.

Maimiti et ses enfants, dont son fils prénommé Thursday (ci-dessus), restèrent fidèles à la mémoire de Christian. En 1841, le navigateur britannique George Gardner, en visite sur l'île, décrivit Maimiti comme « étonnamment active alors qu'elle devait bien avoir entre 80 et 90 ans ». Sa beauté s'était fanée : elle était devenue « la plus parfaite image de sorcière [qu'il eût] jamais vue ».

Faux! **William Bligh n'avait pas encore le grade de capitaine lorsqu'il mena le *Bounty* à Tahiti : âgé de 33 ans, il n'était que lieutenant, mais il attendait cette promotion, promise à l'issue du voyage.**

L'Amirauté envoya une frégate, la *Pandora,* à la recherche des mutins. Quatorze d'entre eux, faits prisonniers à Tahiti, furent embarqués à fond de cale, où ils voyageaient nus et menottés. Quatre hommes périrent enchaînés lors du naufrage du navire sur la barrière de corail australienne. Jugés à leur retour en Angleterre, seuls deux survivants avaient un avocat, les autres se débrouillèrent seuls. L'un des observateurs, impressionné par le contre-interrogatoire du maître d'équipage James Morrison, nota : « Il semble y avoir eu sur ce bateau bon nombre d'hommes d'un niveau supérieur à celui du troupeau d'illettrés que l'on voit habituellement. » Certains – comme James Heywood – demandèrent à leurs proches de témoigner en leur faveur pour échapper à la potence. Finalement, trois hommes furent pendus, dont l'un, âgé de 17 ans, dormait lorsque la mutinerie éclata…

Personne ne put consigner avec exactitude les événements qui furent à l'origine de la rébellion. Cela ne fit qu'encourager les rumeurs entourant cette aventure. L'opinion publique, avide de détails sur la « tyrannie » de Bligh, se jeta sur un pamphlet publié après le procès par Edward Christian, le frère de Fletcher. Ce dernier était toujours en fuite. Il avait disparu avec les dix autres mutins. Il vivait en fait sur l'île isolée de Pitcairn, dans l'océan Pacifique, où son épouse tahitienne l'avait suivi.

Un caractère violent

Edward Christian était professeur de droit à Cambridge, en Angleterre. Il tenait à assurer la défense de Fletcher ; il organisa donc une sorte de procès parallèle, faisant comparaître plusieurs témoins des événements devant un jury de « gentlemen respectables » qui conclut que Bligh avait outrepassé les limites imposées par ses fonctions de commandant.

William Bligh ne disposait pas d'un aussi bon avocat. Originaire de Cornouailles, cet autodidacte entra dans la marine à l'âge de 16 ans. Il ne possédait pas les manières raffinées de certains officiers, et pouvait même se montrer très grossier. Durant les trois semaines qui suivirent le départ de Tahiti, il ne cessa de harceler verbalement son second. Homme sensible, Christian avait beaucoup de mal à le supporter. Systématiquement critiqué et humilié, il avait le sentiment d'être « en enfer ». L'un des témoins déclara à Edward Christian que « quelle que soit la faute, Christian était certain d'être la cible de la colère du capitaine ». Lors d'une escale sur l'île d'Aitutaki, dans l'archipel des Cook, Christian

SOUVENIRS DE VOYAGE **Au cours de sa traversée périlleuse jusqu'au Timor, Bligh fabriqua un bol (à droite) avec une noix de coco ; il se servait d'un gobelet de corne (au centre) pour mesurer les rations d'eau. Il utilisait une petite balle de pistolet (au premier plan) pour peser les rations de pain (60 g par personne).**

et ses hommes débarquèrent à la recherche de ravitaillement ; attaqués par des indigènes, ils eurent tout juste le temps de s'enfuir. Mais à leur retour, Bligh accueillit Christian en l'invectivant : « Mais bon sang, pourquoi n'avez-vous pas tiré ? » Il avait pourtant interdit à ses hommes de faire usage de leurs armes afin d'éviter tout affrontement. La nuit précédant la mutinerie, son second prit des noix de coco qui ne lui avaient pas été attribuées. Le capitaine le traita de « vaurien poltron », de « voleur » et de « menteur ».

La bonne société préférait défendre l'un des siens plutôt que Bligh. Ainsi se forgea le mythe de Fletcher Christian, jeune idéaliste héroïque s'opposant à un commandant violent et tyrannique.

Certains éléments de l'aventure ne furent néanmoins pas pris en compte. Le journal de bord du navire aurait prouvé que, en dépit de ses débordements verbaux, Bligh était un capitaine indulgent. Les marins recevaient en moyenne beaucoup moins de coups de fouet sur le *Bounty* qu'à bord d'autres navires de la marine britannique naviguant dans le Pacifique au XVIIIe siècle. Après quatre mois de mer, parce qu'il avait dû infliger une telle punition, Bligh écrivit : « Jusqu'à cet après-midi, j'espérais pouvoir effectuer le voyage sans avoir à infliger aucun châtiment. » Au cours de la longue escale du *Bounty* à Tahiti, il préféra faire fouetter deux déserteurs alors qu'il aurait pu ordonner leur pendaison.

Propreté et exercice

En fait, Bligh était plutôt un humaniste réformiste : il réorganisa le système des quarts pour permettre aux marins d'être de garde quatre heures sur douze au lieu de huit, et introduisit des légumes dans leur alimentation. Paradoxalement, les efforts qu'il fit pour humaniser et rationaliser les conditions de vie à bord finirent par lui attirer les foudres de l'équipage : les marins n'appréciaient pas de devoir ingurgiter de la choucroute et de l'extrait de malt (aliments antiscorbutiques par excellence).

LE MAUVAIS RÔLE **Charles Laughton incarnait William Bligh dans le film *les Révoltés du Bounty* (1935). Il campa un Bligh cruel et grossier. On le voyait notamment fouetter un homme mort, ou ordonner à un marin qui demandait une gorgée d'eau de passer sous la quille.**

L'HÉRITAGE DES MUTINS **Cette photographie coloriée des descendants de John Adams, seul survivant du *Bounty* sur Pitcairn, fut prise à la fin du XIXe siècle. Le 23 janvier, on y célèbre le Bounty Day, qui commémore le jour où les mutins incendièrent leur vaisseau et s'installèrent sur l'île.**

Il voulait également que ses hommes maintiennent leurs vêtements au sec et leurs hamacs propres, préoccupation quasi paternelle qui tournait même à l'obsession. « Les marins prennent rarement soin d'eux, écrivait-il. Il faut les surveiller comme des enfants. »

Il instaura des séances de danse obligatoires en soirée à titre « d'exercice distrayant ». Mais les marins mécontents inventèrent leurs propres danses pour se moquer du capitaine… et cela se solda par quelques coups de fouet supplémentaires. Enfin, la colère fut à son comble lorsque Bligh interdit le rituel consacré du « baptême de la ligne » – un bizutage des marins lors de leur premier passage de l'équateur. Le capitaine trouvait ces pratiques « brutales et inhumaines », ce dont l'équipage se moquait éperdument.

Les partisans des mutins critiquèrent aussi beaucoup la mesquinerie dont Bligh faisait preuve au moment de la distribution des vivres. Mais il y était contraint : l'Amirauté avait décrété qu'il paierait les dépenses supplémentaires avec ses propres deniers.

L'heure de la reconnaissance

Les marins du *Bounty* qui avaient choisi de rester avec leur capitaine plutôt que de repartir vers le paradis tahitien témoignèrent en sa faveur. Ils étaient d'ailleurs plus nombreux à vouloir le rejoindre, mais tous ne purent pas prendre place à bord de l'embarcation déjà surchargée. L'un d'eux se souvient que, même après les avoir copieusement insultés, Bligh se rattrapait toujours par un mot ou un geste qui faisait office « d'emplâtre pour soulager la blessure ».

Après l'épisode de cette mutinerie, Bligh fit une très belle carrière. Il participa aux batailles de Camperdown en 1797 et de Copenhague en 1801, où sa bravoure lui valut les louanges de l'amiral Nelson. En 1801 également, il fut élu membre de la Royal Society – prestigieuse académie scientifique – pour ses contributions dans les domaines de la navigation et des sciences naturelles. Quant à Fletcher Christian, on ne connut jamais sa version des faits : après une brouille, lui et plusieurs autres marins furent assassinés par les Tahitiens avec lesquels ils s'étaient installés sur l'île de Pitcairn.

« Ils étaient d'ailleurs plus nombreux à vouloir rejoindre Bligh mais tous ne purent pas prendre place à bord de l'embarcation déjà surchargée. »

NAPOLÉON III, UN EMPEREUR VISIONNAIRE

De la condamnation à la réhabilitation : les mystères du sphinx

Comparé à un sphinx par Émile Zola, Napoléon III est longtemps passé pour un dictateur à la politique hasardeuse. Mais, depuis peu, son image s'est nettement améliorée : de nombreux historiens présentent l'empereur comme un précurseur particulièrement en avance sur son temps.

Au printemps 1870, quelques mois avant que la guerre contre la Prusse ne fasse chuter le régime, les électeurs français sont consultés par plébiscite sur un texte rassemblant toutes les réformes institutionnelles engagées depuis le début du second Empire. Ils l'approuvent massivement. Pour Napoléon III, c'est un triomphe… Mais l'état de grâce ne dure pas : en septembre, aussitôt après la défaite de Sedan, il passe pour un tyran ridicule. La Chambre vote sa déchéance en mars 1871, le poussant à s'exiler en Angleterre.

Pendant son règne, les républicains l'avaient déjà ironiquement baptisé Badinguet, du nom de l'ouvrier auquel il avait emprunté la blouse pour s'échapper du fort de Ham, où il était détenu après une seconde tentative de coup d'État. Pendant une centaine d'années, celui que ses opposants surnommèrent Napoléon le Petit figura dans les annales comme un homme autoritaire et médiocre.

Une postérité noircie par la mémoire républicaine

Prospérant sur les décombres du second Empire – qui lui servait de repoussoir –, la IIIe République prononça une condamnation sans appel de Napoléon III : le coup d'État qui l'avait mené au pouvoir en 1851 avait mis fin à la IIe République, créée en 1848 et incarnation d'un rêve démocratique. On dénonça le césarisme du neveu de Napoléon Ier, mais aussi ses incohérences : n'avait-il pas apporté son soutien aux nationalistes italiens en 1859 pour, peu de temps après, défendre le pape contre ces derniers ? Enfin, on lui reprocha ses échecs, l'expédition au Mexique (1862-1867) et la défaite de Sedan (1870), entre autres.

En réalité, qu'il s'agisse de politique urbaine, économique, sociale ou coloniale – en Indochine ou ailleurs –, la IIIe République poursuivit

LA POURSUITE DU POUVOIR Après deux tentatives ratées de coup d'État et six ans de prison au fort de Ham, Napoléon III parvint à rétablir l'Empire en 1852.

L'EMPEREUR BÂTISSEUR SUR LE CHANTIER DU LOUVRE **Dans les années 1850, Napoléon III fit prolonger les bâtiments du Louvre le long de la rue de Rivoli, de façon à rattacher le palais à celui des Tuileries. L'empereur voulait faire de Paris – réputé pour sa saleté – une grande capitale européenne : c'est le baron Haussmann, préfet de la Seine, qui conduisit ces grands travaux.**

bien souvent ce qu'avait entrepris Napoléon III. Mais la réussite et le caractère novateur de ses initiatives furent occultés pendant une longue période. Il ne fut réhabilité que récemment, par des historiens anglo-saxons d'abord, puis par des Français, et il fallut attendre 1987 pour que son nom soit donné à une place du Xe arrondissement de Paris.

Du dandy aventurier…

Né en 1808, Charles Louis Napoléon Bonaparte était le troisième fils de Louis Bonaparte, roi de Hollande, frère cadet de Napoléon Ier, et d'Hortense de Beauharnais. Il eut une jeunesse dorée et fit des études militaires. Influencé par les idées de Robespierre, il s'engagea aux côtés des Carbonari italiens, hostiles aux pouvoirs du pape et de l'Autriche sur l'Italie. Cela lui valut d'être expulsé de Rome en 1830, et de quitter la péninsule dans la clandestinité l'année suivante. La mort de ses frères et de son cousin l'Aiglon – le fils de Napoléon Ier – le poussèrent à revendiquer l'héritage de son oncle en France. Ses tentatives de coup d'État, en 1836 puis en 1840, échouèrent ; la seconde le mena même en prison. Condamné à la réclusion à perpétuité par le roi Louis-Philippe Ier, il parvint à s'échapper de la forteresse de Ham en 1846.

Louis Napoléon n'était pas pris au sérieux, y compris dans son entourage. Ses oncles et son père n'appréciaient pas son activisme, qui risquait de compromettre la tranquillité accordée aux Bonaparte à Rome. Par ailleurs, ses soucis d'argent et sa vie de dandy semblaient lui faire souvent oublier ses engagements.

Quand la révolution de 1848 éclata, il n'avait pas fait parler de lui depuis longtemps. Il vivait alors en Angleterre, aux crochets d'une certaine miss Howard. En France, le gouvernement provisoire de la IIe République souhaitait qu'il reste éloigné, mais Bonaparte parvint à se faire élire député dans plusieurs circonscriptions en juin puis en septembre 1848. Cette popularité suscita l'intérêt de quelques chefs du parti de l'Ordre, formé cet automne-là pour rassembler les conservateurs : considérant son manque d'éloquence et ses airs de dandy, Thiers voyait en lui un « crétin » facilement contrôlable. En décembre, fort de ce soutien, Bonaparte fut élu président de la République avec 75 % des voix. Prenant rapidement ses distances avec la majorité conservatrice, il laissa celle-ci se discréditer aux yeux de l'opinion et anima des courants en sa faveur tout en noyautant l'armée. La Constitution ne lui permettant pas de se représenter, il s'imposa par un coup d'État le 2 décembre 1851, date anniversaire du sacre de son oncle et de la victoire d'Austerlitz. En 1852, le rétablissement de l'Empire fut approuvé par un plébiscite. Le prince-président devint l'empereur Napoléon III.

DES MANIFESTATIONS PRESTIGIEUSES
Sous le règne de Napoléon III, deux expositions universelles (en 1855 et en 1867) se déroulèrent à Paris.

Napoléon III et la science

« Nous avons d'immenses territoires incultes à défricher, des routes à ouvrir, des ports à creuser, des rivières à rendre navigables, des canaux à terminer, notre réseau de chemin de fer à compléter... », déclara Napoléon III à Bordeaux, le 15 décembre 1852. Dans ce discours resté célèbre, le nouvel empereur exprima – entre autres – sa volonté d'utiliser la science comme instrument du progrès social afin de défendre les intérêts de chacun. À une époque où les traditions et les références au passé dominaient encore largement les projets politiques, ce programme était extrêmement novateur. Sachant exploiter en sa faveur toutes les préoccupations de son temps, Napoléon III concilia ce précepte avec l'idée d'un retour à la foi, à une époque où le positivisme naissant permettait de toute façon de parler de « religion de la science »...

Napoléon III se passionna pour les questions scientifiques. Tout l'intéressait, le « magnétisme électrique » comme le moteur à explosion – les recherches dans ces deux domaines étaient alors en plein essor. Plus largement, il souhaitait faciliter la vie quotidienne des populations. Dans l'Atlantique, depuis 1850, la navigation à vapeur tendait à l'emporter sur la navigation à voile : il se demanda quel produit économique pourrait remplacer le beurre dans les cambuses des navires. Le concours qu'il organisa à ce sujet fut remporté en 1869 par Hippolyte Mège-Mouriès, l'inventeur de la margarine.

... au chef d'État idéaliste et visionnaire

Porté par un certain idéalisme, ce chef d'État se révéla visionnaire. Au départ autoritaire et centralisé, le régime que Napoléon III voulait enraciner évolua timidement vers le parlementarisme dans les années 1860. L'empereur souhaitait répondre aux attentes d'une opposition croissante. Par ailleurs, le caractère de plus en plus administratif de l'État en limitait l'arbitraire.

Mais les ambitions de Napoléon III concernaient avant tout les questions économiques et sociales. Influencé par le saint-simonisme (doctrine socio-économique à l'origine de la pensée technocratique moderne), il défendait le principe d'un encadrement de la société par un État au service de chacun. Grâce à lui, la construction du réseau de chemin de fer se poursuivit. Particulièrement intéressé par l'urbanisme, il commanda au préfet Haussmann de grands travaux dans la capitale.

Exprimé dans *l'Extinction du paupérisme,* ouvrage rédigé en captivité et publié en 1844, l'engagement de Napoléon III pour la question sociale fut constant. Il autorisa le droit de grève en 1864 et favorisa l'émergence d'un premier mouvement ouvrier. Il soutint l'instruction publique, augmentant son budget et multipliant la création de lycées.

Enfin, sa politique étrangère fut elle aussi novatrice. Il apporta son soutien aux mouvements libéraux et nationaux : à l'issue de la guerre de Crimée – qu'il remporta contre la Russie –, en 1856, le congrès de Paris posait pour la première fois la question des nationalités dans une conférence internationale. Trois ans plus tard, la France s'engageait aux côtés des Piémontais dans les batailles menées pour l'unification de l'Italie. L'empereur élargit aussi l'horizon de la diplomatie : il s'intéressa au Proche-Orient, œuvrant pour la réalisation du canal de Suez, inauguré en 1869, et approuvant la création du Liban en 1861. Il entreprit la conquête de la Cochinchine et du Cambodge et chercha à étendre la présence française en Algérie.

Dans ses *Idées napoléoniennes,* sorte de traité politique paru en 1839, Napoléon III écrivait : « La foi politique, comme la foi religieuse, a eu ses martyrs ; elle aura comme elle ses apôtres, comme elle son empire. » Mais on ne lui pardonna pas la défaite contre les Prussiens à Sedan : déchu en 1871, l'empereur mourut en 1873, deux ans après son départ forcé pour l'Angleterre.

L'EMPEREUR ET LE CHANCELIER
Le 2 septembre 1870, au lendemain de la défaite de Sedan, Napoléon III rencontra Bismarck près du village de Donchery. Mais le chancelier prussien refusa de négocier et l'empereur dut accepter l'acte de reddition de l'armée française.

UNE FEMME FACE À LA CALOMNIE

La réputation de Lucrèce Borgia fut salie par les ennemis de sa famille

L'Histoire a fait de Lucrèce Borgia une femme aux mœurs dissolues, meurtrière de son époux. Pourtant, rien ne prouve qu'elle ait eu les agissements criminels qu'on lui prête…

TEL PÈRE, TEL FILS César Borgia fut nommé cardinal par son père à l'âge de 17 ans. Impitoyable, il multiplia les forfaits. Son action à la tête de la principauté de Romagne, dans le nord de l'Italie, inspira à Machiavel son ouvrage intitulé *le Prince.*

À la fin du Moyen Âge et au début de la Renaissance, la puissance de l'Église s'exerçait dans de nombreux domaines. Le Vatican, siège du pouvoir papal à Rome, percevait des impôts, vendait des indulgences pour l'absolution des péchés et gérait des activités économiques lucratives à travers toute l'Europe. Les papes jouissaient d'une immense fortune personnelle et devaient savoir faire preuve d'un grand sens du pouvoir. Le cardinal espagnol Rodrigo Borgia était un homme de cette trempe. Élu pape sous le nom d'Alexandre VI en 1492, il devint l'archétype des souverains pontifes de la Renaissance : dépravé, calculateur et brutal.

Lucrèce Borgia n'avait que 12 ans lorsque son père fut nommé à la tête de l'Église catholique, mais elle était suffisamment âgée pour servir les intérêts de sa famille, qui la fiança à deux reprises avant son premier mariage, à l'âge de 13 ans. Son époux, Giovanni, appartenait à la puissante famille milanaise Sforza. Si l'on en croit l'extravagance de la cérémonie, la perspective d'une telle alliance réjouissait beaucoup Rodrigo. L'union du jeune couple fut célébrée au Vatican, en 1493. La cérémonie fit scandale à Rome, où des gens d'Église critiquèrent ouvertement les excès du pape.

Mais la famille Sforza ne se révéla pas à la hauteur des ambitions du père de Lucrèce. Faute de pouvoir conclure les alliances promises, il décida de l'annulation du mariage, en 1497.

Inceste et impuissance

La seule cause recevable étant la non-consommation de l'union, Rodrigo demanda à Giovanni Sforza une attestation d'impuissance. Ce dernier, contraint et forcé par sa propre famille, signa une confession en ce sens devant un parterre de médecins et de théologiens. Nul doute qu'il s'agissait bien d'une fausse déclaration : Lucrèce avait à l'époque 17 ans et Sforza, déjà père d'un enfant conçu lors d'un précédent mariage, n'avait aucune raison de s'abstenir de toute relation sexuelle avec sa femme. Pour clore la procédure, Lucrèce fut examinée et déclarée vierge.

Giovanni Sforza, furieux d'avoir été humilié par son beau-père, affirma que les raisons pour lesquelles Rodrigo souhaitait annuler le mariage ne relevaient pas de la seule sollicitude paternelle… C'est ainsi que naquit la rumeur de relations incestueuses entre Lucrèce et son père.

Poursuivant ses ambitions politiques et pensant qu'une famille napolitaine pouvait être une alliée utile, Rodrigo maria sa fille à Alphonse d'Aragon, duc de Bisceglie. Mais, deux ans plus tard, il noua des contacts avec le roi de France Louis XII, ennemi des principautés napolitaines. Une nouvelle fois, la politique allait ruiner le mariage de Lucrèce… Selon le journal de

LA MUSE DES POÈTES Lucrèce Borgia, devenue duchesse de Ferrare en 1502, s'entoura d'une cour de poètes et d'artistes : c'est probablement elle qui inspira à Bartolomeo Veneto cet énigmatique *Portrait de femme.*

PORTRAIT DE FAMILLE **L'artiste préraphaélite Dante Gabriel Rossetti s'intéressait au pouvoir destructeur de la sexualité féminine. Dans *la Famille de Lucrèce Borgia*, qu'il peignit dans les années 1850, Rodrigo et César courtisent une Lucrèce lascive. L'allusion à l'inceste est claire.**

Johannes Burchard, maître des cérémonies papales, César, le frère de Lucrèce, donna à ses hommes l'ordre de se débarrasser d'Alphonse : ceux-ci lui tendirent un guet-apens sur la place Saint-Pierre. Le duc survécut, mais il fut achevé dans ses appartements du Vatican, alors que Lucrèce tentait de le soigner. « Comme don Alfonso refusait de mourir de ses blessures, il fut étranglé dans son lit », commenta froidement Burchard.

Tous les témoignages l'affirment : Lucrèce en fut profondément accablée. L'archidiacre Gian Lucido Cattanei écrivit d'ailleurs à ce propos : « Le pape est de mauvaise humeur car sa propre fille est désespérée. » Réfugiée dans son château du duché de Nepi, Lucrèce écrivait des lettres empreintes de mélancolie et signées « La malheureuse princesse de Salerne ».

Des accusations malveillantes

On fit porter à Lucrèce la responsabilité des méfaits de son père et de son frère. À la cour de Venise, rivale de Rome, les accusations se multiplièrent. Pour le chroniqueur vénitien Girolamo Priuli, elle était « la plus grande putain de Rome ». L'écrivain satirique Sannazaro ne se montre guère plus subtil en la comparant à Thaïs, une courtisane grecque légendaire, et en l'accusant d'inceste avec son père : « Ici, dans son tombeau, repose celle que l'on appelle Lucrèce mais qui est Thaïs en vérité : fille, fiancée et bru d'Alexandre. »

Des insinuations sur son supposé appétit sexuel « insatiable » inspirèrent nombre d'artistes au fil des siècles. À cette rumeur s'ajouta une réputation d'empoisonneuse. Pourtant, le poison était plutôt l'arme préférée de César et de Rodrigo... Les chroniqueurs racontent que les deux hommes donnaient ordre à leurs cuisiniers d'ajouter des substances mortelles au vin ou aux mets servis aux invités qu'ils voulaient éliminer.

À l'image de son père, César était un homme violent et sans scrupules. Il fut même suspecté d'avoir assassiné son propre frère, Jean, disparu après un repas familial et retrouvé noyé dans le Tibre. Au nombre de ses victimes figure un membre de la cour nommé Perotto, soupçonné d'avoir mis Lucrèce enceinte. Cette grossesse étant bien visible au moment où la jeune femme fut déclarée « intacte » par le Vatican, Perotto devenait très embarrassant. Il fut assassiné par César, et jeté dans le Tibre. Lucrèce accoucha un peu plus tard d'un petit garçon, que l'on cacha jusqu'à l'âge de 3 ans. Cela suffit pour faire naître la rumeur : cet enfant était forcément le fruit d'une union incestueuse entre Lucrèce et son père.

Un troisième mariage

Ces accusations d'infidélité et d'inceste ne facilitèrent pas le troisième mariage de Lucrèce. Son frère souhaitait une union avec Alphonse Ier d'Este, duc de Ferrare, dont l'État était voisin du sien, mais le duc et sa famille se méfiaient. Lucrèce prit donc l'initiative – courageuse – de se présenter en personne à l'ambassadeur du duc, Johannes Lucas. Le rapport que ce dernier fit sur le caractère et le physique de Lucrèce apaisa apparemment les craintes de la famille...

« C'est une femme tout à fait intelligente et charmante, mais aussi extrêmement bienveillante [...].

En outre, c'est une chrétienne sincère et très croyante […]. Bref, son caractère est tel qu'il est impossible de soupçonner quoi que ce soit de "mauvais" à son sujet. Au contraire, tout nous paraît pour le mieux. »

Mais plus que cette description, la proposition d'annuler l'impôt papal du duc de Ferrare et d'offrir une dot importante furent des arguments convaincants. Lucrèce épousa Alphonse en 1502. Elle avait alors 22 ans, et un courtisan de l'époque, Niccolò Cagnolo, la décrivait ainsi : « Elle est de taille moyenne et de formes gracieuses. Elle a le visage assez allongé, tout comme le nez. Elle a les cheveux blonds, les yeux gris, la bouche assez large, les dents d'un blanc éclatant, la gorge lisse et blanche et admirablement proportionnée. Toute sa personne rayonne de bonne humeur et de gaieté. »

Lucrèce s'installa à Ferrare, loin de Rome et des intrigues de sa famille, où elle mena une vie plus tranquille. Elle eut sept enfants avec Alphonse. À la mort de son fils aîné, Rodrigo, elle se retira dans un couvent durant plusieurs mois pour porter son deuil. Bien que sa puissante famille ait été la cause de nombre de ses souffrances, Lucrèce fut profondément affectée par le décès de son père et de son frère. Quand ce dernier fut tué au combat, le 11 mars 1507, elle s'enferma dans un couvent et pria deux jours durant.

Elle mourut en couches en 1519 : elle avait 39 ans. Federico Gonzaga, pourtant membre d'une cour rivale, écrivit alors qu'elle avait été « universellement appréciée non seulement pour la piété de son existence mais aussi pour sa charité sans limites et la bonté de son cœur ».

Un lourd héritage

Mais Lucrèce ne passa pas à la postérité en termes aussi élogieux. Les artistes et les écrivains préférèrent évoquer sa réputation de débauche et les intrigues du règne des Borgia. Dans sa pièce *Lucrèce Borgia* (1833), Victor Hugo met en scène une femme piégée par la noirceur de ses actes passés, « un ducat d'or à l'effigie de Satan ». L'héroïne y fait des avances à son fils illégitime et se venge de ceux qui l'ont méprisée en les empoisonnant… Alexandre Dumas n'est pas plus tendre avec elle : dans *les Crimes célèbres,* il la décrit comme une « libertine en imagination, impie par nature, ambitieuse et calculatrice ».

Pourtant, aucun auteur de son époque ne l'accusa d'empoisonnement ni de meurtre, alors qu'ils furent nombreux à porter de telles accusations contre son père ou son frère. Même après sa mort, Lucrèce Borgia resta la victime des calculs des hommes de sa famille…

UN HOMME SANS PITIÉ Devenu pape sous le nom d'Alexandre VI, Rodrigo Borgia se maintint au pouvoir grâce à une politique répressive. C'est sur son ordre que le prédicateur italien Savonarole (en haut à droite) fut pendu et brûlé vif, à Florence, sur la place de la Seigneurie.

LES PHILISTINS, UN PEUPLE RAFFINÉ

Les barbares décrits par la Bible étaient artistes et mélomanes

Plusieurs récits de l'Ancien Testament racontent les combats menés par les Philistins contre les Hébreux. Des découvertes archéologiques récentes ont permis de mieux connaître ces hommes dont le seul nom évoque des brutes incultes.

Douze siècles avant la naissance de Jésus-Christ, différentes tribus peuplaient le Proche-Orient : les frontières qui les séparaient et les alliances qui les unissaient étaient très fluctuantes. D'importants mouvements migratoires marquèrent cette époque : des populations venues de la mer s'installèrent sur les rivages. Les Philistins, l'un de ces Peuples de la Mer – ainsi nommés par les Égyptiens –, vainquirent les Cananéens et se fixèrent le long de la côte méditerranéenne, entre Gaza et Tell Qasile, près de l'actuelle Tel-Aviv, sur la voie commerciale entre l'Égypte et la Syrie. Dans un territoire qu'ils appelèrent Philistie, ils constituèrent une confédération de cinq villes fortifiées : Ashdod, Eqron, Ashkelon, Gath et Gaza. Les souverains qui les gouvernaient prenaient ensemble les décisions sur les sujets importants.

Des voisins belliqueux

Un conflit territorial est à l'origine des guerres entre Hébreux et Philistins. Dans la Bible, il est écrit : « L'Éternel parla à Moïse […] en ces termes : "[…] Lorsque vous aurez passé le Jourdain et que vous serez entrés dans le pays de Canaan, vous chasserez devant vous tous les habitants du pays […]. Vous prendrez possession du pays, et vous vous y établirez […]. Mais si vous ne chassez pas devant vous les habitants […], alors ceux d'entre eux que vous aurez laissés seront comme des épines dans vos yeux et des aiguillons dans vos flancs, ils seront vos ennemis dans le pays où vous vous établirez" » (Nombres, XXXIII, 50-55).

Pour les Hébreux, les Philistins empiétaient sur un territoire que Dieu leur avait octroyé depuis longtemps. Les affrontements entre les deux tribus relatés par la Bible valurent aux Philistins leur

LA DAME À LA LYRE **Cette figurine en terre cuite, datant du VIIIe siècle avant J.-C., témoigne du goût des Philistins pour la musique. D'autres statuettes, souvent creuses, étaient utilisées dans les temples ou les sanctuaires pour offrir du vin aux dieux.**

réputation d'agressivité. Ils furent mis en cause dans le vol de l'arche d'alliance, que Moïse fit fabriquer pour abriter les tables de la Loi, symbole de la présence de Dieu au côté de son peuple.

Aujourd'hui encore, le mot philistin désigne une personne à l'esprit vulgaire, fermée aux arts et aux lettres. Pourtant, la Philistie connut de longues et fructueuses périodes de paix durant lesquelles se développa une civilisation raffinée.

Des fouilles récentes menées dans les villes d'Ashkelon et d'Eqron ont révélé que les Philistins étaient d'excellents bâtisseurs et d'habiles artisans. Ils ont construit des fortifications, des palais, des temples. Leurs maisons disposaient de systèmes d'égouts. Ils tissaient leurs étoffes, comme le prouve la découverte de poids utilisés avec les métiers à tisser. Les cuves, pressoirs et amphores témoignent d'un commerce de vin et d'huile d'olive prospère. Des bijoux en argent, une statuette de femme jouant de la lyre attestent leur sens artistique.

Les Philistins savaient également travailler le fer et le cuivre. D'après les récits de la Bible, ils contrôlaient tous les moyens de production. Des lois strictes interdisaient aux Hébreux de posséder des armes forgées en Philistie ; elles stipulaient que les outils agricoles comme les faucilles et les socs de charrue ne pouvaient être réparés que par des forgerons philistins, et à un prix élevé. Cette réglementation était très mal acceptée. Dans le premier livre de Samuel (XIII, 19), il est écrit : « On ne trouvait point de forgeron dans tout

CAPTIFS DU PHARAON **Dans le tombeau de Ramsès III, une frise célébrant les victoires de l'Égypte sur les Peuples de la Mer nouvellement débarqués montre des Philistins faits prisonniers au XIIe siècle avant J.-C.**

Un nom devenu péjoratif

Le mot philistin doit son acception péjorative à des événements beaucoup plus récents que ceux rapportés par la Bible.

Dans la ville allemande d'Iéna, à la fin du XVIIe siècle, un étudiant de l'université locale fut tué lors d'affrontements avec les habitants. Au cours de l'office célébré en sa mémoire, le pasteur cita un verset du livre des Juges : « Les Philistins sont sur toi, Samson ! » (XVI, 12). Les étudiants allemands reprirent ce terme pour désigner une personne vulgaire, peu instruite, et ce qualificatif resta.

LA MAÎTRISE DU FER **Selon la Bible, les Philistins avaient le monopole de la production d'armes et d'outils en fer, peut-être parce qu'ils possédaient une technologie plus avancée que celle des Hébreux. Un poignard en fer découvert à Eqron, l'une des cinq villes de la Philistie, montre qu'ils savaient forger des lames solides et résistantes.**

le pays d'Israël, car les Philistins avaient dit : "Empêchons les Hébreux de fabriquer des épées ou des lances." »

L'épisode de la lutte entre David et le Philistin Goliath est une allégorie de la victoire d'un peuple défavorisé mais religieux sur des païens vantards : avec une simple fronde, David parvint à vaincre le géant.

Néanmoins, le manque d'armes en fer devait conduire David et les siens à la défaite et à la mort. « Il arriva qu'au jour du combat, il ne se trouvait ni épée ni lance entre les mains de tout le peuple [...]. » (I Samuel, XIII, 22.) David pleura le triomphe de la barbarie : « L'élite d'Israël a succombé sur tes collines ! Comment sont tombés les héros ? Ne l'annoncez point dans Gath, n'en publiez point la nouvelle dans les rues d'Ashkelon, de peur que les filles des Philistins ne se réjouissent, de peur que les filles des incirconcis ne triomphent. » (II Samuel, I, 19-20.)

Peu à peu, leur nom même disparut de l'Histoire. La dernière mention les concernant remonte au VIIe siècle avant J.-C., quand le roi de Babylone Nabuchodonosor envahit la Philistie et prit de nombreux otages. Des siècles plus tard, en 135, l'empereur romain Hadrien changea le nom de la Judée en Palestine (forme romanisée du mot Philistie).

Ennemis des Hébreux, les Philistins furent malmenés dans les récits bibliques : ils n'étaient pas circoncis, mangeaient du porc et adoraient de « faux dieux » ; ils étaient donc impurs, mais certainement pas incultes, comme le démontrent les vestiges archéologiques.

LE GÉANT PHILISTIN VAINCU **Goliath, soldat philistin, incarne l'image de la brute agressive. Tandis que ses compatriotes injuriaient les Hébreux, il les mit au défi de lui opposer un adversaire capable de le battre. Il fut finalement vaincu par un jeune berger, David.**

Un peuple évolué

Les poteries livrent de précieuses informations sur le mode de vie des Philistins. Des pièces datant des XIIe et XIe siècles avant J.-C. prouvent leurs origines égéennes ; d'autres, plus tardives, réalisées dans le style mycénien, montrent qu'ils assimilèrent les techniques de certaines civilisations méditerranéennes.

Les Philistins connaissaient l'écriture et le calcul. À Ashdod, on découvrit des inscriptions gravées dans l'argile. À Ashkelon, des fouilles mirent au jour des règles graduées en bronze et en pierre, probablement utilisées lors d'échanges commerciaux.

La ligne de front

La Pentapole, confédération des cinq villes de Philistie, comprenait Eqron, Ashdod, Ashkelon, Gaza et Gath. Les Hébreux, regroupés autour d'Hébron, résistèrent aux avancées des Philistins vers l'est.

Ligne approximative du conflit territorial entre 1200 et 600 avant J.-C. (environ).

Comme les Grecs, les Philistins mélangeaient le vin et l'eau dans de grands récipients, les cratères.

Les poteries philistines étaient décorées de motifs d'oiseaux et de poissons dans le style mycénien. Les techniques de modelage, de cuisson et de peinture prouvent que les Philistins étaient originaires de la mer Égée.

Les plus anciennes poteries philistines étaient noir et blanc. La couleur ne fut introduite que lorsque les Cananéens enseignèrent l'usage des pigments à ce Peuple de la Mer.

Histoire et cinéma

Hollywood a puisé dans l'Histoire un grand nombre de sujets de films. Mais les cinéastes transforment souvent les faits, par erreur ou pour les besoins du scénario. Par conséquent, il n'est pas toujours facile de faire la distinction entre réalité et fiction.

Pour qu'un film historique semble authentique, il y a deux solutions. La première consiste à soigner les détails – costumes, lieux, armes... Les productions hollywoodiennes y consacrent des budgets colossaux et font souvent des recherches très poussées. Les images numériques permettent de reconstituer des batailles réunissant des milliers de combattants ou de rebâtir des villes oubliées. La seconde solution consiste à rester fidèle aux faits historiques, mais cela ne peut suffire parfois pour construire un drame : s'il faut que le héros ait une histoire d'amour, il en aura une ; si, au cours d'une guerre, un général doit être antipathique, il le sera, même si c'est faux. Si le scénario le demande, on n'hésitera pas à faire des entorses à l'Histoire.

Le détail qui tue

Les scénaristes de *Wyatt Earp* (1994), interprété par Kevin Costner (au centre), prirent des libertés par rapport aux faits : dans le film, les frères du policier américain sont abattus le même soir, alors qu'en réalité ils furent tués à plus de trois mois d'intervalle.

Anachronisme

Dans le film *Un million d'années avant Jésus-Christ,* tourné à Hollywood en 1966, Raquel Welch est poursuivie par des dinosaures. Le dernier représentant de l'espèce s'éteignit 65 millions d'années avant l'apparition de l'homme sur la Terre.

Usurpation de nationalité

U-571 (2000) raconte la conduite héroïque d'un équipage de la US Navy durant la Seconde Guerre mondiale : sous les ordres du lieutenant Andrew Tyler, les marins risquent leur vie pour attaquer un sous-marin ennemi *(U-571)* et s'emparer d'une machine de code Enigma allemande. Ils changent ainsi le cours de la guerre. Mais le film aurait dû s'appeler *U-110* et rendre hommage au véritable héros, un Anglais, le sous-lieutenant David Balme de la Royal Navy. Pendant le tournage, des Britanniques indignés s'en plaignirent auprès de Bill Clinton, qui leur fit remarquer qu'il ne s'agissait que d'une fiction.

Erreur d'orientation

Jusqu'à sa sortie, personne ne s'aperçut que le titre du film *Krakatoa à l'est de Java* (1969) était erroné. Le volcan, dont l'éruption, en 1883, eut des conséquences catastrophiques, est en réalité situé à 50 km à l'ouest de Java.

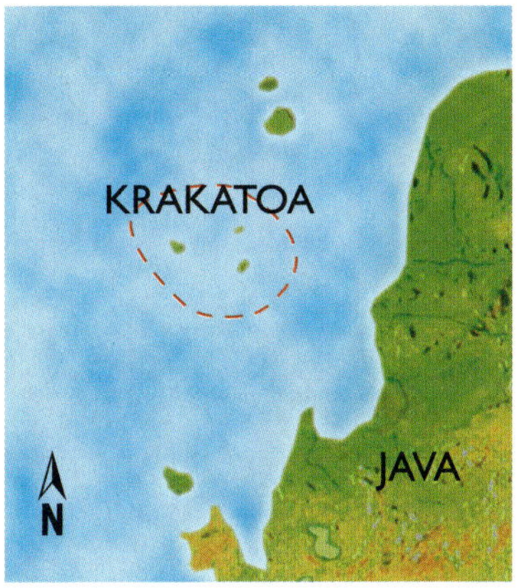

Licence artistique

- À la fin du *Spartacus* (1960) de Stanlay Kubrick, le héros, interprété par Kirk Douglas, est crucifié. En fait, Spartacus mourut au cours d'une bataille contre les légions romaines.

- Dans *Independence Day* (1996), le drapeau américain flotte sur la Lune, là où Neil Armstrong et Buzz Aldrin l'avaient planté. En réalité, il fut soufflé dès qu'Apollo 11, la fusée qui ramenait les astronautes, redécolla.

- Dans *Braveheart* (1995), lorsque William Wallace entraîne pour la première fois les Écossais à se soulever contre les Anglais, l'année 1280 apparaît sur l'écran. Les premières révoltes écossaises n'eurent pourtant lieu qu'en 1297. Par ailleurs, William Wallace – même si sa date de naissance n'est pas connue avec précision – n'avait qu'une dizaine d'années en 1280.

- *Le Pont de la rivière Kwai,* basé sur l'histoire de la construction d'une voie ferrée reliant Rangoon à Bangkok, fut tourné au Sri Lanka. Le film eut un tel succès que les autorités thaïlandaises rebaptisèrent la partie de la rivière où était censée se dérouler l'action : « le Kwai » est aujourd'hui une zone très touristique.

La fiction l'emporte sur la réalité

Les danseuses du ventre ne portaient jamais de bijou dans le nombril. Dans les années 1920, lorsque les films exotiques étaient en vogue, la loi interdisait de montrer le nombril d'une femme : pour la contourner, les producteurs hollywoodiens eurent l'idée de le couvrir avec un bijou. Ainsi, aujourd'hui, il arrive que les vraies danseuses du ventre portent des bijoux de nombril pour faire plus authentique…

UN VENTRE IRRÉPROCHABLE
Anita Ekberg, qui interprète le rôle de Salma dans le film *Zarak, le valeureux* (1956), porte la « tenue correcte exigée ».

LA LÉGENDE DE LITTLE BIG HORN

Nouvel éclairage sur une célèbre bataille

Le dernier combat livré par le général Custer est resté dans la mémoire collective américaine comme une bataille héroïque. Pourtant, les éléments retrouvés sur le site de Little Big Horn racontent une tout autre histoire...

La dernière résistance de Custer *(Custer's Last Stand)*, ultime combat de Custer à la fin de la bataille de Little Big Horn, appartient à la mythologie du Far West. L'image du général au milieu des corps de ses compagnons morts, continuant à tirer alors qu'il est assailli de toutes parts par l'ennemi, a inspiré poètes, écrivains, peintres, cinéastes... Chaque année, des milliers de touristes se rendent dans le Montana pour visiter le lieu où Custer, devenu un symbole du courage américain, se battit pour la dernière fois.

Les articles relatant ce qui se passa lors du dernier épisode de la bataille, le 18 juin 1876 entre 17 h 30 et 18 h 20, ne purent se baser sur les récits de témoins oculaires blancs, les Indiens ayant tué les soldats (près de 220) qui combattaient aux côtés de Custer avant de les scalper et de les mutiler. Plus tard, des Lakotas, des Sioux et des Cheyennes présents voulurent raconter ce qu'ils avaient vu. On ne tint pas compte de leurs témoignages, peut-être parce qu'ils étaient trop accablants : selon eux, les hommes de Custer s'étaient enfuis en désordre « comme un troupeau de bisons », tirant « comme des ivrognes [...] dans le sol, en l'air ».

L'étude des balles

En 1983, un feu de prairie ravagea le lieu des combats, considéré comme un monument à la mémoire du 7e régiment de cavalerie. Les fouilles archéologiques y étaient jusque-là interdites – ce qui protégea également le site des chasseurs de trophées. Mais après l'incendie, le professeur d'anthropologie Richard Allan Fox et son équipe de l'université du Dakota du Sud furent autorisés à entamer des recherches. Pendant plusieurs années, l'équipe travailla sur place et mit au jour des ossements humains, des objets artisanaux et, surtout, des cartouches, des douilles et des débris d'armes à feu.

LE HÉROS AMÉRICAIN Les représentations de George Armstrong Custer vêtu de sa célèbre veste en peau de daim donnaient aux Américains l'impression que leur pays était protégé par des hommes courageux et robustes, proches de la nature.

Ces indices permirent de déterminer les positions des combattants mais aussi la manière dont les armes avaient été utilisées. Les archéologues parlèrent de « chaos » et de « combat désespéré ». L'emplacement des balles montrait que beaucoup de soldats couraient tout en se retournant pour tirer : les cartouches suivaient leur trajet au lieu d'être regroupées en un seul endroit – ce qui est le cas lorsque l'on tient une position. Les balles, identifiées grâce aux marques faites par le percuteur, indiquaient également la direction des tirs. Or l'équipe de Fox ne retrouva ni cartouche ni balle de pistolet tirées depuis la dernière position supposée de Custer.

D'après les Sioux et des Cheyennes présents à Little Big Horn, les soldats n'eurent pratiquement pas le temps de troquer leur fusil contre leur revolver afin d'affronter leurs assaillants dans les derniers instants : ils moururent tous « en moins de temps qu'il ne faut à un homme affamé pour engloutir son dîner ». Les indices découverts sur le terrain ont confirmé les témoignages des Indiens.

La soif de l'or

C'est la découverte de gisements aurifères dans les Black Hills du Dakota, en 1870, qui est à l'origine de la bataille de Little Big Horn. Chercheurs d'or et colons affluèrent sur cette terre sacrée pour les Lakotas, qui la contrôlaient depuis le traité de Fort Laramie, signé en 1851. À l'automne 1875, comprenant qu'ils devraient défendre leur possession, des guerriers lakotas, sioux et cheyennes se regroupèrent dans le Montana sous l'autorité d'un grand chef de guerre, Sitting Bull. Le gouvernement des États-Unis rassembla 2 500 hommes pour les combattre. Les militaires pensaient que les Indiens éviteraient l'affrontement direct et adopteraient leur ▶ p. 230

DEUX VISIONS D'UN MÊME ÉVÉNEMENT

Le tableau représentant Custer et ses hommes en rang serré faisant feu contre les Indiens n'est étayé par aucune preuve archéologique. Le dessin sioux au-dessus, montrant des corps de soldats dispersés, est plus proche de la réalité : il semblerait qu'au moment du dernier combat, la confusion ait régné dans les rangs américains.

Quand les armes parlent

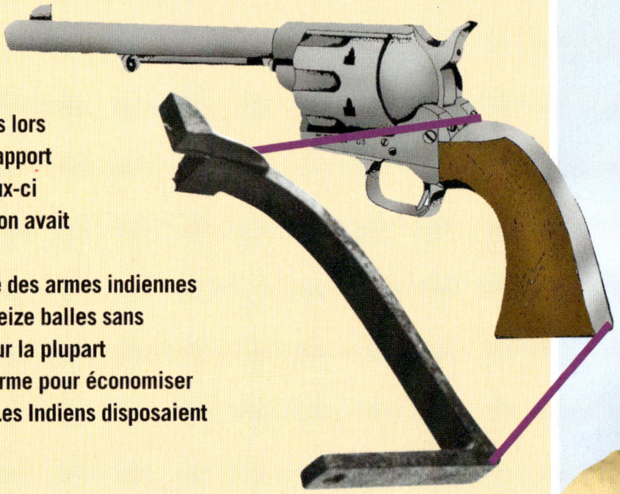

Richard Fox et son équipe ont retrouvé des pièces de 81 armes à feu – des revolvers Colt entre autres, dont une partie de la crosse est métallique *(ci-contre)* – sur les 250 que possédaient les soldats lors de la dernière bataille, soit environ un tiers : il appliqua le même rapport aux armes appartenant aux guerriers indiens et en déduisit que ceux-ci disposaient d'environ 400 carabines. C'était la première fois que l'on avait une idée du nombre d'armes utilisées contre Custer.

D'après ses recherches, il estima également qu'environ la moitié des armes indiennes était des carabines à répétition du type Winchester, pouvant tirer seize balles sans être rechargées. Les hommes de la cavalerie, eux, possédaient pour la plupart des fusils Springfield 45 à un coup : l'armée fournissait ce type d'arme pour économiser des munitions et inciter les soldats à tirer avec plus de précision. Les Indiens disposaient donc d'une puissance de feu bien supérieure.

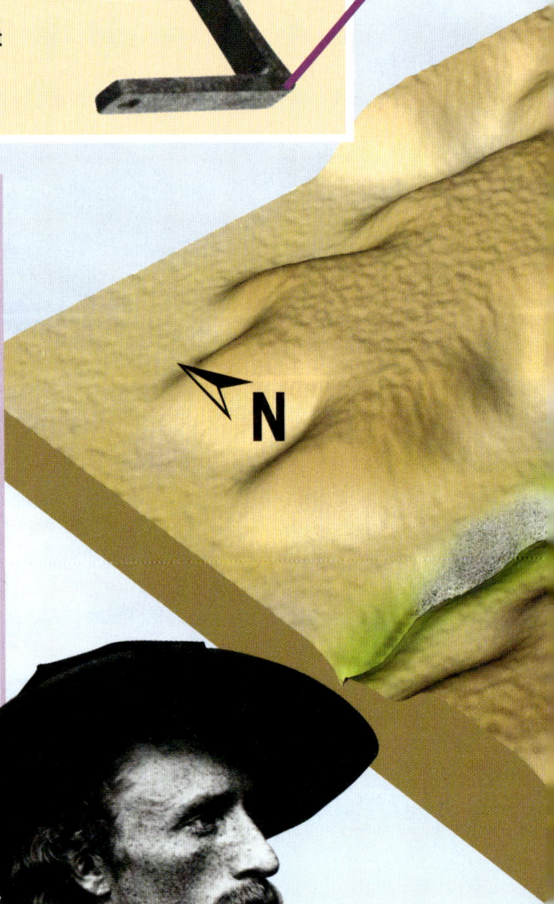

Dernières cartouches pour Custer

Équipés de détecteurs de métaux, les archéologues localisèrent des douilles et des balles ayant servi durant la bataille. Les marques laissées par le percuteur permirent d'identifier les armes utilisées.

Les douilles indiquent l'endroit d'où le coup est parti, alors que les balles renseignent sur la direction visée. Pour la première fois, il fut possible de savoir à quel endroit les hommes de Custer s'étaient groupés pour se défendre et – plus important – où se trouvaient les guerriers qui les cernaient de tous côtés.

Les stèles de marbre qui jalonnent le champ de bataille ne correspondent pas exactement aux soldats tués (260 environ). Les hommes appartenaient aux compagnies C, E, F, I et L du 7e régiment de cavalerie. Les archéologues creusèrent sous les stèles pour essayer de savoir combien d'hommes étaient tombés à chaque endroit.

1. Il ne semble pas que Custer soit entré dans le campement indien – peut-être y avait-il là-bas trop de guerriers à cheval et armés. Il gagna directement les collines.

2. Custer déploya la compagnie L, avec le lieutenant Calhoun, sur la crête est, mais ils durent affronter un feu nourri : les Sioux Hunkpapas avaient au moins 78 carabines, dont une majorité à répétition. Au moins 30 soldats furent tués à cet endroit.

3. Le capitaine Keogh et la compagnie I étaient déployés pour soutenir le lieutenant Calhoun ou couvrir sa retraite. Eux aussi furent attaqués par des Sioux Hunkpapas : 80 hommes seraient tombés.

4. Les compagnies E et F mirent pied à terre et se déployèrent sur la crête sud. Mais alors qu'ils se trouvaient face à Crazy Horse et aux Cheyennes à l'ouest, un contingent de Sioux Oglalas arriva par le Deep Ravine et les Sioux Hunkpapas les attaquèrent par-derrière ; 65 soldats moururent.

5. Custer avait déployé toutes ses compagnies, sauf la C. Les Indiens occupèrent quatre positions mieux abritées que celle de Custer. La cinquantaine d'hommes qui restait succomba.

Balles et cartouches

Sur les 1 453 balles retrouvées, 41 seulement étaient des balles de Colt (à gauche). Une partie d'entre elles, encore dans leurs cartouches (à droite), n'avaient pas été tirées. Un tiers des balles environ étaient fichées dans le sol, preuve que soit des soldats, soit des guerriers ayant pris leurs Colts comme trophées avaient tiré sur des ennemis à terre.

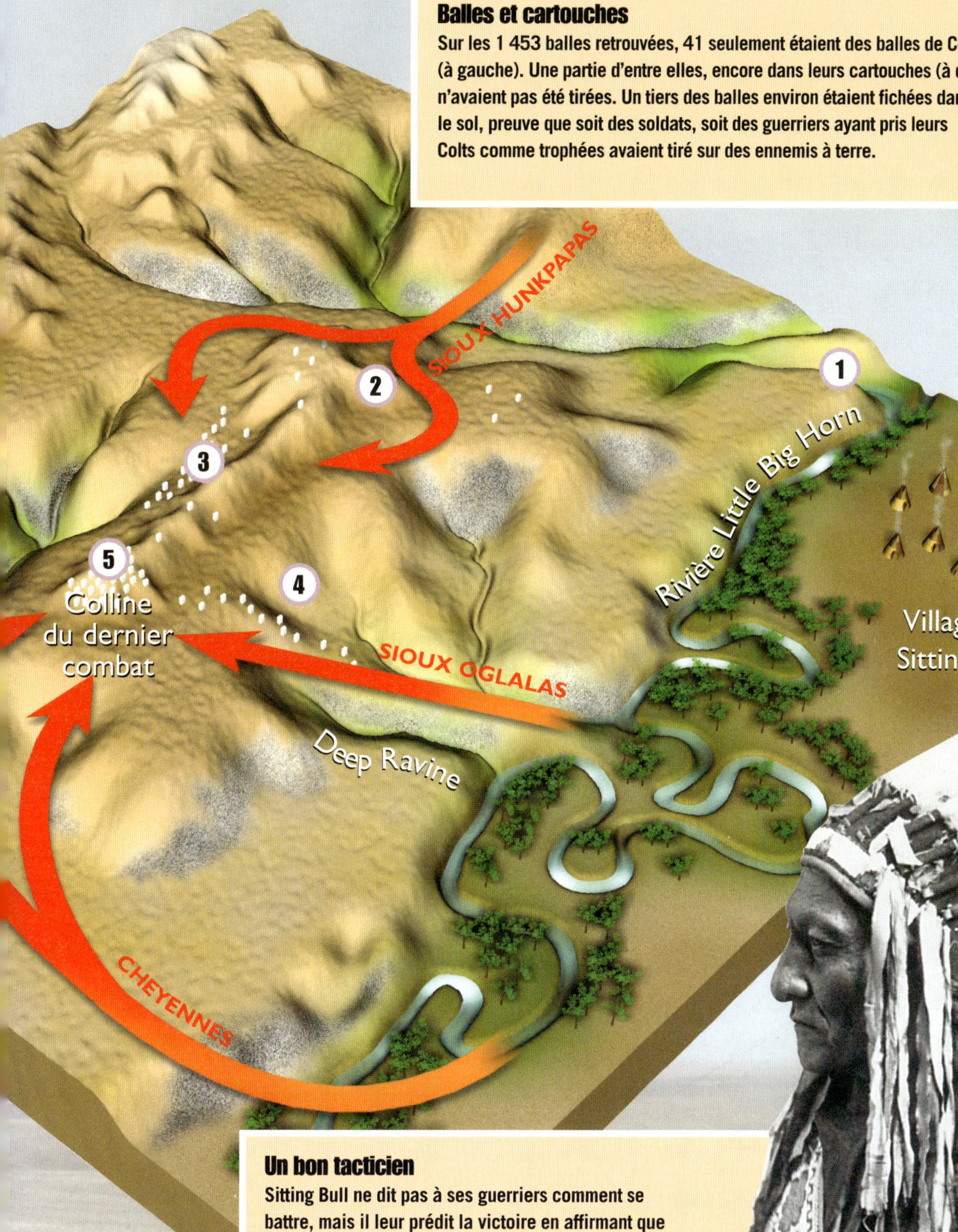

Un bon tacticien

Sitting Bull ne dit pas à ses guerriers comment se battre, mais il leur prédit la victoire en affirmant que les soldats allaient « tomber comme des sauterelles ». Faire converger de petits groupes de guerriers partis de différents points fut un succès tactique, comme le confirmèrent les témoignages des Indiens. Les cartouches vides retrouvées et les impacts des balles permettent de tracer la carte de leurs mouvements et de leurs positions : ils prirent les hommes du 7e de cavalerie sous des tirs croisés, à partir de sept points différents.

tactique habituelle, celle du chat et de la souris. Ils voulaient donc les débusquer, les surprendre et les écraser rapidement grâce à des effectifs et à une puissance de feu bien supérieurs.

Progressant vers l'ouest à travers les grandes plaines, le 7ᵉ de cavalerie de Custer, qui précédait l'infanterie, parcourut 70 miles (environ 110 km) en trois jours. Le régiment comprenait 586 hommes de troupe, 31 officiers et 33 éclaireurs indiens ; des mules transportaient les vivres et les munitions. Custer avait ordre d'attendre la colonne d'infanterie conduite par le colonel John Gibbon avant d'engager toute action contre Sitting Bull. Mais, le soir du 24 juin, de retour au camp de Mud Creek, ses éclaireurs rapportèrent qu'ils avaient repéré des Indiens dans une vallée à l'ouest. Custer et ses hommes partirent à leur recherche, chevauchant jusqu'à plus de minuit.

Le coup de folie de Custer

Le 25 juin, à 9 heures du matin, les éclaireurs prévinrent Custer qu'ils avaient vu « plus d'Indiens que les hommes blancs n'avaient de balles ». Le général craignait que les forces adverses se dispersent, mais le nombre d'ennemis ne l'inquiétait, semble-t-il, pas beaucoup. Il ignorait qu'il s'apprêtait à lancer une attaque contre la plus importante concentration de tribus indiennes de l'histoire de l'Amérique ; ses adversaires possédaient entre six cents et sept cents armes à feu – chiffre évalué à partir des morceaux d'armes retrouvés par les archéologues. Quatre cents d'entre elles allaient être utilisées lors du dernier combat, devenu célèbre sous le nom de « dernière résistance de Custer ».

Le général divisa le 7ᵉ de cavalerie en bataillons : l'un d'eux, sous les ordres du major Marcus Reno, devait traverser la rivière Little Big Horn et attaquer le village indien par l'est ; le deuxième, composé de Custer à la tête de 216 hommes, allait progresser le long de la rive opposée et attaquer par l'ouest ; le troisième, placé sous les ordres du capitaine Frederick Benteen, avait pour mission de patrouiller dans les zones escarpées situées au sud et de couper la route aux fuyards.

Mais Reno se trouva bientôt en mauvaise posture. Il avait pensé que les habitants du village s'enfuiraient au moment de la charge : or ils contre-attaquèrent violemment. Le major disposa ses hommes en ligne de défense, mais son bataillon dut finalement prendre la fuite. La panique fut totale, Reno ayant oublié de placer une arrière-garde afin de couvrir la retraite. Son bataillon se réfugia dans des bois voisins puis sur une colline, où Benteen et ses soldats le rejoignirent.

Custer se trouvait à un peu plus de 6 km en amont; n'ayant pas eu l'information et pensant que ses hommes livraient bataille, il continua à se diriger vers le village indien, comptant peut-être sur une opération aussi brutale que celle qu'il avait menée lors de la bataille de la Washita, en 1868 – ce jour-là, il pénétra au galop dans un campement et tua tous ceux qui se trouvaient dans les parages ; cette action fit de lui un héros national mais renforça la haine des Sioux

LE CHAMP DES MORTS Les hommes de Custer furent d'abord enterrés sur place ; des détachements militaires retournèrent plus tard sur le champ de bataille afin d'ensevelir d'autres dépouilles. En 1881, on exhuma les corps pour les rassembler dans une seule fosse. Des panneaux de bois signalaient les endroits où ils étaient tombés.

Jugé pour conduite indigne

Les habitants de la côte Est apprirent les détails de la mort du célèbre général Custer et de sa compagnie le 4 juillet, le jour même où la nation célébrait le centenaire de son indépendance.

S'ensuivit alors une vague de patriotisme : personne ne se demanda comment des tribus indiennes avaient pu tout à coup acquérir l'habileté tactique d'une armée expérimentée. Au lieu de cela, tandis que les généraux de l'armée condamnaient l'imprudence de Custer, l'opinion publique chercha à rejeter sur quelqu'un d'autre la responsabilité de ce massacre : l'armée fit donc comparaître le major Marcus Reno devant un tribunal militaire et l'accusa d'avoir abandonné Custer. Bien qu'innocenté, Reno ne se remit jamais d'avoir été accusé de lâcheté.

à l'encontre du 7e de cavalerie. Vers 16 h 10, il dut se rendre compte que le village se composait de plusieurs campements regroupés, car il envoya un jeune messager, John Martin, porter à Benteen le message suivant : « Benteen, gros village. Venez vite. Apportez des munitions. »

La dernière résistance

Custer s'était attendu à rencontrer des guerriers affolés, chassés de leur village par les hommes du major Reno. Un autre messager, le sergent Kanipe, envoyé pour avertir Benteen que le général et sa troupe se rapprochaient du village, rapporta ses dernières paroles : « Patientez, les gars, il y en aura pour tous là-bas ! » En fait, Custer ne chargea jamais. Le guerrier indien Wooden Leg raconta que les hommes étaient échelonnés le long des crêtes, sans savoir où viser : « Les soldats ne pouvaient pas voir nos guerriers, [qui] avaient abandonné leurs poneys et rampaient dans les ravins au milieu des armoises. » Les armes à feu retrouvées montrent qu'à chaque fois qu'ils se déployaient, les soldats devaient affronter une nouvelle ligne d'attaque. La dernière bataille ne fut que le combat désespéré d'hommes acculés. Kanipe, sauvé par la mission qui lui avait été confiée, identifia les morts deux jours plus tard. En 1908, dans une lettre, il apporta un démenti à la légende selon laquelle Custer et ses hommes s'abritèrent derrière leurs chevaux : « Il n'y avait pas de chevaux là où il était allongé [...], rien pour fabriquer un corral [...] ou faire un rempart avec les chevaux. »

Paradoxalement, cette défaite apporta de l'argent, de l'énergie et de nouvelles recrues à l'armée américaine : les jeunes gens voulaient « venger Custer ». En revanche, les Indiens ne purent profiter de leur plus grande victoire militaire : après la mort de Custer, ils perdirent leur territoire des Black Hills et furent parqués dans des réserves.

LOUIS XI, LE MAL JUGÉ

Ce monarque détesté et tourmenté était un fin stratège

Pour l'Histoire, Louis XI est resté « l'aragne », un roi manipulateur et cruel qui se déguisait en bourgeois pour connaître l'opinion publique et enfermait ses ennemis dans des cages. Pourtant, sa pensée politique fit de lui un grand artisan de l'unité française.

LE ROI ET SES FILLETTES Louis XI rencontre ici le cardinal La Balue, un ministre qui l'a trahi. Les prisonniers du roi étaient enfermés dans des cages de fer baptisées fillettes et qui contribuèrent à lui donner une image de souverain cruel et diabolique.

Philippe de Commynes, chroniqueur du XVe siècle, décrit Louis XI comme « l'universelle aragne » (araignée), un roi tissant sa toile afin d'y prendre au piège ses adversaires. Plusieurs contemporains ont insisté sur la cruauté du fils de Charles VII. Plus tard, ces portraits inspirèrent certains philosophes du XVIIIe siècle : pour Voltaire et Diderot, Louis XI était l'une des dernières figures de l'obscurantisme médiéval. À l'époque romantique, le romancier écossais Walter Scott le comparait au Méphistophélès de Goethe, et Victor Hugo insistait sur son autoritarisme tyrannique. Flaubert, qui, à l'âge de 16 ans, en fit le personnage éponyme d'une pièce de théâtre, voyait en lui « un mélange de tragique et de grotesque ».

Tous ces auteurs s'intéressèrent à la personnalité trouble de Louis XI. Il aurait infligé à ses prisonniers des souffrances terribles et raffinées, les enfermant dans des cages – les fillettes – à l'intérieur desquelles ils ne pouvaient se tenir ni debout ni assis. Assez avare, il menait le train de vie d'un représentant de la petite noblesse et non celui d'un souverain ou même d'un grand seigneur. Il s'enticha de « compères » tels son médecin, Jacques Coictier, ou son barbier, Olivier Le Daim, qui hantait les tavernes. Tous les témoignages soulignent l'isolement volontaire d'un roi au caractère tourmenté, hanté par la peur du complot. Il se mêlait incognito à la foule pour prendre connaissance des rumeurs. Se méfiant de tous – y compris de son propre entourage –, il vivait presque reclus. Il finit par s'installer au château de Plessis-lez-Tours : là, il ne recevait les conseils que d'un petit nombre, à commencer par François de Paule, ermite célèbre qu'il fit venir d'Italie. Enfin, les médailles de saints qui bordaient son chapeau donnèrent l'image d'un roi dont la dévotion relevait de la superstition : grâce à une autorisation spéciale du pape, ne fit-il pas apporter dans sa chambre une partie du contenu de la sainte ampoule du sacre, conservée à Reims ?

Un roi au cœur des conflits

La personnalité de Louis XI se construisit dans un contexte de conflit permanent. Encore Dauphin, il s'opposa à son père, Charles VII, et quitta la cour en 1447 pour administrer le Dauphiné, n'hésitant pas à y mener sa propre politique, distincte de la diplomatie française. Il épousa Charlotte de Savoie en secondes noces, sans l'assentiment paternel. Chassé du Dauphiné par les armées de son père, il se réfugia chez Philippe le Bon, duc de Bourgogne, ennemi de Charles VII. C'est d'ailleurs là qu'il apprit sa mort, en 1461…

Devenu roi, Louis XI fut confronté à de nombreuses oppositions. Il racheta à Philippe le Bon les villes de la Somme cédées par Charles VII au duché de Bourgogne. Furieux, Charles le Téméraire, fils et héritier de Philippe le Bon, prit la tête de la ligue du Bien

LA LIGUE DU BIEN PUBLIC

L'affirmation par Louis XI d'un pouvoir monarchique fort suscita une révolte au sein de la noblesse, menée par Charles le Téméraire. Allié aux Sforza italiens et aux Liégeois, le roi parvint à reprendre le pouvoir et à ramener la paix – même si certains complices du mouvement furent exécutés et leurs familles privées de leurs biens…

public, une coalition de seigneurs formée en 1465. Elle s'insurgeait à la fois contre l'extension des prérogatives de la Couronne et le rôle accru de la bourgeoisie dans le gouvernement royal. Le roi s'appuya sur la bourgeoisie parisienne et négocia habilement, comme à son habitude : appliquant le principe du « diviser pour mieux régner », il traita séparément avec chacunes des parties, accordant des concessions inégales afin de déstabiliser ses opposants. Charles le Téméraire, devenu l'ennemi juré de Louis XI, le maintint en captivité plusieurs mois en 1468 dans son château de Péronne – où le monarque s'était rendu pour des négociations. Mais le roi se garda bien d'appliquer le traité qui lui permit d'être libéré. Cet affrontement sans merci, ainsi que la puissance de la maison de Bourgogne, prit fin avec la mort de Charles le Téméraire, en 1477.

Sous le règne de Louis XI, les procès politiques se multiplièrent, notamment ceux des seigneurs engagés dans la ligue du Bien public. Son connétable, Louis de Luxembourg, fut décapité pour trahison en 1475. Deux ans plus tard, Jacques d'Armagnac subit le même sort, après avoir en vain espéré une grâce. Son autoritarisme l'amena à pratiquer la torture et à créer des tribunaux d'exception. Il se méfiait des états généraux et ne les réunit qu'une seule fois, en 1468. En 1484, peu après sa mort, sa fille Anne de Beaujeu et son gendre – qui assurèrent le gouvernement du royaume pendant la minorité de Charles VIII – firent d'ailleurs échouer les états généraux de Tours.

Un des premiers souverains modernes

En réduisant les prérogatives de la féodalité, Louis XI fut l'un des initiateurs de l'absolutisme sur lequel l'État moderne se bâtit en France. Au XIXe siècle, certains historiens comme Michelet soulignèrent les aspects résolument novateurs de sa politique, comme son souci du développement économique et commercial et ses efforts pour encourager les initiatives de la bourgeoisie, classe sociale extrêmement dynamique.

Louis XI monta sur le trône en 1461. Particulièrement bien préparé à son métier de roi, il devait sa formation intellectuelle à Jean Majoris, proche du grand théologien Gerson. Il s'exerça au gouvernement dès l'âge de 15 ans, en devenant lieutenant général du Languedoc, puis à 24 ans, dans le Dauphiné, qu'il administra pendant neuf ans.

Il eut toujours le souci d'étendre les frontières de son royaume. En 1462, la campagne qu'il mena en Catalogne se conclut par l'acquisition de la Cerdagne et du Roussillon. Entre 1480 et 1481, à la mort de son oncle le roi René d'Anjou, ce fief – ainsi que le Maine et la Provence – furent intégrés au royaume de France. Le traité d'Arras, signé en 1482 avec Maximilien d'Autriche, époux de Marie de Bourgogne – fille de Charles le Téméraire –, lui permit d'annexer la Bourgogne, la Franche-Comté, l'Artois et le Boulonnais.

Il entreprit d'unifier le pouvoir : il développa l'autorité de la Couronne, aux dépens du clergé et de la noblesse. Pour avoir une idée réelle de l'état du royaume, il effectua de nombreux voyages, multipliant les entrées dans les bonnes villes (cités fortifiées et

LE ROI ET LES BOURGEOIS DE LIÈGE

Pour tenter de vaincre Charles le Téméraire, duc de Bourgogne et comte de Flandres, Louis XI passa plusieurs alliances importantes, en particulier avec la cité de Liège, dont il se rapprocha à deux reprises. Il incita même les Liégeois à se rebeller. Ils furent cependant vaincus par Charles le Téméraire, qui s'attribua le gouvernement de leur territoire.

dotées de privilèges) : son expérience du gouvernement dans les provinces, à une époque où Paris, longtemps resté aux mains des Anglais, paraissait bien éloigné, lui fit accepter une forme – limitée – de décentralisation géographique.

Enfin, après la guerre de Cent Ans, au cours de la seconde moitié du XVe siècle, la reconstruction du royaume était essentielle. Louis XI prouva qu'il se préoccupait des questions économiques, fait remarquable à son époque. Il augmenta les ressources de l'État en triplant le montant de la taille et en imposant aux villes des emprunts forcés. Il mena une politique économique audacieuse : il favorisa le développement de l'industrie de la soie à Tours comme à Lyon, où il créa de nouvelles foires ; il réglementa la draperie dans tout le royaume par une ordonnance, en 1469. Il chercha à doter l'économie d'une monnaie forte et fit frapper une nouvelle pièce d'or en 1475, l'écu sol ou « écu au soleil ». Dans les dernières années de son règne, il facilita le commerce des grains en période de famine. Il développa l'imprimerie. Il améliora également le réseau routier et créa le service des postes en établissant des relais toutes les 7 lieues – soit tous les 30 km. Enfin, il réorganisa l'armée en développant l'artillerie.

Durant son règne, Louis XI ne se contenta pas d'administrer le domaine royal et de parer aux catastrophes : il avait une vision d'ensemble du gouvernement de son royaume, sur les plans tant politique qu'économique et militaire.

LOUIS XI DÉCOUVRE L'IMPRIMERIE C'est sous son règne que l'imprimerie fut introduite en France. On dit que cette invention ne marqua pas particulièrement le souverain, qui s'intéressait davantage aux nouvelles techniques d'artillerie…

Des idées démocratiques à l'absolutisme

Entre 1350 et 1450, les idées démocratiques se diffusèrent dans toute la chrétienté, et en particulier dans le royaume de France. Rompant avec le thomisme – la pensée de saint Thomas d'Aquin, qui cherchait à concilier la foi et la raison –, le nominalisme incita à privilégier la singularité. Les théologiens Guillaume d'Occam et Marsile de Padoue défendaient cette doctrine de pensée : ils percevaient la cité comme une addition d'individus s'employant à faire fonctionner la communauté, véritable détentrice de la souveraineté, dont le roi n'était que le dépositaire. Ils voyaient le royaume comme un rassemblement de sujets.

À partir des années 1450, le pouvoir monarchique se fonda sur une nouvelle idéologie : une lecture différente de la pensée de saint Thomas d'Aquin comparant le royaume à un corps mystique puisant sa force en sa tête – parce qu'elle faisait circuler le souffle de vie « de la tête jusqu'aux pieds », on pouvait discuter avec la royauté mais non discuter de celle-ci. La légitimité du roi ne tenait plus seulement à sa position d'auxiliaire du sacerdoce : il devait éduquer le peuple – dont la vie était conçue comme une participation à l'ordre divin – à la vertu. En servant l'Église et en préservant l'unité de la communauté du royaume, les théologiens offrirent à la royauté une doctrine plus aboutie de sa souveraineté.

Histoire et peinture

Les portraits sont des documents historiques complexes. Ils reproduisent rarement la réalité avec une totale fidélité : la subjectivité, les sentiments et les idées du peintre – comme ceux du sujet du tableau – entrent aussi en ligne de compte.

Même lorsqu'ils sont particulièrement réalistes, les portraits ne peuvent être considérés comme des copies conformes à l'original. L'historien doit s'intéresser au peintre, à ses opinions sur son sujet, à celui qui lui a commandé le tableau, et prendre en compte l'époque à laquelle il travaillait. L'image que nous avons de personnages historiques se fonde bien souvent sur des tableaux peints longtemps après leur mort par des artistes qui ne les avaient jamais rencontrés. La reproduction peut être flatteuse car le peintre se sert de son œuvre pour exprimer ses sentiments ; parfois également, l'artiste y dissimule des messages secrets que ne peut déceler un œil non averti.

Un portrait trop flatteur

Le roi Henri VIII, qui cherchait une nouvelle épouse après la mort de Jeanne Seymour, entendit dire grand bien de l'Allemande Anne de Clèves, la fille de Jean III, duc de Clèves. Son Premier ministre, Thomas Cromwell, était favorable à cette union, qui pouvait renforcer les liens entre l'Angleterre et les princes protestants allemands. Mais avant de se marier pour la quatrième fois, le roi voulut connaître le visage de la jeune femme : il demanda donc à Hans Holbein le Jeune de faire son portrait. Satisfait du résultat, il fit venir Anne en Angleterre. Lorsqu'il la vit, il la trouva très quelconque et la surnomma même « la jument des Flandres ». Cette union était vouée à l'échec. Anne ne resta reine d'Angleterre que quelques mois, en 1540, avant d'être finalement répudiée par son époux déçu. Quant à Cromwell, accusé de trahison, il fut exécuté au mois de juillet.

Portrait d'une femme d'influence

Parmi les nombreux portraits de la marquise de Pompadour, penchons-nous sur celui que peignit Quentin de La Tour en 1755 : on y retrouve les attributs féminins de la favorite de Louis XV, à commencer par le nœud dissimulant une poitrine qu'elle aurait aimée plus imposante. Les objets qui l'entourent symbolisent ses centres d'intérêt : la guitare, déposée sur un canapé, et la partition renvoient à son goût pour la musique et le chant, qu'elle pratique ; le carton évoque le dessin ; les livres, qu'elle affectionne particulièrement, ne sont pas oubliés. Certains voient dans cette œuvre l'engagement d'une femme des Lumières ; sa tête tournée la montrerait regardant vers l'avenir, comme si elle pressentait l'imminence de la Révolution – néanmoins, la prudence politique de la marquise rend cette affirmation discutable…

Épanouie par la maternité ?

Selon la plupart des spécialistes, le célèbre portrait réalisé par Léonard de Vinci entre 1503 et 1507 représenterait Lisa Gherardini, épouse du riche marchand italien Francesco del Giocondo. En 2004, un examen scientifique du tableau (radiographies, réflectographie infrarouge, numérisation en 3D...) a révélé des détails inattendus, à commencer par une gaze transparente dont le corps de Monna Lisa paraît enveloppé et qui déborde sur son épaule gauche. Au début du XVIe siècle, un tel voile était porté par les femmes enceintes ou venant d'accoucher. De même, elles se coiffaient souvent d'un bonnet, dont la trace est apparue aux infrarouges. Le tableau aurait donc été peint pour célébrer la naissance du deuxième fils de Monna Lisa.

Le maître vénitien et le roi

Lorsqu'un artiste au sommet de son art peint un puissant monarque au faîte de sa gloire, cela donne un portrait plein de fierté et de vitalité. Or le Titien ne vit jamais le roi François Ier. Il réalisa son œuvre en se basant sur des tableaux peints par des artistes de la cour à Paris. Il s'agit donc plus de la représentation d'un roi tel que Titien l'imaginait que d'un portrait fidèle à la réalité.

Sous des auspices favorables

Dans ce tableau de Jan Van Eyck, *les Époux Arnolfini,* nombre de détails a priori accessoires ont en réalité une signification symbolique. La colonne du lit, au fond de la pièce, est ornée d'une sculpture représentant sainte Marguerite, patronne des femmes en couches. Les oranges sous la fenêtre rappellent le péché originel, et le chien symbolise la fidélité conjugale. Les mules, qui ont été retirées, témoignent du caractère sacré du lieu, dans lequel on se déchausse. Malgré les apparences, la jeune épouse ne serait pas sur le point d'accoucher : à l'époque, la coupe des robes de mariée suggérait la grossesse, et les ventres ronds étaient à la mode. Enfin, le miroir accroché sur le mur du fond reflète le couple, le peintre et un troisième homme, peut-être un témoin du mariage. Plus que la simple représentation d'un homme et d'une femme, ce tableau est donc une ode au mariage et à la fécondité.

LE NOUVEAU PORTRAIT DU DODO

Ce drôle d'oiseau n'avait rien d'un volatile apathique et dodu

Notre image du dodo se fonde à tort sur des tableaux peu flatteurs de spécimens non représentatifs de l'espèce. La science a prouvé que, dans son environnement naturel, cet oiseau était vif et musclé.

La triste histoire du dodo est bien connue. Trop faible ou trop apathique pour voler, il n'avait même pas la présence d'esprit de fuir en cas d'attaque. Les marins hollandais qui débarquèrent sur l'île Maurice à la fin du XVIe siècle trouvèrent ainsi un moyen facile de se nourrir. En quelques dizaines d'années, les dodos furent tués et rôtis jusqu'au dernier. De cette espèce il ne resta plus qu'une collection d'ossements et quelques tableaux…

Quatre cents ans après, de nouvelles études ont été menées sur l'apparence et l'habitat de cette curieuse créature, ainsi que les circonstances de sa disparition. Or rien ne prouve que le dodo – symbole par excellence de l'extinction des espèces – se déplaçait lentement. Il était, semble-t-il, parfaitement adapté à son environnement insulaire. En l'absence de prédateurs, voler représentait une dépense d'énergie inutile… Et cet oiseau à l'imposante stature pouvait survivre aux pénuries de nourriture en période de sécheresse ou après un cyclone. Isolé durant des millions d'années sur cette île de l'océan Indien, le dodo finit par devenir un géant aux ailes minuscules…

LE VILAIN PETIT CANARD Toutes les espèces d'oiseaux sont ici peintes avec réalisme, hormis le dodo. Le peintre néerlandais Roelandt Savery passa dix ans à Prague, où il étudia les spécimens conservés dans la ménagerie du palais de Rodolphe II. L'empereur ne possédait pas de dodo vivant.

Des rondeurs disgracieuses

Les dodos représentés par des peintres animaliers pourtant reconnus ont toujours une allure pataude. Mais les artistes eurent pour modèles des spécimens vivants qui, gavés d'aliments à bord des navires, pesaient pratiquement 7 kg de trop.

Mais, au XVIe siècle, l'arrivée de l'homme anéantit son paradis. N'ayant jamais eu à se défendre, il ne songea pas à prendre la fuite. Et même si certains marins racontèrent avoir reçu des coups de bec, il était peu agressif. Quelques spécimens finirent bien à la marmite, mais les hommes qui y goûtèrent trouvèrent leur chair très coriace. Ce n'est donc pas parce que les dodos furent dévorés jusqu'au dernier que l'espèce s'éteignit, mais parce que les colons introduisirent des chèvres et des porcs sur l'île pour assurer leur subsistance. Avec eux débarquèrent des rats, qui s'en prirent aux œufs et aux jeunes oiseaux… Chiens et chats s'attaquèrent également au volatile, qui disparut de l'île Maurice à la fin du XVIIe siècle.

La preuve par l'ADN

Andrew Kitchener, conservateur de la section oiseaux et mammifères au Musée royal d'Écosse, s'attacha à réhabiliter cet animal dont l'image avait été ternie. Grâce à l'analyse de l'ADN extrait d'un crâne, il prouva que le dodo n'avait rien à voir avec un gros dindon sans ailes : c'était une sorte de pigeon géant. Kitchener utilisa une technique de reconstitution des tissus et des muscles pour tenter de déterminer à quoi pouvait ressembler l'oiseau dans son habitat d'origine. Il étudia les descriptions faites par les marins néerlandais qui avaient vu des spécimens vivants dans les années 1590. Mais, à part des remarques sur la dureté de sa chair et ses coups de bec intempestifs, ils donnaient peu de détails intéressants. Ils se contentaient d'indiquer que ces oiseaux étaient les plus grands de l'île. Seul le récit d'un certain Volquard Iversen, dont le navire avait fait naufrage en 1662 sur une petite île au sud-est des côtes mauriciennes, présentait un certain intérêt. Il écrivait : « Parmi les oiseaux figuraient ceux que les hommes des Indes appellent *doddaersen* (derrières arrondis) ; ils étaient plus grands que

« Chiens et chats s'attaquèrent également au dodo, qui disparut de l'île Maurice à la fin du XVIIe siècle. »

UN SOLIDE SQUELETTE **La reconstitution du squelette du dodo prouva qu'il s'agissait d'un oiseau robuste ; sa capacité à supporter le poids de son corps confirma la position verticale du volatile.**

des oies mais incapables de voler. À la place des ailes, ils avaient de petits ailerons, mais pouvaient courir très vite. »

Comme les dodos peints par l'artiste néerlandais Roelandt Savery ne ressemblaient pas aux volatiles décrits par Iversen, Kitchener en conclut que ceux qui avaient servi de modèle étaient des oiseaux en captivité appartenant à des collectionneurs européens. Car certains spécimens avaient été ramenés vivants en Europe pour agrémenter les ménageries des aristocrates.

À l'époque, les Européens s'intéressaient beaucoup à la faune et à la flore exotiques. Les récits d'expédition, passionnants mais souvent fantaisistes, fleurissaient, cherchant avant tout à plaire aux lecteurs. Leurs auteurs s'embarrassaient peu de la vérité scientifique. Dans les ouvrages, les dessins de dodos s'inspiraient plutôt d'esquisses grossières de spécimens domestiqués, à l'île Maurice ou en Europe. D'après Kitchener, les volatiles représentés étaient certainement suralimentés. On nourrissait souvent les oiseaux apprivoisés avec des restes, il est donc fort possible qu'à bord des navires ils aient mangé des biscuits ou de la semoule de maïs au lieu de leurs aliments habituels.

Pas dodu mais svelte

Le scientifique entreprit de calculer le poids de l'oiseau à partir d'un squelette reconstitué. Un naturaliste du XIXe siècle avait en effet rapporté de nombreux ossements de l'île Maurice – aujourd'hui conservés au Muséum d'histoire naturelle de Londres et au musée de Zoologie de l'université de Cambridge. Kitchener mesura plusieurs centaines d'os pour réaliser une maquette à l'échelle de un cinquième. Il y ajouta des muscles de plasticine en s'inspirant de l'anatomie d'autres oiseaux. La reconstitution correspondait bien aux descriptions faites par les premiers marins. Le calcul du volume et l'analyse de la densité des tissus de volatiles différents lui permirent d'évaluer un poids compris entre 12,5 et 16,1 kg, ce qui est loin des 23 kg évoqués dans certains récits du XVIIe siècle. Le dodo ne pesait pas plus que trois dindes de Noël ! C'était un oiseau de grande taille, suffisamment robuste pour supporter aisément sa masse corporelle.

Afin d'expliquer les différences de poids constatées, l'ornithologue néerlandais W. C. Oudemans émit l'hypothèse que le dodo grossissait lorsque la nourriture abondait et

LE DODO AU PAYS DES MERVEILLES **Dans *Alice au pays des Merveilles*, de Lewis Carroll, l'illustrateur britannique John Tenniel représenta le dodo comme un géant maladroit. Carroll lui-même se serait inspiré d'un spécimen empaillé exposé au Muséum d'histoire naturelle de l'université d'Oxford.**

Le vrai dodo

Voici le dodo – ou dronte – *(Raphus cucullatus)* tel qu'il était en réalité : fin, bien droit et musclé. Les couleurs du plumage sont identiques à celles des tableaux de Savery ; il est toutefois moins duveteux et plus lisse, comme celui du pigeon.

D'après l'analyse de l'ADN d'un crâne, le dodo appartient à la famille du pigeon. Comparé à ceux que nous observons dans nos villes, il fait figure de géant (1 m de long contre 32 cm). Son plus proche cousin est le pigeon de Nicobar *(Caloenas nicobarica)*, qui vit en Asie du Sud-Est.

maigrissait durant la saison sèche. Mais l'analyse des ossements faite par Kitchener permit d'infirmer cette explication.

Sachant que l'animal faisait partie de la famille du pigeon, il calcula la variation de la longueur des os des pattes en fonction du poids du corps selon les spécimens, des plus petits aux plus gros. Par extrapolation, le poids du dodo devait osciller entre 10,6 et 17,5 kg, ce qui confirmait les résultats déduits après réalisation de la maquette. L'oiseau pouvait donc très bien courir, comme l'avait rapporté le marin Iversen. Kitchener coupa trois des principaux os de la patte et mesura l'épaisseur de leurs parois. Deux présentaient les mêmes caractéristiques que ceux de sprinters comme la pintade et l'autruche. Le troisième, le fémur, était plus fragile, mais fonctionnait mieux en position verticale. On tint compte de ces observations pour modifier la maquette. D'après sa morphologie, le volatile était fait pour courir, non pour se dandiner. Grand, élancé, naturellement alerte, le dodo avait juste un petit défaut : la gourmandise…

LA REVENDICATION D'UN CONTINENT

Le capitaine Cook savait qu'il n'était pas le premier à atteindre l'Australie

Des cartes anciennes montrent que les côtes australiennes avaient été dessinées par des marins bien avant que le capitaine britannique ne les aborde.

PRISE DE POSSESSION Cette œuvre peinte en 1902 illustre les premiers pas des Britanniques sur le sable de Botany Bay (Australie). Le capitaine James Cook empêche ses hommes d'attaquer les Aborigènes : il avait reçu l'ordre de leur offrir des babioles afin de prendre possession des terres au nom de la Grande-Bretagne.

Au mois d'avril 1770, le vaisseau *Endeavour* (« effort ») a quitté le port de Plymouth, dans le sud de l'Angleterre, depuis deux ans déjà. L'équipage est officiellement investi d'une mission d'observation du passage de la planète Vénus devant le Soleil, qui doit permettre de calculer la distance entre la Terre et le Soleil. Le bateau a vogué jusqu'au cap Horn, à la pointe de l'Amérique du Sud, et navigue désormais dans les eaux agitées de l'océan Pacifique. Mais, alors que le navire se dirige vers l'île de Van Diemen (actuelle Tasmanie), il est détourné de sa course par une tempête et arrive dans une baie reculée d'un lointain continent, plus au nord-ouest. James Cook, capitaine de l'*Endeavour,* entre alors dans l'Histoire : il est le premier explorateur officiel à atteindre l'Australie.

En réalité, cette découverte ne fut pas le seul fruit du hasard : Cook possédait des instructions secrètes. Les spécialistes affirment aujourd'hui que l'observation du passage de la planète Vénus n'était qu'un prétexte. On donna au navigateur ordre de « s'établir par les marquages et inscriptions appropriés comme les premiers découvreurs et possesseurs » de l'île. Des explorateurs hollandais, employés de la Compagnie des Indes orientales, avaient déjà repéré et revendiqué le continent. Mais le capitaine britannique, suivant à la lettre les instructions reçues, cartographia presque toute la côte est, qu'il baptisa Nouvelle-Galles-du-Sud. Il accosta à intervalles réguliers afin de planter des marques sur cette terre vierge. Il dépassa cependant l'entrée de la baie de Sydney, qui resta inexplorée encore dix-sept années, jusqu'à ce qu'une flottille de bateaux britanniques transportant des bagnards jette l'ancre dans ses eaux calmes.

Terra incognita

À cette époque, de nombreuses îles océaniennes du Pacifique étaient connues des marins européens. Tout au long des XVIe et XVIIe siècles, des vaisseaux venant du Portugal, d'Espagne et des Pays-Bas sillonnèrent l'océan Austral. Les îles Philippines – gouvernées par l'Espagne – et les colonies hollandaises des Indes orientales leur servaient de base.

Les îles de Java et de Nouvelle-Guinée furent cartographiées au cours de cette période. Il était alors admis qu'elles faisaient partie d'un énorme continent encore inconnu, qui s'étendait du sud

Les indices d'un continent

En 2002, l'historien Gavin Menzies avança l'hypothèse selon laquelle les premiers explorateurs européens auraient en fait réalisé leurs cartes de l'Australie en se basant sur des documents préexistants. Selon lui, ces cartes – aujourd'hui perdues – étaient d'origine chinoise, la Chine étant la seule nation capable à l'époque de tels voyages.

À la Bibliothèque nationale britannique, Menzies découvrit une carte établie par Jean Rotz, cartographe du souverain anglais Henri VIII. Dessinée en 1542, elle représente un continent appelé la Grande Java. D'après Menzies, si l'on redessine le contour de la Grande Java en tenant compte des erreurs de navigation, on obtient un tracé dont la forme est très proche de celle du continent australien. La terre qui semble joindre l'Australie à la Tasmanie – et au-delà – était en fait de la banquise : au XVe siècle, elle s'étendait bien plus au nord qu'aujourd'hui. Certaines similitudes sont effectivement frappantes : l'extrémité nord de la Grande Java ressemble beaucoup au cap York (en haut), situé à l'extrême nord de l'Australie, et les îles Auckland et Campbell (en bas) mais aussi les contours et reliefs de Port Stephens, Broken Bay et Botany Bay semblent avoir été cartographiés par Rotz.

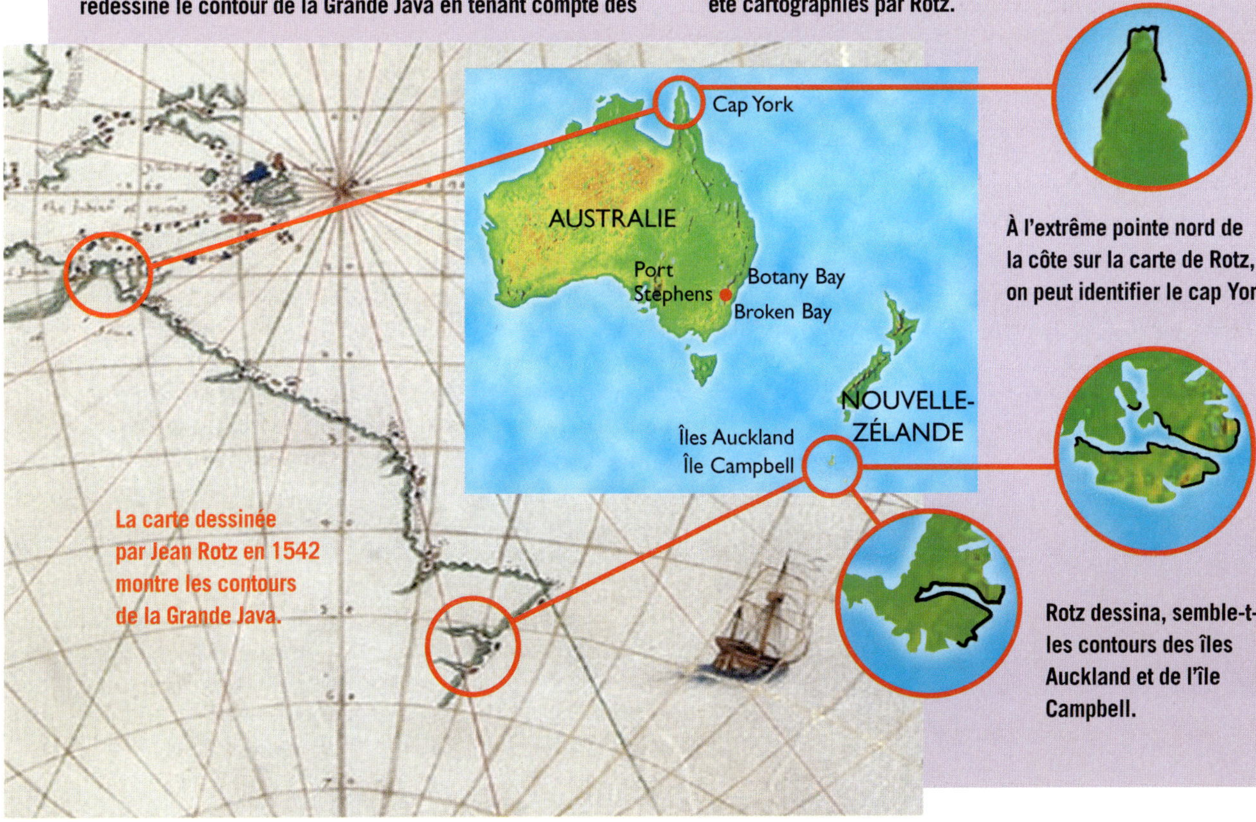

La carte dessinée par Jean Rotz en 1542 montre les contours de la Grande Java.

À l'extrême pointe nord de la côte sur la carte de Rotz, on peut identifier le cap York.

Rotz dessina, semble-t-il, les contours des îles Auckland et de l'île Campbell.

des Indes orientales jusqu'à la pointe de l'Amérique du Sud : la *Terra incognita* (terre inconnue) ou *Terra australis* (terre australe).

Le premier navire européen à dresser la carte de ce territoire fut le vaisseau hollandais *Duyfken* (« petite colombe »), en 1605. La flotte dont le bateau faisait partie effectuait des explorations pour le compte de la Compagnie des Indes orientales. Son capitaine, Willem Janszoon (souvent abrégé en Jansz), emprunta le détroit séparant la Nouvelle-Guinée de l'Australie (franchi ensuite par l'Espagnol Luis Váez de Torres, qui lui donna son nom) et, sans le savoir, navigua le long de la côte nord de l'Australie. L'équipage ne débarqua peut-être jamais sur la côte et n'eut pas conscience de sa découverte. Mais la preuve de son passage est indéniable : une carte du Pacifique établie par la Compagnie des Indes orientales en 1622 – dessinée d'après les informations recueillies sur le *Duyfken* – montre la Nova Guinea (Nouvelle-Guinée) et des côtes manifestement australiennes telles l'embouchure de la rivière Pennyfather et Albatross Bay.

D'INSPIRATION CHINOISE Cette peinture française du XVe siècle montre des explorateurs utilisant des instruments pour naviguer sur l'océan Indien. Ils aperçoivent même, sur les côtes, une créature rappelant le kangourou. Le tableau fut probablement inspiré par une image chinoise plus ancienne : les Chinois avaient, semble-t-il, découvert l'Australie bien avant le capitaine Cook.

En 1616, l'*Eendracht* (« concorde ») fit voile pour Java depuis les Indes orientales. Il emprunta une nouvelle route en direction du sud-est 1 000 miles durant, après avoir contourné le cap de Bonne-Espérance, puis se dirigea vers le nord. Son capitaine, Dirk Hartog, pensait utiliser la force des puissants vents d'ouest soufflant dans la zone des quarantièmes rugissants pour raccourcir le voyage. Mais le vaisseau fut poussé trop loin et drossé vers les côtes occidentales de l'Australie. L'équipage explora plusieurs îles inhabitées – l'une d'entre elles s'appelle aujourd'hui l'île Dirk Hartog – mais ne débarqua pas sur le continent. Ils clouèrent une plaque commémorative en étain à un arbre. Retrouvée quatre-vingts ans plus tard, elle est aujourd'hui exposée au Rijksmuseum d'Amsterdam.

L'Australie aurait pu être française ! En 1772, un navigateur breton, Louis Aleno de Saint-Aloüarn, mouille dans la baie des Chiens Marins (aujourd'hui Shark Bay). Il prend possession de cette terre au nom du roi Louis XV et, sur une île, laisse une bouteille dans laquelle est enfermé un parchemin. Malade, le marin meurt sur le chemin du retour : le roi n'aura jamais connaissance de cette conquête australe… Le 5 janvier 1998, à la pointe de l'île, un Français, Philippe Godard, découvre un écu au bandeau à l'effigie de Louis XV daté de 1766. Trois mois plus tard, c'est au tour de Myra Stanbury, conservatrice du département d'archéologie du Musée maritime de Fremantle (Australie), de mettre au jour la bouteille en verre que déposa le Français.

Pionniers orientaux

Selon un chercheur britannique, Gavin Menzies, c'est grâce aux cartes dressées par des explorateurs chinois et recopiées par les cartographes européens que les Hollandais, les Portugais et les Britanniques purent traverser les océans Atlantique et Pacifique puis atteindre le Nouveau Monde et l'Australie. En effet, il semble que les Chinois connaissaient l'Australie dès le VIe siècle. L'histoire officielle de la dynastie Sui (581-618) mentionne un continent à cent jours de navigation vers le sud depuis la Chine. On y décrit également une créature mythique appelée Shan Lai Jing, dont la tête ressemble à celle d'un daim, qui saute et possède une seconde tête au milieu du corps : il s'agit probablement de la première description d'un kangourou bondissant avec un petit dans sa poche ventrale…

Un grand découvreur

L'explorateur et navigateur britannique James Cook découvrit de nombreuses îles – la Nouvelle-Calédonie et les îles Sandwich (Hawaii) entre autres. Des marins célèbres servirent sous ses ordres, dont William Bligh, le capitaine du *Bounty*. Cook mourut à Hawaii en février 1779 : une altercation éclata après le vol d'une chaloupe. Se sentant menacés, les Anglais tirèrent sur les insulaires, qui ripostèrent en leur jetant des pierres. D'abord blessé à la tête, Cook fut battu à mort. La disparition de ce marin – qui navigua douze ans dans le Pacifique – bouleversa toute l'Angleterre.

INVENTIONS ET DÉCOUVERTES

IDÉES EN ÉBULLITION

Les scientifiques de la Grèce antique savaient construire des machines à vapeur

Le concept de machine à vapeur est habituellement associé à la Révolution industrielle. Cependant, il y a près de deux mille ans, un savant alexandrin avait déjà compris les principes de base de l'ingénierie moderne. Il sut les mettre en pratique en concevant un moteur fonctionnant grâce à cette énergie.

Alexandrie fut fondée par Alexandre le Grand en 331 avant J.-C. Au fil des siècles, la ville devint un pôle de la science, de la philosophie et de l'ingénierie. Celui qui visitait cette cité au Ier siècle plongeait au cœur de la technologie du monde antique. On y accueillait les plus grands génies. Dans l'ombre du prodigieux phare – l'une des Sept Merveilles du monde antique –, érigé sur l'île de Pharos, se succédaient les lieux consacrés à l'enrichissement du savoir humain. Les érudits empruntaient l'immense avenue (5 km de long sur 30 m de large) permettant de se rendre à la célèbre bibliothèque où étaient stockés environ 500 000 livres rédigés sur papyrus. Les savants pouvaient également se retrouver au Museion – temple dédié aux Muses et centre d'études –, où ils côtoyaient artistes, poètes, artisans… afin d'échanger de nouvelles idées et de faire part de leurs découvertes.

C'est à Alexandrie que le concept même d'invention fut véritablement créé. Fief de la dynastie ptolémaïque (les dirigeants macédoniens de l'Égypte

UN INVENTEUR GÉNIAL Dans l'Antiquité, Héron l'Ancien (ou Héron d'Alexandrie) mit au point quatre-vingts dispositifs ingénieux. Sa sphère rotative actionnée par des jets de vapeur (ci-dessous à gauche) stupéfia certainement ses contemporains.

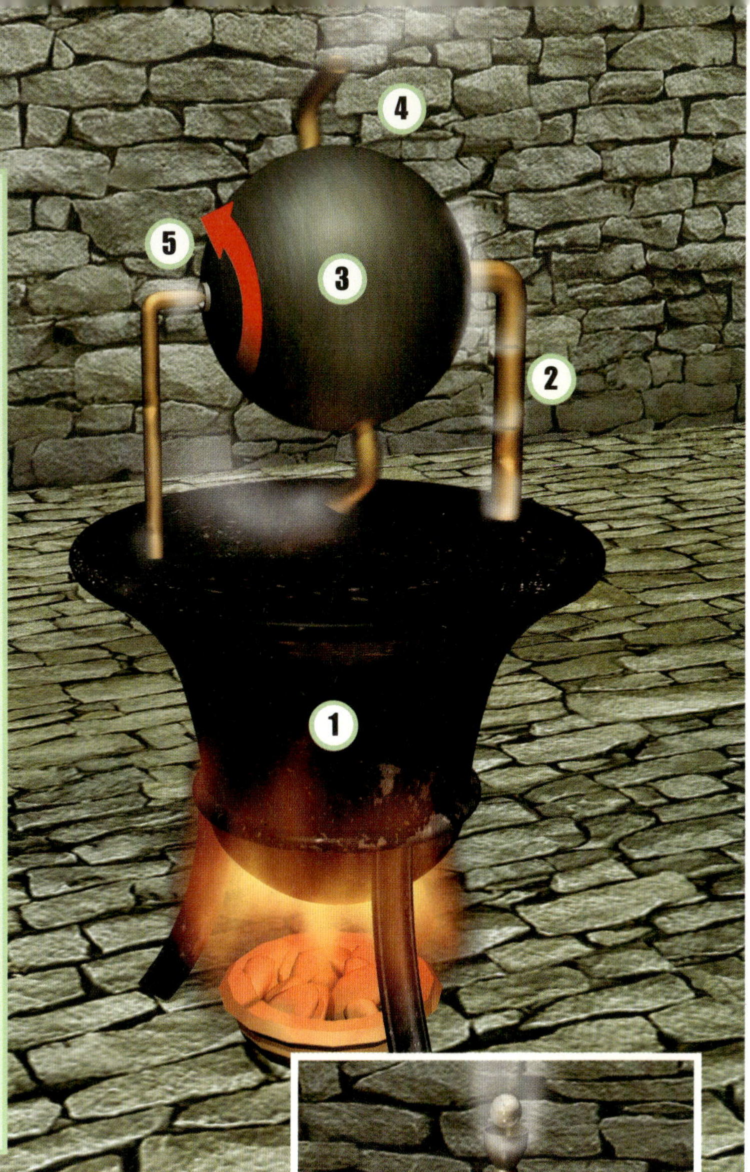

Le moteur à vapeur

Les écrits d'Héron montrent qu'il était fasciné par les dispositifs utilisant la pression de l'air et de l'eau, les siphons, les poulies, les contrepoids et les réservoirs cachés. Son invention la plus frappante est l'éolipyle, ou sphère à vent. Ce dispositif, qui convertissait l'énergie de la pression en mouvement mécanique, est assimilable à un moteur, le premier moteur à vapeur. Il n'eut jamais d'application pratique mais ses principes sous-jacents sont essentiels en ingénierie moderne.

1. **L'eau, chauffée dans un chaudron hermétiquement fermé, commence à bouillir et fournit de la vapeur.**
2. **Un tuyau, probablement en cuivre, alimente en vapeur une sphère métallique creuse.**
3. **La vapeur s'accumule à l'intérieur de la sphère.**
4. **Des jets de vapeur s'échappent de deux tubes de cuivre coudés, fixés en deux points opposés de la sphère : cette dernière commence à tourner.**
5. **De l'autre côté, un pivot maintient la sphère tout en la laissant tourner librement. Plus la pression de la vapeur est importante, plus la vitesse de la sphère augmente.**

antique), la ville synthétisait les idées des Perses, des Égyptiens, des Babyloniens et des Grecs. Pour ces derniers, la science appliquée était aussi importante que la philosophie. La poulie, le treuil et le levier furent mentionnés pour la première fois dans *Mechanica,* un ouvrage de l'école aristotélicienne.

On connaît surtout l'art et la philosophie grecs, et l'on croit souvent – à tort – qu'il fallut attendre l'Empire romain pour que les savants se penchent sur les applications pratiques de leurs inventions. Pourtant, les Grecs savaient construire des phares, des canaux, des tunnels, des engins à vapeur, des pompes, des presses, des calculateurs astronomiques, des horloges et des automates… Mais ils vivaient dans une société reposant sur le travail des esclaves ; nul besoin pour eux de s'intéresser à l'application pratique de ces connaissances : ils avaient à disposition la main-d'œuvre nécessaire pour soulever et déplacer des matériaux ou bâtir des édifices. Par ailleurs, la connaissance pure les intéressait bien davantage que le profit économique.

Héron l'Ancien, inventeur génial

C'est un Alexandrin du Ier siècle travaillant sur des projets mécaniques de petite échelle qui fut le premier à comprendre le potentiel de l'énergie de la vapeur. Bien qu'héritier d'une riche tradition grecque, Héron l'Ancien, que l'on considère comme le plus grand ingénieur d'Alexandrie, était peut-être d'origine égyptienne. Les « amusements scientifiques » de ce metteur en scène-né fascinaient ses contemporains : on le sollicitait d'ailleurs souvent pour inventer des spectacles mécaniques – activité qui ne revint à la mode qu'au XIXe siècle.

JEU DE BALLE La vapeur produite par un chaudron d'eau s'échappe par un tube jusqu'à une ouverture en forme de coupelle sur laquelle repose une balle de métal. La force du jet de vapeur propulse cette dernière en l'air, et l'y maintient.

Sésame, ouvre-toi !

Héron mit au point un mécanisme permettant d'ouvrir et de refermer les portes grâce à la pression de l'air.

1. Le feu chauffe l'air de la cuve qui est sous le brasier.
2. En chauffant, l'air se dilate et s'échappe par un tuyau jusqu'à une sphère à moitié remplie d'eau.
3. L'air chaud pousse l'eau dans un tuyau courbé jusqu'à un seau suspendu.
4. À mesure que le seau se remplit d'eau, il s'abaisse, tirant sur des cordes enroulées autour de deux mâts.
5. Ces mâts sont les pivots des portes du temple. Quand les cordes se tendent, les portes s'ouvrent.
6. Un contrepoids tire sur une seconde paire de cordes. Quand le feu est éteint, l'air se refroidit et se contracte ; la dépression entraîne l'eau du seau dans la sphère, et les pivots retrouvent leur position initiale.

UN PROTOTYPE MODERNE En 1988, une équipe anglaise de l'université de Reading fabriqua un éolipyle selon les plans d'Héron. La machine atteignait jusqu'à 1 500 tours/minute mais était extrêmement gourmande en énergie.

Héron faisait une nette distinction entre les dispositifs mécaniques « répondant aux besoins les plus nécessaires de la vie » et ceux qui « étonnent et émerveillent » ; il consacra néanmoins la même énergie aux deux.

La sphère à vent

Héron inventa une étonnante machine à vapeur, l'éolipyle : parfois appelée sphère à vent, elle se composait d'une sorte de boule creuse sur laquelle étaient fixés deux petits tubes coudés. La vapeur qui se formait dans un chaudron d'eau bouillante hermétiquement fermé parvenait jusqu'à la sphère à travers un tuyau, et des jets de vapeur sortaient par les tubes coudés, faisant tourner la boule comme un soleil de feu d'artifice. Le principe mécanique de la sphère à vent – même si elle fonctionnait à la vapeur – était identique à celui de la propulsion à réaction… deux mille ans avant son application dans l'aviation ! Toutefois, la machine avait un point faible, à la jonction entre le tuyau amenant la vapeur et la sphère. Le dispositif devait en effet être assez lâche pour que la boule puisse tourner, mais suffisamment étanche pour empêcher les déperditions de vapeur… Or les ingénieurs qui reconstruisirent la machine en 1988 ne la trouvèrent pas très au point… Entre les fuites de vapeur et la friction au niveau du pivot, une machine plus grosse fabriquée à l'époque aurait nécessité une formidable quantité d'énergie pour chauffer l'eau et réussir à faire tourner la sphère.

Dans son ouvrage *Pneumatica* (« pneumatiques »), Héron montre que le système des pistons – utilisés pour siphonner les liquides et même faire fonctionner de simples pompes –

De mieux en mieux

C'est au début du XVIIIe siècle que fut améliorée la machine à vapeur d'Héron, avec l'utilisation de pistons : Thomas Newcomen, s'inspirant des travaux de Denis Papin, conçut des moteurs à vapeur qui actionnaient des pompes. Plus tard, James Watt, concepteur de la chambre de condensation séparée (1769), et George Stephenson perfectionnèrent cette invention.

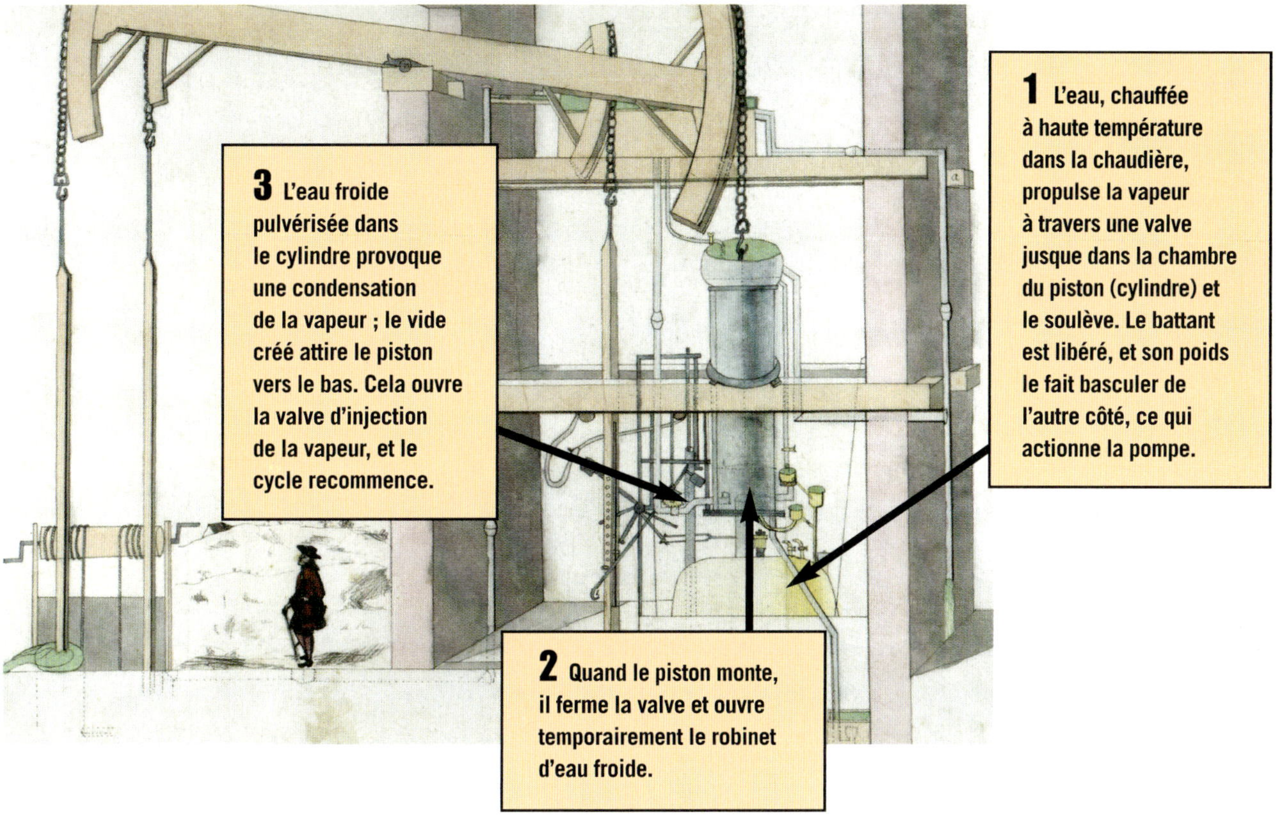

lui était également familier. L'Alexandrin avait d'ailleurs conçu un mécanisme assez ingénieux : une girouette activait une pompe à piston qui poussait l'air à travers des tuyaux d'orgue – il s'agit de l'un des premiers exemples d'utilisation de l'air pour actionner une machinerie décrit dans un ouvrage. Mais il faudra attendre le XVIIIe siècle pour que le piston soit utilisé afin d'exploiter l'énergie de la vapeur – néanmoins, le travail des métaux à l'époque n'était pas assez élaboré pour permettre la fabrication de pistons adéquats.

Une ingéniosité à toute épreuve

D'autres inventions attribuées à Héron n'eurent en revanche aucun débouché pratique, tels les portes à ouverture automatique ou encore le distributeur d'eau à pièces pour la toilette rituelle à l'entrée des temples – une pièce insérée dans une fente tombait sur une plaque placée en équilibre au bout d'un bras de levier ; l'autre extrémité du levier était attachée à une valve qui s'ouvrait au moment de la chute de la pièce, délivrant une giclée d'eau afin de se rincer le visage et les mains. Mais les contemporains de l'inventeur étaient sans doute plus impressionnés par ses « fontaines magiques » : remplies d'eau et de vin, elles délivraient les deux en même temps, mais par deux jets différents…

Même si elle ne trouva pas toujours d'application pratique, l'ingéniosité d'Héron ne doit pas être discréditée : pour lui, la technique primait sur son application, et l'invention sur son inventeur. Et, même s'il reconnaissait qu'il avait une dette envers certains savants ayant vécu avant lui, Héron ne mentionna pas leurs noms dans son *Pneumatica.*

MACHINE À SOUS… Héron inventa une machine qui, pour une pièce en bronze de 5 drachmes, délivrait l'eau nécessaire pour les ablutions avant de pratiquer les dévotions.

CHIRURGIE ESTHÉTIQUE ANTIQUE

Il y a des milliers d'années, des médecins reconstituaient déjà les nez et les oreilles

Sans autre anesthésique que l'opium, les chirurgiens indiens savaient remodeler un nez six cents ans avant notre ère. En Occident, il fallut attendre le XVIIIe siècle pour que des médecins pratiquent la chirugie réparatrice.

Au XVIIIe siècle, alors qu'il arpentait les rues poussiéreuses de Mysore, en Inde, un officier britannique fut frappé par le visage d'un marchand ambulant : une cicatrice barrait son front et son nez était déformé. Intrigué, il le questionna ; l'homme lui répondit que, convaincu d'adultère, il avait eu le nez coupé. Mais un *vaidya* – un saint homme hindou – était parvenu à lui en refaire un en prélevant ailleurs un peu de peau.

Le *Gentleman's Magazine* de Londres publia en octobre 1794 le compte rendu de cette opération, qui suscita un très grand intérêt : la chirurgie réparatrice, pratiquée en Inde depuis deux mille ans, était alors inconnue en Occident.

Les civilisations anciennes savaient effectuer des opérations chirurgicales simples. Un manuscrit égyptien datant d'environ 3000 avant J.-C. – le papyrus Edwin Smith explique comment soigner le nez ou les mâchoires brisés et donne des conseils pour recoudre une plaie et la cautériser. Des squelettes exhumés dans des villages d'artisans près de la Vallée des Rois, en Égypte, montrent que les os fracturés étaient remis en place et maintenus par des éclisses. Les historiens de la médecine sont encore étonnés de découvrir que l'on pratiquait ce type de chirurgie des siècles avant l'invention de l'anesthésie (1799).

ÉTUDE DE CAS **Les chirurgiens occidentaux pratiquèrent la chirurgie plastique du nez pour la première fois au XIXe siècle. Le compte rendu académique de l'opération (illustrée ci-contre) fut publié en 1840.**

La chirurgie indienne antique

Les principes de base de la chirurgie plastique, qui répare les lésions occasionnées par la maladie ou les blessures, furent découverts dans l'Inde antique. Ils sont exposés dans le shastrakarma, qui regroupe différentes techniques chirurgicales et forme l'une des huit branches de l'ayurvéda – médecine traditionnelle indienne. Quelque six cents ans avant notre ère, le chirurgien et auteur indien Sushruta rédigea un traité de chirurgie, *Sushruta Samhita,* dans lequel, en plus de données anatomiques détaillées, il décrivait trois cents procédés chirurgicaux – dont, entre autres, une rhinoplastie et une octoplastie (chirurgie plastique du nez et des oreilles).

À l'époque, on punissait divers crimes – comme l'adultère – en ordonnant l'amputation du nez. Sushruta expliqua comment recréer un nouveau nez en greffant de la peau du visage : « Le médecin méticuleux doit prendre une feuille de plante de la taille du nez, puis couper la joue à cette mesure ; après avoir légèrement incisé les bords du nez, il doit y attacher la peau prélevée et la suturer rapidement et parfaitement… Quand la cicatrisation sera achevée et les parties réunifiées, il enlèvera le surplus de peau. »

On appliquait du miel (dont on connaissait déjà les propriétés antiseptiques) et de l'huile sur la zone à opérer ; des cotons imbibés d'huile constituaient l'ossature du nouvel appendice nasal ; même les narines pouvaient être reconstruites : on utilisait pour cela de petits morceaux de bâton creux. Cette opération complexe finit par être connue en Occident sous le nom de « méthode indienne ».

On opérait également couramment les lobes d'oreille déchirés – et infectés – par le port de bijoux trop lourds. Sushruta explique qu'il s'agissait d'un problème banal, facilement réparable : on prélevait de la peau des joues et on la suturait sur les lobes abîmés. L'intervention était même pratiquée sur de très jeunes enfants.

En Grèce et dans la Rome antiques, des médecins mirent en pratique les méthodes indiennes. Dans son ouvrage *De medecina,* l'auteur romain Celse décrit des procédures presque identiques à celles de Sushruta pour réparer nez, lèvres et oreilles mutilés. En 695, l'empereur byzantin Justinien II fut destitué puis défiguré : on lui trancha le nez dans l'espoir que ce stigmate l'empêcherait de briguer à nouveau le pouvoir – cette mutilation lui valut le surnom de Rhinotmète (« nez coupé »). Justinien partit en exil mais, dès 705, ayant, dit-on, bénéficié d'une opération réparatrice du nez, il remontait sur le trône.

PIONNIER INDIEN **Sushruta (représenté ci-dessus dans un tableau de Robert Thom, 1915-1979), chirurgien indien du VIe siècle, était célèbre pour ses textes sur la chirurgie réparatrice. Il fut aussi le premier à décrire une opération de la cataracte.**

COMMENT REMODELER UN NEZ
Un article paru dans le *Gentleman's Magazine* de 1794 révéla à la médecine occidentale ce qui était connu depuis longtemps en Orient : une opération délicate effectuée avec la peau du patient pouvait miraculeusement réparer une grave mutilation.

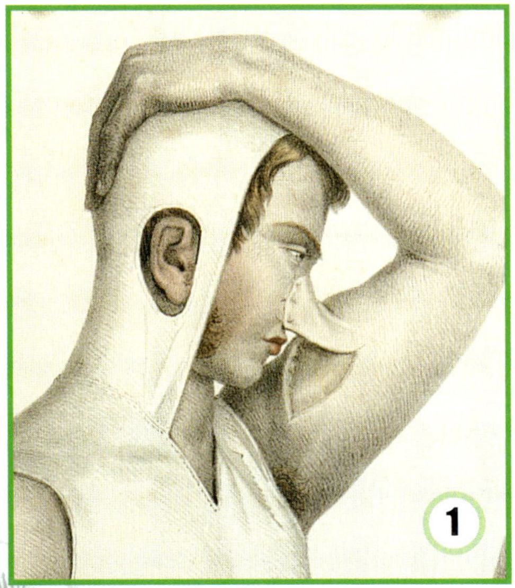

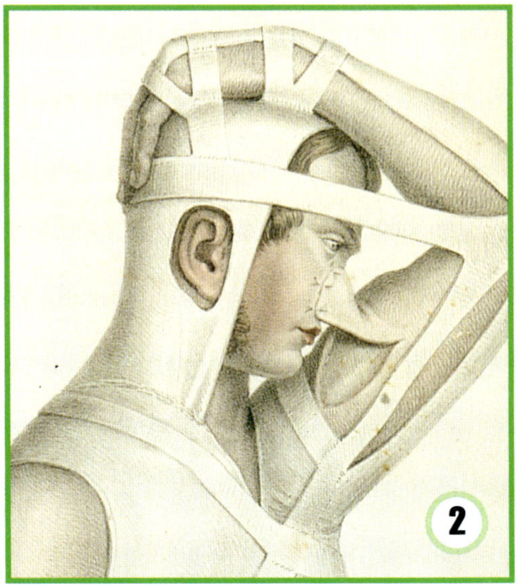

GREFFE DIRECTE Une greffe du nez fut effectuée au XVIe siècle par le chirurgien italien Gaspare Tagliacozzi. L'opération consistait à détacher la peau de l'intérieur du bras et à la greffer directement sur le nez. Les lithographies qui la représentent sont des copies du carnet du médecin : elles montrent comment implanter la peau (1) et immobiliser le patient pour laisser le temps à la greffe de « prendre » (2).

DE GRANDES CHANCES DE SUCCÈS Dès que la peau était placée sur le nez (ci-dessous), la greffe avait des chances de réussir. Le morceau de peau était prélevé sur le bras, qui cicatrisait comme après une blessure superficielle.

Quand l'Église s'en mêle…

Néanmoins, dans l'Europe médiévale, la chirurgie fut déclarée contraire au dessein de Dieu. En 1163, le pape Alexandre III et le concile de Tours publièrent un édit qui stipulait que « la chirurgie doit être abandonnée par les écoles de médecine et par tous les médecins décents ». On interdit aux médecins officiels de pratiquer la saignée, et c'est aux barbiers et aux bouchers que fut laissé le soin d'effectuer des actes chirurgicaux.

En 1594, Gaspare Tagliacozzi, professeur à l'université de Bologne, fut excommunié parce qu'il avait publié un traité des techniques chirurgicales *(De curtorum chirurgia per insitionem)*. À sa mort, le clergé exigea qu'il soit enterré en terre non consacrée : son corps fut exhumé et transporté hors du cimetière. Les décennies suivant sa mort, on ridiculisa ses méthodes : ses greffes de peau expérimentales – il remodela par exemple un nez avec un lambeau de peau prélevé sur le bras – furent critiquées par des auteurs de la Renaissance. Au XVIIIe siècle, Voltaire lui consacra même un poème, dans lequel il le décrivait étirant la peau d'un patient de son séant jusqu'à son nez.

La réponse occidentale

En Europe occidentale, il fallut attendre le XVIIIe siècle pour que la chirurgie plastique cesse d'être diabolisée. Les chirurgiens qui amputaient sur les navires et dans les hôpitaux de campagne savaient qu'une chair blessée peut à nouveau être recouverte de peau : il suffit d'en prélever, avant l'amputation, sur la jambe ou le bras à couper puis d'en recouvrir le moignon. Pourtant, beaucoup préféraient la méthode traditionnelle de cautérisation à l'huile bouillante.

Puis parut l'article du *Gentleman's Magazine* sur les techniques reconstructrices indiennes. Deux médecins britanniques, Thomas Cruso et James Findlay, expliquèrent en détail la manière de procéder car ils avaient assisté à l'opération destinée à reconstituer le nez d'un chauffeur de voiture indien, Kawasajee, accusé de trahison et amputé. Ils en conclurent que l'opération avait des chances de réussir. « Le nez artificiel est bien fixé, il semble presque aussi naturel qu'un vrai, et la cicatrice sur le front disparaît après un certain temps. » Un autre médecin, Joseph Carpue, s'inspira de ce récit pour pratiquer deux opérations similaires qui ne lui prirent, dit-on, que quinze minutes chacune.

Toutefois, après ces premières mises en pratique des techniques médicales indiennes, les Britanniques firent machine arrière. En 1835, ils avaient fermé toutes les écoles de médecine ayurvédique pour les remplacer par des collèges de médecine occidentale. Néanmoins, les méthodes indiennes ne disparurent pas totalement grâce à une poignée de praticiens déterminés, qui continuèrent à dispenser des soins ayurvédiques à leur domicile.

C'est au cours de la Première Guerre mondiale que les chirurgiens hospitaliers européens durent se former aux pratiques de la chirurgie plastique et développer de nouvelles techniques : dans les tranchées, les obus et les shrapnells infligeaient de terribles blessures. Les blessés du front occidental étaient rapatriés pour être soignés, et les chirurgiens se retrouvèrent alors confrontés à des milliers d'hommes dont le corps mutilé nécessitait le recours à la chirurgie réparatrice.

> « Il faudra attendre le XVIIIe siècle pour que la chirurgie plastique soit véritablement acceptée en Europe occidentale. »

Comment les médecins calmaient la douleur

Dans l'Antiquité, les Égyptiens apaisaient la souffrance du patient en mélangeant de l'eau et du vinaigre au-dessus d'une pierre de Memphis, ce qui produisait du dioxyde de carbone, aux vertus analgésiques proches de celles des gaz anesthésiants utilisés aujourd'hui.

Au IIe siècle, le médecin grec Claude Galien conseillait d'utiliser une potion appelée thériaque, qui contenait un grand nombre d'ingrédients (une soixantaine environ). La présence d'opium dans cette panacée explique sans doute pourquoi on l'utilisait encore au XIXe siècle. Au IVe siècle, saint Hilaire, évêque de Poitiers, fut exilé en Orient, où il découvrit la thériaque. Il écrivit, dans un texte médical : « Si quelqu'un doit avoir un membre mutilé, brûlé ou scié, qu'il en boive une demi-once dans du vin, et pendant qu'il dort, le membre peut être coupé sans douleur ni sensation. » Les médecins arabes du Moyen Âge posaient sur le nez des malades une éponge saturée d'opium, de mandragore et autres substances soporifiques pour les endormir rapidement et profondément.

Drogues et alcool

L'alcool était encore l'anesthésique le plus populaire quand, en 1800, le chimiste britannique Humphry Davy inhala du protoxyde d'azote (ou gaz hilarant, aujourd'hui assimilé à une drogue) et découvrit qu'il n'apaisait pas seulement la souffrance mais provoquait une douce euphorie. Il suggéra de l'utiliser dans les actes chirurgicaux mineurs, affirmant qu'il ne donnait pas la « gueule de bois ». Aujourd'hui encore, on l'utilise – mélangé à de l'oxygène – pour calmer la douleur.

QUI A DÉCOUVERT L'AMÉRIQUE ?

Le Nouveau Monde, une terre explorée il y a 1 500 ans

Christophe Colomb n'est certainement pas le premier explorateur à avoir foulé le sable des plages américaines. Plusieurs siècles avant sa naissance, des hommes venus d'Europe et d'Asie avaient déjà traversé les océans Pacifique et Atlantique pour accoster cette terre mythique.

VESTIGE ROMAIN Une petite figurine en terre cuite mise au jour dans la vallée de Toluca, au Mexique, indique que des galères romaines atteignirent peut-être l'Amérique ou que les débris d'une épave romaine échouèrent sur ses plages. D'après la datation des sédiments, la tête de Toluca fut enterrée là vers 1510, c'est-à-dire avant l'arrivée des Espagnols au Mexique (1519).

Les écoliers du monde entier apprennent dans leurs livres d'histoire que Christophe Colomb découvrit l'Amérique en 1492. Or ce n'est pas tout à fait exact. La notion même de découverte du continent américain est discutable : les vestiges archéologiques nous apprennent en effet que l'Amérique du Nord était déjà habitée il y a plus de 10 000 ans. Le voyage du navigateur génois fut simplement une première étape de la colonisation européenne.

Déjà, les Égyptiens ou même les Phéniciens possédaient des navires capables d'atteindre l'Amérique. S'y rendirent-ils, comme certains invitent à le croire ? L'hypothèse que des Romains aient entrepris la traversée est également envisagée, malgré l'absence de preuves écrites. Grâce à leurs galères, ils purent explorer le monde et construire un empire immense, des Highlands écossais au désert de Syrie. Mais avec une ligne de flottaison basse et leur forme arrondie à l'arrière, ces immenses navires étaient plus adaptés à une navigation côtière ou en Méditerranée (la *Mare Nostrum*, « notre mer ») qu'aux longues traversées des océans…

Une étonnante découverte

Il n'existe pas de vestiges archéologiques romains en Amérique. En 1933 néanmoins, la mise au jour d'une petite sculpture de 5 cm dans la vallée de Toluca, à environ 60 km de Mexico, éveilla l'intérêt des chercheurs : cette tête en terre cuite noire représentant un homme barbu ne ressemblait à aucun objet précolombien connu. Récemment, des scientifiques de l'Institut allemand de physique nucléaire Max-Planck, à Heidelberg, utilisèrent la technique de l'électroluminescence pour déterminer l'âge de la pièce. Cette méthode consiste à libérer, sous forme de lumière, l'énergie des électrons accumulés dans la terre cuite. L'intensité de la lumière est proportionnelle au temps durant lequel l'objet est resté inutilisé. Selon eux, la figurine fut

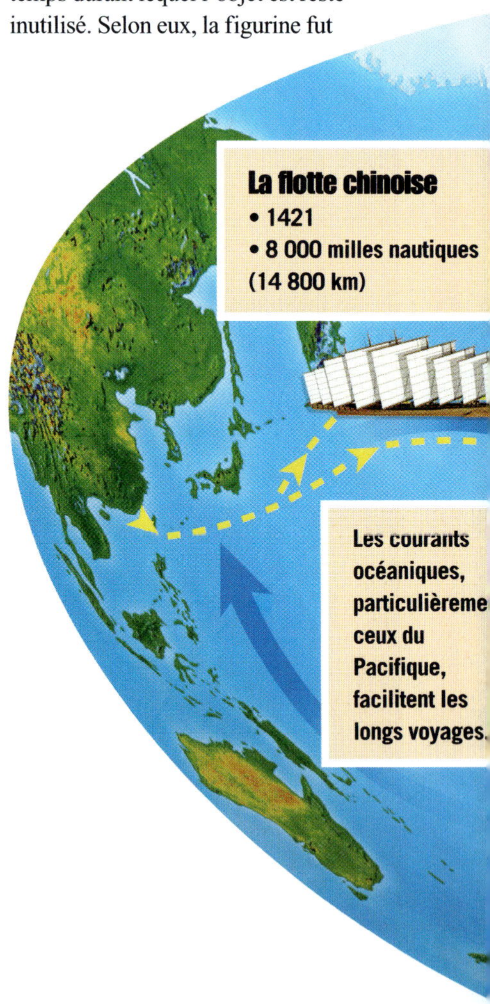

réalisée vers 200 avant J.-C. ; son style correspond en effet à celui des objets que l'on fabriquait à Rome à cette époque.

Comment la tête de Toluca arriva-t-elle à Mexico ? D'après l'examen des sédiments, elle aurait été enterrée là vers 1510. Se pourrait-il qu'elle ait été perdue lors d'un naufrage, trouvée sur une plage puis emportée aussi loin dans les terres ? La civilisation romaine marqua profondément de son empreinte les terres sur lesquelles elle s'aventura : cette preuve archéologique de la découverte de l'Amérique par les Romains semble donc bien mince…

La piste viking

Les preuves d'un débarquement scandinave sont beaucoup plus convaincantes. Elles confirment d'ailleurs les hauts faits des héros vikings rapportés par les récits épiques médiévaux. Selon la *Saga des Groenlandais* (où sont racontés cinq voyages successifs vers le Groenland et l'Amérique du Nord), le continent américain fut découvert accidentellement : en 986, un marchand nommé Bjarni Herjólfsson quitta la Norvège pour retourner chez lui, en

Les Romains (vers 200)

Les Romains colonisèrent la majeure partie du monde connu. Leur influence s'étendit-elle de l'autre côté de l'Atlantique ?

POUR

On retrouva une figurine romaine au Mexique.

CONTRE

Aucune archive ne mentionne cette hypothèse.

• 53 m de long • Une voile principale, pas de gouvernail
• Équipage : 60 à 200 hommes.

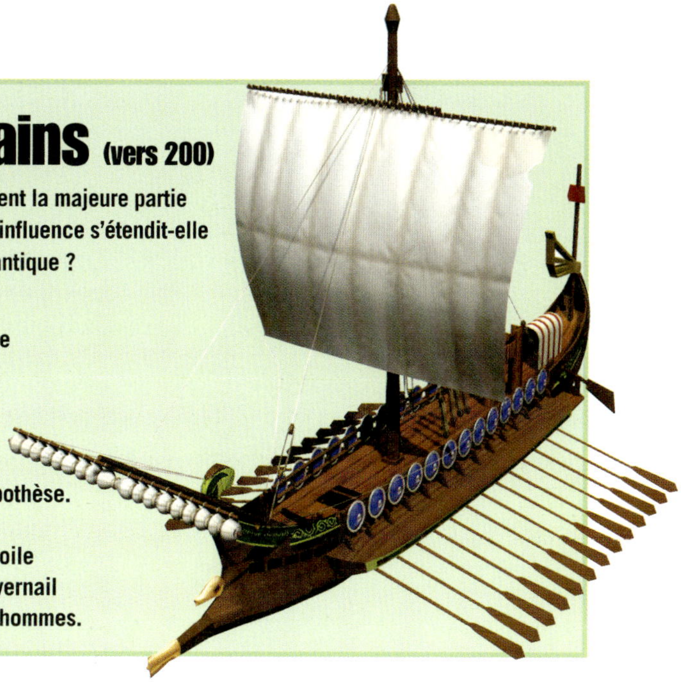

UNE CARTE REDESSINÉE Les indices que l'on possède sur les premiers explorateurs de l'Amérique évoquent des voyages effectués plus de mille ans avant la « découverte » de Christophe Colomb.

MONNAIE D'ÉCHANGE **L'époque où le « penny du Maine » a été frappé prouve que les anciens Norvégiens voyagèrent jusqu'au continent américain – ils atteignirent au moins le Maine. Le trou au centre de la pièce montre qu'il s'agissait d'un pendentif : elle dut faire l'objet d'un troc avec des Amérindiens.**

Islande. Mais lorsqu'il arriva, il apprit que son père était allé rejoindre une colonie nouvellement établie au Groenland. Il prit alors immédiatement la mer et, poussé par de forts vents du nord, il se perdit dans le brouillard. Il finit par apercevoir au loin une terre couverte de forêts et de collines basses mais n'y aborda pas. À son retour, il raconta son aventure, qui suscita la curiosité du navigateur Leif Ericson ; à tel point que ce dernier racheta le bateau de Bjarni et, en l'an 1000, fit voile vers l'ouest avec un équipage de trente-cinq hommes. Leif retrouva les terres décrites par son compatriote et y accosta plusieurs fois avant de rentrer chez lui. Si l'on en croit la *Saga des Groenlandais*, le marin islandais et ses hommes furent donc les premiers Européens à mettre le pied sur le rivage canadien.

Les découvertes des archéologues montrent aujourd'hui que les faits rapportés dans la saga sont proches de la réalité. Dans les années 1960, ils mirent au jour un campement scandinave à L'Anse-aux-Meadows, sur la côte nord de Terre-Neuve : le site, qui se composait de huit bâtiments au moins, correspondait aux descriptions de Bjarni et de Leif. Une centaine de personnes environ y vivaient, dont quelques femmes. Le style des habitations était typique des maisons islandaises construites vers l'an 1000, période que confirmèrent les datations au carbone 14. En 1957, plus au sud, à l'embouchure de la Penobscot, dans le Maine (État du nord-est des États-Unis), une pièce de monnaie norvégienne – frappée sous le règne du roi Olav III Kyrre, entre 1066 et 1093 – avait déjà été découverte au milieu d'un certain nombre d'outils de pierre et de poteries amérindiennes. Ce « penny du Maine », trouvé par un archéologue amateur, prouve que des émigrants norvégiens entrèrent en contact avec les peuples indigènes vivant sur le continent.

Aussi fragmentaires que soient ces vestiges, ils ont convaincu de nombreux scientifiques que les Vikings avaient atteint le continent américain : néanmoins, on ne retrouve aucune trace de leur influence chez les peuples amérindiens.

Les explorateurs venus d'Extrême-Orient

Mais d'autres grands navigateurs parvinrent peut-être en Amérique avant Christophe Colomb. En 1421, l'empereur de Chine Yongle leva une immense flotte, qui partit de Nankin avec une double mission : explorer le monde et recevoir l'hommage des souverains de contrées lointaines. Elle devait se rendre « à l'autre bout de la Terre, pour collecter le tribut des barbares au-delà des mers ». L'empereur en confia le commandement à Zheng He, un eunuque issu d'une famille musulmane du Yunnan. La taille et l'équipement des navires – pourvus de nombreuses cabines – étaient surprenants pour l'époque. Les marins disposaient de compas magnétiques, de cartes, et suivaient des routes bien balisées. On ne sait pas exactement jusqu'où alla Zheng He. Mais lorsqu'il revint, deux ans plus tard, la politique de l'empire avait changé : la Chine était entrée dans une période d'isolationnisme qui allait durer six cents ans. Le fils de Yongle, qui lui succéda, laissa la grande flotte pourrir…

Reste à savoir si un navire de Zheng He parvint sur la côte ouest du Nouveau Monde. Une jonque chinoise médiévale

Les Vikings (an 1000)

Selon les légendes scandinaves, Leif Ericson accosta au Vinland (« le pays de la vigne »), une île ressemblant beaucoup à Terre-Neuve.

POUR

Le campement norvégien de l'Anse-aux-Meadows ; le « penny du Maine » ; la carte du Vinland.

CONTRE

Peu de preuves indiquent qu'ils accostèrent sur le continent américain même.

- **Navire sans pont de 15 m**
- **Une seule voile**
- **Équipage : 30 à 40 hommes**

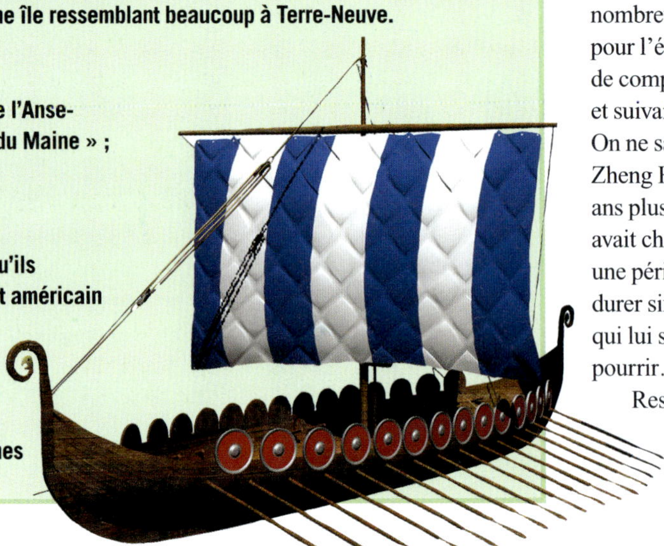

Voyage à travers le temps

En 1958, un libraire genevois mit en vente une ancienne carte tracée sur parchemin montrant l'Europe, l'Afrique du Nord, le Groenland et l'île canadienne de Terre-Neuve. Cette carte fut immédiatement achetée pour 1 million de dollars par un philanthrope, Paul Mellon, qui en fit don à l'université de Yale, où elle fut authentifiée : il s'agissait d'une véritable carte scandinave (appelée la carte du Vinland), dessinée entre 1420 et 1440. Certains historiens pensent qu'elle est la preuve du passage des Vikings sur la terre américaine. D'autres soutiennent néanmoins qu'il s'agit d'un faux.

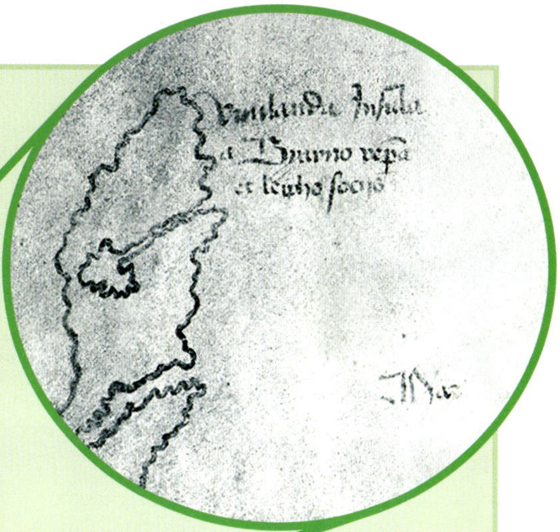

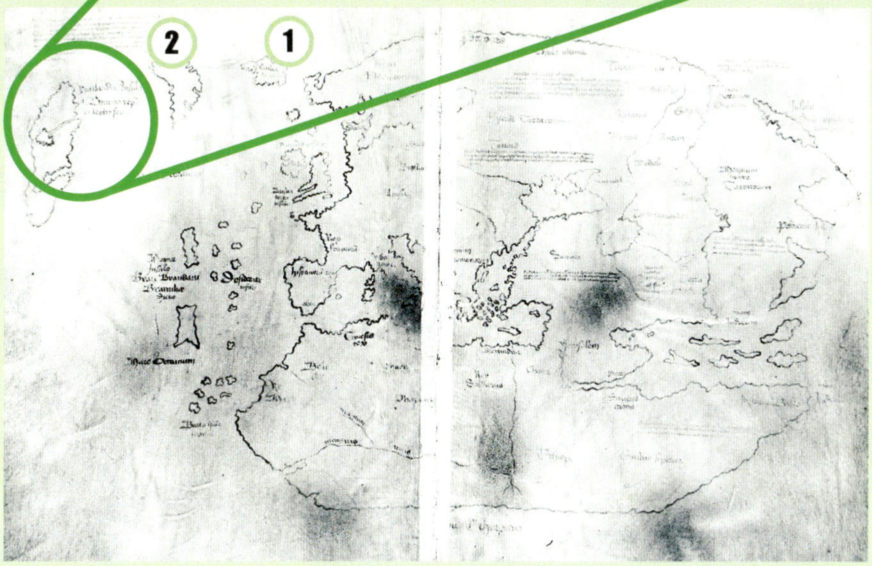

EN ROUTE VERS L'OUEST
La carte montre l'Islande (1) puis le Groenland (2) – figuré ici comme une île –, que les Vikings auraient atteint avant l'île de Vinland (cerclée de vert), à bord de bateaux faisant voile vers l'ouest. Bien que la carte soit authentique, des scientifiques pensent encore que le Vinland et ces îles sont des ajouts ultérieurs.

« Vinland Island » est clairement écrit dans le coin supérieur gauche de la carte. Plus bas, une inscription relate comment « les compagnons Bjarni et Leif Ericson, faisant voile vers le sud à travers la glace, découvrirent une nouvelle terre, qui était très riche et portait même des vignes ; ils l'appelèrent l'île de Vinland ».

L'auteur de la carte, un Danois nommé Claudius Clavius, aurait repris l'information sur un relevé viking plus ancien. Néanmoins, la provenance de cette carte est très douteuse. Les opposants à son authenticité affirment que les colons scandinaves du Groenland n'avaient aucune connaissance cartographique mais s'appuyaient sur des traditions orales.

En 1972, un autre élément sembla prouver qu'il s'agissait d'un faux : l'encre utilisée contenait un pigment appelé anastase – une forme de dioxyde de titane qui ne fut pas synthétisée avant 1923. L'anastase est un pigment violet qui, en décolorant, laisse des traces jaunes. Il fut peut-être ajouté par un faussaire afin de simuler le vieillissement de l'encre – falsification particulièrement subtile. Toutefois, d'autres scientifiques contestèrent cette découverte, prouvant finalement que la très faible quantité d'anastase présente était imputable à une contamination naturelle fréquente.

En 2002 furent publiés les résultats de la datation au carbone 14 du parchemin : la fabrication remonterait à 1434 (plus ou moins onze ans), soit précisément la période établie par les experts de Yale pour le tracé de la carte. Ils avaient d'ailleurs montré que le langage et la forme de l'écriture utilisés correspondaient à ceux des archives du concile de Bâle, rédigées entre 1431 et 1449.

Trop incroyable pour être faux

Il est bien sûr possible que la carte soit un faux relevé dessiné sur un véritable parchemin médiéval. Dans ce cas, le faussaire eut beaucoup de chance de trouver un support datant de cette époque précise. « Si c'est un faux, celui qui l'a réalisé était sûrement le plus habile des faussaires jamais poursuivis pour ce type d'œuvre », conclut l'un des membres de l'équipe de l'université américaine.

La flotte chinoise (1421)

Les archives impériales attestent qu'une énorme flotte de 317 navires partit de Chine au début du XVe siècle. Elle alla certainement au-delà de l'Afrique, mais atteignit-elle les côtes de l'Amérique ?

POUR

La jonque de la rivière Sacramento (existence controversée) ; des éléments d'idiome chinois trouvés dans la langue californienne précolombienne.

CONTRE

Manque de preuves.

Navire pouvant atteindre 240 m x 50 m
• Équipage : 1 000 hommes et plus.

retrouvée au fond de la rivière Sacramento, à près de 150 km dans les terres, constituerait une preuve indéniable… si les experts s'accordaient sur son existence ! On a mesuré la proportion de carbone 14 dans des fragments de bois récupérés sur le site : ils dateraient de 1410. L'Académie sylvicole chinoise a également étudié ces échantillons et déclaré qu'ils étaient en bois de keteleeria, un conifère que l'on trouve dans le sud-est de la Chine. Cependant, les historiens sont perplexes : rien ne prouve en effet qu'il s'agisse d'une jonque – les quelques fragments trouvés sont très petits. Les partisans de l'hypothèse chinoise affirment, eux, que l'embarcation s'échoua dans la rivière Sacramento, forçant les marins asiatiques à s'établir en Amérique.
À une centaine de kilomètres du site, on a retrouvé les vestiges d'un village protégé par une enceinte de pierre : certaines constructions présentent des caractéristiques typiquement chinoises. Un rapport gouvernemental des États-Unis dans lequel est mentionnée la surprenante découverte d'un expert linguistique nommé Stephen Powers semble leur donner raison. Powers affirmait avoir décelé des éléments d'idiome chinois dans le langage des tribus indiennes de Californie : des Chinois se seraient donc mêlés aux Amérindiens avant d'être décimés par les maladies que les colons européens véhiculèrent au XVe siècle. Mais Powers ne parvint pas à convaincre les autorités scientifiques de l'époque, et le texte qu'il rédigea pour présenter ses découvertes – une pièce cruciale de cette énigme – fut détruit.

Le moine intrépide

Les archives chinoises révèlent que la grande flotte de 1421 avait découvert une « grande terre » au-delà de l'océan Pacifique. Cependant, la toute première revendication de la découverte de l'Amérique est encore antérieure : elle se trouverait dans le volume 231 de la *Grande Encyclopédie chinoise*, d'un éminent historien du XIIIe siècle, Ma Tuan-Lin. En 458 de notre ère, le moine bouddhiste Hoei Shin (« compassion universelle ») quitta la Chine pour aller prêcher sa foi. Il fit voile sur la « grande mer orientale » et revint quarante ans plus tard. Il rapporta des histoires incroyables sur un pays qu'il appelait Fousang. Le récit détaillé de son voyage laisse supposer qu'il s'agissait de l'Amérique. Le moine décrivait une région aride où une plante, le fousang – d'où le nom qu'il donna à ce pays –, était très appréciée : on pouvait manger ses pousses mais aussi « son fruit [qui] ressemble à la poire mais est rouge » ; on filait son écorce « pour faire des vêtements et des robes ». Ce fousang ressemble étrangement à l'agave *(Agave americana)*, très commun aujourd'hui au Mexique. Selon Hoei Shin, il n'y avait pas de fer dans le pays : or l'Amérique centrale est l'une des rares régions du monde où l'on n'en trouve pas.

Selon la *Grande Encyclopédie chinoise*, les habitants du Fousang s'appelaient les Ichi. Apparemment, les Ichi ne formaient pas « de soldats de métier car ils ne menaient pas de guerre ». Cette affirmation permit aux chercheurs de faire un lien avec la tribu mexicaine des Itzá, peuple apparemment pacifique dont les réalisations architecturales et artistiques influencèrent beaucoup la civilisation maya.

L'étude approfondie de son expédition maritime montre que l'histoire de Hoei Shin pourrait être vraie. Il parcourut

UN CHEF-NÉ L'amiral Zheng He était un explorateur aguerri. Il se rendit en Afrique de l'Est en 1405 et rapporta à l'empereur une girafe, considérée à l'époque comme un animal légendaire.

> « La légende du voyage de Hoei Shin passa dans la culture populaire et inspira nombre d'explorateurs chinois... »

20 000 lis sur l'océan Pacifique – soit environ 8 000 milles nautiques –, ce qui place le Fousang quelque part sur la côte d'Amérique centrale. Les courants rencontrés le guidèrent naturellement puisqu'ils contournent et remontent la côte est de l'Asie vers l'Alaska puis redescendent la côte américaine jusqu'au Mexique.

À son retour en Chine, en 499, la guerre civile empêcha Hoei Shin d'obtenir une audience auprès de la cour impériale. Trois ans plus tard, il rencontra finalement l'empereur Wu qui, impressionné par son récit, ordonna que son témoignage soit inscrit dans les archives impériales de la dynastie Liang. La légende du voyage de Hoei Shin passa dans la culture populaire et inspira nombre d'explorateurs chinois... peut-être même l'amiral Zheng He.

Il est impossible de certifier l'exactitude du récit contenu dans les archives : il a pu être exagéré, déformé. Et même si Hoei Shin posa réellement le pied sur le sol américain, il ne fut peut-être pas le premier... Néanmoins, les preuves réunies permettent de considérer sérieusement cette hypothèse.

Dans les années à venir, les sites archéologiques d'Amérique du Nord livreront sans doute de nouveaux indices et des vestiges laissés par des pionniers d'autres nations. Une chose est sûre : l'histoire de la découverte du continent américain est plus complexe que celle habituellement enseignée aux enfants...

Un moine bouddhiste (458)

Les archives chinoises relatent qu'au ve siècle un moine nommé Hoei Shin quitta la Chine. Il revint quarante ans plus tard et relata sa découverte d'un pays appelé Fousang : s'agissait-il de l'Amérique ?

POUR
Certaines caractéristiques du Fousang sont propres à l'Amérique centrale ; la distance du périple mentionnée dans les archives impériales est correcte.

CONTRE
Pas de vestiges archéologiques.

Jonque de 20 m • Plusieurs mâts, un gouvernail • Équipage : inconnu.

PARMENTIER ET LA POMME DE TERRE

Un savant inventeur… de la « communication produit »

L'Histoire a fait de Parmentier l'homme qui apporta la pomme de terre en France. En réalité, ce tubercule qui fit le tour du monde y était cultivé bien avant le XVIIIe siècle. Parmentier trouva seulement le moyen habile d'en assurer la diffusion.

Tubercule introduit en Europe au XVIe siècle, la pomme de terre est originaire de la cordillère des Andes, en Amérique du Sud, où elle était cultivée environ mille ans avant notre ère. La première description connue de celle que les Incas appelaient *papa* date de 1533. En 1534, les conquistadors la rapportent en Espagne : le roi Philippe II en envoie au pape Pie IV. De Rome, elle gagne la Belgique, les Pays-Bas, l'Autriche, l'Allemagne puis la Suisse. Côté britannique, c'est l'explorateur sir Walter Raleigh qui la rapporte d'Amérique en 1586. Depuis le Vieux Continent, la pomme de terre conquiert l'Afrique, l'Australie, l'Inde, la Chine puis le monde entier.

En France, elle aurait été cultivée pour la première fois en Ardèche au milieu du XVIe siècle. En 1600, dans le Vivarais, Olivier de Serres plante lui aussi « cet arbuste dit cartoufle [qui] porte fruict de mesme nom, semblable à truffes et par d'aucuns ainsi appelé ».

Dans un premier temps, elle inspire partout de la méfiance et ne sert qu'à nourrir les animaux : non seulement elle pousse dans la terre, comme de nombreuses plantes toxiques – la mandragore entre autres –, mais elle n'est pas mentionnée dans la Bible. De culture facile, elle ne peut être qu'un « fruit du diable ». Certains affirment que sa consommation est dangereuse. Néanmoins, au XVIIIe siècle, accablés par les disettes, les Européens commencent à en consommer davantage – les Bretons par exemple, mais surtout les Allemands.

Le stratagème de Parmentier

Pharmacien aux armées pendant la guerre de Sept Ans (1756-1763), le Français Antoine Parmentier fait un long séjour en captivité en Prusse, où la pomme de terre est la principale nourriture donnée aux prisonniers. Il découvre alors ses qualités nutritives. De retour en France en 1771, il est apothicaire-major de l'Hôtel royal des Invalides, à Paris. Quand, l'année suivante, il participe à un concours de l'académie de Besançon sur les végétaux qui pourraient suppléer en cas de disette « à ceux que l'on emploie communément », il pense immédiatement à la pomme de terre : il n'est pas le seul à rédiger un mémoire sur ce tubercule, qui intéresse nombre de ses contemporains. Il remporte le premier prix et est même récompensé par l'Académie royale des sciences. En 1772, après des études poussées, les membres de la faculté de médecine de Paris déclarent que la consommation de la pomme de terre ne présente pas de danger.

Grâce à son mémoire, Parmentier acquiert une certaine notoriété. Soutenu par l'État, il cherche à inciter la population à consommer davantage ce légume et organise des dîners pour en faire connaître le goût. L'un de ses stratagèmes restera célèbre : en 1785, il fait monter ostensiblement la garde, mais le jour seulement, autour d'un champ où poussent les tubercules – dans la plaine des Sablons, à Neuilly-sur-Seine. Dès la nuit tombée, certains s'empressent de voler cette denrée si précieuse, la cuisinent… et l'apprécient. En 1786, Parmentier offre un bouquet de fleurs de pomme de terre au roi Louis XVI, qui lui assure qu'un jour le pays le remerciera d'« avoir inventé le pain de pauvres ».

LOUIS XVI, PROTECTEUR DE PARMENTIER **En 1786, le savant remit au roi un bouquet de fleurs de pomme de terre. La reine plaça l'une de ces fleurs dans sa coiffure.**

OLIVIER DE SERRES **En 1600, l'agronome Olivier de Serres publia un ouvrage intitulé *Théâtre d'agriculture et mesnage des champs.* On dit qu'Henri IV s'en faisait lire un chapitre par jour. Olivier de Serres introduisit le maïs en France, et fut à l'origine de la culture du ver à soie sous nos latitudes.**

Un savant des Lumières

Antoine Augustin Parmentier s'intéressa à de nombreux sujets. Ce contemporain de Rousseau – ils herborisèrent ensemble – étudia la conservation des aliments, et en particulier du vin, des farines et des produits laitiers. Il conseilla par exemple de réfrigérer les viandes. Auteur d'un *Avis aux bonnes ménagères des villes et des campagnes sur la meilleure manière de faire leur pain* et de *Moyens pour perfectionner en France la meunerie et la boulangerie,* il fonda une école de boulangerie. Désirant remédier à la pénurie de canne, il chercha à produire du sucre à partir d'autres végétaux comme le raisin, contribuant ainsi à la découverte du procédé de raffinage de la betterave, mis au point en 1801. Parmentier fit également adopter la vaccination antivariolique par l'armée. Esprit éclairé, ce pharmacien d'origine picarde chercha toute sa vie à améliorer les conditions de vie des Français.

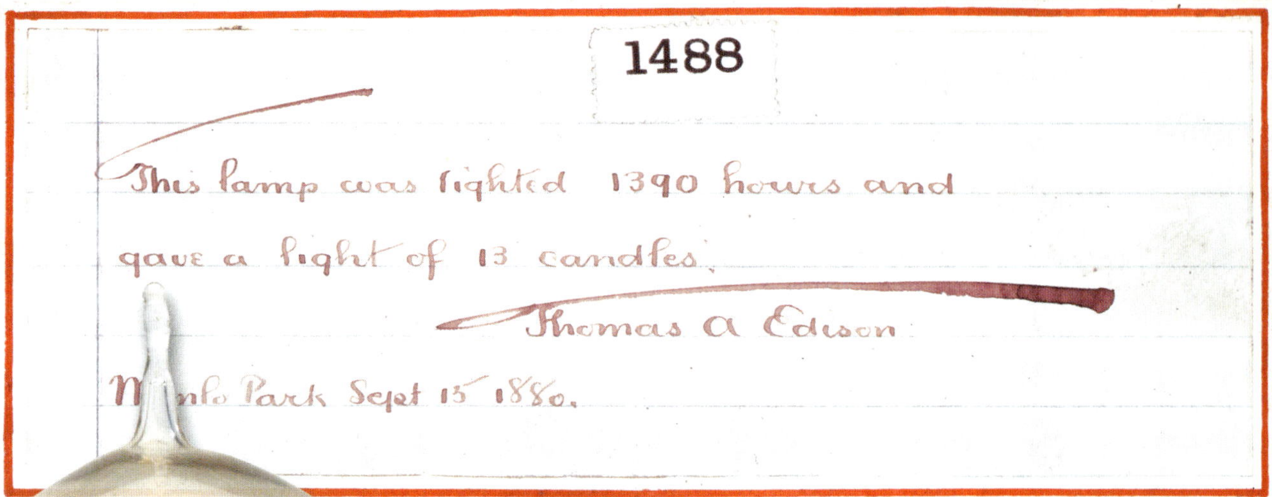
1488

This lamp was lighted 1390 hours and gave a light of 13 candles.

Thomas A Edison

Menlo Park Sept 15 1880.

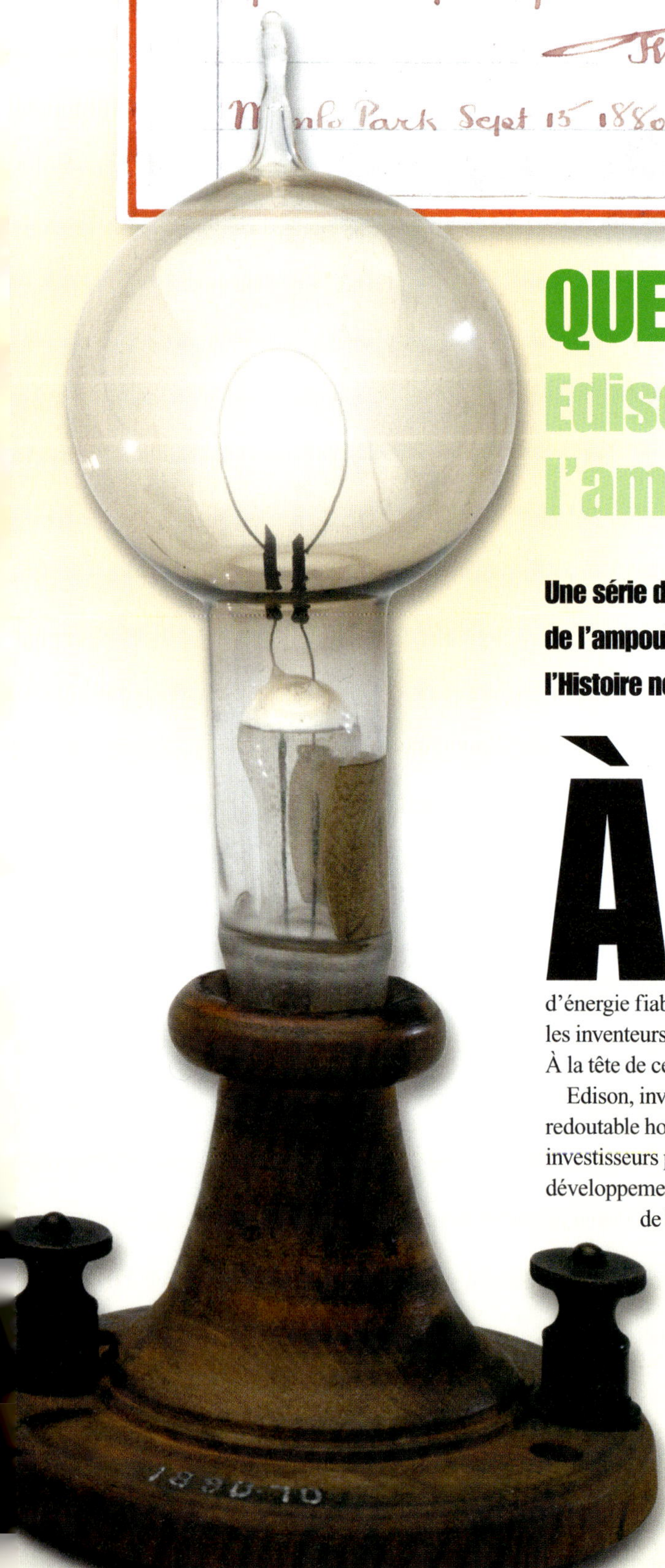

QUE LA LUMIÈRE SOIT…

Edison n'a pas inventé l'ampoule électrique

Une série de découvertes scientifiques précédèrent la mise au point de l'ampoule électrique. Mais, pour de sombres raisons commerciales, l'Histoire ne retint pas le nom de son véritable inventeur.

À la fin de la guerre de Sécession, en 1865, les États d'Amérique – enfin réunis – entrèrent dans une nouvelle ère propice au commerce et à l'entreprise. Des hommes d'affaires s'enrichirent en approvisionnant le vaste marché du Midwest (région englobant les États du nord-ouest et du centre du pays) en appareils domestiques dernier cri. La lumière est l'un des domaines dans lesquels on fit d'énormes progrès technologiques : au cours des années 1870, l'électricité, source d'énergie fiable, se développa ; s'engagea alors une véritable course au brevet, les inventeurs cherchant à mettre au point une forme efficace d'éclairage électrique. À la tête de cette compétition, deux Américains : Thomas Alva Edison et Hiram Maxim.

Edison, inventeur d'instruments de télégraphie et du phonographe – mais aussi redoutable homme d'affaires –, était déjà célèbre. Il contactait directement les investisseurs plutôt que de répondre aux besoins des industriels. Son expérience du développement de prototypes l'avait familiarisé avec les méandres législatifs du dépôt de brevet. Il déposait donc une demande pour toute avancée, même minime, réalisée par son équipe de recherche.

LA LAMPE À INCANDESCENCE Edison déposa un brevet pour son modèle de lampe à incandescence en 1879 : il fut accepté en janvier 1880. Pourtant, la paternité de l'invention reviendrait en réalité à Hiram Maxim. Le 15 septembre 1880, Edison écrivait (en haut) : « Cette lampe peut rester allumée 1 390 heures durant, et l'éclairage équivaut à celui de 13 bougies. »

Hiram Maxim, en revanche, était l'inventeur type : il travaillait avec acharnement et perfectionnait ses inventions, ne se souciant de leur potentiel commercial qu'après le eurêka final. À l'âge de 25 ans environ, il avait inventé un système d'extinction automatique des incendies mais ne sut pas convaincre les investisseurs de son utilité. En 1878, Hans Schuyler, de la Compagnie américaine d'éclairage électrique de New York, l'embaucha pour 10 dollars par jour, avec en prime un quart des bénéfices réalisés par tout ce qu'il produirait pour la compagnie. Schuyler connaissait bien les travaux de Maxim sur un dispositif d'éclairage au gaz dans le Massachusetts, aussi le nomma-t-il responsable de la production d'éclairage électrique. Un an plus tard, l'inventeur avait installé le premier système d'éclairage à arc électrique dans le bâtiment new-yorkais de la compagnie d'assurances Equitable.

Sortir de l'arc

Les éclairages à arc fonctionnent grâce à l'accumulation de charges électriques sur une électrode de carbone : un arc électrique finit par se créer entre celle-ci et une seconde électrode. Si l'accumulation de charge est entretenue, l'arc perdure en produisant de la lumière. Mais les systèmes à arcs lumineux gaspillent beaucoup d'énergie et peuvent être dangereux. Il fallait donc trouver le moyen de canaliser le courant via un filament et de l'alimenter de manière continue sans que le filament ne grille.

Premières ampoules grillées

La plupart des ampoules électriques fonctionnent selon le procédé du « filament à incandescence ». Un courant électrique passe dans un filament, un fil de cellulose très fin. La résistance électrique du matériau fait monter sa température jusqu'à le faire briller – c'est l'incandescence.

Si le principe était bien connu dans les années 1870, un problème majeur restait irrésolu. Les filaments devaient être en carbone ou en platine, seuls matériaux capables de supporter une telle chaleur. Or le coût élevé du platine ne permettait pas son utilisation commerciale, tandis que, sur les filaments de carbone, d'épaisseur inégale, les parties les plus fines grillaient.

Hiram Maxim résolut le problème en introduisant du pétrole dans le globe de l'ampoule : quand il chauffe, le pétrole produit de la vapeur de carbone, qui se dépose sur les sections les plus fines (et donc les plus chaudes) du filament ; le filament réparant lui-même ses parties les plus faibles, l'ampoule produit une lumière plus constante.

Edison assista aux démonstrations d'un prototype d'éclairage à arc instable en 1877. Dans une interview qu'il accorda à la *Tribune de New York* en 1878, il annonça son intention de mettre au point une lampe à incandescence. Lorsqu'on lui demanda les avantages financiers qu'il espérait d'un tel produit, il répondit : « Ce n'est pas tant la fortune qui m'importe, mais le fait de le réaliser avant mes confrères. » Il révéla que le filament de platine qu'il utilisait finissait par fondre, et ajouta : « vouloir trouver quelque chose de mieux ». Pour faire avancer ses recherches, il avait créé son propre laboratoire (à Menlo Park, dans le New Jersey) : en plus de son personnel, il y embaucha des souffleurs de verre.

ESPRITS INVENTIFS Surnommé « le sorcier de Menlo Park », Thomas Edison (à gauche) breveta plus de mille inventions. Hiram Maxim (à droite), lui, déposa son premier brevet – un fer à friser les cheveux – à l'âge de 26 ans.

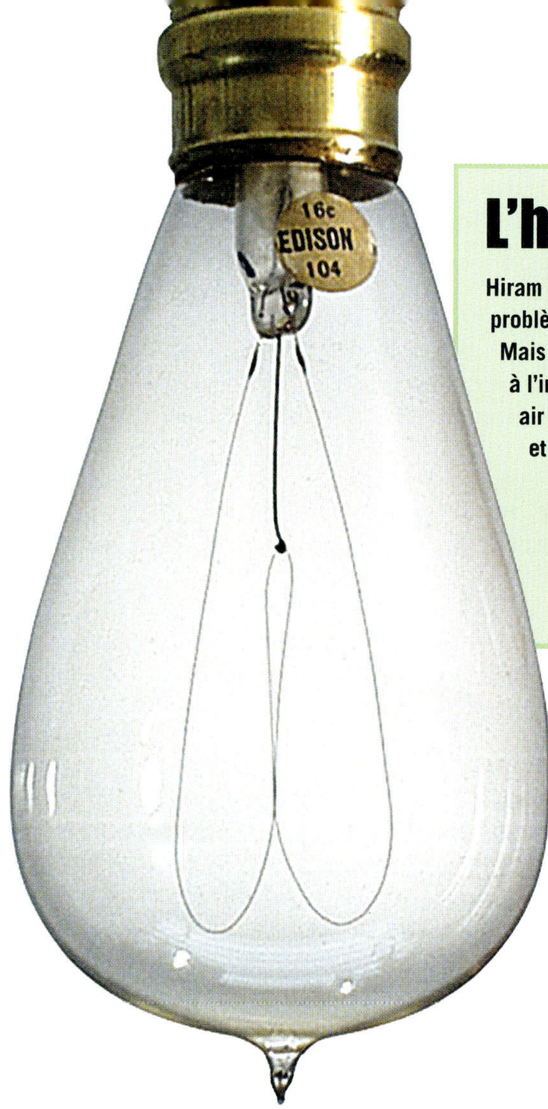

L'homme des lumières !

Hiram Maxim fut le premier à résoudre le principal problème des ampoules à filament trop vite grillées. Mais c'est Edison qui eut l'idée d'enfermer le filament à l'intérieur d'une ampoule préalablement vidée de son air – l'absence d'oxygène l'empêchant de se consumer et de casser rapidement.

Les ampoules commercialisées par Edison brillaient plus de quarante heures. Grâce à son nom, qui apparaissait clairement sur chacune, elles lui furent définitivement associées.

Malgré ses affirmations, Edison était encore loin de son objectif. En revanche, dès 1878, Maxim avait mis au point une ampoule électrique emplie de vapeur de pétrole, avec un filament en carbone. Elle restait allumée sans griller. Maxim déposa une demande de brevet le 4 octobre « sur le principe de la conservation et de l'accumulation du carbone dans une lampe à incandescence ». Si sa demande avait été acceptée, il serait aujourd'hui reconnu comme l'inventeur officiel de l'ampoule électrique. Mais il s'enlisa malheureusement dans le bourbier bureaucratique.

Un « monsieur D » bien gênant

Le brevet de Maxim était en cours d'examen quand un ancien employé vint le contester. L'homme – que Maxim appelait par discrétion monsieur D (en fait, William Edward Sawyer) – faisait partie de son équipe à la Compagnie américaine d'éclairage électrique d'Hans Schuyler avant d'être renvoyé pour alcoolisme. Après avoir assisté à une démonstration du nouveau filament longue durée, monsieur D soutint qu'il avait inventé la carbonisation du filament induite par la chaleur des années avant Maxim. Il fit même témoigner son père et son frère pour confirmer ses allégations. Ce fut finalement lui qui obtint le brevet.

Mais Maxim bénéficia d'une aide aussi providentielle qu'inattendue : Edison, réalisant sans doute que le filament de carbone était le seul matériau convenant pour un filament d'ampoule, contesta à monsieur D la propriété du brevet. Les enquêtes qui suivirent révélèrent que Maxim en était bien l'inventeur. Néanmoins, la loi américaine stipulait que, si le brevet avait été frauduleusement accordé à quelqu'un, il ne pouvait plus l'être à qui que ce soit et devenait propriété de l'État. Monsieur D fit donc perdre à Hiram Maxim une rente évaluée à « au moins 1 million de dollars par an »

Maxim fut également battu sur le terrain de la publicité, domaine dans lequel il n'avait pas le talent d'Edison. Ce dernier savait piquer la curiosité du public avec des déclarations optimistes sur le progrès et appuyait ses propos à l'aide de démonstrations saisissantes. En 1878, il fit une annonce incompréhensible : « Je viens de résoudre le problème de la subdivision de l'arc électrique indéfiniment », phrase sans aucun sens scientifique… En revanche, il avait

Vrai! **Le 21 octobre 1931, trois jours après la mort de Thomas Edison, les États-Unis sont plongés une minute dans l'obscurité en hommage à l'inventeur.**

toujours autant de problèmes avec son filament de platine, qui devait être débranché fréquemment pour éviter la surchauffe…

Maxim accusa Edison de rechercher la publicité à tout prix. En 1879, il notait amèrement : « Chaque fois que j'allume une lumière, une foule se rassemble et tout le monde demande "Est-ce Edison ?" » Il avait déjà réalisé la première ampoule commercialisable tandis qu'Edison cherchait encore à en fabriquer une qui fonctionne !

La guerre des ampoules

La rivalité entre les deux hommes augmenta quand Edison mit finalement au point sa propre ampoule. Bien que leurs deux produits soient très semblables, là encore, le talent commercial d'Edison lui donna l'avantage. À l'Exposition internationale de l'électricité, à Paris, en 1881, Edison et Maxim montrèrent tous deux des schémas de leur invention ; mais dans la presse, c'est Edison qui fit les gros titres, son personnel parisien ayant fait publié de nombreux communiqués de presse.

Il gagna également la bataille commerciale. Sa compagnie acheta presque tous les stocks d'une substance chimique rare essentielle à la fabrication des lampes à filament ; cela fragilisa la Compagnie américaine d'éclairage électrique, qui manqua de faire faillite.

Avec son habituel sens des affaires, Edison acquit des brevets dans plusieurs pays d'Europe, clients potentiels de son invention. Il convainquit même un fermier de l'île japonaise de Kyushu de cultiver une espèce particulière de bambou en exclusivité pour la Compagnie électrique Edison et Swan ; une fois carbonisée, la plante faisait un filament idéal, et elle fut utilisée dans les lampes standard d'Edison jusqu'en 1894.

Maxim ne chercha plus à vendre son ampoule lumineuse, mais cet esprit brillant n'en continua pas moins de créer. À l'Exposition internationale de l'électricité de Paris, un confrère lui suggéra « d'inventer une machine à tuer qui laisserait ces Européens se trancher plus facilement la gorge mutuellement ». Cela donna l'idée à Maxim de travailler sur une arme automatique ; il s'y consacra durant deux ans. Il reconfigura une carabine à répétition Winchester, intégrant une fonction de rechargement automatique : l'énergie du recul permettait d'insérer la cartouche suivante en position. Dès 1883, Maxim avait fabriqué le prototype d'un fusil qui tirait des balles lorsque l'on touchait un levier.

La mitrailleuse Maxim, bien plus légère et facile à transporter que les mitraillettes Gatling, actionnées manuellement, pouvait tirer 500 balles en une minute. À partir de 1890, les armées britannique, allemande et russe adoptèrent cette nouvelle arme dévastatrice.

À la fin de sa vie, Hiram Maxim avait accumulé cent vingt-deux brevets américains et cent quarante-neuf brevets britanniques, depuis un piège à souris jusqu'aux armes automatiques, mais jamais il ne parvint à égaler le génie commercial d'Edison.

> Chaque fois que j'allume une lumière, une foule se rassemble et tout le monde demande « Est-ce Edison ? »
> HIRAM MAXIM

UNE MACHINE À TUER La mitrailleuse Maxim fut utilisée pour la première fois par les forces coloniales britanniques en 1893, au cours du conflit qui les opposait aux guerriers matabélés d'Afrique du Sud : cinquante soldats, équipés de seulement quatre mitrailleuses Maxim, tuèrent 5 000 hommes.

Histoires d'inventions

La paternité des inventions est parfois un sujet de discorde : les noms associés aux découvertes les plus connues ne sont pas toujours ceux qui le méritent…

Dans le monde concurrentiel du commerce, le talent et l'originalité sont rarement récompensés… Et de nombreux inventeurs l'ont appris à leurs dépens : ils ont vu leurs découvertes accaparées par d'autres. Au XVIIe siècle, l'adoption, en Angleterre, d'une nouvelle législation sur les brevets n'a pas tout réglé : jusqu'au XIXe siècle, rien n'empêchait d'améliorer l'invention d'un autre puis de déposer un nouveau brevet.

Trop en avance…

Le premier brevet britannique pour un pneumatique est attribué à Robert William Thomson en 1845, soit quarante ans avant que la première voiture ne roule. Le prix du caoutchouc étant à l'époque assez élevé, on ne monta pas de pneus sur les bicyclettes. Il fallut attendre la généralisation du transport motorisé pour qu'il y ait une demande. Finalement, l'homme qui en profita ne fut pas Thomson mais John Boyd Dunlop (à gauche) : en 1888, il breveta une amélioration du pneu de Thomson – une chambre gonflée d'air à l'intérieur d'une enveloppe en caoutchouc.

Digesteur ou Cocotte-Minute ?

En 1953, la marque française SEB dépose le nom Cocotte-Minute. En trente-cinq ans, plus de 30 millions d'exemplaires de cet autocuiseur permettant de cuire les aliments à la vapeur sous pression sont vendus. Sa paternité est aujourd'hui attachée à la firme bourguignonne. C'est pourtant une invention beaucoup plus ancienne… Elle fut mise au point en 1680 par Denis Papin, physicien français : son digesteur était une marmite en fonte fermée hermétiquement par un couvercle équipé d'une soupape de sécurité. Il permettait de cuire rapidement « le bœuf le plus vieux et le plus tendre » et de le rendre « aussi savoureux qu'une viande de premier choix ». Le digesteur ne connut pas le succès, et le grand inventeur mourut à Londres pauvre et inconnu du grand public. Des autocuiseurs furent fabriqués à partir des années 1850 mais ils étaient peu fiables : il fallut donc attendre le milieu du XXe siècle pour que la Cocotte-Minute – refusée au Salon des arts ménagers de 1954 – soit mise au point par Frédéric Lescure et séduise un grand nombre de foyers…

Crédits photographiques

Louis Daguerre est considéré comme l'un des inventeurs de la photographie, en 1839. À cette date, pourtant, un Français vivant au Brésil, Louis Florence, utilisait un appareil photo depuis déjà six ans. Il parvint également à fixer les images, procédé que Daguerre ne réussirra à mettre au point qu'au bout de plusieurs années. Les photographies – nom qu'il leur donna – de Florence ne furent jamais vues en Europe : ce sont les daguerréotypes d'un autre Louis que les Français découvrirent…

UN SUCCÈS QUASI IMMÉDIAT L'appareil photographique mis au point par Louis Daguerre n'était pas le premier : néanmoins, il enthousiasma le public français et fit la fortune de son inventeur.

Qui est à l'appareil ?

Il est aujourd'hui généralement admis que le téléphone fut inventé par Alexander Graham Bell, qui déposa un brevet américain le 7 mars 1876. Trois jours plus tard, il transmit le premier message par téléphone. Cependant, l'Italo-Américain Antonio Meucci avait commencé à travailler sur la transmission de la parole par l'électricité dès 1857. En 1871, il remplit un dossier pour déposer le brevet mais ne put réunir les 250 dollars qui devaient accompagner sa demande. Bien qu'il ait développé son invention avec au moins quatre ans d'avance sur Bell, Meucci rencontra peu de succès auprès des bailleurs de fonds ; l'un d'eux perdit même son prototype ! Bell, en revanche, était un inventeur de renom.

Une longue bataille juridique s'engagea entre la compagnie des téléphones Bell et sa rivale, la Globe Telephone Company, qui sponsorisait Meucci. La justice trancha en faveur de Bell, mais le jugement concéda que Meucci avait été le premier à « transmettre la parole mécaniquement au moyen d'un téléphone à fil ».

Le bout de la lorgnette

Personne ne sait qui a réalisé la première lunette astronomique. Plusieurs Hollandais tentèrent d'en déposer le brevet, à commencer par Jacques Metius, Sacharias Janssen et Hans Lippershey (ci-dessous) en 1608. Or on rejeta la demande de ce dernier sous prétexte que l'invention avait déjà été fabriquée par un autre deux ans auparavant. Apprenant l'existence de cet appareil permettant de voir des objets très éloignés, l'Italien Galilée mit tout en œuvre pour en construire un plus performant encore : le sien ne déformait pas les sujets observés et permettait un grossissement deux fois plus important que celui de ses concurrents… Quand, en plus, il proposa aux dignitaires de Venise, en 1609, de regarder les astres depuis le sommet du campanile de la basilique Saint-Marc, sa fortune fut faite…

NAISSANCE DU HAUT-FOURNEAU

Il y a 500 ans, des fonderies produisaient 1 tonne de fer par jour

Le développement de la sidérurgie ne date pas de la Révolution industrielle. La production de fer connut, dès le Moyen Âge, une croissance extraordinaire : au XVIe siècle, l'amélioration des techniques utilisées permit d'obtenir un métal de qualité, comparable à celui qui allait être produit… trois siècles plus tard !

DÉTAILS RÉVÉLATEURS Cette œuvre de l'artiste flamand Lucas Van Valckenborch (1585) atteste l'expansion des fonderies à travers l'Europe. Les constituants essentiels d'un haut-fourneau primitif sont présents dans le détail (en médaillon) de cette peinture réalisée il y a plus de quatre siècles : la roue à eau, les soufflets et les bacs pour recueillir le fer en fusion.

L'âge du fer débuta en Europe vers 700 avant J.-C. À cette époque, les hommes transformaient le minerai de fer en métal. La technologie utilisée était plutôt rudimentaire : à l'intérieur de petites cuves creusées dans le sol – que l'on pourrait appeler des bas-fourneaux – étaient entassés du minerai de fer et du charbon de bois recouverts d'une couche d'argile (la mise à feu du charbon de bois déclenche la production de monoxyde de carbone, qui réduit le minerai, c'est-à-dire permet d'extraire le métal qu'il contient). On attisait le feu à l'aide de tiges creuses. Mais la température atteinte n'était pas suffisante pour entraîner la fusion du fer pur, qui survient à 1 535 °C : les impuretés du métal l'abaissaient à 900 °C.

Après plusieurs jours durant lesquels ils ne cessaient d'entretenir le foyer, les artisans obtenaient une pâte incandescente, appelée loupe ou massiot, composée de grains de fer mêlés à des scories. Ils la martelaient afin d'éliminer les impuretés provenant de la chauffe et du charbon. Le métal obtenu servait à fabriquer des armes et des outils pour l'agriculture.

Néanmoins, la complexité de la production les rendait rares et chers. Au cours des siècles, on perfectionna le procédé : les foyers s'élevèrent peu à peu au-dessus du sol, et l'on utilisa des soufflets manuels confectionnés avec des peaux de bêtes pour améliorer le tirage et la combustion. Du coup, le rendement augmenta significativement. Grâce à une température pouvant atteindre 1 100 à 1 200 °C, l'oxygène contenu dans le minerai était éliminé, ce qui permettait de produire une sorte d'acier. Mais il fallait à chaque fois détruire le four pour extraire une quantité de loupe (sorte de pâte molle) n'excédant pas 1 kg. La technique se maintint ainsi jusqu'au XIIe siècle environ, période à laquelle elle fut nettement améliorée.

Des moines sidérurgistes

C'est à l'ordre de Cîteaux – fondé près de Dijon en 1098 – que l'on doit cette amélioration. La règle imposait aux moines cisterciens de subvenir à leurs besoins par le travail. Afin de ferrer leurs chevaux, de fabriquer des ciseaux nécessaires à la tonte de leurs bêtes mais aussi des clous et des outils destinés par exemple aux tailleurs de pierre, ils développèrent une sidérurgie originale. On sait par ailleurs qu'ils vendaient une partie de leur production à l'échelon local.

La majorité des établissements cisterciens furent ainsi bâtis près de forêts, sur des zones riches en minerai de fer. On a retrouvé des puits de mine tout autour des sites, preuve de l'importance de leur production métallurgique. Le nouveau savoir-

La roue actionnait les soufflets, qui élevaient la température du feu jusqu'à 1 500 °C.

L'eau était canalisée par un bief pour entraîner la roue à aubes.

Le fer en fusion sortant de la cuve de fonderie était pur à 99 % et prêt à être coulé.

La cuve de fonderie était chauffée par le charbon de bois issu des forêts environnantes.

La fonte du fer à Rievaulx

Durant l'été 2002, des archéologues de l'université de Bradford construisirent un bas-fourneau traditionnel à parois d'argile et fondirent du fer à partir de minerai local. Les scories résiduelles contenaient encore un fort pourcentage de fer, indiquant une extraction de médiocre qualité.

En revanche, les vestiges de scories vieilles de cinq cents ans déterrées à Laskill, près de Rievaulx, contenaient une bien plus faible proportion de fer. Pour arriver à cela, la température devait être bien plus élevée que celle atteinte dans le bas-fourneau. L'équipe en conclut que le fourneau utilisé à Laskill au XVIe siècle était plus performant que celui qu'ils avaient construit eux-mêmes – c'était probablement un haut-fourneau primitif.

Une fonte efficace produit des scories sèches et d'aspect poreux.

Une fonte inefficace produit de petits ruisseaux de fer visibles sur les scories.

SERVICES TECHNIQUES Les moines cisterciens confiaient aux frères lais la mission d'extraire le minerai de fer et de faire tourner les fourneaux. Ces hommes, reconnaissables à leur barbe et à leur frange, étaient des religieux qui n'avaient pas encore prononcé leurs vœux et se chargeaient des activités économiques et manuelles dans la communauté. Ces hauts-reliefs ont été sculptés sur la façade de l'église abbatiale d'Aubazine, en Corrèze.

faire se serait d'ailleurs diffusé d'abbaye en abbaye : depuis les Flandres, il aurait gagné la Bourgogne, la Normandie, l'Angleterre et la Suède. Seuls l'Espagne et le Sud de la France ne furent pas touchés par cette révolution, qui gagna pourtant toute l'Europe.

L'amélioration des outils et des procédés de fabrication permit d'augmenter la production. Il fallait obtenir une température plus élevée : ainsi les fours devinrent-ils de plus en plus hauts, atteignant parfois 2 m. Ils étaient construits en pierre, avec un revêtement intérieur en briques réfractaires. Les soufflets attisant le foyer et les marteaux forgeant le métal étaient actionnés par la force hydraulique. Les températures atteintes se rapprochaient de celle du point de fusion. Autour de 1130, la présence d'un marteau hydraulique est attestée à l'abbaye cistercienne de Clairvaux, dans l'Aube, première étape d'une mécanisation de la métallurgie.

Mais il fallut attendre la fin du Moyen Âge pour que la technique se répande dans tout l'Occident, comme l'ont confirmé des études archéologiques menées en Allemagne, dans le Märkischer Kreis, une région de la Ruhr, ainsi qu'en France, en Suède et en Belgique. Au XVIe siècle, c'est la réalisation d'imposantes constructions en pierre qui permet de parler véritablement de hauts-fourneaux. Ceux-ci présentaient un avantage de taille : ils pouvaient fonctionner en continu. Le tirage et le soufflage continuèrent donc à se perfectionner. Mais ces modifications altérèrent la composition du métal ainsi produit : le fer, qui absorbait en effet une quantité croissante de carbone, était dit « carburé ». Il fondait à une température plus basse. C'est au milieu du XIVe siècle – peut-être à l'occasion de la surchauffe d'un fourneau – que sortit, au lieu de l'habituelle masse pâteuse, un métal liquide : la fonte. Une fois refroidi, ce métal était dur et cassant, non malléable. Il ne pouvait être forgé mais seulement moulé. On commença alors à fabriquer toutes sortes d'objets en fonte.

Une révolution économique

Au XVIIe siècle, l'activité métallurgique prit une ampleur considérable. Les techniques d'affinage progressèrent afin de purifier la fonte : on la débarrassa de sa trop grande teneur en carbone et on élimina ses impuretés. C'est de cette manière qu'on obtint l'acier, matière plus malléable. L'usage des laminoirs et des marteaux hydrauliques se généralisa.

La transmission de ce nouveau savoir emprunta des canaux très divers : au milieu du XVe siècle, le sculpteur et architecte italien Filarète décrivit

RIVIÈRE DE FEU **Aujourd'hui, un haut-fourneau peut produire environ 10 000 tonnes de fonte par jour : comme dans les anciennes installations, le fer liquide est recueilli à la base du fourneau, les scories (qui flottent) sont éliminées et le métal pur est canalisé vers l'extérieur.**

pour la première fois les opérations de réduction et d'affinage dans son *Traité d'architecture.* Près d'un siècle plus tard, en 1556, le médecin humaniste Agricola consacra également certains chapitres de son ouvrage *De re metallica* au fer – même s'il privilégiait les matériaux non ferreux. Néanmoins, la diffusion des méthodes de production se fit surtout oralement. À l'extrême fin du XVe siècle, par exemple, des métallurgistes originaires du pays de Bray quittèrent leur Normandie natale pour s'installer en Angleterre, dans le Weald (région du Sussex) ; ils y apportèrent les connaissances nécessaires à l'implantation de hauts-fourneaux et d'affineries, première étape de la sidérurgie en Grande-Bretagne.

On ne compte pas le nombre d'objets indispensables que les nouvelles sortes de métal permettaient alors de fabriquer : outils, clous, armes, ancres, caractères typographiques pour l'imprimerie, ustensiles de cuisine, épingles ou rasoirs… La liste est longue. Cette production massive obligea à abattre beaucoup d'arbres – il fallait 10 tonnes de bois pour produire 1 tonne de charbon de bois. En Angleterre par exemple, le fourneau géant de l'abbaye de Rievaulx (nord du Yorkshire), qui fonctionna de 1570 environ au milieu du XVIIe siècle, épuisa les réserves de bois. Le charbon (houille) était une alternative économique au charbon de bois… mais il n'y en avait pas près de Rievaulx. De plus, sa forte teneur en carbone avait tendance à contaminer le fer. La production commença donc à chuter. Elle ne reprit qu'après 1709, lorsqu'un maître de forge, Abraham Darby, introduisit l'usage du coke (houille distillée), plus adapté. C'est cette pratique qui permit à la Grande-Bretagne de devenir le plus grand producteur de fer et d'acier d'Europe…

UN SAVOIR-FAIRE OUBLIÉ **À la fin du XVIIe siècle, dans les environs de Rievaulx, il n'y avait plus assez d'arbres pour fabriquer du charbon. Par conséquent, le haut-fourneau de l'abbaye fut progressivement abandonné.**

L'ORIGINE DU SURF

Dompter la vague : un acte religieux lié au statut social

Pour les légions de fidèles qui le pratiquent autour du globe, le surf est plus une philosophie qu'un sport. Mais les passionnés parcourant les côtes du monde en quête de la vague parfaite seraient sans doute surpris d'apprendre que le surf existe depuis plus de 1 500 ans.

Partis de Tahiti, les Polynésiens qui débarquèrent à Hawaii au IVe siècle maîtrisaient parfaitement l'océan. Ces excellents piroguiers domestiquaient les vagues en les chevauchant sur des planches bombées qu'ils appelaient *païpo.* Ils avaient découvert qu'il était beaucoup plus facile de franchir la barrière de corail couché ou assis sur une planche de bois qu'avec une pirogue à balancier ; dans les rouleaux géants d'Hawaii, ils parvenaient à l'orienter de manière à glisser sur la crête de la vague. Par la suite, ils apprirent à construire des planches plus longues, sur lesquelles ils pouvaient se tenir debout.

À chacun sa planche

Cette pratique était plus qu'un simple divertissement, elle avait également une signification spirituelle. Le mot hawaiien pour surf – *he e'nalu* – pourrait se traduire par « méditation » ou « communion ». Et dans la mythologie hawaiienne, les dieux surfaient sur des vagues célestes. Les planches de surf reflétaient le statut social de leur

PREMIERS SURFEURS Les plus anciennes représentations de surfeurs hawaiiens ont été gravées par des artistes locaux. Bien que certains récits décrivent des Tahitiens jouant dans les rouleaux sur des planches, ce sont les Hawaiiens qui, les premiers, surfèrent debout.

En quête de la grande vague

Le renouveau du surf est largement dû au nageur hawaiien Duke Kahanamoku. Champion olympique du 100 m nage libre en 1912 et 1920, il fut finalement vaincu en 1924 par Johnny Weissmuller (à gauche sur la photo, avec Kahanamoku), aux jeux Olympiques de Paris. « Il a fallu Tarzan pour me battre », aurait dit en plaisantant le surfeur. Il utilisa sa renommée pour promouvoir le surf à travers le monde. Même après avoir quitté la compétition, il parlait toujours de la « grande vague » qui l'attendait dans les brisants hawaiiens. La rencontre eut lieu durant l'été 1932 : des séismes sous-marins combinés à un fort vent du large entraînèrent la formation d'« oiseaux bleus » *(bluebirds)*, des vagues de 9 m de hauteur succédant à des creux de la « profondeur d'une cage d'ascenseur ».

Duke se souvient en particulier d'une vague : « Elle semblait m'être destinée – comme celle que j'avais vue lors d'une nuit de rêves chaotiques. Il y avait juste cette vague et moi, rien d'autre. Je me suis mis debout quand la hauteur, la pente et la vitesse m'ont semblé bonnes. Le pied gauche en avant, les genoux légèrement fléchis, j'ai glissé jusqu'en bas de cette pente vertigineuse, comme un homme faisant du toboggan sur un glacier. » Devant une foule de spectateurs médusés, Duke Kahanamoku chevaucha la vague sur plus de 1,5 km avant qu'elle ne finisse par retomber.

propriétaire : celles des puissants, fabriquées avec le bois insubmersible de l'arbre appelé *wili wili,* mesuraient près de 6 m ; les pauvres se contentaient de modèles plus petits taillés dans des troncs d'arbre à pain ou de bananier. En revanche, tout le monde surfait.

La majeure partie de l'année, la société hawaiienne était régie par le *kapu,* un ensemble d'interdits religieux et sociaux – les hommes et les femmes, par exemple, n'avaient pas le droit de manger ensemble. Suivant ce code hiérarchique très strict, certains récifs et plages étaient *kapu,* c'est-à-dire réservés à l'usage exclusif des hauts dignitaires. Toutefois, le *kapu* était suspendu chaque année, entre octobre et janvier, pour une période de fêtes et de jeux. Ces festivités – le festival de Makahiki – marquaient le retour du dieu Lono sur l'île. C'est durant ce festival que l'explorateur britannique James Cook jeta l'ancre dans la baie de Kealakekua, en janvier 1778. Il put y observer des milliers d'îliens chevauchant la houle en canoë ou sur de longues planches. Des « duels » étaient organisés, et le vainqueur pouvait accéder à un rang plus élevé dans la communauté. L'énorme navire du capitaine Cook sidéra les Hawaiiens : ils pensèrent que c'était Lono lui-même qui débarquait. L'explorateur ne comprit pas pourquoi les insulaires lui réservèrent un si joyeux accueil. Dans ses écrits, il rapporta que les hommes surfaient avec une « hardiesse et une adresse à peine croyables ». Ils attendaient le moment où les vagues atteignaient leur « hauteur la plus extrême », puis ils nageaient par groupes de vingt ou trente au-delà de deux séries de brisants et se plaçaient « au sommet de la plus grosse vague, sur laquelle ils étaient entraînés vers la côte à une rapidité stupéfiante ». Ils devaient alors sauter de la planche avant qu'elle ne s'échoue, ne disposant d'aucune marge d'erreur. L'un des lieutenants de Cook écrivit : « En voyant pour la première fois ce dangereux divertissement, je n'imaginais pas possible que certains d'entre eux ne soient pas déchiquetés sur les rochers coupants mais, juste avant qu'ils n'atteignent le rivage, ils sautaient de leur planche et plongeaient, alors que le rouleau se brisait. » Il nota aussi que ceux qui s'approchaient très près des récifs avant de sauter recevaient « davantage de louanges ».

Un plaisir immoral

Les baleiniers et les marchands de bois de santal qui débarquèrent par la suite amenèrent avec eux des colons cultivateurs et des missionnaires chrétiens. Ces derniers considéraient la pratique du surf comme une perte de temps inconvenante – les Hawaiiens surfaient à moitié nus. L'un d'eux nota que lorsque le temps du surf revenait, « les maisons de chaume d'un village entier se vidaient, les tâches quotidiennes de culture, de pêche et la fabrication de la *tapa* [tissu confectionné avec des fibres végétales] étaient abandonnées pendant qu'une communauté entière, hommes, femmes et enfants, s'amusait ». Ce temps de « l'amusement » était aussi celui des rencontres amoureuses – et donc de l'immoralité, encore plus dangereuse que les récifs selon la majorité des colons. Un membre d'une congrégation américaine appelé Hiram Bingham se désolait : « Les diableries résultant de ces sports et amusements doivent être dites. Certains y perdaient la vie, certains étaient gravement blessés, estropiés ou mutilés, mais le plus grand mal venait des constants entremêlements sans aucune retenue entre personnes des deux sexes et de tous âges, à tout moment de la journée et à toute heure de la nuit. »

Affirmer son identité

Tous les Occidentaux n'étaient néanmoins pas d'accord pour restreindre la pratique du surf. En 1892, Nathaniel Emerson écrivait : « Nous ne pouvons que déplorer son déclin, lui aussi a été victime de la civilisation, et aujourd'hui, il est rare de trouver une planche de surf ailleurs que dans nos musées et nos collections privées. »

Cependant, malgré le zèle des missionnaires, le surf survécut. En 1905, un groupe d'adolescents de la plage de Waikiki – dont le célèbre Duke Kahanamoku *(voir encadré ci-contre)* – fonda le Hui Nalu, ou Club des vagues. Plus qu'un club de sportifs amateurs, c'était une manière d'affirmer son identité hawaiienne après l'annexion de l'île par les États-Unis, une redécouverte des racines spirituelles et culturelles du *he e'nalu*. Depuis, l'intérêt pour cette pratique n'a cessé de grandir : aujourd'hui, le surf se pratique sur tous les continents, mais les adeptes continuent de se rendre à Hawaii, lieu emblématique et berceau de la discipline.

LA VAGUE SÉDUIT LES OCCIDENTAUX
Cent ans à peine après avoir tout fait pour décourager la pratique du surf à Hawaii, des Européens et des Américains chevauchaient les vagues à leur tour. Même si, depuis les années 1950, les planches sont réalisées en matériaux synthétiques – mousse polyuréthane, mousse polystyrène et fibre de verre –, elles diffèrent peu des *païpo* d'il y a 1 500 ans !

Histoire et génétique

Chaque être humain est unique, et son histoire est inscrite dans un code génétique – l'ADN – que les scientifiques parviennent de mieux en mieux à traduire. Aujourd'hui, ils savent aussi extraire l'ADN ancien ou fossile, et commencent ainsi à rassembler une bibliothèque de matériaux génétiques entièrement nouvelle.

L'ADN (acide désoxyribonucléique) est une molécule qui contient les informations génétiques spécifiques à chaque individu sous une forme encodée. Il en existe deux types : l'ADN nucléaire, ainsi appelé parce qu'il se situe à l'intérieur du noyau de chacune des cellules de notre corps, et l'ADN mitochondrial, qui se trouve à l'extérieur du noyau, dans les mitochondries des cellules. L'ADN nucléaire se dégradant rapidement après la mort, les scientifiques et les historiens basent leurs études sur l'ADN mitochondrial (noté ADNmt). Transmis par la mère, ce type d'ADN est relativement peu affecté par le sexe et la sélection, et mute fréquemment mais à un rythme constant. En comparant l'ADNmt d'anciens restes humains à d'autres – ou encore à de l'ADNmt moderne –, il est possible de savoir à quelle époque vivait un individu et à quelle population ancestrale il appartenait.

Parents ou non ?

Chaque cellule possède des centaines, voire des milliers, de molécules d'ADNmt contre seulement deux molécules d'ADN nucléaire. Pourtant, jusqu'au milieu des années 1980, l'extraction de quantités suffisantes d'ADNmt n'était possible qu'à partir de restes très bien conservés. Aussi l'analyse génétique ne concernait-elle que quelques milliers d'années au mieux.

Tout a changé avec la PCR (réaction en chaîne par polymérase), une méthode permettant d'amplifier le nombre de copies d'une séquence d'ADN afin d'en avoir suffisamment pour l'analyser. La mise au point de ce procédé rend désormais possible le prélèvement d'échantillons sur des restes beaucoup plus anciens. Une machine utilisant un laser pour « lire » la séquence du code génétique trie par taille les brins d'ADN créés par PCR : les divers fragments sont assemblés selon la séquence établie jusqu'à ce qu'un brin d'ADN soit recréé et qu'il soit suffisamment long pour pouvoir être analysé.

En 1997, une séquence de 379 paires de nucléotides (les éléments de base formant l'ADN) d'ADNmt – sur un total possible de 16 000 – fut prélevée sur des ossements néandertaliens. Leur comparaison avec de l'ADN humain moderne prouva qu'il n'y avait pas de lien ancestral direct entre les deux espèces.

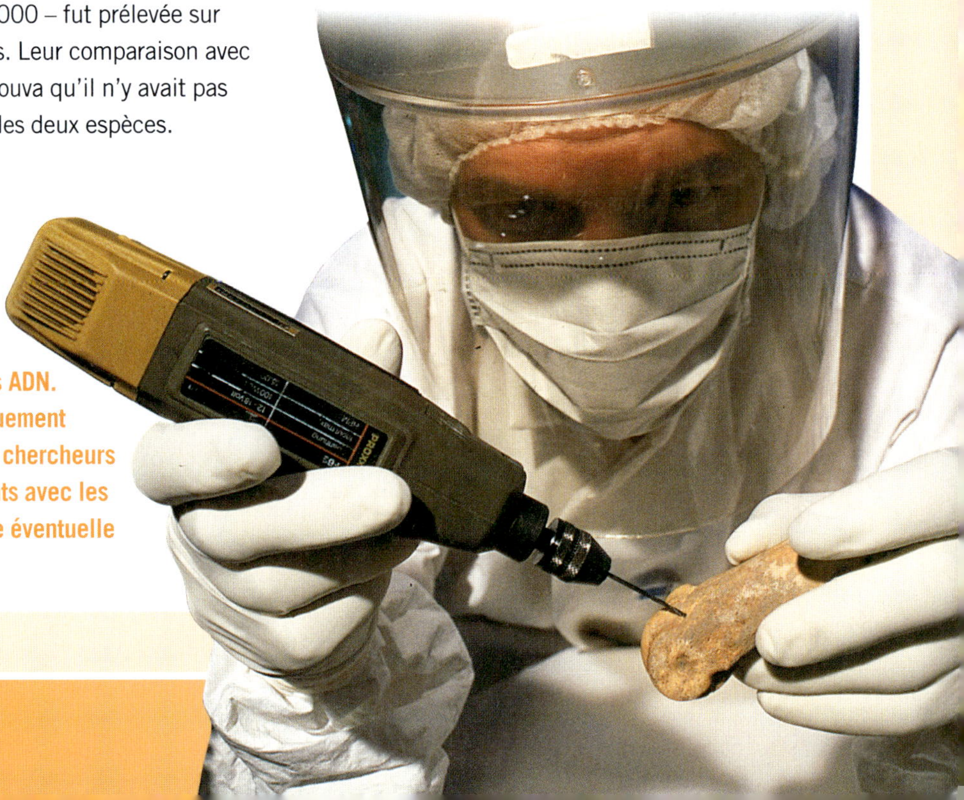

EXTRÊMES PRÉCAUTIONS

L'extraction et l'amplification d'ADNmt ancien doivent être très minutieuses, car il existe des risques de contamination par d'autres ADN. On compare donc systématiquement les échantillons de l'ADN des chercheurs qui effectuent les prélèvements avec les résultats, afin de détecter une éventuelle contamination.

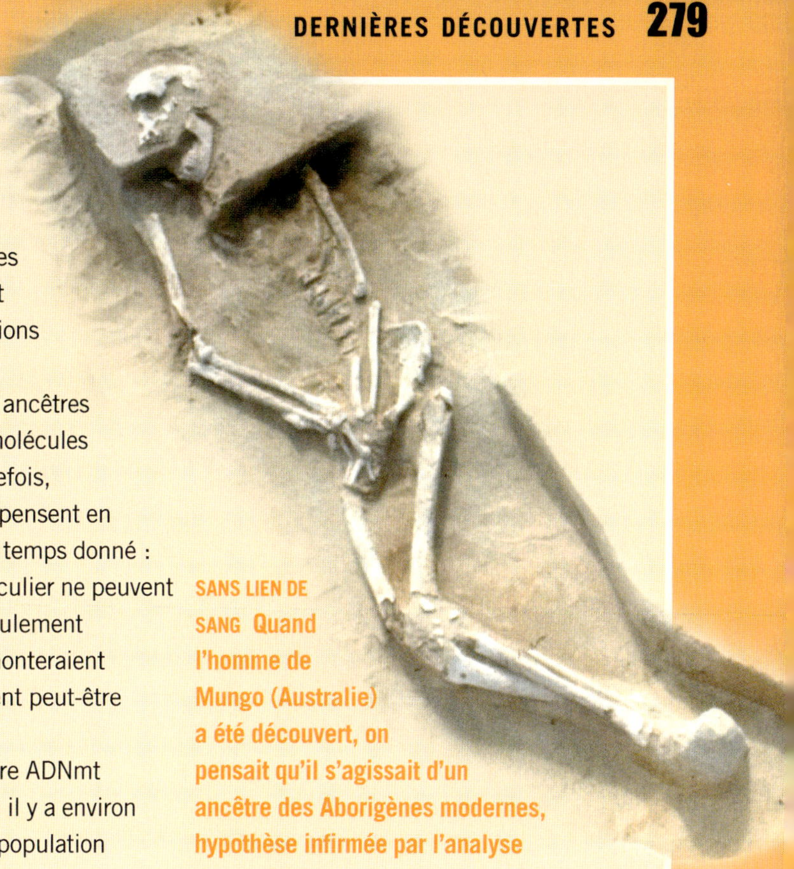

Retrouver nos ancêtres

Avec le temps, l'ADN mitochondrial change par mutation, c'est-à-dire par des variations moléculaires dues à d'infimes événements radioactifs aléatoires. Les scientifiques datent un échantillon d'ADNmt en comptant le nombre de mutations qui se sont produites par rapport à l'ADNmt moderne.

Grâce à cette méthode, nous pouvons supposer que nos ancêtres apparurent il y a 200 000 ans, l'âge des plus anciennes molécules d'ADNmt trouvées au sein des populations actuelles. Toutefois, cette hypothèse ne fait pas l'unanimité. Des scientifiques pensent en effet qu'une lignée mitochondriale ne survit qu'un laps de temps donné : à un certain moment, les femmes portant un ADNmt particulier ne peuvent plus le transmettre parce qu'elles n'ont pas d'enfant ou seulement des garçons. Selon eux, seules les lignées maternelles remonteraient à 200 000 ans : d'autres ancêtres, plus vieux, contribuèrent peut-être à forger notre patrimoine génétique.

En 2001, on révéla le peu de points communs entre notre ADNmt et celui de l'homme de Mungo, un être humain ayant vécu il y a environ 40 000 ans en Australie : il appartenait sans doute à une population qui s'éteignit sans transmettre son héritage génétique.

SANS LIEN DE SANG **Quand l'homme de Mungo (Australie) a été découvert, on pensait qu'il s'agissait d'un ancêtre des Aborigènes modernes, hypothèse infirmée par l'analyse de son ADNmt.**

Histoire de voyages

Les mutations de l'ADN mitochondrial fournissent aux scientifiques de nombreuses et précieuses informations. Si une mutation est présente dans l'ADNmt de femmes appartenant à une population donnée mais est absente de l'ADNmt d'une autre, alors on peut déduire que ces populations se sont séparées avant la mutation. En revanche, si elle se retrouve de façon homogène dans l'ADNmt de deux populations aujourd'hui séparées, c'est qu'elles ne faisaient qu'une lorsque la mutation est survenue.

Au sein d'une même population, on constate que la diversité des séquences génétiques est moindre si le groupe ethnique d'origine ne comptait qu'un petit nombre de membres. De telles observations permettent de savoir d'où viennent les peuples, ou comment les hommes se sont déplacés et métissés. Une étude pourrait ainsi expliquer l'expansion de l'agriculture en Europe il y a environ neuf mille ans : l'analyse ADN de personnes appartenant à différentes populations indique en effet que, vers cette époque, des hommes et des femmes en provenance du Moyen-Orient – où l'agriculture était déjà largement répandue – s'installèrent en Europe.

Métissages

Les Vikings de Norvège envahirent les îles Orcades, à l'extrême nord de l'Écosse, au cours du IXe siècle. Les habitants de ces îles finirent par adopter la culture norvégienne. Certains historiens pensaient que, comme les Romains, les Vikings avaient formé une petite élite et accordé aux familles insulaires les plus coopérantes un pouvoir limité. Mais une étude de l'ADN nucléaire de soixante et onze hommes adultes de ces îles révèle tout autre chose : leurs chromosomes Y sont beaucoup plus proches de ceux des Norvégiens modernes, preuve que de nombreux Vikings s'unirent à des femmes de l'archipel.

HÉRITAGE VIKING **Les envahisseurs vikings des îles Orcades, archipel de Grande-Bretagne au nord de l'Écosse, y laissèrent de nombreux trésors telle la broche de Pitney (ci-dessus), mais surtout un héritage génétique.**

CHANGEMENT DE TON

La réponse à une énigme musicale

Essentiel dans la musique occidentale, le « tempérament égal », système qui définit et fixe les notes de la gamme, fut en réalité découvert à l'autre bout du monde – en Chine –, par un prince mathématicien.

Quiconque s'est un jour égosillé dans un micro ou a gratté les cordes d'une guitare sait qu'une gamme comporte douze notes (sept notes et cinq notes altérées, c'est-à-dire avec dièse ou bémol). Chaque morceau de musique, de la simple mélodie à la symphonie la plus complexe, est construit à partir de toutes ces notes – de la même façon qu'un texte est composé à l'aide des vingt-six lettres de l'alphabet.

En un sens, les notes que nous entendons sont imposées par la nature, ou plutôt par les lois de la physique. Car ce que l'oreille perçoit à une hauteur plus ou moins importante – et que l'on appelle note – correspond à une fréquence, c'est-à-dire à une grandeur physique mesurable. Ainsi, on a l'impression qu'un *do* aigu est la même note qu'un *do* grave parce qu'il y a un rapport entier entre les fréquences de leurs ondes sonores. C'est le principe de l'équivalence des octaves (l'écart entre huit notes).

Un système complexe

Il existe aussi un écart très particulier entre la première et la cinquième note de la gamme. Dans la gamme *do, ré, mi, fa, sol, la, si, do* – et ce dans n'importe quelle tonalité – la note *sol* (la cinquième) résonne avec une fréquence exactement égale aux deux tiers de celle du *do*.

MUSIQUE ET MATHÉMATIQUES
Dans un jardin en Chine, deux musiciens s'adonnent à leur art : l'un joue du *qin*, une cithare à sept cordes, l'autre de l'*erhu*, une sorte de violon à deux cordes. Le système musical sur lequel est basé le moindre air ou refrain joué en Occident fut mis au point par un mathématicien chinois.

Ainsi, si l'on décale la gamme de cinq notes (ce que l'on appelle une quinte) douze fois de suite, on retrouve la note *do* de départ. Cependant, même en opérant le décalage avec une parfaite précision, cette octave qui devrait théoriquement être juste ne l'est pas. La différence de fréquence entre l'octave que l'on attendait et l'octave que l'on obtient correspond au « comma pythagoricien ».

Et, pendant des siècles, la musique occidentale a été confrontée à ce problème de décalage.

En fait, les notes de la gamme ne sont pas comme les lettres de l'alphabet, mais plutôt comme les jours du mois, qui ne correspondent pas exactement au mois lunaire, ou comme les mois, qui ne s'ajustent pas exactement aux 365 jours de l'année solaire : pour récupérer le décalage, on a introduit les années bissextiles. Pour la gamme musicale, il n'existait pas de solution aussi simple…

Jusqu'à la fin du Moyen Âge, la musique se basait donc sur le système du comma pythagoricien : les demi-tons n'étaient pas placés de la même manière que dans les gammes d'aujourd'hui – où ils sont toujours au même endroit. Une pièce écrite dans la gamme de *do* ne pouvait pas se jouer dans une autre gamme, au risque de modifier la mélodie. Puisque chaque morceau était composé dans une gamme particulière qui ne pouvait être modulée, on obtenait des harmonies simples ou inexistantes. Cela permit au comma pythagoricien de se cacher dans la partie de la gamme où la mélodie ne s'aventurait jamais : s'il n'y a pas de *si* dans votre chanson, peu importe que le *si* sonne faux, et vous pouvez jouer les autres notes à intervalles proportionnels parfaits ! Mais cette solution n'était pas viable.

Au XVIIe siècle, les compositeurs écrivaient leur musique sur une gamme étendue, explorant de nouvelles harmonies et passant de façon inattendue à d'autres tons. Cette avancée s'accompagna de l'apparition de nouveaux instruments, tels que le clavecin et l'orgue. Les premiers instruments à clavier ne laissaient plus aucune échappatoire au comma pythagoricien. Il devenait urgent pour les musiciens d'avoir un système qui leur permettrait d'interpréter un accord ou une mélodie dans n'importe quelle tonalité sans être obligés d'accorder leur instrument à chaque changement de ton.

Le bon tempérament

Les compositeurs européens disposaient de quelques solutions. L'une d'elles consistait à modifier légèrement les hauteurs respectives des notes de la gamme : c'est le système du tempérament. Jean-Sébastien Bach (1685-1750) fut un pionnier dans cette recherche : dans son double recueil *Das Wohltemperierte Klavier* (« le clavier bien tempéré »), achevé en 1738, il proposa une pièce écrite dans chaque tonalité afin de démontrer que c'était possible. Toutefois, Bach n'expliqua jamais clairement quel tempérament il utilisait, car il accordait toujours ses instruments lui-même, à l'oreille.

D'autres solutions furent proposées, y compris de complexes descriptions mathématiques… Mais personne ne pensa à la solution la plus simple : la méthode dite du tempérament égal. Ce système répartit la petite différence de fréquence (le comma) de façon égale entre les douze notes de la gamme, ce qui est presque imperceptible à l'oreille. Certains musiciens et

LE BON ACCORD **Quand Jean-Sébastien Bach eut publié *Das Wohltemperierte Klavier* (« le clavier bien tempéré ») avec un même morceau écrit dans chaque ton, tous les pianistes voulurent que leurs instruments soient basés sur un système de « tempérament égal », pour ne pas avoir à réaccorder constamment leur instrument. Bach, lui, accordait son piano à l'oreille : mais la plupart des musiciens recherchaient une méthode moins intuitive.**

UN SAGE ÉRUDIT Le jésuite italien Matteo Ricci (ci-dessus à gauche) étudia trente années en Chine. Il adopta même l'habillement et les manières de l'empire du Milieu. Il fut sans doute le premier Européen à avoir eu connaissance de la solution au problème du tempérament égal.

fabricants d'instruments le trouvèrent sans doute en suivant leur intuition musicale, comme Bach. Toutefois, il devait être formulé mathématiquement pour que les instruments puissent être fabriqués avec trous, cordes ou touches de la bonne taille et à la bonne position.

La bonne formule

Étonnamment, la formule avait déjà été trouvée par un mathématicien chinois… cent cinquante ans plus tôt. Né en 1536, Chou Tsaï Yu était un prince de la dynastie Ming. En 1550, son père, Chou Hou Huan, fut emprisonné pour avoir critiqué l'empereur. En signe de protestation, le jeune Chou Tsaï Yu, alors âgé de 14 ans, se retira dans une hutte sur les terres du domaine familial. Il y resta dix-neuf ans… jusqu'à ce que son père soit libéré.

Durant ces longues années de solitude, Chou Tsaï Yu se consacra aux mathématiques. Il souhaitait corriger les imprécisions du calendrier Ming, si nombreuses qu'il était devenu impossible de prédire les éclipses avec exactitude. Il se préoccupa vite de musique : les Chinois pensaient en effet qu'il existait un lien entre l'astronomie, le temps et la musique. La gamme – comme l'année – était divisée en douze, et chaque demi-ton portait le nom d'un mois. Chou Tsaï Yu devait connaître les imperfections du comma pythagoricien (qu'il n'appelait probablement pas ainsi) et savait sans doute qu'il s'agissait d'un problème assez similaire à celui du calendrier qu'il venait juste de reprendre.

Après de longues expérimentations avec des diapasons à bouche, Chou Tsaï Yu calcula la formule exacte nécessaire pour produire des notes également espacées, et parvint ainsi à une gamme où tous les demi-tons s'intégraient exactement dans l'intervalle d'une octave. Il trouva la formule qui avait échappé à tous les mathématiciens et théoriciens de la musique !

L'intellectuel chinois ne pouvait pas savoir que cette formule allait influencer le cours de l'histoire musicale occidentale. Bien qu'il n'ait jamais publié sa théorie hors de la Chine, plusieurs indices menant de la province de Canton à la ville belge de Bruges semblent indiquer que son travail finit par être connu en Europe.

De nouveaux horizons musicaux

La Chine du Moyen Âge n'était pas une société fermée. De nombreuses communautés étrangères étaient installées dans le pays, notamment les missionnaires jésuites. L'un des plus éminents érudits de la congrégation, le père Matteo Ricci, passa la majeure partie de sa vie sur place et adopta même le nom chinois de Li Matou.

Le père Ricci lut les réflexions de Chou Tsaï Yu sur le calendrier chinois, et il prit certainement connaissance de son travail sur la musique, car il se trouvait à Nankin en 1595, au moment où Chou Tsaï Yu présentait son concept de gamme tonale à l'empereur. Les deux érudits se rencontrèrent probablement, et Chou Tsaï Yu donna peut-être une copie de son travail à son admirateur étranger… Matteo Ricci pourrait être le premier maillon d'une chaîne conduisant aux musiciens d'Europe occidentale.

L'une des écoles créées par les jésuites se trouvait dans la province de Canton, plaque tournante du commerce entre l'Occident et l'Orient à l'époque. Deux fois par an avaient lieu d'immenses foires où l'on échangeait des biens mais aussi des idées. Il est donc tout à fait possible que, dans une lettre confiée à un marchand, par exemple, Ricci ait décrit les résultats des recherches de Chou Tsaï Yu… À moins qu'il en ait juste parlé et que la nouvelle soit partie pour l'Occident avec les cargaisons de soie et de porcelaine fine… Quoi qu'il en soit, la première personne en Europe à connaître la solution fut un homme entretenant d'étroites relations avec la Chine.

Le voiturier du vent

En 1620 mourait à Bruges un célèbre mathématicien belge très respecté, Simon Stevin. Il était à l'origine du concept des fractions décimales en arithmétique, mais c'est surtout sa présentation du char à voile chinois qui lui valut sa notoriété : en Chine, ces véhicules – appelés chars à vent – étaient utilisés depuis des siècles. Stevin s'intéressait beaucoup à la science orientale : en 1600, il installa une voile sur un grand chariot ; 26 passagers furent embarqués pour un voyage de 80 km, de Scheveningen à Petten, à la vitesse moyenne de 40 km/h. Après sa mort, on trouva dans les papiers du savant belge des références à une autre invention nettement moins spectaculaire aux yeux du grand public : la formule de Chou Tsaï Yu sur le tempérament égal.

On ne sait pas si Stevin transmit cette formule. Mais l'établissement d'une gamme précise devenait un réel problème à cette époque et, d'une façon ou d'une autre, le tempérament égal fut connu dans toute l'Europe dès la fin du siècle. Il ne fit néanmoins pas l'unanimité : bien qu'il soit exact du point de vue mathématique, de nombreux musiciens déploraient son manque de justesse à l'oreille. Giovanni Battista Doni, compositeur italien du XVIIe siècle, était l'un de ses plus virulents critiques, affirmant que « les bons chanteurs ne voulaient pas chanter avec de tels instruments ». Après tout, il s'agissait d'un compromis où chaque note, même précisément calculée, était jouée légèrement faux. C'est seulement à l'époque de Beethoven (1770-1827) que le tempérament égal fut universellement adopté, rendant – théoriquement, bien sûr – toute la musique occidentale légèrement « fausse »… Deux cents ans après, nous n'en avons plus du tout conscience.

EN HARMONIE En 1620, le mathématicien belge Simon Stevin connaissait la formule permettant d'établir le tempérament égal. Le fait que ses notes – curieusement jamais publiées – ne contenaient aucun calcul permet de penser que cette formule lui avait été donnée par une tierce personne.

MYSTÈRE DANS LE PACIFIQUE

La disparition de La Pérouse, officier de marine du roi

Peu de temps avant de monter sur l'échafaud, Louis XVI aurait demandé des nouvelles de La Pérouse, disparu depuis 1788. Les épaves de la *Boussole* et de l'*Astrolabe*, que l'officier de marine commandait au cours d'une expédition dans le Pacifique, n'ont été localisées avec quasi-certitude que très récemment...

Le 16 janvier 1788, les frégates françaises la *Boussole* et l'*Astrolabe* accostent à Botany Bay, en Australie. C'est de là que, le 7 février, Jean-François de Galaup de La Pérouse, chef de l'expédition, écrit sa dernière lettre au ministère de la Marine avant de reprendre la mer. Ses navires n'atteindront jamais l'île de France (l'actuelle île Maurice), où ils étaient attendus à la fin de l'année... Quelques mois plus tard, à Paris, alors que le royaume de France connaît les premiers soubresauts de la Révolution, on cherche à avoir des nouvelles. À l'instigation de la Société d'histoire naturelle de Paris, la disparition est évoquée lors d'une séance de l'Assemblée constituante. Finalement, en 1791, le roi envoie deux bateaux à la recherche de l'expédition. Monsieur d'Entrecasteaux, qui les commande, doit également poursuivre les travaux de La Pérouse. Il explore la zone que mentionnait le navigateur disparu dans sa dernière missive – sans succès...

La *Boussole* et l'*Astrolabe* quittent le port de Brest le 1er août 1785. C'est Jean-François de La Pérouse qui commande cette expédition devant permettre de poursuivre les travaux de Cook en étendant l'influence de la France dans tout le Pacifique. Officier de marine depuis 1756, cet aristocrate né à Albi en 1741 a déjà derrière lui une belle carrière militaire ; par ailleurs, il s'est rendu à plusieurs reprises sous les Tropiques, aux Antilles et dans l'océan Indien.

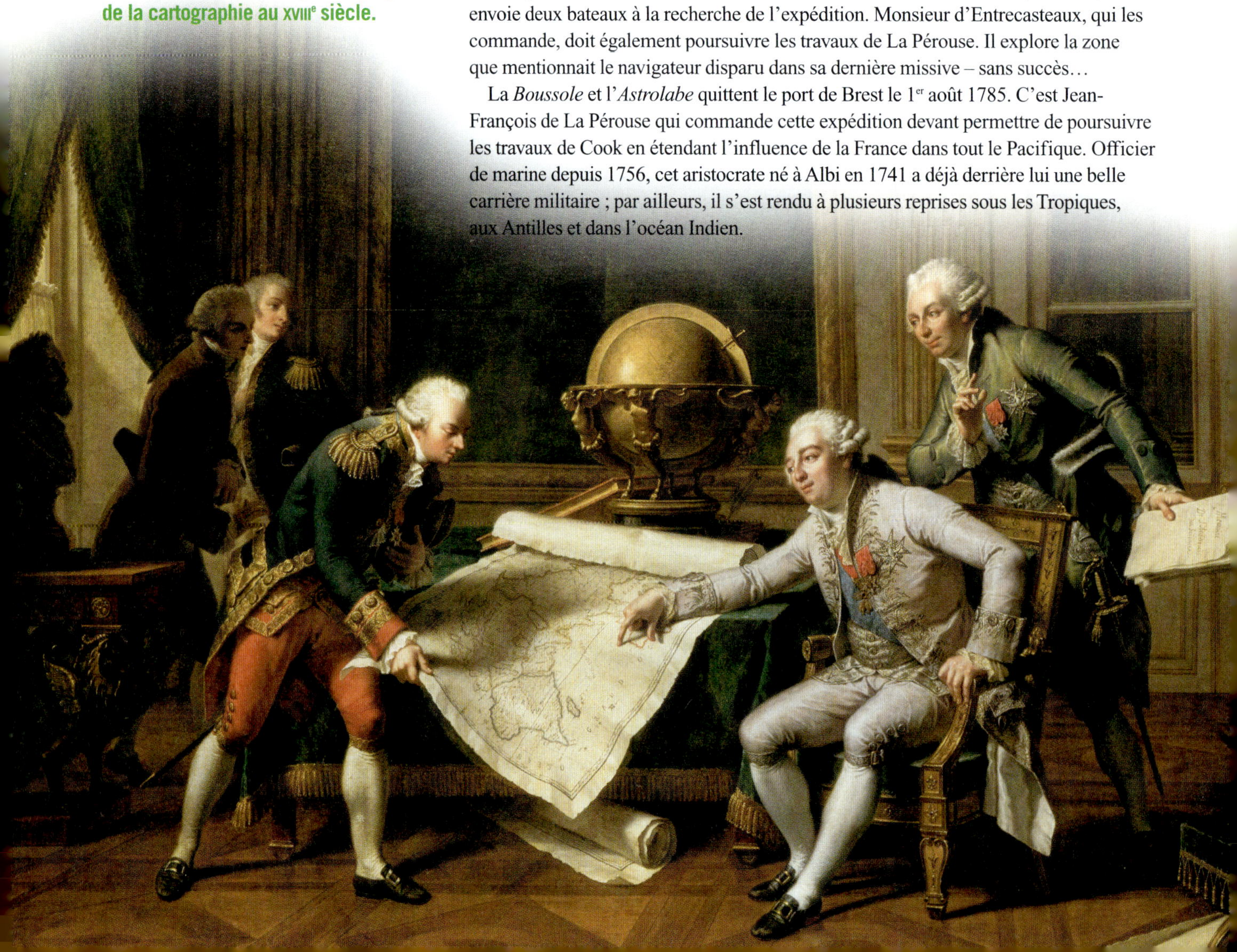

PRÉPARATIFS DE DÉPART Depuis sa jeunesse, Louis XVI était passionné par la mer – qu'il n'avait pourtant vue qu'une fois, à Cherbourg. Il fit beaucoup pour renforcer la puissance maritime de la France. Les instructions qu'on le voit donner ici à La Pérouse étaient extrêmement précises. Le globe et la carte illustrent les grands progrès de la cartographie au XVIIIe siècle.

À chaque escale, La Pérouse adresse un rapport. La *Boussole* et l'*Astrolabe* se trouvent au Brésil en novembre, au Chili en février 1786, à l'île de Pâques puis à Hawaii en mai. En juillet suivant, en Alaska, vingt et un membres de l'équipage – officiers et matelots – perdent la vie, un courant violent ayant englouti leurs chaloupes. Après une halte en Californie, les deux navires explorent les côtes chinoises et japonaises en mars 1787. Ils atteignent Botany Bay en 1788. On sait aujourd'hui qu'ils se rendirent en Nouvelle-Calédonie avant de se diriger vers Vanikoro, une île située au sud de l'archipel des Santa Cruz, non loin de la Nouvelle-Guinée.

Un mystère enfin résolu

En 1826, lors d'une escale sur la petite île de Tikopia (dans l'archipel des Salomon), le capitaine irlandais Peter Dillon découvre des objets français en provenance de l'île voisine de Vanikoro. Des insulaires lui rapportent que des rescapés d'un naufrage y ont été sauvés avant de repartir à bord d'une embarcation de fortune. Il y retourne l'année suivante et découvre les restes de l'*Astrolabe.* L'explorateur Dumont d'Urville arrive à Vanikoro quelques semaines plus tard : il parvient à récupérer de nombreux objets, dont des ancres et des canons. Près d'un siècle et demi plus tard, en 1964, les vestiges de la *Boussole* sont découverts par la marine nationale et l'équipe de l'amiral de Brossard dans une faille de la barrière de récifs, à quelques centaines de mètres de l'*Astrolabe.*

Depuis 1981, l'association néo-calédonienne Salomon cherche à comprendre les circonstances de la disparition des deux vaisseaux. Les premières missions de Salomon ont permis de retrouver de multiples pièces telles des sculptures, de la vaisselle et de la monnaie. En 1999, un campement français est mis au jour, avec de nombreuses armes et des morceaux d'uniforme. En 2003, un squelette remarquablement conservé, gisant dans la mer par 15 m de fond, est remonté à la surface : celui que l'on nomme « l'inconnu de Vanikoro » était âgé d'environ 30 ans ; sa denture parfaite permet de penser qu'il s'agissait d'un officier ou d'un scientifique. En avril-mai 2005, à bord du *Jacques-Cartier,* bâtiment de la marine nationale, cinquante-deux membres d'équipage et soixante-dix participants – dont près de trente scientifiques et chercheurs – se rendent à Vanikoro pour une nouvelle campagne de fouilles : ils remontent à la surface des boucles de ceinture, des balles de mousquet et des fragments de vaisselle en argent. La découverte la plus importante est un compas azimutal, car on ne pensait pas qu'il était utilisé par les navigateurs des années 1780. L'expédition du *Jacques-Cartier* a également confirmé qu'il s'agissait bien des épaves de la *Boussole* et de l'*Astrolabe.* Si les deux frégates s'abîmèrent sur des récifs, certains historiens pensent cependant que La Pérouse et d'autres survivants furent massacrés par des indigènes…

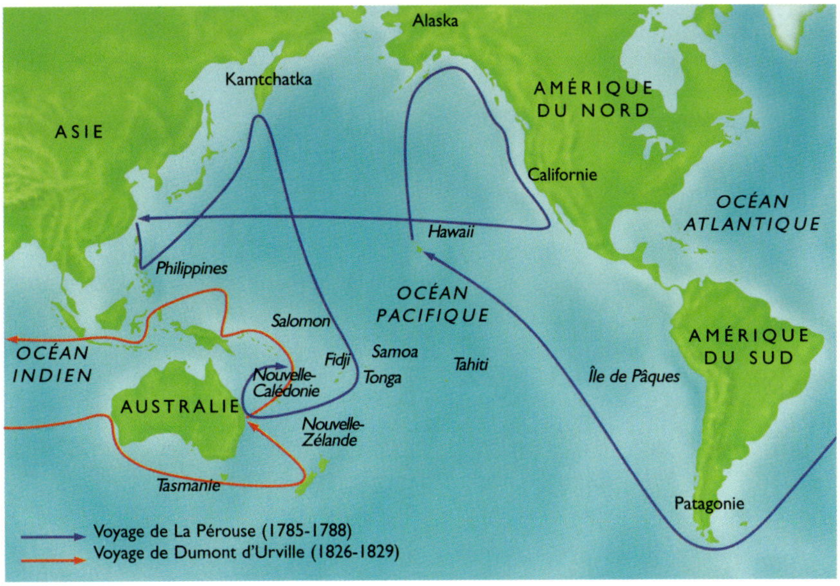

LA DÉCOUVERTE DE L'AIRE PACIFIQUE
Alors que, depuis trois siècles, l'Atlantique était presque devenu un océan familier, au XVIIIe siècle, le Pacifique restait à découvrir. De nombreuses expéditions partirent l'explorer, parcourant tous les littoraux américains, asiatiques et océaniens, comme le montrent les trajets sinueux de La Pérouse et de Dumont d'Urville.

« Je voyage depuis trente ans… »

Dans les lettres qu'il adresse au ministre de la Marine, La Pérouse se prétend un observateur rigoureux : « En ma qualité de voyageur, je rapporte les faits et j'indique les différences. » Selon lui, rien ne vaut l'observation de terrain : « […] je voyage depuis trente ans : je suis témoin des injustices et de la fourberie de ces peuples qu'on nous peint si bons parce qu'ils sont très près de la nature. »

Homme des Lumières, il montre une curiosité insatiable. Tout l'intéresse, en particulier le gouvernement des contrées qu'il visite. Il dénonce celui de la Tartarie (nom qu'il donne à la Chine), qui lui paraît « le plus oppresseur et en même temps le plus lâche qui existe dans le monde ». Ses critiques visent aussi l'Espagne, dont il condamne l'administration coloniale aux Philippines. Déçu par les habitants de l'île de Pâques et de l'Alaska, il reconnaît de grandes vertus aux habitants de Tartarie même si, selon lui, ce peuple est « d'une malpropreté et d'une puanteur révoltantes ».

LÉGENDE OÙ RÉALITÉ ?

NOÉ ET LE DÉLUGE

La légende biblique témoigne d'une véritable catastrophe

« Les eaux grossirent et s'accrurent beaucoup sur la Terre, [...] et toutes les hautes montagnes qui sont sous le ciel entier furent couvertes. » Certains archéologues ont confirmé le récit de la Genèse : ils pensent savoir où, quand et comment le Déluge survint.

Selon le livre de la Genèse, Dieu, voyant « que la méchanceté des hommes était grande [...] et que toutes les pensées de leur cœur se portaient chaque jour uniquement vers le mal », décida de les faire disparaître. Il fit tomber des pluies torrentielles « quarante jours et quarante nuits » durant. « Les eaux furent grosses [...] pendant cent cinquante jours. » Toutes les créatures sur terre se noyèrent, excepté Noé, sa famille et les animaux – « deux de chaque espèce » – qu'il prit avec lui à bord de son arche.

L'idée qu'un homme et ses fils aient pu construire un vaisseau capable d'abriter et de nourrir autant d'êtres vivants est difficile à admettre... a fortiori sachant que Noé était, à cette époque, âgé de 600 ans et qu'il vécut 350 années de plus !

Cela ne signifie pas pour autant que ce texte est dénué de fondements historiques. Il existe plus de deux cents récits de déluge de par le monde, telle l'Épopée de Gilgamesh. L'histoire de ce roi sumérien fut gravée sur des tablettes d'argile il y a plus de quatre mille ans : elle raconte que les dieux décidèrent de détruire le genre humain mais choisirent d'épargner un homme, Outa-napishtim. Ce dernier construisit un grand bateau pour protéger « toutes les choses vivantes de la Terre ». Lorsque l'orage cessa, son navire s'échoua au sommet d'une montagne. C'est Outa-napishtim lui-même qui rapporta les faits à Gilgamesh.

Le grand nombre de légendes relatant une montée des eaux catastrophique prouve qu'elles furent sans doute inspirées par des événements ayant réellement eu lieu, que les conteurs exagérèrent et déformèrent au fil des siècles. Mais, aujourd'hui, les scientifiques pensent savoir exactement où et quand le Déluge se produisit. Selon eux, l'inondation fut si impressionnante que n'importe quel témoin de la scène eût pu croire à une catastrophe affectant la Terre entière.

Les textes bibliques

« Les eaux s'élevèrent de quinze coudées au-dessus des montagnes, qui furent couvertes. Tout ce qui se mouvait sur la terre périt, tant les oiseaux que le bétail et les animaux, tout ce qui rampait sur la terre, et tous les hommes. Tout ce qui avait respiration, souffle de vie dans ses narines, et qui était sur la terre sèche, mourut. Tous les êtres qui étaient sur la face de la terre furent exterminés, depuis l'homme jusqu'au bétail, aux reptiles et aux oiseaux du ciel : ils furent exterminés de la terre. Il ne resta que Noé, et ce qui était avec lui dans l'arche. [...] Le septième mois, le dix-septième jour du mois, l'arche s'arrêta sur les montagnes d'Ararat. »

Les archéologues cherchèrent les preuves de la catastrophe autour du mont Ararat (près de la frontière arménienne, dans le nord-est de la Turquie), alors qu'elles gisaient dans les profondeurs de la mer Noire. ▶ p. 290

Le témoignage des fossiles

Les coquilles de mollusques retrouvées au fond de la mer Noire prouvent qu'il y eut un changement soudain de la salinité de l'eau il y a environ 7 500 ans. La couche géologique de transition entre les sédiments d'eau douce et d'eau salée est extrêmement fine – moins de 1 mm –, preuve que le changement dut être quasi instantané.

Le site du Déluge

Il y a 7 000 ans, la mer Noire était un lac d'eau douce, alimenté par l'eau de fonte des glaciers. Des populations étaient établies sur ses rives ; elles ne comprirent sûrement pas pourquoi les eaux étaient montées si brusquement. En voyant leur monde disparaître sous la mer, ceux qui vivaient là durent penser que la Terre entière subissait le même sort.

1 Un désastre imminent

À la fin de la dernière ère glaciaire, les eaux de la Méditerranée grossirent. Elles débordèrent dans la mer de Marmara, exerçant une pression de plus en plus forte sur l'étroite langue de terre qui la séparait d'un lac d'eau douce (dans l'actuel bassin de la mer Noire).

À la recherche de l'arche

Jusqu'à une époque récente, les recherches tendant à prouver la réalité du Déluge se cantonnèrent aux environs du mont Ararat, en Turquie, où, selon la Bible, l'arche de Noé s'est échouée.
Un affleurement rocheux en forme de bateau, repéré en 1948, semblait confirmer le récit biblique. Mais il ne s'agissait finalement que d'une particularité géologique naturelle. En réalité, l'inondation eut lieu loin du mont ; si des hommes survécurent grâce à un bateau, les archéologues n'en ont pas retrouvé la trace.
L'histoire de Noé reste donc invérifiable.

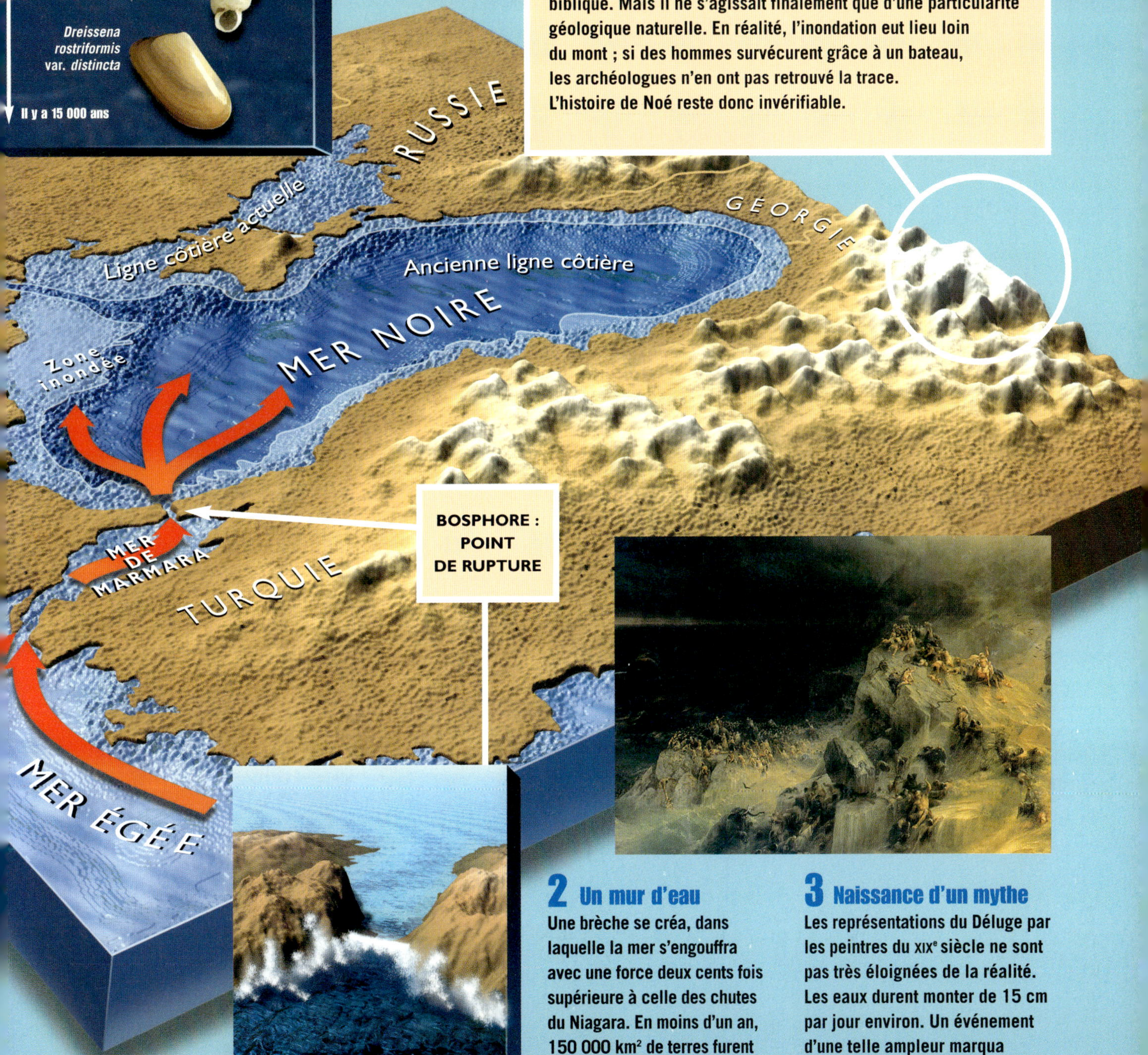

2 Un mur d'eau

Une brèche se créa, dans laquelle la mer s'engouffra avec une force deux cents fois supérieure à celle des chutes du Niagara. En moins d'un an, 150 000 km² de terres furent inondées. Le lac d'eau douce devint une mer salée, son niveau s'éleva de 150 m avant de se stabiliser.

3 Naissance d'un mythe

Les représentations du Déluge par les peintres du XIXe siècle ne sont pas très éloignées de la réalité. Les eaux durent monter de 15 cm par jour environ. Un événement d'une telle ampleur marqua évidemment la mémoire collective, qui, au fil du temps, finit par le transformer en mythe, tel celui de l'arche de Noé.

Pour découvrir l'origine de l'histoire, il faut revenir douze mille ans en arrière, à la fin de la dernière ère glaciaire. À mesure que la Terre se réchauffait et que les glaciers reculaient, des lacs se formèrent. L'un d'eux occupait une petite partie de la région recouverte aujourd'hui par la mer Noire ; il grossit lentement au fil des siècles pour devenir une vaste étendue d'eau douce autour de laquelle s'établirent de nombreuses populations. Les villages se trouvaient à environ 152 m en dessous du niveau de la Méditerranée.

À mesure que la glace fondait, le niveau des mers augmentait. Ce qui survint alors – il y a sept mille cinq cents ans – fut si soudain, si cataclysmique et effrayant qu'une seule explication parut concevable : la colère des dieux s'abattait sur les hommes.

Deux cents fois les chutes du Niagara

L'examen d'une carte moderne du bassin méditerranéen permet de comprendre ce qui s'est vraiment passé. Dans sa partie nord, entre la Grèce et la Turquie, se trouve la mer Égée (partie de la Méditerranée située entre la Grèce et la Turquie) ; au nord-est de celle-ci, un golfe étroit – la mer de Marmara – fut le point de départ de la catastrophe.

Entre la mer de Marmara et les terres basses, où se situait le lac d'eau douce, se dressait une étroite crête rocheuse. Derrière cette dernière s'accumulèrent les flots de plus en plus hauts de la Méditerranée. La pression sur ce fragile « bouchon » terrestre devint si forte que la mer finit par briser la barrière naturelle et s'engouffra de l'autre côté.

L'eau se déversa avec une puissance deux cents fois supérieure à celle des chutes du Niagara et vint gonfler le lac glaciaire pour donner naissance à la mer Noire. Chaque jour, 42 km^3 d'eau salée passaient par la faille – l'actuel détroit du Bosphore. L'inondation modifia probablement le climat de toute la région ; l'évaporation de l'eau provoqua des pluies torrentielles.

Les sites de peuplement du pourtour du grand lac – la Turquie, la Russie, la Géorgie, l'Ukraine, la Roumanie et la Bulgarie entourent aujourd'hui la mer Noire – disparurent sous les eaux. Les terres bordant les rivages se caractérisaient par une absence de relief : l'eau emporta alors les pierres, la terre et les sédiments.

Les villageois touchés par la catastrophe cherchèrent refuge dans les montagnes voisines, mais ils devaient se déplacer de 1 km chaque jour pour échapper à la montée des eaux. Certains d'entre eux construisirent sans doute des bateaux et des radeaux. Le texte de la Genèse insiste sur le fait que Noé se retrouva sur le mont Ararat, ce qui est probablement une erreur. Si une famille à bord d'un bateau fut entraînée quelque part, il est plus vraisemblable qu'elle se retrouva sur une colline basse, loin vers l'ouest.

UNE DATE ANTÉRIEURE Dans les versions grecque et araméenne de l'Ancien Testament, le Déluge aurait eu lieu en 3100 avant J.-C., soit plus de 800 ans avant la date suggérée dans le texte hébraïque dont dérivent les traductions latines ultérieures.

La théorie de la grande inondation

En 1993, deux spécialistes de biologie marine de l'université américaine de Columbia, William Ryan et Walter Pitman, examinèrent les sédiments et les coquilles de mollusques recueillis au fond de la mer Noire, dans sa partie nord, au cœur d'une zone juste en deçà de la ligne des eaux actuelles. Les coquillages d'eau douce étaient antérieurs aux plus anciens mollusques d'eau de mer : le passage d'un milieu lacustre à un milieu marin avait donc bien eu lieu. Dans le fond marin plus

Un mythe mésopotamien

Le mythe du Déluge raconté dans l'Épopée de Gilgamesh fut probablement inspiré par une histoire bien antérieure. Cette dernière est relatée sur un gros fragment de tablette d'argile, la tablette de Nippour (à droite), gravée vers 1650 avant J.-C mais reproduisant des documents plus anciens de l'époque sumérienne. Ce récit rapporte que le dieu Enlil avait décidé de faire disparaître les hommes de la surface de la Terre. Mais un dieu clément, Enki, prévint le roi Atrahasis qu'un déluge était imminent : la famille royale construisit un bateau de roseaux calfaté de bitume et le remplit d'animaux et d'oiseaux. En dépit de contextes différents, de nombreux scientifiques pensent que plusieurs détails de cette légende mésopotamienne furent par la suite intégrés au récit biblique.

En 1923, l'équipe de l'archéologue britannique Leonard Woolley, qui fouillait la légendaire cité mésopotamienne d'Our, creusa 3 m de sol argileux vierge de tout vestige. Elle trouva des débris d'embarcations sous et sur cette couche, mais rien dans la couche même. Pour Woolley, aucun doute : il s'agissait de la preuve du Déluge. Selon nombre d'archéologues, cette découverte témoigne plutôt d'une crue très importante – mais localisée – du Tigre et de l'Euphrate. Remontant à plus de 6 000 ans, l'événement ne correspond ni à la date du règne de Gilgamesh ni au Déluge biblique.

près de la ligne côtière, on préleva des coquilles blanchies par le soleil, des racines végétales et une couche de tourbe, preuves qu'à cet endroit il y eut autrefois une zone terrestre inondée par la suite. La datation au carbone 14 montra que toutes les coquilles de mollusques avaient commencé à se dégrader en même temps : leurs habitants étaient donc morts lors d'un même et unique événement, survenu brutalement.

Si le niveau d'eau s'était élevé autant et aussi vite que Ryan et Pitman le supposaient, alors des vestiges des rivages de l'ancien lac devaient se trouver quelque part sous la mer Noire. En 1998, en collaboration avec la Roumanie, l'Ifremer (Institut français de recherche pour l'exploitation de la mer) réalisa une campagne océanographique en mer Noire qui confirma que, huit mille ans auparavant, la mer Noire était bien un lac d'eau douce. Grâce au sonar, les chercheurs rapportèrent des images de collines sous-marines semblables à des dunes. Gilles Lericolais, géologue à l'Ifremer, responsable du projet « Mer Noire », montra ces clichés à deux spécialistes des déserts qui, sans hésiter, lui affirmèrent que ces dunes avaient bien été sculptées par le vent.

En 1999, l'explorateur océanographique Robert Ballard mena lui aussi une expédition. À l'aide d'un sonar et d'une caméra sous-marine pilotée à distance, son équipe découvrit un ancien rivage, par 167 m de fond et à 32 km des côtes turques. Il y avait des plages, des caps, des dunes et de nombreuses coquilles de mollusques identiques à celles que Ryan et Pitman avaient analysées en 1993.

Les preuves géologiques et biologiques confirment l'existence d'une inondation catastrophique, mais s'agit-il bien du Déluge décrit dans la Bible ? Cette question risque bien de rester sans réponse. Selon Gilles Lericolais, « certaines correspondances (date de l'événement catastrophique, conséquence pour l'humanité) nous laissent penser que cette catastrophe géologique pourrait être à l'origine du mythe transcrit, et ce dès que l'homme a su écrire, dans les récits mésopotamiens [...] et que nous retrouvons plus tard dans la Genèse ». Le récit, transmis oralement sur une centaine de générations, s'enrichit d'effets dramatiques : réalité et légende devaient donc être inextricablement entremêlées au moment où il fut consigné par écrit.

UNE PERSONNALITÉ IRRÉSISTIBLE

Le charme de Cléopâtre ne tenait pas seulement à sa beauté

À l'époque de Cléopâtre, personne ne faisait, semble-t-il, mention de sa beauté, pourtant devenue légendaire ; un auteur postérieur écrivait même que son aspect n'était « pas incomparable ». Les pièces de monnaie marquées à son effigie et les statues nous en apprennent un peu plus sur le visage de cette femme à qui aucun homme ne résistait.

La vie amoureuse mouvementée de Cléopâtre a marqué le monde classique. Maîtresse du puissant général romain Jules César, elle prit ensuite pour amant l'un de ses successeurs, Marc Antoine. Ensemble, jusqu'à la mort, ils s'opposèrent à la volonté de Rome.

L'histoire de la reine a inspiré nombre d'œuvres artistiques et littéraires. Au cinéma, les plus belles actrices lui ont prêté leur visage : Claudette Colbert, Vivien Leigh, Elizabeth Taylor… Pourtant, les représentations de son époque laissent supposer que sa réputation de beauté était plutôt surfaite.

Le bijou du Nil

La majorité des portraits de Cléopâtre semblent avoir été idéalisés. Ce sont pourtant les seuls documents dont disposent les historiens, car il n'existe aucune description contemporaine de son apparence physique. L'écrivain grec Plutarque, qui connaissait le petit-fils de l'un de ses courtisans, en fait mention dans ses écrits… un siècle après la mort de la reine : « À ce qu'ils en disent, sa beauté en elle-même n'était pas incomparable… Mais sa conversation avait un charme irrésistible ; son apparence, qui allait de pair avec la séduction de son discours, et son caractère, qui imprégnait ses actions d'une façon inexplicable… étaient absolument ensorcelants. Le son de sa voix était doux. »

La beauté de Cléopâtre n'était certainement pas conforme à nos canons modernes. L'examen de momies des Ptolémées révèle que la plupart des femmes de cette

DOUBLE FACE Ces monnaies d'argent et de bronze frappées à Alexandrie prêtent à Cléopâtre un nez busqué et un menton proéminent. Mais les yeux et les nez étaient souvent accentués pour donner une allure autoritaire et volontaire aux personnalités.

lignée (dont elle est issue) mesuraient environ 1,50 m. Les bustes de la reine et les monnaies frappées à son effigie laissent deviner, autour de son cou, des bourrelets de graisse joliment appelés « colliers de Vénus ». Symboles de la richesse et du luxe, ou plus prosaïquement exact reflet de la réalité ? Certaines statues lui prêtent un nez généreux et des oreilles plus grandes que la moyenne.

La reine de la diplomatie

Fille de Ptolémée XII Aulète, Cléopâtre naquit en 69 avant J.-C. Les Ptolémées, monarques sans réelle autorité, dépendaient du Sénat romain. Ils compensaient leur absence de pouvoir par le faste et la pompe. Cléopâtre était très bien éduquée, et tous les témoignages font état, dès son plus jeune âge, de sa prestance royale.

Héritière du trône à 17 ans, obligée de régner avec son jeune frère, auquel elle était nominalement mariée – selon la coutume ptolémaïque, elle ne pouvait gouverner seule –, elle prouva rapidement l'étendue de son talent pour la diplomatie : elle devait composer avec un peuple déçu par les Ptolémées mais aussi se méfier des conseillers intrigants qui pullulaient à la cour d'Alexandrie… Par ailleurs, l'ombre inquiétante de la puissante Rome s'étendait sur l'Égypte.

Quand Jules César entra dans Alexandrie, en 48 avant J.-C., Cléopâtre, en conflit avec son frère, était en exil. Cherchant à les réconcilier – pour, dit-on, obtenir le remboursement de dettes contractées par Ptolémée XII auprès d'un banquier romain et qu'il avait reprises à son compte –, César convoqua Ptolémée XIII et Cléopâtre. La légende raconte qu'elle se présenta devant César enroulée dans une toile de lin. En rapportant l'événement, Plutarque écrivit que l'empereur fut « immédiatement conquis par cette attitude provocante » mais ne fait pas allusion à l'apparence physique de la reine.

César prit cette séduisante jeune fille de 20 ans pour amante. Elle le rejoignit à Rome. Mais s'il soutint ses efforts pour accéder au trône, était-ce par amour ou par intérêt personnel ? Selon

Faux! **Cléopâtre ne peut s'être suicidée en se faisant mordre par une vipère aspic, car cette espèce ne vit pas en Égypte. Il s'agissait probablement d'une vipère à cornes d'or ou d'un cobra, dont le venin tue rapidement.**

Une séductrice…

L'image d'une Cléopâtre tentatrice et sensuelle apparut à Rome dans les décennies qui suivirent sa mort. On utilisait son nom pour vendre des produits cosmétiques et des conseils de beauté. À l'époque médiévale, elle fut accusée d'avoir séduit Marc Antoine à l'aide de philtres magiques. Shakespeare redonna quelque dignité à son image en se fondant sur les récits des écrivains romains Plutarque et Suétone. Néanmoins, l'idée persista que la reine – ici incarnée par Elizabeth Taylor – était si belle qu'elle ensorcelait littéralement les hommes.

Se présenter devant Jules César enroulée dans une simple toile de lin est un acte effectivement assez osé… Mais Cléopâtre, craignant pour son pouvoir et pour sa vie, cherchait peut-être à séduire César. Qui charma l'autre ? Difficile de répondre. En revanche, les faits sont les suivants : elle était âgée de 20 ans et mariée à son très jeune frère (l'union, symbolique, n'était pas consommée) ; lui avait 52 ans, une épouse, des maîtresses et nombre de partenaires de rencontre.

UNE DÉESSE SACRÉE Un bas-relief du temple d'Hathor à Dendérah montre Cléopâtre portant la couronne avec le disque solaire et les cornes de vache associés à Hathor. Aujourd'hui, on pense que la reine cherchait délibérément à se représenter comme la déité féminine la plus puissante d'Égypte. Elle s'attribua aussi le nom d'Aphrodite, déesse romaine.

l'historien romain Suétone, il estimait que Cléopâtre serait plus facile à contrôler qu'un gouverneur nouvellement appointé.

Séductrice et mère

L'empereur était-il homme à tomber sous la coupe d'une femme, quelle qu'elle soit ? Les auteurs romains tel Suétone rapportent qu'il était volage et eut de nombreuses maîtresses, notamment des femmes de sénateur et des reines étrangères telle Eunoé la Mauritanienne. Suétone ajoute que « l'impudence [de Cléopâtre] le charma ». Durant deux ans, entre 46 et 44 avant J.-C., il eut du mal à faire respecter son statut de reine, ou même celui de maîtresse officielle, auprès des citoyens romains conservateurs, aux yeux desquels elle était à peine plus qu'une courtisane exotique.

Cependant, Cléopâtre donna à César ce que sa légitime épouse n'avait pu lui offrir : un fils, Césarion. Selon Suétone, César confia à un tribun son intention de promulguer une loi lui permettant de se marier « avec les femmes qu'il souhaitait, autant de fois qu'il le souhaitait, afin d'obtenir une descendance ». S'il avait pu épouser Cléopâtre, certains historiens pensent qu'elle serait devenue impératrice de Rome et que son fils aurait hérité de l'Empire.

Mais une telle loi ne fut jamais votée au Sénat. César mourut assassiné par des conspirateurs en 44 avant J.-C. Son testament – réécrit seulement quelques mois plus tôt – déçut cruellement Cléopâtre :

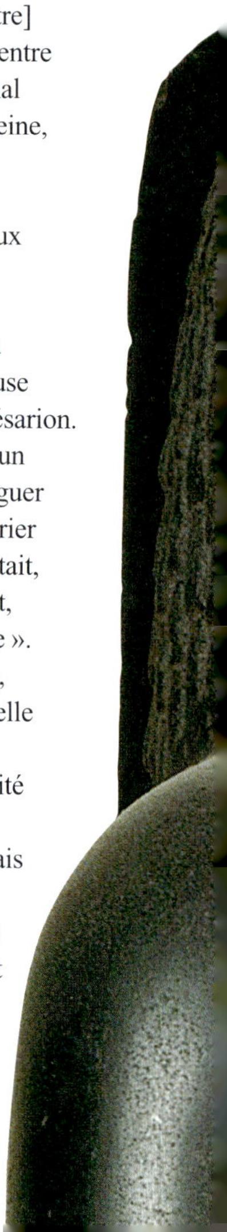

il léguait son domaine et son nom à Octave (le futur Auguste), son petit-neveu… Les étrangers ne pouvant hériter de propriétés ni de titres de citoyens romains, Octave, qui prit alors le nom d'Octavien, devint l'héritier en titre. Cléopâtre et Césarion firent voile vers Alexandrie.

Cléopâtre eut ensuite une liaison avec une autre personnalité du monde romain, le politicien et militaire Marc Antoine. Certains pensent qu'elle le séduisit uniquement pour accroître son propre pouvoir, car elle voyait en lui le futur maître de Rome. D'autres la décrivent comme une dominatrice, affirmant qu'Antoine, fou amoureux, ne vivait que pour la servir : « Quoi que Cléopâtre ordonnât, c'était fait, sans égard aux lois, humaines ou divines », écrivait l'historien alexandrin Appien dans son ouvrage *les Guerres civiles à Rome.*

La relation de Cléopâtre et Marc Antoine débuta en l'an 41 avant J.-C. ; la reine avait alors 28 ans. Il la convoqua à Tarse (aujourd'hui Tarsus, dans le sud de la Turquie), en Cilicie, pour lui réclamer des explications sur la faible mobilisation des armées égyptiennes lors de la bataille de Philippes, au cours de laquelle les conspirateurs contre Jules César furent battus par les armées de Marc Antoine et d'Octavien.

Choisissant d'interpréter l'ordre comme une invitation, la reine arriva en grand équipage. Plutarque décrivit la scène : « Elle remonta à la voile la Cydne dans un navire à la poupe dorée et aux voiles pourpres déployées, tandis que des rames d'argent battaient la mesure sur la musique des flûtes, des fifres et des harpes. Elle reposait allongée sous un dais de tissu d'or, vêtue comme Vénus. » Ils devinrent amants, et Cléopâtre tomba rapidement enceinte.

La courte visite d'Antoine se transforma en un séjour d'une année. Présent aux chasses et aux spectacles, il s'intégra peu à peu à la société alexandrine. Sa présence renforça la position politique de Cléopâtre, qui fit certainement tout ce qu'elle put pour garder le futur père de ses enfants auprès d'elle. Néanmoins, au début de l'an 40 avant J.-C.,

L'ANNEAU DE VÉRITÉ Sur cette bague en or datée de 50 à 30 avant J.-C., Cléopâtre porte les insignes royaux d'Égypte. Son nez et son menton proéminents sont-ils conformes à la réalité ?

Icône royale…

Cléopâtre était une femme à l'apparence sophistiquée et raffinée. Ses servantes soulignaient ses yeux à la mode égyptienne. On colorait ses lèvres en rouge grâce à des extraits floraux. Une perruque et une couronne recouvraient sa chevelure : l'effet était spectaculaire. Les statues égyptiennes de Cléopâtre se distinguent de celles des reines précédentes par le triple uræus – les trois têtes de cobra – qui ornait sa couronne. Elles furent réalisées suivant les critères de représentation de la famille royale des Ptolémées. Seuls le cou et les grandes oreilles sont caractéristiques de la reine.

Dame réservée...

On crut longtemps que ce buste conservé au British Museum était celui de Cléopâtre tant les traits de la reine paraissaient identiques à ceux que l'on observe sur certaines pièces de monnaie. Mais l'absence de diadème royal (un bandeau serti d'un unique joyau) fit changer les experts d'avis.

On pense aujourd'hui que cette tête est seulement celle d'une femme coiffée comme Cléopâtre. Lorsque la reine résida à Rome (de 46 à 44 avant J.-C.), de nombreuses Romaines cherchèrent sans doute à lui ressembler en adoptant sa coiffure de style macédonien. Cette femme pourrait même être l'une de ses suivantes.

Délicate...

Ce buste de la collection Depsuig est sans doute un portrait fidèle de Cléopâtre. Le style de la coiffure et le diadème sont caractéristiques de certaines représentations de la reine. C'est le nez qui est ici extrêmement intéressant : le bout se recourbe et les narines s'évasent légèrement. La précision des traits laisse penser que ces détails furent reproduits volontairement. Les contours du visage sont plus doux et plus délicats que dans d'autres œuvres, mais peut-être est-ce dû à un traitement aux abrasifs chimiques entrepris à une époque plus récente.

Marc Antoine repartit pour Rome.

Il fit la paix avec Octavien, dont il épousa la sœur Octavie, veuve de fraîche date.

Pendant ce temps, Cléopâtre, abandonnée, donnait naissance à des jumeaux, Alexandre Hélios et Cléopâtre Séléné.

Selon Appien, Antoine avait « perdu la tête » pour Cléopâtre, « comme un jeune homme ». Il passait à présent l'hiver à Athènes avec Octavie : « Il dînait à la mode grecque et assistait aux festivals en compagnie d'Octavie... Il lui trouvait de grandes qualités et en était aussi très amoureux... Mais il était facilement attiré par les femmes. »

Les amants à nouveau réunis

Toutefois, le mariage de Marc Antoine ne devait pas durer. Quatre ans après avoir quitté Cléopâtre, il la reconquit. Avait-il à nouveau succombé aux charmes de la reine ? Peut-être, mais rien ne permet de l'affirmer. Elle était alors âgée de 32 ans, et les représentations de l'époque la montrent solitaire sous un profil austère, coiffure stricte et visage sévère. Mais ce qui frappe le plus notre sensibilité moderne, c'est sans doute son nez long et busqué. Marc Antoine devait cependant être habitué à cette particularité physique, courante chez les femmes de Méditerranée orientale.

Marc Antoine ne revint probablement pas uniquement par amour. Il décida sans doute de s'éloigner d'Octavie et de son frère pour établir une nouvelle base de pouvoir en Égypte.Ses relations avec Octavien, longtemps teintées de rivalité, s'étaient détériorées, et la flotte de Cléopâtre était la plus puissante de la Méditerranée... Certains historiens pensent donc que des raisons politiques motivèrent son retour. Quoi qu'il en soit, Antoine choisit de reconnaître et d'honorer sa famille alexandrine. Certaines sources font mention d'une célébration – les Donations – et d'un mariage. Le couple eut un troisième enfant, Ptolémée Philadelphe.

Rome contre Cléopâtre

À Rome, les partisans d'Octavien ne cachèrent pas leur mépris pour cette union. Les orateurs présentèrent ces Donations comme un démantèlement de l'Empire romain oriental dont Marc Antoine était en charge au profit de ses enfants et de sa nouvelle épouse, qu'ils s'employèrent alors à dénigrer. Ils mirent la « soumission émasculée » d'Antoine sur le compte de « l'ambition insatiable et démesurée » de Cléopâtre. Quand l'inévitable affrontement survint, Octavien avait déjà gagné la bataille de la propagande.

En 32 avant J.-C., Antoine répudia officiellement Octavie. La réponse d'Octavien ne se fit pas attendre : il déclara la guerre, mais à Cléopâtre uniquement : tant que Marc Antoine était populaire à Rome, Octavien prit soin d'imputer sa défection à la reine égyptienne, accusée de sorcellerie et de dépravation sexuelle.

Marc Antoine fut battu par Octavien lors de la bataille navale d'Actium, en 31 avant J.-C. L'année suivante, il se suicida avec la reine. Octavien devint empereur et gouverna pendant quarante-trois ans. Naquit alors le mythe de Cléopâtre : l'irrésistible tentatrice débauchée ayant détourné Antoine, le veule opportuniste, de son devoir.

Au fil des siècles, cette image se teinta de romantisme, et l'on ne retint de Cléopâtre que sa prétendue beauté. Ses véritables traits s'effacèrent peu à peu : aujourd'hui, seules quelques statues endommagées et des pièces de monnaie ternies nous renvoient – peut-être – sa véritable image.

... ou matrone macédonienne ?

Découvert sur l'île grecque de Délos, ce buste pourrait être celui de Cléopâtre. Susan Walker, conservatrice déléguée au département des Antiquités grecques et romaines du British Museum, affirme que le style de la coiffure et le nez busqué correspondent aux autres représentations de la reine égyptienne. On remarque des bourrelets de graisse autour du cou, familièrement appelés « colliers de Vénus ». Des portraits de Cléopâtre âgée de 18 ans retrouvés sur des monnaies frappées à Ascalon, en Israël, présentent des caractéristiques physiques similaires.

LA LOI SALIQUE

Non, elle n'est pas la cause de la guerre de Cent Ans

Loi fondamentale du royaume de France, elle empêchait les femmes d'hériter du trône et de le transmettre. Présentée comme la cause principale de la guerre de Cent Ans, elle fut en réalité établie plus de vingt ans après le début du conflit.

Depuis Hugues Capet jusqu'à Louis X, entre 987 et le début du XIVe siècle, la couronne de France se transmit de père en fils, dans une parfaite continuité. Pourtant, la question des règles de succession monarchique se posa en 1316, lorsque le deuxième fils de Philippe IV le Bel succéda à son frère, Louis X le Hutin, alors que ce dernier avait une fille, Jeanne : le principe de masculinité exclusive ne s'imposait alors ni par la raison, ni par le droit. Le nouveau roi, Philippe V, souhaita donner une légitimité théorique à son avènement. Le 3 février 1317, peu après son sacre – qui eut lieu le 9 janvier –, l'université de Paris se prononça en déclarant simplement qu'il était le mieux placé puisque deux générations seulement le séparaient de Saint Louis – contre trois pour sa nièce. Une assemblée parisienne soutint quelques jours plus tard cette affirmation peu convaincante, en maintenant que les femmes étaient exclues de la succession. Le principe fut retenu et, vers 1320, un franciscain, François de Meyronnes, écrivit dans un commentaire sur saint Augustin que les femmes étaient inaptes à succéder dans une dignité sacrée telle que la royauté. La règle fut de nouveau appliquée en 1322, à la mort de Philippe V : le souverain disparu avait quatre filles, mais c'est son frère Charles qui devint le roi Charles IV.

À la mort de ce dernier, en 1328, son cousin Philippe de Valois monta sur le trône et non sa sœur Isabelle, épouse du souverain anglais Édouard II (qu'elle fit assassiner en 1327) et mère du roi régnant Édouard III. Une assemblée de barons choisit Philippe VI car, comme l'écrit un chroniqueur, « ceux du royaume de France ne pouvaient souffrir volontiers d'être soumis à la souveraineté des Anglais ». Une nouvelle règle fut érigée : non seulement les femmes ne pouvaient pas régner, mais on leur interdisait de transmettre leurs droits au trône. Dans un premier temps, Édouard III d'Angleterre se résigna : il prêta hommage à son cousin en 1331. Mais en 1337, après que Philippe lui eut repris Bordeaux et la Guyenne, il revint sur sa décision : c'est ainsi que débuta la guerre de Cent Ans.

DISCUSSION SUCCESSORALE APRÈS LA MORT DE CHARLES IV (1328) Une assemblée décide de l'éviction du roi d'Angleterre. On voit souvent là l'origine de la guerre de Cent Ans. En fait, le conflit a des causes plus anciennes, comme la possession du duché d'Aquitaine par le roi d'Angleterre et l'alliance des Français avec les Écossais, ennemis des Anglais.

Une construction juridique rétroactive

En 1356, alors que les Français rencontraient les pires difficultés au cours de ce conflit, le légiste Richard Lescot exhuma un texte rédigé à la fin du Vᵉ siècle et remanié au IXᵉ siècle. Il affirma – même si rien ne lui permettait de le démontrer – que les premiers rois francs (les Francs Saliens, du nom d'une ville anciennement baptisée Sala – aujourd'hui Overijse, en Belgique) étaient à l'origine de cette loi dite salique, avant que Clovis et ses successeurs ne la complètent. En réalité, c'est probablement sur ordre de Clovis, peu avant sa mort en 511, qu'elle fut rédigée, afin de mettre en forme un ensemble de règles de droit privé barbare remontant peut-être au IVᵉ siècle.

Empruntant autant d'éléments au droit romain qu'à la tradition germanique, la loi fixe dans son article 62 des règles de transmission des « biens propres » : en l'absence d'héritiers mâles directs, ascendants ou descendants, les mères, les sœurs ou à défaut les plus proches parents peuvent hériter. Mais un alinéa de cet article comporte la restriction suivante : « Quant à la terre salique, qu'aucune partie de l'héritage ne revienne à une femme, mais que tout l'héritage de la terre passe au sexe masculin. » Le sens de cette phrase est largement débattu. Le terme « terre salique » ne peut pas être clairement défini : néanmoins, il ne peut s'agir en aucun cas des terres du royaume des Francs Saliens, mais peut-être de la terre des ancêtres ou de la demeure familiale. Au IXᵉ siècle, Charlemagne et ses héritiers enrichirent ce qui devint alors la loi salique caroline. Instrument permettant de célébrer la nation franque et la lignée de ses rois, elle ne portait pas sur les règles de succession monarchique. C'est pourtant sur cette question que les légistes royaux du XIVᵉ siècle l'interprétèrent…

Devenue une loi fondamentale du royaume, la loi salique excluait les membres d'autres familles royales liées par mariage à la famille royale française, renforçant ainsi le caractère « national » de la monarchie. Quand, en 1589, Henri IV succéda à Henri III, ce n'était pas en tant qu'époux de Margot, la sœur de celui-ci, mais comme plus proche parent en ligne masculine (il n'était pourtant que cousin au vingt-deuxième degré d'Henri III). Au début du XVIIIᵉ siècle, ayant perdu la plupart de ses héritiers, Louis XIV modifia les règles de succession au profit de ses enfants illégitimes. Cette décision fut cassée par le Parlement de Paris : loi fondamentale du royaume, la loi salique ne pouvait pas être modifiée, pas même par le roi…

À l'origine d'une guerre civile en Espagne

Au XIVᵉ siècle, la loi salique déçut les ambitions des rois d'Angleterre : jusqu'en 1801, certains continuèrent à revendiquer le trône de France. Ailleurs en Europe (Belgique, Pays-Bas…), cette loi fondamentale du royaume de France inspira de nombreuses règles de succession monarchique. En Espagne, lorsque le petit-fils de Louis XIV monta sur le trône en 1700, il introduisit la loi salique, rompant avec la coutume espagnole qui permettait à la fille d'un roi de lui succéder en l'absence d'un héritier d'un sexe masculin. En 1789, son descendant, Charles IV, décida de revenir au droit traditionnel – sans promulguer officiellement cette modification ; celle-ci fut néanmoins confirmée par le roi Ferdinand VII en 1830, au profit de sa fille Isabelle (ci-contre), qui venait de naître, et au détriment de son frère cadet, don Carlos. Les partisans de ce dernier, les carlistes, protestèrent contre ce qu'ils considéraient comme un coup de force : selon eux, la loi salique était toujours en vigueur dans le pays. Les deux partis s'engagèrent alors dans une guerre annonçant un siècle d'instabilité politique en Espagne…

La fin des Capétiens

Charles IV meurt sans avoir eu de fils malgré trois mariages. Le trône revient à son cousin, un Valois.

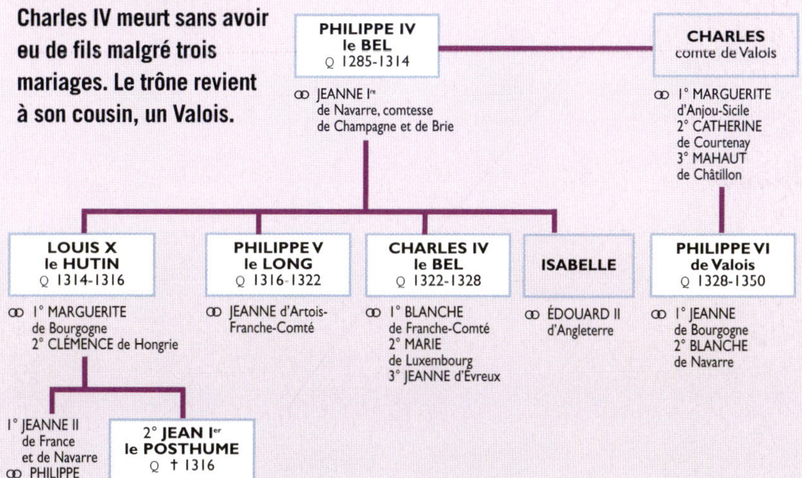

LES RELIQUES DE SAINT LUC

L'authenticité des ossements de l'évangéliste attestée par la science

Enfermées dans une précieuse châsse en Italie, des reliques pieusement vénérées par certains étaient considérées avec scepticisme par d'autres. Pourtant, différents tests génétiques et des datations au carbone 14 prouvent qu'il pourrait bien s'agir des ossements de saint Luc.

Depuis 1177, dans la basilique Sainte-Justine de Padoue, en Italie, une châsse de plomb ouvragée abritait des ossements. D'après les examens pratiqués, il s'agissait du squelette d'un vieil homme. Petit et trapu, il avait probablement perdu de sa stature : ses os étaient déminéralisés, sa colonne vertébrale touchée par l'arthrite. La courbure de ses côtes révélait un emphysème, il devait donc respirer difficilement. Était-ce bien le corps de saint Luc, comme le proclamaient les croyants ? Pour eux en effet, les reliques des saints ont un caractère sacré – tandis que les sceptiques n'y voient rien d'autre que des vestiges humains de provenance souvent douteuse. Les scientifiques cherchèrent à répondre à cette question et firent connaître leurs conclusions en 2001 : selon eux, il s'agissait bien des os de saint Luc l'évangéliste. Une passionnante enquête confirma donc ce dont les catholiques étaient depuis toujours persuadés…

Le scribe de la mansuétude du Christ

Luc, originaire de la ville d'Antioche (aujourd'hui Hatay, dans le sud de la Turquie) – alors capitale de la province romaine de Syrie –, était un médecin et un érudit. Il devint d'ailleurs le saint patron des médecins, des peintres et des écrivains : le poète italien Dante l'appelait Scriba Mansuetudinis Christi (le scribe de la mansuétude du Christ). Il légua au monde chrétien le troisième Évangile du Nouveau Testament – beaucoup plus détaillé que les autres – et les Actes des Apôtres. Ce sont en fait deux parties d'une même œuvre, un récit narratif ininterrompu. Il était dédié à un certain Théophile (étymologiquement « celui qui aime Dieu »), membre de haut rang du gouvernement romain selon de nombreux exégètes (commentateurs de la Bible). Nous possédons quelques témoignages à propos de cet historien des

L'HISTORIEN DU CHRIST **Dans le premier prologue de son Évangile, Luc est présenté comme étant syrien. Les icônes du saint, comme celle du monastère de Chilandar, en Grèce, le montrent souvent tenant un livre ou une plume d'oie.**

premiers jours de la religion chrétienne. Une note en préface de l'Évangile, écrite dans la seconde moitié du IIe siècle, affirme que l'auteur était « Luc, un Syrien d'Antioche », tandis qu'en 170, Irénée, l'évêque de Lyon, faisait mention de « Luc, un compagnon de Paul [qui] témoigna dans un livre, l'Évangile ». En effet, Luc fut l'ami de Paul de Tarse : ce dernier l'appelait son « cher médecin » (Colossiens, IV, 14) et son « compagnon d'œuvre » (Philémon, verset 24).

C'est l'Évangile de Marc qui servit d'armature au travail de Luc ; néanmoins, ce dernier exploita plus largement les témoignages oraux qu'il aurait lui-même collectés. Son évangile accorde une place importante au récit de la naissance et de l'enfance de Jésus : pour cette raison, la tradition affirme qu'il aurait connu la Vierge. Les Actes des Apôtres poursuivent le récit évangélique avec l'Ascension, la Pentecôte et apportent un témoignage sur la naissance de l'Église chrétienne jusqu'à l'emprisonnement de Paul par les Romains. À cette époque, seul Luc était resté à ses côtés, comme l'écrit Paul avec tristesse : « Viens au plus tôt vers moi ; car Démas m'a abandonné, par amour pour le siècle présent, et il est parti pour Thessalonique ; Crescens est allé en Galatie, Tite en Dalmatie. Luc seul est avec moi. » (2 Timothée, IV, 9-11.)

Les années qui suivirent le martyre de Paul, Luc voyagea beaucoup afin de poursuivre son œuvre missionnaire. La plupart des sources affirment qu'il mourut vers l'an 150, à l'âge de 84 ans. Saint Hippolyte soutient qu'il fut crucifié à Élée, dans le Péloponnèse ; d'autres rapportent qu'on le pendit à un olivier. Les martyrologues tel Bède racontent seulement qu'il souffrit à cause de sa foi et périt à un âge avancé, sur le sol de l'actuelle Turquie.

Quoi qu'il en soit, la plupart des écrits soutiennent que l'on enterra Luc à Thèbes, en Grèce. De fait, en 1992, l'Église grecque orthodoxe revendiqua la possession de ses ossements. Alors comment ont-ils pu aboutir à Padoue, dans le nord de l'Italie ?

Le parcours des reliques

En 330, l'orgueilleux empereur romain Constantin fonda l'église des Saints-Apôtres sur une colline de Constantinople. Il fit aménager sa tombe dans cet édifice consacré aux apôtres. Selon le témoignage de saint Jérôme, théologien et écrivain du IVe siècle, l'empereur parvint à réunir les reliques de saint André, saint Timothée et saint Luc. Les ossements de ce dernier furent ensuite transférés

LE LIEU DU DERNIER REPOS Le sarcophage de plomb ouvragé qui se trouve dans la basilique bénédictine de Sainte-Justine, à Padoue, abriterait bien le squelette de saint Luc : les archives de l'église indiquent que les ossements reposent là depuis neuf cents ans au moins.

DES OSSEMENTS SACRÉS Le squelette attribué à saint Luc est ici complété avec un moulage en plastique du crâne – l'authentique est conservé et vénéré à la cathédrale Saint-Vitus de Prague.

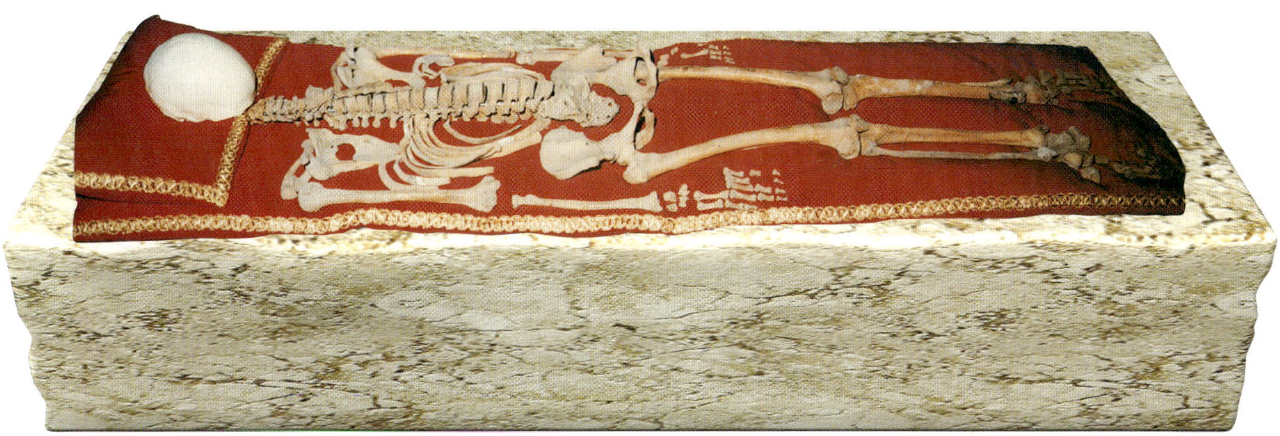

Extraction dentaire

La datation au carbone 14 a montré que les deux dents trouvées dans la châsse de la basilique Sainte-Justine appartenaient à une personne morte entre 72 et 416 – officiellement, saint Luc mourut vers l'an 150. Par ailleurs, l'incisive et la canine se sont parfaitement ajustées dans les cavités de la mâchoire d'un crâne attribué à saint Luc et reposant dans la cathédrale Saint-Vitus, à Prague, en République tchèque.

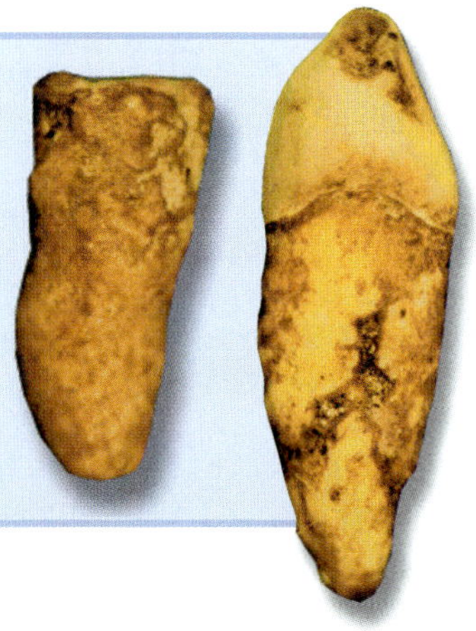

à Padoue, probablement pour être mis en lieu sûr durant le règne de l'empereur païen Julien l'Apostat – le neveu de Constantin – ou encore pendant la crise iconoclaste du VIIIe siècle : lors de cette période, appelée Querelle des images, l'adoration des représentations religieuses était interdite.

Par ailleurs, deux crânes étaient supposés appartenir à saint Luc. Le cardinal Baronius, historien du XVIe siècle, affirmait que la tête de l'évangéliste avait été rapportée de Constantinople par saint Grégoire, qui la déposa à l'abbaye bénédictine de Saint-André, à Rome. Cependant, un autre document historique spécifiait qu'en 1354, le roi de Bohême, Charles IV, transféra le crâne de saint Luc depuis Padoue jusque dans la cathédrale Saint-Vitus, à Prague, alors capitale du Saint Empire romain germanique.

L'analyse scientifique

Les données historiques semblaient confirmer l'authenticité des reliques de saint Luc, sans pour autant la prouver. À l'initiative de l'évêque de Padoue Antonio Mattiazzo, une équipe internationale de scientifiques fut rassemblée afin d'analyser les ossements conservés dans la châsse.

Le sarcophage était resté scellé depuis 1562. En 1998, on rouvrit la tombe : elle révéla le squelette d'un homme d'environ 1,60 m, qui devait avoir entre 70 et 85 ans. Comme prévu, le crâne manquait : le diacre de la cathédrale de Prague l'apporta à Padoue. Les chercheurs vérifièrent sa compatibilité avec l'atlas, ou vertèbre C1, la vertèbre la plus haute du squelette : ils s'emboîtèrent parfaitement. Par ailleurs, cette tête était dolichocéphale (allongée vers l'arrière), une forme caractéristique de la population d'Antioche à l'époque de saint Luc. Enfin, des dents trouvées dans la châsse de Padoue s'y ajustèrent parfaitement.

L'université italienne de Ferrare confia l'analyse de ces dents au généticien – athée – Guido Barbujani. Il compara l'ADN de l'une d'entre elles à des échantillons d'ADN moderne prélevés au sein de populations syriennes et grecques : s'il s'agissait bien des ossements de l'évangéliste, celui-ci devait être syrien. Au terme de ses travaux, Barbujani conclut que l'ADN avait trois fois plus de chances d'appartenir à un Syrien qu'à un Grec.

Tout semblait indiquer qu'il s'agissait bien des ossements du grand évangéliste. En octobre 2000, l'évêque Mattiazzo préleva la côte la plus proche du cœur et l'apporta personnellement à monseigneur Hieronymos, métropolite – évêque orthodoxe – de Thèbes, lieu originel de la sépulture du saint. L'os fut cérémonieusement placé dans une tombe vide, un sépulcre de marbre où le sarcophage de Padoue se serait parfaitement inséré.

« Nos analyses nous permettent de dire que le corps pourrait être d'origine syrienne », déclara officiellement Guido Barbujani. Sa rigueur scientifique l'empêcha d'émettre un avis plus précis : néanmoins, il choisit d'annoncer le résultat de ses recherches le 18 octobre… jour de la Saint-Luc.

UNE SAINTE COLLECTION L'empereur Constantin (ci-dessous) plaça les ossements de saint Luc dans la basilique des Douze-Apôtres, à Constantinople. Plus tard, les reliques de l'un des pères fondateurs de l'Église, saint Jean Chrysostome, furent déposées dans cette même église.

LE VRAI NAUFRAGÉ

L'histoire de Robinson Crusoé est fondée sur des faits réels

On pensait que Daniel Defoe s'était inspiré des aventures d'un marin écossais pour écrire son célèbre ouvrage. En réalité, c'est du récit d'un autre naufragé, écrit vingt ans plus tôt, que l'auteur de *Robinson Crusoé* tira la trame de son roman.

En 1719 parut *Robinson Crusoé,* de Daniel Defoe, l'histoire d'un naufragé confronté à l'enfer de la solitude et luttant pour sa survie. C'est un certain Alexander Selkirk qui aurait inspiré le personnage : à l'époque, ses aventures firent la une des journaux britanniques. Contemporain de l'auteur, il passa quatre années solitaires (de 1704 à 1709) sur Más a Tierra, l'une des îles volcaniques de l'archipel Juan Fernández, à 600 km des côtes chiliennes. Le livre de Defoe devint rapidement un best-seller, en partie sans doute grâce à la célébrité de ce marin, fils d'un cordonnier et tanneur écossais. Depuis sa publication, *Robinson Crusoé* a été réimprimé plus de mille fois en langue anglaise. Il fut traduit dans toutes les langues – dès 1720 en français.

Des styles de vie différents

L'expérience humaine vécue par Selkirk dans le Pacifique est assez différente des aventures tropicales de Robinson aux Caraïbes. Dans *The Englishman,* en 1713, l'essayiste Richard Steele relata l'histoire du marin écossais : il évoqua les chats apprivoisés, les sorties de pêche, les vêtements en peau de chèvre et les jeux de cache-cache avec les navires espagnols. Mais ce récit n'avait pas l'intensité dramatique des expériences vécues par Robinson Crusoé, confronté aux pirates et aux cannibales.

Contrairement à Robinson, débrouillard et volontaire, Selkirk n'explora jamais entièrement son île – dont la superficie n'excédait pourtant pas 50 km². Il n'était pas le rescapé d'un naufrage mais avait été abandonné à terre par le capitaine de son bateau après une altercation. Il fit le strict minimum pour survivre : ses vêtements en peau de chèvre – non tannée – sentaient mauvais, il ne fabriqua aucun meuble, ne prépara aucun médicament. Il s'abritait dans une cabane grossière. Il estropia délibérément ses chèvres « apprivoisées » pour les attraper

DES VÊTEMENTS EN PEAU DE CHÈVRE
Pour illustrer *Robinson Crusoé,* les dessinateurs s'inspirèrent de l'apparence de Selkirk à l'époque de son sauvetage. En revanche, ce ne sont pas ses aventures que Defoe relata dans le roman.

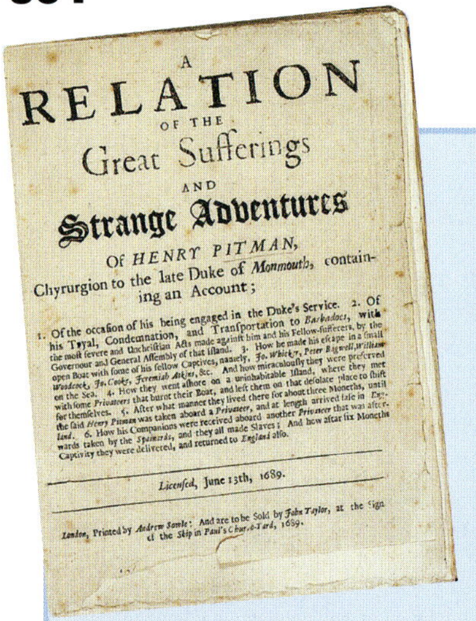
A RELATION OF THE Great Sufferings AND Strange Adventures Of HENRY PITMAN, Chyrurgion to the late Duke of Monmouth, containing an Account;

1. Of the occasion of his being engaged in the Duke's Service. 2. Of his Tryal, Condemnation, and Transportation to Barbadoes, with the most severe and Unchristian Acts made against him and his Fellow-sufferers, by the Governour and General Assembly of that Island. 3. How he made his escape in a small open Boat with some of his fellow Captives, namely, Jo. Whicker, Peter Bagwell, William Woodcock, Jo. Cooke, Jeremiah Atkins, &c. And how miraculously they were preserved on the Sea. 4. How they went ashore on a uninhabitable Island, where they met with some Privateers that burnt their Boat, and left them on that desolate place to shift for themselves. 5. After what manner they lived there for about three Moneths, until the said Henry Pitman was taken aboard a Privateer, and at length arrived safe in England. 6. How his Companions were received aboard another Privateer that was afterwards taken by the Spaniards, and they all made Slaves; And how after six Moneths Captivity they were delivered, and returned to England also.

Licensed, June 13th, 1689.

London, Printed by Andrew Sowle: And are to be Sold by John Taylor, at the Sign of the Ship in Paul's Church-Yard, 1689.

Les textes de Defoe et de Pitman comparés

Outre leurs titres – *A Relation of the Great Sufferings and Strange Adventures of Henry Pitman* et *The Life and Strange Surprizing Adventures of Robinson Crusoe* –, les deux ouvrages présentent trop de ressemblances pour qu'il s'agisse d'une simple coïncidence : Defoe puisa certainement une partie de son inspiration dans le livre de Pitman.

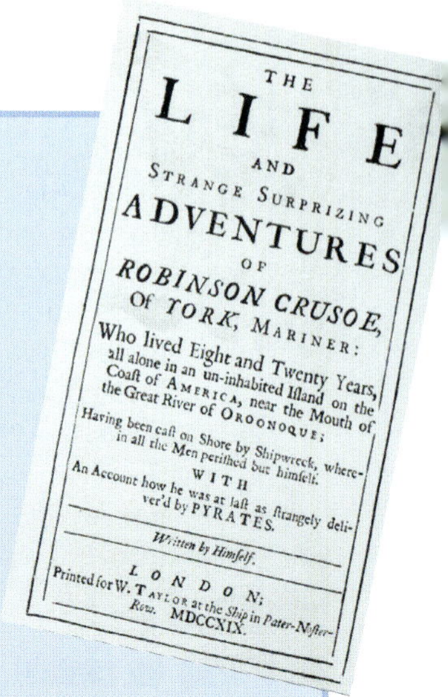
THE LIFE AND STRANGE SURPRIZING ADVENTURES OF ROBINSON CRUSOE, Of YORK, MARINER: Who lived Eight and Twenty Years, all alone in an un-inhabited Island on the Coast of AMERICA, near the Mouth of the Great River of OROONOQUE; Having been cast on Shore by Shipwreck, wherein all the Men perished but himself. WITH An Account how he was at last as strangely deliver'd by PYRATES.

Written by Himself.

LONDON; Printed for W. TAYLOR at the Ship in Pater-Noster-Row. MDCCXIX.

Des paquetages similaires Pitman et Crusoé prirent le même équipement quand ils s'échappèrent.	Pitman emporta « une hachette, un marteau, une scie et des clous [...] et des bougies ».	Le sac de survie de Crusoé comprenait « un bon morceau de cire d'abeille pour faire des bougies » et « une hachette, une scie et un marteau ».
Les tortues Ces animaux constituaient l'essentiel de l'alimentation de Crusoé et de Pitman. Les tortues, incapables de se retourner quand on les met sur le dos, sont faciles à attraper.	Pitman se réjouit particulièrement de manger « une tortue rôtie sur des broches en bois ».	Le 17 juin dans son journal, Crusoé note un repas mémorable : « J'employai ce jour à faire cuire ma tortue : je trouvai dedans soixante œufs, et sa chair me parut la plus agréable et la plus savoureuse que j'eusse goûtée de ma vie [...]. »
La tempête Les deux personnages, se retrouvant à l'eau après une tempête, furent forcés de grimper sur des rochers pour se mettre à l'abri.	Durant son séjour à Saltatudos, Pitman essuya des vagues de la taille de « montagnes et de vallées » et fut « violemment ballotté [...] par la furie du vent et de la mer ».	La description d'une tempête dans Robinson Crusoé est très proche : « [...] une vague furieuse, s'élevant comme une montagne [...] nous saisit avec tant de furie que d'un seul coup elle fit chavirer la chaloupe et nous en jeta loin [...]. ».
Les cannibales L'éventualité d'une rencontre avec des indigènes hostiles, peut-être cannibales, dissuada les deux hommes d'accoster sur des îles qui auraient pu leur offrir un abri.	Pitman refusa d'accoster sur Margarita, une île de la côte vénézuélienne, car il craignait que les feux sur la plage aient été allumés par des « sauvages cannibales ». C'était une erreur de jugement : la population insulaire était convertie au catholicisme romain depuis plus de deux cents ans.	« [...] nous aurions eu plus de chances d'être dévorés par les sauvages que celle de retourner en notre pays. » Craignant d'être mangé par des cannibales, Crusoé évita d'accoster sur les îles « hors de [...] la route de toute société humaine ».
Les serviteurs Chacun des deux naufragés fut accompagné et aidé par un serviteur indigène : en revanche, l'un l'acheta tandis que l'autre le sauva.	Henry Pitman acheta un serviteur indigène à des pirates. Il décrivit comment son serviteur « pouvait toucher un poisson à une grande distance » avec son arc et sa flèche, une arme que le compagnon de Crusoé, Vendredi, utilisait aussi avec « beaucoup de dextérité ».	Robinson sauva Vendredi alors qu'il allait être exécuté par des « sauvages », ce qui lui valut la reconnaissance de ce compagnon. « [...] il m'adressa tous les signes imaginables d'assujettissement, de servitude et de soumission, pour me donner à connaître combien était grand son désir de s'attacher à moi pour la vie. »

plus facilement. À l'inverse, le Crusoé décrit par Defoe était un naufragé aussi ingénieux que persévérant : il fabriquait des plats en poterie et concoctait de véritables boissons et repas, qu'il faisait cuire au four. Il resta propre en se lavant avec un savon à base de graisses végétales et soigna ses blessures à l'aide de remèdes de sa composition. Rien à voir avec Alexander Selkirk !

Bagnards en cavale

Pour décrire avec une telle précision les conditions de survie de son héros, l'écrivain dut pourtant s'inspirer d'un récit connu. Une hypothèse qu'allait confirmer l'étude d'un épisode de l'histoire d'Angleterre survenu au XVIIe siècle. En 1685, une rébellion conduite par le duc de Monmouth pour empêcher Jacques II d'accéder au trône échoua. Environ trois cents hommes comparurent devant le juge Jeffreys. Le chirurgien de l'armée rebelle se nommait Henry Pitman ; simple observateur médical, il plaida non coupable mais écopa néanmoins d'une condamnation à dix ans de travaux forcés aux Indes.

Après quinze mois de captivité dans des conditions inhumaines, il s'échappa avec sept autres hommes à bord d'un bateau, qui s'échoua sur l'île de Saltatudos (aujourd'hui La Tortuga), près des côtes vénézuéliennes. Puis, des pirates ayant incendié leur embarcation, ils n'eurent d'autre choix que de rester là, se cachant pour leur propre sécurité. Trois mois après, intéressé par ses compétences chirurgicales, l'équipage d'un navire de passage accepta d'emmener Pitman. Il put retourner en Angleterre, où il découvrit que sa famille avait obtenu sa grâce. En 1689, il publia un ouvrage dans lequel il racontait son aventure *(A Relation of the Great Sufferings and Strange Adventures of Henry Pitman)*.

Defoe connaissait certainement le récit de Pitman, même si ces événements avaient eu lieu trente ans avant la publication de son propre livre, au titre étrangement similaire : *The Life and Strange Surprizing Adventures of Robinson Crusoe.* La ressemblance entre certains passages des deux textes est d'ailleurs frappante.

Les deux auteurs se sont probablement croisés. Defoe avait lui aussi pris part à la rébellion de Monmouth ; déféré en justice, il avait été gracié. Tim Severin, un écrivain et explorateur britannique, découvrit que, après le retour du chirurgien en Angleterre, les deux hommes fréquentaient le même quartier. La signature du livre de Pitman porte la mention : « Depuis mon hôtel meublé à l'enseigne du *Bateau,* dans la cour de l'église Saint-Paul, Londres. » Defoe, alors bonnetier, traitait avec des négociants en tissu de Paternoster Row, juste à côté.

On peut facilement imaginer que ces deux anciens partisans de Monmouth férus de littérature se rendaient chez les mêmes libraires et dans les mêmes tavernes de ce petit coin de Londres. Or s'ils sympathisèrent, ils échangèrent forcément des histoires, et les anecdotes de Pitman inspirèrent alors à Defoe son récit de fiction…

Un autre élément fait de cette hypothèse plus qu'une spéculation. Le livre de Pitman fut publié par son propriétaire, un libraire du nom de John Taylor. En 1711, le fils de Taylor, William, déplaça le commerce familial dans Paternoster Row et édita *Robinson Crusoé*. Même si Pitman était décédé à l'époque, il semble presque inconcevable que William Taylor n'ait pas dit un jour à Daniel Defoe : « Je connais un ouvrage que vous devriez lire… »

LA DÉCHÉANCE D'UN HOMME Une gravure sur bois montre la triste apparence de Selkirk lors de son sauvetage. Sa célébrité ne lui apporta pas la richesse. Homme violent porté sur l'alcool, il retourna en mer et mourut des fièvres en Afrique, à l'âge de 45 ans.

LE NOM D'UN DÉFUNT Daniel Defoe vit le nom de Robinson Crusoé gravé sur une pierre tombale dans le cimetière où il s'était caché après l'échec de la rébellion de Monmouth. Il écrivit son roman en moins de six mois ; quand il mourut, en 1731, il était devenu riche.

QUI ÉTAIENT VRAIMENT LES GAULOIS ?

Quand César invente l'histoire de France...

Mal connus, les Gaulois furent souvent présentés comme des barbares isolés – vision caricaturale infirmée par les travaux archéologiques récents, qui ont permis de mettre au jour les vestiges d'une riche civilisation.

Longtemps, l'image de la civilisation gauloise fut celle que transmirent les auteurs grecs et romains, qui décrivaient un peuple de barbares heureusement civilisés par César – vision renforcée par l'idée que la France puisait son origine dans un modèle romain. Les Gaulois apparaissaient comme des rustres vivant en autarcie et pratiquant les sacrifices humains…

Dès le XVIIIe siècle, les Celtes (appellation regroupant de nombreux peuples, dont les Gaulois) suscitent l'intérêt d'érudits britanniques et français, qui s'attachent notamment à établir un lien entre les mégalithes et les druides évoqués par les auteurs antiques. Cette imagerie anachronique sera maintes fois reprises par la suite, notamment au XIXe, où les Gaulois suscitent un engouement sans précédent. Ils inspirent alors la littérature, la musique ou la peinture. On les représente comme des guerriers vaillants mais divisés à cause de leur tempérament batailleur – comparables en cela aux Français du XIXe siècle. Au XXe siècle, un regain d'intérêt pour les Celtes renforce le succès des Gaulois. Les légendes et le folklore bretons sont valorisés, jusqu'aux aventures d'Astérix, inventées par René Goscinny : encore aujourd'hui, les Français aiment à se reconnaître dans ce petit Gaulois courageux, coléreux, superstitieux et bon vivant.

Des origines à la romanisation

Aujourd'hui, tous les historiens s'accordent à appeler Gaulois les habitants de la Gaule à partir du IIIe siècle avant J.-C. Avant cette date, on employait plutôt le terme de Celtes, qui apparaît d'abord chez Hécatée de Milet, vers 500 avant J.-C., puis qu'Hérodote utilise

UN GAULOIS S'ENFUIT AVEC SON BUTIN
Avant d'être vaincus par les Romains, les Gaulois furent des adversaires redoutables. Ils pillèrent Rome vers 390 avant J.-C. ; selon la légende, les oies sacrées empêchèrent la prise du Capitole en donnant l'alerte.

à son tour vers 450 avant. J.-C. À partir de 168 avant J.-C., Caton l'Ancien parle des Galates – « ceux d'ailleurs » ou « envahisseurs ».

Gaulois et Celtes étaient au départ synonymes. C'est pourtant la première dénomination que les Romains finirent par employer, Jules César souhaitant prouver qu'il avait conquis un ensemble territorial cohérent : pour cette raison, il distingua la Gaule, à l'ouest du Rhin, de l'espace situé à l'est, appelé la Germanie.

Les Celtes ont parfois été considérés comme des envahisseurs venus de l'Est par vagues successives, diffusant ainsi leurs traditions et leur savoir-faire. Mais l'archéologie moderne prend le plus souvent le contre-pied de ces positions, s'appliquant à mettre en lumière la multiplicité des foyers d'où émergea l'Europe celtique.

Si la genèse de cette civilisation est encore difficile à déterminer avec précision, il semble pourtant qu'il faille remonter bien avant le second âge du fer

La défaite de Vercingétorix

Lorsque César arriva dans le territoire qu'il nomma la Gaule, en 58 avant J.-C., certaines régions comme le Midi étaient déjà des provinces de l'empire. Partout où il passa accompagné de ses légions, il imposa la loi romaine. Face à ses exigences – de plus en plus lourdes –, Vercingétorix, un jeune Arverne issu d'une famille noble et puissante, parvint à rassembler plusieurs peuples gaulois, dont il prit le commandement. La révolte éclata en 52 avant J.-C. : au printemps, les troupes romaines essuyèrent une défaite à Gergovie, près de l'actuel Clermont-Ferrand. Mais, à l'automne, les adversaires finirent par se retrouver à Alésia, place forte au sein de laquelle Vercingétorix s'était enfermé avec 80 000 guerriers. Le siège dura plusieurs semaines, les deux camps se livrant une véritable guerre de tranchées. Parce que ses hommes mouraient de faim, Vercingétorix finit par se rendre au Romain Labienus, légat de César. Le chef gaulois fut alors emmené à Rome et emprisonné. Il mourut exécuté en 45 avant J.-C., probablement étranglé. Après de nombreuses – et vives – discussions, les spécialistes admettent aujourd'hui presque unanimement que le site se situe bien à Alise-Sainte-Reine, en Côte-d'Or.

L'OPPIDUM D'ALÉSIA **Les sites de bataille sont souvent difficiles à situer avec exactitude. La localisation d'Alésia à Alise-Sainte-Reine, en Côte-d'Or, a longtemps été controversée. Mais aujourd'hui, grâce aux photographies aériennes et aux découvertes archéologiques, l'emplacement du site ne fait – presque… – plus débat.**

LE CRATÈRE DE VIX Ce superbe bronze de plus de 1,64 m de haut, fabriqué par des artisans grecs d'Italie du Sud, fut découvert dans la tombe d'une princesse celte.

pour en comprendre les fondements. La formation de cette culture est en effet établie sur un substrat commun, dont la langue et les croyances comptent parmi les éléments les plus probables. La rapidité des changements, les étonnantes facultés d'adaptation aux nouveautés technologiques et aux bouleversements commerciaux témoignent sans doute d'une forme d'unité préalable au développement de ce que l'on désigne par le terme de civilisation celtique.

Celle-ci correspond aux deux grandes périodes de l'âge du fer : le Hallstatt (VIIIe-Ve siècle avant J.-C.), ou premier âge du fer, et La Tène (V^e^-Ier siècle avant J.-C.), ou second âge du fer. Au cours de ces huit siècles, de nombreuses mutations, d'ordres variés, se firent jour, affectant à chaque fois l'ensemble de l'Europe celtique en très peu de temps. À cet égard, l'adaptation rapide des équipements militaires du second âge du fer est un exemple éloquent : comme les parures et les accessoires vestimentaires, les nouveaux types d'armes furent adoptés de manière quasiment synchrone d'un bout à l'autre de l'Europe. Un tel état de fait sous-tend ainsi une grande homogénéité culturelle mais aussi l'existence d'axes

Des divinités aux druides

Longtemps, la représentation de la religion gauloise se limita à la seule image de druides vêtus de blanc, fauchant le gui avec une faucille d'or. On sait aujourd'hui que des rites élaborés structuraient la vie des Gaulois mais, faute de sources écrites, on connaît mal leurs croyances et leurs pratiques religieuses. Teutatès (Toutatis), Ésus, Épona, Taranis ou encore le Taureau aux Trois Grues étaient des dieux de leur panthéon – qu'ils ne représentèrent sous une forme clairement figurative que tardivement. Leur hiérarchie et leur fonction restent toujours mystérieuses. Les Gaulois croyaient à la vie éternelle et à la réincarnation de l'âme.

Au milieu des années 1970, des découvertes faites sur le site de Gournay-sur-Aronde, dans l'Oise, bousculèrent nombre d'idées reçues. Les études menées par Jean-Louis Brunaux, chercheur au CNRS, révélèrent que les rituels d'offrande, particulièrement importants, étaient de deux ordres : il y avait bien des sacrifices d'animaux domestiques, ce qu'attestent les ossements de bovidés, de moutons et de porcs retrouvés à Gournay, mais on offrait également des trophées pris sur l'ennemi – armes, morceaux de chars et crânes des adversaires ! Les Gaulois pratiquaient-ils les sacrifices humains, comme l'affirmaient les auteurs antiques ? Des ossements retrouvés à Acy-Romance, dans les Ardennes, semblent le confirmer. Néanmoins, certains chercheurs pensent que les Gaulois n'offraient aux dieux que les corps de condamnés à mort ou de prisonniers de guerre, plutôt rarement de surcroît. Des sculptures représentant des têtes coupées, retrouvées lors de fouilles à Entremont, non loin d'Aix-en-Provence, n'ont toujours pas permis de répondre à cette question.

Il semble que la religion gauloise ait beaucoup changé dans les années 300, notamment dans le nord de la Gaule – c'est à cette époque que se développa un nouveau type de lieux de culte, tourné vers les choses de la guerre. Les druides avaient la charge des affaires religieuses mais aussi de la justice, de l'éducation et d'une partie des affaires politiques. Très savants, recrutés parmi les élites, ils maîtrisaient l'astronomie et les mathématiques. Leur charge était héréditaire, mais impliquait un apprentissage très long – une vingtaine d'années environ. Quant aux célèbres bardes, chargés de l'éloge mais aussi du blâme des nobles, ils avaient une fonction à la fois sociale et religieuse.

LE PORTIQUE DE ROQUEPERTUSE Les piliers de ce portique du IIIe siècle avant J.-C. furent aménagés afin d'accueillir des crânes humains.

de communication nombreux et une forte structuration sociale.

Au cours des deux derniers siècles de l'indépendance, des villages puis des villes fortifiées se développèrent sur le territoire, jusqu'alors essentiellement rural.

Des agriculteurs et des artisans remarquables

Durant la période de Hallstatt, les techniques se perfectionnèrent. La maîtrise du fer permit de concevoir des outils plus efficaces, favorisant ainsi le développement de l'agriculture et entraînant de profondes mutations économiques. Outre diverses espèces de blé, les Gaulois cultivaient le pois, la fève, la lentille ou encore la prune. La boisson alcoolisée la plus courante était la cervoise, obtenue par la fermentation de l'orge. La vigne n'étant pas cultivée, le vin restait un produit rare et exotique, importé d'Italie dans des amphores.

C'est aux Gaulois que revient l'invention du tonneau en bois, destiné à conserver et à transporter boissons et peut-être salaisons. Ils consommaient essentiellement des animaux d'élevage (bœufs, porcs, moutons mais aussi chevaux et chiens), le gibier (cerfs, chevreuils, sangliers…) ne représentant qu'une part minoritaire de leur alimentation.

Les Gaulois maîtrisaient les différentes techniques de l'agriculture et avaient conçu des instruments complexes comme le *vallus,* sorte d'ancêtre de la moissonneuse. Par ailleurs, Pline l'Ancien nous apprend qu'ils utilisaient déjà la charrue. Peu à peu, ils rationalisèrent l'agriculture, avec un assolement biennal ou encore la rotation dite celtique : douze années de prés et quatre années de culture. Ils cultivèrent de nouvelles céréales tels le froment, l'épeautre et le seigle.

En matière d'artisanat, la métallurgie semble avoir été très développée : dans les derniers siècles avant notre ère, les Gaulois fabriquaient des outils et des armes réputés tant pour leur technologie avancée que pour leur résistance, et réalisaient des pièces d'orfèvrerie parmi les plus abouties du monde antique.

VERCINGÉTORIX VAINCU Le chef gaulois jette ici ses armes aux pieds de César. Le Romain raconta que les Gaulois avaient fini par se rendre. Mais selon Cassius, un historien grec, César profita de la venue de Vercingétorix, désireux de négocier, pour l'emprisonner.

Certains des objets déposés dans les tombes témoignent du raffinement de cette civilisation. Ainsi, la sépulture d'une princesse celte trouvée en 1953 près de Vix, en Côte-d'Or, en est un exemple frappant. Celle que l'on appelle la Dame de Vix vécut dans l'oppidum du mont Lassois, qui dominait la Seine et d'où l'on contrôlait notamment le passage de l'étain depuis la Cornouaille jusqu'à la Méditerranée. Le site fut particulièrement prospère entre 550 et 450 avant J.-C. On inhuma la princesse vers 480 avant J.-C., dans une chambre funéraire de 9 m^2 abritant un riche mobilier, par exemple des bassins étrusques en bronze et un cratère à volutes d'une contenance de 1 100 litres. La défunte portait des bracelets en schiste et en perles d'ambre. Un torque en or de près de 500 g était posé à côté de son crâne.

Les Gaulois ne vivaient pas uniquement dans des petits villages ou des fermes isolées, comme le montre le site de Bibracte : cet oppidum érigé au sommet du mont Beuvray aux IIe et Ier siècles avant J.-C. abritait des quartiers spécialisés, des boutiques et un important réseau de voirie…

Que ce soit à Bibracte ou sur d'autres sites, les travaux archéologiques récents ont fait considérablement progresser les connaissances sur les Gaulois, apportant aujourd'hui la preuve qu'ils n'étaient pas de sinistres barbares !

MONNAIES GAULOISES Chaque peuple émettait sa propre monnaie, comme le montrent ces pièces de forme et d'aspect très variés.

Histoire et légendes

Les plus célèbres récits de l'Histoire reflètent rarement l'exacte réalité. Certains chroniqueurs avaient l'habitude d'inventer des anecdotes pour améliorer le caractère de l'un de leurs héros ; d'autres rapportaient les récits folkloriques comme des faits établis ; d'autres, enfin, commettaient tout simplement des erreurs.

Mythe sanglant

C'est Vlad Tepes, prince ayant régné au XVe siècle, qui inspira la légende de Dracula. Voïévode (chef de guerre) de Valachie, une région située dans le sud de l'actuelle Roumanie, il parvint à monter sur le trône après des affrontements violents au cours desquels il se distingua, dit-on, par sa cruauté. Affublé du surnom de Tepes, c'est-à-dire « l'empaleur » – forme de torture qu'il affectionnait –, il devint rapidement un personnage légendaire dont s'emparèrent les littératures germanique et russe. Son père était appelé Dracul, « le dragon » : par conséquent, Vlad fut nommé Dracula, « le petit dragon ». L'écrivain irlandais Bram Stoker, fasciné par ce personnage inquiétant, en fit le héros de son roman *Dracula,* paru en 1897. Sous la plume du romancier, grand amateur d'ésotérisme et de fantastique, Dracula devint un *nosferatu,* un homme qui n'est pas réellement mort : ne supportant ni l'ail, ni les crucifix, ni le soleil, il sortait de sa tombe à la nuit tombée pour se nourrir du sang de victimes innocentes, les transformant à leur tour en vampires...

Une chanson de légende

Au XIe siècle parut *la Chanson de Roland,* célèbre poème épique. Il retraçait un combat contre les Maures mené par Roland, le neveu de Charlemagne, trois siècles auparavant, en août 778, à Roncevaux, dans les Pyrénées. Chevauchant à l'arrière des troupes, Roland tomba dans une embuscade. Mais ces faits n'ont pas de véritable fondement historique. Certes, des chroniques permettent d'attester le revers subi par l'armée de Charlemagne dans les Pyrénées à cette période, mais tout le reste fut imaginé. Roland était en fait marquis de la marche de Bretagne : il devint le neveu de Charlemagne pour les besoins de la légende. Ses adversaires présumés étaient peut-être des Basques, et non des sarrasins. Les différentes versions de ce poème sont en fait très marquées par l'esprit des croisades ; les figures héroïques de Roland et de ses compagnons illustrent l'affrontement entre la chrétienté, représentée par l'empire des Francs, et le monde païen.

La véritable Toison d'or

La légende de Jason et des Argonautes fut racontée dès le VIIIe siècle avant J.-C. Homère la mentionne dans ses récits épiques : les héros mythologiques Héraclès, Orphée et Thésée se joignent à l'équipage de Jason. Le voyage décrit dans les versions ultérieures serait basé sur les véritables expéditions menées par les explorateurs grecs du Ve siècle avant J.-C. ; comme Jason, ces derniers franchirent les Symplégades, les deux rochers marquant l'entrée dans la mer Noire par le Bosphore.

La destination de Jason, la Colchide, était la patrie des Svans, qui révéraient le bélier, symbole sacré ; l'animal était souvent décrit comme doré. Les historiens pensent que ces informations influencèrent la légende. Encore récemment, dans cette région de Géorgie de l'Ouest, on utilisait la laine de mouton pour retenir entre ses poils la poussière d'or charriée par les torrents. Jason – s'il exista – pourrait bien avoir trouvé en Colchide une toison de mouton couverte d'or...

LES NOUVEAUX ARGONAUTES
En 1985, l'explorateur britannique Tim Severin partit sur les traces de Jason et d'Ulysse à bord de l'*Argo*, réplique d'un navire grec de la fin de l'âge du bronze.

Le nez manquant

Commettant un acte de pur vandalisme, les troupes de Napoléon Bonaparte auraient pris le grand sphinx de Gizeh pour cible durant la campagne d'Égypte, en 1798, brisant le nez de la célèbre statue. Toutefois, un dessin fait en 1755 par un architecte danois montre que le nez était déjà endommagé avant l'arrivée de Napoléon. En fait, un historien musulman du XVe siècle rapporte que cet épisode fut ordonné par un chef religieux : ce dernier voulait que le Sphinx soit défiguré pour punir les Égyptiens de pratiquer un culte devant le monument.

C'est un voyageur britannique qui est sans doute responsable de cette idée fausse : il dessina le Sphinx avec un nez intact en 1737. Sur son croquis figurent en outre des détails que l'érosion avait déjà fait disparaître à l'époque de sa visite. Il semble donc qu'il était plus préoccupé par la réalisation d'une belle illustration que par celle d'une reproduction fidèle.

Petites histoires sans fondement

- Néron ne jouait pas de la lyre pendant que Rome brûlait. Selon Tacite, l'empereur chanta à propos de la destruction de Troie, comparant ses « présentes infortunes aux calamités de l'Antiquité ». S'il y avait eu un accompagnement musical, il aurait effectivement été joué à la lyre.

- Charlemagne n'avait pas de « barbe fleurie » : l'empereur était en réalité imberbe. On le représentait avec une barbe pour lui donner l'apparence vénérable des patriarches de la Bible. Quant à l'adjectif « fleurie », il s'agirait d'une mauvaise traduction de l'ancien français *flori,* qui signifie chenu (blanchi par la vieillesse).

- La présence d'une espèce de mammouth aurait donné naissance au mythe du Cyclope, géant à l'œil unique qui impressionna le héros de l'*Odyssée* d'Homère. Jusqu'à il y a environ 8 000 ans, ces animaux, plus petits que l'éléphant indien, vivaient en Sicile et dans les îles grecques. L'emplacement de la trompe avait laissé au centre des crânes déterrés par les habitants de ces régions un trou comparable à l'orbite d'un œil géant. Ainsi naquit sans doute la légende...

INDEX

Les numéros de page en **gras** renvoient aux entrées principales, ceux en *italique* à des légendes et/ou des illustrations.

A

B

T

U-V

W-Z

CRÉDITS PHOTOGRAPHIQUES

Certaines sources des documents iconographiques des *Vérités de l'Histoire* sont indiquées par les abréviations ci-dessous.

AKG London (AKG)
The Ancient Egypt Picture Library (AEPL)
The Bridgeman Art Library (BAL)
The British Library (BL)
British Museum (BM)
Corbis (C)
Corbis Bettmann (CB)
Corbis Sygma (CS)
Getty Images (GI)
Heritage Image Partnership (HIP)
Imperial War Museum London (IWM)
The Kobal Collection (Kobal)
Mary Evans Picture Library (MEPL)
The Natural History Museum London (NHM)
National Geographic Image Collection (NGIC)
Rex Features (Rex)
Robert Hunt Library (RHL)
The Ronald Grant Archive (RGA)
Science and Society Picture Library (SSPL)
Science Photo Library (SPL)
TRH Pictures (TRH)

Abréviations utilisées : **h** = haut, **c** = centre, **b** = bas, **g** = gauche, **d** = droite, **f** = fond

10hg MEPL **12** Katz/Gamma/Mark Deville **14f** SPL/John Reader **14bd** Image n° 4744 American Museum of Natural History Library/J Beckett & D Finnin **15** Katz/Gamma **16** NHM **17** AKG **18** NHM **20** C/P Johnson **21** SPL/John Reader **22b** HIP/Museum of London **22-23** AKG **23h** SPL/John Reader **24** MEPL **25**AKG **26** Image n° 4937 American Museum of Natural History Library/D Finnin & C Chesek **27** Vito Cannella **28** C/W Morgan **30hg&hd** CS/J Langevin **c** C/M Beebe **31hg** C/M Sedam **hd** C/N Fobes **cg** C/E Stolzenberg **cd** CS/G Tim **bg** CB **bd** Hutchison Picture Library **32cg** C/Sakamoto Photo Research Laboratory **b** Popperfoto/Reuters **33hd** C/J Sugar **c** SPL/James King Holmes **32-33** Ministère français de la Culture, Rhône-Alpes Jean Clottes **34/35** C/G Jecan **36hd** C/M Bridges **38-39** GI **40** & **41b** C/L de Selva **41h** MEPL **42** C/Stapleton Coll. **43** AEPL/Bob Partridge **44bd** Ashmolean Museum, Oxford **bg** AEPL/Bob Partridge **45hd** AKG **cg&cd** AEPL/Bob Partridge **46** C **47h&cd** John & Deborah Darnell/Theban Desert Road Survey **b** C/R Watts **48hd** NASA/JPL **bg** C/K Westermann **49cg** Saqqara Geophysical Survey Project **bd** NASA/JPL **50** C/K Schafer **51** BM **52hg&hd** C/W Kaehler **b** C/G Berto Vanni **54/55** NGIC/REZA **55** C **56** & **57bg** Victor H Mair **57bd** Afer Albert von Le Coq, Chotscho, Berlin 1913 **58** C/J Newbury **59** MEPL **60** CS/M Rick **61** Réalisation des travaux : The Rochester Institute of Technology, John Hopkins University, Xerox Corporation. Copyright : propriétaire du palimpseste **62** BAL/Museo della Civilta Romana **64bg** SPL/Martin Dohrn **cd** SPL/London School of Hygiene & Tropical Medicine **65** Noelle Soren **66** Wiltshire Archaeological & Natural History Society Library **67h** BAL/ V&A Museum **b** C/Archivo Iconografico **68c** GI **69** Musée Fenaille, Rodez (coll. Société des Lettres)-Pierre Soissons **70-71h** C/R Wood **70b** BM **71b** Photoservice Electa, Milan **72h** BAL/Phoenix Art Museum **73** Kobal/Dreamworks/Universal/Buitendijk Jaap **74hg, cg & bg** THE ART ARCHIVE/ Dagli Orti/Collection Jean Vinchon **75** PLANET OBSERVER.COM **76** RMN/© Jean Schormans/musée d'archéologie nationale de Saint-Germain-en-Laye **77** aquarelle de Jean-Claude Golvin/Éditions Errance **80** AKG/Erich Lessing **81, 82, 83, 84** AKG **85** GI **86hd** ROGER-VIOLLET/Nadar **86bg** LEEMAGE/Blanchetti **87h** CORBIS/coll. KIPA/ *le Chevalier de Maison-Rouge,* réalisation et scénario Claude Barma, 1962 **b** RMN/© René Gabriel Ojéda/musée Condé, Chantilly **88** MEPL **89h** BAL/musées de la Ville de Paris, musée Carnavalet/archives Charmet **90** AKG **91h** AKG **b** North Carolina Collection, Univ. of North Carolina Library at Chapel Hill **92** AKG-Images, Paris/peinture de François Dubois/ musée cantonal des Beaux-Arts, Lausanne **93g** AKG-Images, Paris/ Erich Lessing/musée du Louvre, Paris **93d** RMN/© Gérard Blot/d'après Clouet/châteaux de Versailles et du Trianon, Versailles **94** RMN/ © Gérard Blot/bibliothèque de l'Institut, Paris **95h**BAL/Giraudon, musée des Beaux-Arts, Angers ; **95b** RUE DES ARCHIVES /The Granger Collection NYC **96** C/B **97hd** KHARBINE TAPABOR/*Bataille de Valmy,* dessin de Marcel Jeanjean (1893-1973)/coll. Perrin/ © ADAGP, 2007, Paris **c** C/A de Luca **98** GI **99** Anne Frank House Museum **99cd** C/W Kaehler **101** GI **102** avec l'aimable autorisation de la Massachusetts Historical Society **103h** avec l'aimable autorisation du Peabody Essex Museum **b** avec l'aimable autorisation de la Boston Public Library/Rare Books Dept. **104** avec l'aimable autorisation de la Massachusetts Historical Society **105b** MEPL **h** Charles Upham Map/ Salem Witch Trials Documentary Archive **106** avec l'aimable autorisation de la Massachusetts Historical Society **107** AKG/Eric Lessing **108hg&hd** C/G Dagli Orti **b** BAL/Musée national égyptien **109** Gina Mosti **110, 111h** AKG **b** AKG/Eric Lessing **112** RMN/© Tierry Ollivier/*le Tué,* mine de plomb de Laurent M.L./Musée national de la coopération franco-américaine, Blérancourt **113h & b** RUE DES ARCHIVES/Tallandier **114h** AFP/Eric Cabanis **b** Coll. CHRISTOPHE L/*les Sentiers de la gloire,* film de Stanley Kubrick (2001), scénario de S. Kubrick, C. Willingham, J. Thompson d'après la nouvelle de Humphrey Cobb, production BRYNA **115** Notrefamille.com **116cg** SPL/Philippe Psaila **hd** C/J Blair **bc** Franck Goddio/Hilti Foundation/Christophe Gerigk **117hd** SPL/Alexis Rosenfeld **bg** C/R White **120** MEPL **121, 122, 123, 124** AKG **125c** C **d** CB **126hg** MEPL **hd** Topham **127hd** The National Archives **c** NGIC/Patrick O'Sullivan **b** MEPL **130** IWM **131** National Archives **132bg** BAL/ILN **hd** BAL/avec l'autorisation de la ville de Bayeux **133hg** C/R Ressmeyer **cd** C/Y Arthus-Bertrand **134** Scala, Florence **135** Collection privée **136, 137** Scala, Florence **138h, cd, b** Scala, Florence **cg** BAL/Santa Cecilia in Trastevere **139** Scala, Florence **140** SRD/Bibliothèque nationale de France, Paris **141** Photo JOSSE **142h** AKG-images, Paris/ E. Lessing/musée du Louvre, Paris **bg** LEEMAGE/MI/château de Langeais **bd** Photo JOSSE/ musée Condé, Chantilly **143cd** RMN/© Hervé Lewandowski/*Jeanne d'Arc au sacre de Charles VII dans la cathédrale de Reims* J.A. D. Ingres/musée du Louvre, Paris **bg** Photo JOSSE/chapelle Sainte-Radegonde, Poitiers **144** GI **145** BAL/musée de la Révolution **146h** GI **b** C **148** RHL **149** Novosti **150** BAL/archives Charmet **151** BAL/bibliothèque de Lyon **152** BAL/ Bibliothèque nationale de France, Paris **153hd** RMN/ © Daniel Arnaudet/musée du Louvre, Paris **bg** AKG-Images, Paris/Erich Lessing/abbatiale Sainte-Foy, Conques **154** AKG-Images, Paris/Ill. Jacques Onfroy de Bréville dit JOB **155** AKG-Images, Paris/Ill. Jacques Onfroy de Bréville dit JOB **156** SSPL **157h** AKG **c** Collection privée **158c** GI **159h** avec l'aimable autorisation du Bletchley Park Trust **160** The National Archives **161** AKG **165h** GI **b** Rex **166bd** TRH **168h** The National Archives **b** GI **169** C/S Raymer **171** SPL/D A Peel **172g** Photo JOSSE/peinture de Jean Fouquet/musée du château, Chinon **172 d** BAL/musée des Beaux-Arts, Angers **173h** SIPA PRESS/ASA-Pictures/Moleux (détail) **b** EYEDEA/GAMMA/ F. Crusiaux **174h** C/F G Meyer **b** BAL/Courtauld Inst. Gallery **175hd** AKG-Images, Paris/Jean-Paul Dumontier/basilique Saint-Denis **cg** The Art Archive/ musée du Louvre **bd** Museum of London **176** TRH **177h** TRH/US Navy **178** GI **179** Popper/Reuters/Peter Macdiarmid **180** TRH **181** CS/G Gianni **182-183c** Archives photographiques du musée archéologique du Haut-Adige **183b** Archives photographiques du musée archéologique du Haut-Adige/hôpital général de Bolzano **184-185** NGIC/Kenneth Garrett **186** HIP/BM **187h** Bristol Museums & Art Gallery **b** RMN/© Gérard Blot/châteaux de Versailles et du Trianon, Versailles **188** GI **189cg** C/G Antoine **cd** TRH **190, 191** GI **192** Topham **193** C **194-195f** Topham **196** GI **197** C **198** LEEMAGE/Costa/ peinture de Cesaro da Sesto (1477-1523)/museo del Castello, Milan **199c** LEEMAGE/Selva **hg** BSIP/James Cavallini **b** AKG-Images, Paris **200** LEEMAGE/Bianchetti **201** RMN/© Christian Jean/huile sur toile de Nicolas André (1754-1837)/ musée du Louvre, Paris **204-205** Popper/ Herbert Ponting **206** CB/H Ponting **207h** Popper/E W Nelson **b** GI **208** BAL/National Library of Australia **209b** BAL/Michael Graham Stewart **210** MEPL **211h** Popper/HO/Reuters **b** CB **212** MEPL **213** RMN/© Gérard Blot/peinture d'Hippolyte Flandrin/ châteaux de Versailles et du Trianon **214** BAL/ huile sur toile de Nicolas Louis François (1787-1878)/musée du Louvre, Paris **215h** Photos12.com/Société française de photographie **b** ROGER-VIOLLET/Bibliothèque nationale de France, Paris **216, 217** AKG **218** BAL/Victoria & Albert Museum **219h** BAL/Museo de San Marco dell'Angelico **b** BAL/musée des Beaux-Arts/Lauros/Giraudon **220** avec l'aimable autorisation de l'Israel Antiquities Authority **221** AKG **222h** C/D Rubinger **b** RUE DES ARCHIVES/collection Grégoire

223hg&bd AKG/Eric Lessing **bg** Aren Maier **224b** Kobal/Warner Bros. Ben Glass **224h**, **225** RGA **226** MEPL **227h** avec l'aimable autorisation du Southwest Museum, Los Angeles CT.1-D no. 1026G.I 225c C, **228h** & **229h** Archaeological Perspectives on the Battle of Little Big Horn by D Scott, R Fox, M Connor and D Harman 1989, University of Oklahoma Press Reprinted by Permission **228b** AKG **228-229f** C/B May **229b** C/D Barry **230-231b** CB **231h** Peter Newark's American Pictures **232** RUE DES ARCHIVES/PVDE **233** RUE DES ARCHIVES **234** Photo JOSSE/Bibliothèque nationale de France, Paris **235h** AKG-Images, Paris/Lithographie de Job **b** AKG-Images, Paris/ Hervé Champollion/sculpture de M. Bourdin l'Ancien/basilique Notre-Dame, Cléry-Saint-André **236h** BAL/Louvre, Paris **b** RMN/© Gérard Blot/huile sur toile de Maurice Quentin de La Tour (1704-1788)/musée du Louvre, Paris **237hd** BAL/Louvre, Paris **hg** RMN/© Bérard Blot/*Mona Lisa,* huile sur toile de Léonard de Vinci (1425-1519)/musée du Louvre, Paris **bd** Art Archive/ National Gallery, London.Eileen Tweedy **238** AKG/Erich Lessing **239** AKG **240h** Oxford University Museum of Natural History **b** BAL **241** National Museums of Scotland **242** BAL/National Gallery of Victoria, Melbourne **243** British Library **244** BAL/Bibliothèque nationale de France, Paris **245** HERITAGE-Images/The Print Collector/Nathaniel Dance (1734-1811)/ musée national maritime, Greenwich **248** AKG **250b**, **251h** SSPL **251b** MEPL **252** Boston Medical Journal **253h** AKG/Bibliothèque nationale de France, Paris **b** Wellcome Library, London **254h** AKG **b** CB **256** Romeo H Hristov **258** Maine State Museum **259** avec l'aimable autorisation de la Yale University Press **261** Zheng He Research Institute, Nanjing, Chine **262** ROGER-VIOLLET **263hd** RUE DES ARCHIVES/PVDE **bd** RMN/© Gérard Blot/peinture d'Hippolyte-Isidore Dupuis-Colson(1820-1862)/châteaux de Versailles et du Trianon, Versailles **264** SSPL **265bg** CB **bd** GI **266** Doug Brackett, Edisonian.com **267**, **268cg** CB **h** C/R Raymond **b** KHARBINE-TAPABOR/Coll. Lou **269h** Art Archive/Musée francais de la photographie, Bièvres/Dagli Orti **b** C **270** AKG/Erich Lessing **272h** Dan Scheid **b** AKG/ Jean-François Amelot **273h** Popper/Reuters Jocken Eckel **b** C/Patrick Ward **f** C/B Ross **274-275** Bishop Museum, Hawaii **276** CB **277** Advertising Archives **278** SPL/Volker Steger **279h** Three Traditional Tribal Groups **b** HIP/BM **280**BAL/Christies Images **281** BAL/Roger-Viollet **282** C/Archivo Iconografico **283** CB **284** RMN/© Gérard Blot/huile sur toile de Nicolas André (1754-1837)/châteaux de Versailles et du Trianon, Versailles **289hg**, **c**, **bc** NGIC **hd** C/A Woolfitt **cd** AKG **290b** AKG **291** BAL/BM **292g**, **bd** © Huntarian Museum, Glasgow Univ. **bc** BM **293** RGA **294** BAL/Temple d'Hathor **295** © musée de l'Ermitage, Saint-Pétersbourg **295h** V&A **296h** BM **b** Staatliches Museen zu Berlin – Preussishcher Kulturbesitz, Antikensammlung/ Johannes Laurentis/bpk 2003 **297** musée archéologique de Délos **298** AKG-Images, Paris **299** LEEMAGE/PrismaArchivo/Franz Winterhalter (1805-1873)/Monasterio San Lorenzo de El Escorial, Madrid **300** AKG **301** Archivio Abbazia Santa Giustina **302h** National Academy of Science, USA Oct.16 2001, 10.1073/pnas 211540498 **b** MEPL **303** BAL/Roger-Viollet **304h** British Library **b** CB **305h** MEPL **b** BAL/K Walsh **306** THE ART ARCHIVE/ DAGLI ORTI/musée archéologique d'Ancona, Italie **307h** EYEDEA/ HOA-QUI/Thierry Perrin **b** EYEDEA /HOA-QUI/ Georg Gerster ; **308h** AKG/Archives CDA/Guillo/ musée archélogique, Châtillon-sur-Seine **b** THE BRIDGEMAN ART LIBRARY/musée de la Vieille Charité, Marseille **309h** BAL/huile sur toile de L. N. Royer (1852-1926)/musée Crozatier, Le Puy-en-Velay **cd** THE ART ARCHIVE/ Dagli Orti/musée d'Alésia, Alise-Sainte-Reine **bd** RMN/© Gérard Blot/musée d'Archéologie nationale de Saint-Germain-en-Laye **bc** THE ART ARCHIVE/ Dagli Orti/collection Jean Vinchon **310** GI **311cg** C/K Fleming **b** MEPL.

LES VÉRITÉS DE L'HISTOIRE
Publié par Sélection du Reader's Digest

PREMIÈRE ÉDITION
Impression : Maury, Malesherbes
Reliure : Brun, Malesherbes
Achevé d'imprimer : mai 2007
Dépôt légal en France : mai 2007
Dépôt légal en Belgique : D-2007-0621-80

Imprimé en France
Printed in France